青年君主昭和天皇と元老西園寺

永井 和

京都大学学術出版会

海軍軍服着用の摂政時代の昭和天皇
（大正14 年　宮内省撮影　毎日新聞社提供）

元老時代の西園寺公望
（京都・清風荘門前にて。立命館大学所蔵『陶庵公影譜』より）

目次

青年君主昭和天皇と元老西園寺

第一章

裕仁親王、摂政となる

はじめに

『牧野伸顕日記』は、昭和天皇の死後に公表された史料の中でも、もっとも史料的価値の高いものの一つであり、これによって「政党政治期の昭和天皇」のイメージが大きく修正されたのは、この一〇年の昭和天皇研究の成果をみれば明らかである（第四章参照）。もちろん、牧野日記の価値はそれだけにとどまるものではない。宮内大臣、内大臣をつとめた牧野が残した日記は、一九二〇年代の皇室問題・宮中問題を研究するにあたってまさに宝庫といってよく、貴重な情報を提供してくれている。

皇室・宮中関係は、どちらかといえば、従来は政治史研究が避けて通ってきた分野だが、天皇及び天皇制の研究に不可欠であるのはまちがいない。しかし近年は、いろいろな理由からこの方面に注目が向けられており、むしろ天皇と宮中に対する高い関心こそが、ここ数年の研究傾向に見られる特徴と言うべきかもしれない。たとえば、近代日本研究会の『年報近代日本研究』二〇号（山川出版社、一九九八年）が「宮中・皇室と政治」を特集したことや、原武史『大正天皇』（朝日新聞社、二〇〇〇年）が評判になったことなどに、その一端をうかがうことができる。

二〇〇二年に刊行された講談社版の『日本の歴史』第二二巻に「政党政治と天皇」という題名が付けられたことも、その傾向のあらわれと言える。この巻の著者である伊藤之雄は、近年精力的に天皇と皇室の問題を研究し、成果を次々と公表してきた研究者であって、いわば近年の研究傾向をリードしてきた一人にほかならないのだから、このような命名は少しも不思議ではないのだが、ひと昔前なら、この種の『日本の歴史』シリーズの該当巻には、「大正デモクラシーと政党政治」といった表題がつけられたはずであり、「デモクラシー」の代わりに「天皇」が浮上したところに、最近の傾向が端的に示されていると言えよう。

もとより私自身もその例外ではありえない。時代的な共通性のうちにおかれており、この傾向の尻馬に乗った一人である。『牧野日記』を材料に一九二〇年代の宮中問題を研究してきたのだが、その経験から言わせてもらうと、『牧野日記』とくに宮内大臣時代の同日記の記述は、ほぼ同時代に書かれた『原敬日記』と比べると非常にわかりにくい。意味不明の箇所が多く、解釈に窮することがたびたびあった。そのほとんどが、宮中関係の記事で、今もなお何を意味しているのかわからぬ箇所が少なからず残っている。

その一例をあげよう。『牧野日記』の一九二四年五月五、八、一六日に以下のような記事が記されている。

五月五日
次官より呉〔文炳・医学博士〕との会談の要領を聞く。最初は容易に所見を述べざりし由なるも或程度まで打明けたるに漸く明答したる趣なり。
五月八日
大森〔鍾一〕より手紙到来。前々日の件内々御聞に達候処、何等換〔変〕はりたる御沙汰不被為遊、他に人選の外あるまじとの御仰せ承はり候趣申来候。

五月十六日

皇后様拝謁。次官、呉〔文炳〕博士会見の顛末申上ぐ。全く御断念なり。就ては跡の事は松浦及大夫へも取り調べ方申聞き《ママ》たり云々の仰せにて、御用意の程御言葉外に拝察す。何つもながら御深慮敬服の至りなり[1]。

前後にすぐそれとわかる関連記事がなく、突然これだけの記述が出てくるので、はじめて読む者はただ面食らうしかない。五月一六日に皇后と宮内大臣（牧野）とが内密の話をし、牧野が節子皇后の判断を「御深慮敬服の至りなり」としきりに感心している。話の内容は、五月六日に宮内次官（関屋貞三郎）が呉医学博士から内密に聞き取った件に関するものなので、誰か患者の健康に関わることだと推測される。そしてその報告を聞いて、皇后は何かを「断念」したのであった。重要な案件らしいのはわかるのだが、はたして何が問題になっているのか、これだけではまったくわからない。しかも、『牧野日記』の校訂者は、この「呉」を呉文炳と注記しているが、呉文炳はのちに日本大学総長となる経済学者であり、医学博士ではない。ここに登場する「呉医学博士」は呉文炳の叔父の呉秀三と解すべきであろう。呉秀三は日本の精神医学の草分けとされる人物で、東京帝国大学医学部精神科の教授であった。

この記事は、秩父宮雍仁親王の結婚相手の選定にかかわるものと推測される。ある人物が候補にあがったのだが、その人物に遺伝的な問題があるかないか、内密に調査がおこなわれ、宮内次官が精神科医の呉から聞き出した内密の情報にもとづいて、その人物を候補者からはずす決定を皇后が下したのであった。「跡の事は松浦及大夫へも取り調べ方申聞き《ママ》たり云々の仰せ」の「松浦」が女子学習院長の松浦寅三郎を指し、かつほぼ一ヶ月前の四月一九日に、牧野が皇后と会って「秩父宮御縁談」について皇后の「御思召」を伺っていることから、そう推測できる。

皇室関係の記事は外聞を憚るためか、日記にすらこのような曖昧な書き方がなされており、その読解は容易でない。こういった謎めいた断片を少なからず含む宮内大臣時代の『牧野日記』の記事を読み解く一つの助けとなるのが、帝室会計審査局長官であった倉富勇三郎の日記である。倉富は膨大でかつ詳細な日記を残していることでよく知られているが、『牧野日記』の宮中関係の記述は、「倉富勇三郎日記」（国立国会図書館憲政資料室所蔵）と突き合わせながら読むことで、その謎が解き明かされる場合が少なくない。この問題の場合、牧野の日記の四月一五日条に「大夫より有馬令嬢云々に付内談あり。就ては取調べの必要を生ず[2]」とあって、候補にあがったのが「有馬令嬢」ではないかとの推測ができるのだが、それだけではっきりしない。ところが、倉富の日記には、有馬伯爵家の嗣子である有馬頼寧が自分の娘を秩父宮の妃にすることを望んでおり、有馬家の家政相談人でもあった倉富に相談を持ちかけたこと[3]、さらに皇后が有馬頼寧の実弟で侍従をしていた安藤信昭に命じて有馬の娘である静子と澄子の写真を提出させ、この写真は何のためにお求めになったのかという安藤の露骨な質問に、秩父宮妃の候補の一人に考えていると の意向を示したことが記されているのである[4]。この倉富日記の記述は、右の「有馬令嬢」が有馬頼寧の二人の娘のどちらかを指し、しかも秩父宮の結婚問題に関する記事であるとの推測が正しいことをかなりの確度で裏付けてくれる[5]。

この例からもわかるように、「倉富日記」を援用してはじめて、その記述内容が判明する記事が宮内大臣時代の『牧野日記』にはことのほか多い。その意味で、倉富の日記は一九二〇年代の宮中関係の研究にはなくてはならない史料の一つと言えるが[6]、本書の第二章は、今ではまったく忘れ去られてしまった久邇宮朝融王の婚約破棄事件を素材に、『牧野日記』と「倉富日記」を併用すれば、宮中問題の解明にいかに威力を発揮するかを具体的に示した、一つのケース・スタディである。

本章では、同じことを一九二一年の摂政設置問題についておこなう。もっとも、久邇宮朝融王婚約破棄事件などとはちがって、皇太子裕仁親王の摂政就任は誰でも知っている政治上の大事件であるから、昔からそれについてなされた言及は数多く、最近でも原武史『大正天皇』や伊藤之雄「原内閣と立憲君主制」（『法学論叢』一四三巻、四・五・六号、一四四巻一号、一九九八年）などの、注目すべき研究が公表されている。とくに伊藤論文は、『牧野日記』を『原敬日記』と突き合わせつつ解読することで、元老、内大臣・宮内大臣、総理大臣の三者間で交わされた交渉と協議を中心にして、摂政設置問題の過程を克明に再現している。伊藤の研究により、宮中および政界最上層レベルでの動きは、ほぼその全貌が明らかにされたと言ってよいが、惜しむらくは、「倉富日記」が援用されていないために、宮内省内部での準備作業については、ほとんど言及がなされていない。

本章で明らかにするように、牧野の命を受けて、摂政設置の基本方針や手続書、皇族会議の議案等の原案、また摂政設置の際に公表された諸文書（詔書や宮内省発表等）の案文を作成したのは、倉富勇三郎その人であった。伊藤論文が扱った最上層レベルの一段下にあたる行政事務レベルでの動向、少なくとも宮内省内部でのそれを知るには、『牧野日記』や『原日記』だけでは情報が不足しており、「倉富日記」を参照しなければならない。そのレベルの動きを解明したうえでなければ、摂政設置問題の全貌が明らかにされたとは言えないし、摂政問題とはいったい何であったのか、その意味を十全に理解することもできないのである。その点において、新たな知見を追加することが本章の目的である。

一、大正天皇の病状公表と公務制限

大正天皇の病状とそれに伴う皇后・皇太子による公務代行の模様については、前記伊藤論文でも詳しく論じられており、屋上屋を架する気がしないでもないが、「天皇久キニ亘ル故障ニ由リ大政ヲ親ラスルコト能ハサルトキハ皇族会議及枢密顧問ノ議ヲ経テ摂政ヲ置ク」との皇室典範の規定（第一九条第二項）が摂政設置の法的根拠であったかぎり、大正天皇の「故障」が具体的にはどのようなものであったのか、また「大政ヲ親ラスルコト能ハサル」状態にあるとの認定の根拠となる認識が、いつどのようにして形成されるにいたったのか、話の順序としてはまずそれを確認しておかねばならない。

一、大正天皇の病状公表と公務制限

大正天皇（一八七九～一九二六）は幼児の時に罹った髄膜炎（脳膜炎）の後遺症で脳を病むようになった。その病状が初めて公表されるのは、一九二〇年三月三〇日である。ただし、国民一般に対しては真の病症は伏せられ、糖尿病と坐骨神経痛であると公表された。拝診医の東京帝国大学教授三浦謹之助と侍医頭池辺棟三郎の診断によれば、大正天皇は、即位後の多忙で、緊張を伴う生活がもたらすストレスのために一、二年前から内分泌機能に失調をきたし、それが幼少時の髄膜炎のために故障をかかえる脳に影響を及ぼして、心神の緊張を要する儀式等に出席すると安静を失い、平衡を維持できなくなって、体が傾く症状を呈するようになった(7)。侍医は十分な静養をとる必要があるとし、「御政務を御覧遊はさる、の外は成る可く御寛き御慰安を主とし御精神の御興奮を避けさせらる、様願度事」「御心神の緊張を要する厳粛なる御儀式等には成るべく臨御遊はさせられさる様願度事」「内外臣僚等の御延見も亦必要已むを得さる者に止めさせられ度事」と、公務に制限を加えることを求めた。

病状公表のあと、侍医の求めにしたがって、天皇の公務に制限を加えることが決定された。四月九日波多野敬直宮内大臣が葉山御用邸に伺候し、「聖上には当分御摂養の必要上、御座所に於て政務を攬《みそな》はせらるるの他は一切公式の御執務あらせらざる事にお願いする事に決したる旨両陛下に奏請し、遂に御許容あらせられた」。その結果、「今後は内外人の拝謁等も表向きには聖上の出御なかるべく、必要已むを得ざる場合には皇后皇太子代わ

ってその御役を勤めさせ給ふ事とな」ったのである。(8)

天皇個人のおこなう日常的な公務は、おおきく分けると、国政、軍事、宮中の三領域にわたって祭祀と儀礼を主宰すること、および国務、軍務、宮務のそれぞれについて案件を裁決すること、この三つに分かれるが、右の措置により、まず祭祀と儀礼の二分野で制限がくわえられた。以後はもっぱら「御座所に於て政務を 攬《みそな》はせらる」こと、すなわち「万機親裁」のみが天皇の主たる職務として残るのである。

ここでいう「万機親裁」とは、国務、宮務、軍務の諸事項について天皇が裁可を下し、国家意思を最終的に確定させることを指すが、具体的には、内閣、宮内省、軍部から提出される奏請書類に決裁を下し、また親署を要する公文書に署名すること、および内閣、軍部、宮中の各輔弼者（内閣総理大臣以下の国務大臣、陸海軍の両総長・両軍部大臣、内大臣・宮内大臣等）を謁見して、その所管業務について奏上を聞き、それに可否の意を示すことを、その主たる内容とする。相互に対等な三者の輔弼者をもつので、このシステムは多元的輔弼制と規定される。

「万機親裁」が残されたのは、それが君主として天皇が行うもっとも重要な公務だからだが、公的空間に天皇の身体が露出し、臣下の視線にさらされることの多い祭祀や儀礼とはちがって、ほとんどの場合、天皇の執務室である皇居内の御座所という閉じられた小空間で侍従や侍従武官の助けを得て行われるのがふつうであり、大正天皇のストレスを昂進させるおそれがないと考えられたことも、副次的な理由にあげられよう。

大正天皇の病状公表にあわせてとられたこの措置は、天皇の療養を主たる目的としていたが、同時に衆人環視の場に天皇の身体が露出するのを防止する意味をもあわせもっていた。これ以後、大正天皇は威儀を要する儀式の場において、公衆の面前に現れることがなくなる。冬は沼津または葉山、夏は日光の御用邸に滞在する日が増え、一九一九年末から摂政が置かれる一九二一年一一月までの約二年間に、大正天皇が東京の皇居に居たのは、通算して約二五〇日にすぎなかった。多くの人々の眼前に君主の身体がさらされる儀礼行為の主宰は皇后と皇太

一、大正天皇の病状公表と公務制限

子が代行し、大正天皇は君主のはたすべき公務の半分しか負担しないことになったのである。さらに、天皇と皇后・皇太子がそれぞれ職務を分担することになったため、それまでは大正天皇一身のうちに統合されていた君主の諸機能が実体的にも分離しはじめるのである。

大正天皇の病気は、目に見える症状としては、まず歩行困難（とくに階段の昇降の際）、姿勢の屈曲、言語障碍などのかたちであらわれたが、それが誰の目にもはっきりとするのは、一九一九年の夏のことであった(9)。伊藤之雄『政党政治と天皇』では、この年の七月二二日に、石原健三宮内次官が元老山県有朋に大正天皇の病状悪化を書簡で報告したことが紹介されているが(10)、一九一七年から二三年まで大正天皇の侍従武官をつとめた四竈孝輔海軍大佐の日記にも、一九一九年八月、その年秋に行われる海軍特別大演習の御召艦に指定された軍艦摂津に、特別の設備を設けることが決定されたとの記事が記されている。その中には、天皇の「御健康兎角に勝れさせ玉はざるため、軍艦としては不相応の設備」が含まれており、これをもって「後日の範となずべからざるもの」と四竈は記している。たとえば、「舷梯は二人併列して昇降し得る如くし、且つ勾配を緩ならしむること」と定められたが、これは「階段の御昇降には、昨今侍従両側より御扶け参らするに非ざれば叶はせられず」という状態にあった大正天皇の乗退艦を補助するため、介添えの侍従が天皇の脇に並んで歩くことを想定して設けられた設備であった(11)。大正天皇は一八七九年の生まれだから、この時はまだ満四〇歳になるかならないかの年齢である。

同年九月二六日には前浦塩派遣軍司令官大谷喜久蔵が天皇に拝謁したが、拝謁後の会食の際に、天皇の「御姿勢等思はしからざる」状態がみられた(12)。公式の場で正しく姿勢を保つことができなかったわけである。ことのほか威儀が重んじられる儀式の場で、主宰者である君主がそれにふさわしいだけの威厳を示せないようでは、これは困った症状と言わねばならない。ほかにも、多数の列席者のいる公的な場できちんと発語できない症状も問題であった。

毎年一〇月から一一月にかけては、大元帥として陸軍の特別大演習を統監し、観艦式や観兵式に出席するのが天皇の定例行事であったが、大正天皇は一九一九年の特別大演習をなんとか無事こなすことができた(13)。しかし、いずれの場合も天皇が自ら勅語を読み上げることはなかった。石原宮内次官の言によれば、陸軍側はこの年初めて大演習を陪観した皇太子に勅語の代読をさせるように望んだのだが、宮内省の反対で天皇が勅語を参謀総長に手交し、参謀総長が勅語を読み上げるにとどめられた(14)。

一〇月三一日の天長節祝日の際に宮中で行われた拝賀式では、天皇は何か簡単な勅語を読み上げたのだが、その朗読ぶりははなはだ臣下の期待を裏切るものだった。列席した総理大臣の原敬は「御朗読ものには御支多く既に此間の天長節にも簡単なる御勅語すら十分には参らず臣下として殊に余当局として国家皇室の為めに真に憂慮し居れり」と、日記に記している(15)。石原宮内次官も拝賀式の翌日、「昨日ノ勅語ノ模様ハ拝シタルナラン。昨日マテハ幾分ノ望ヲ嘱シ居リタルモ、到底開院式ノコトハ望ミ難シ」と、同僚である帝室会計審査局長官倉富勇三郎に語っている。天長節のありさまからすれば、一二月末の帝国議会開院式に臨席して大正天皇が自ら勅語を読み上げるのはむずかしいと、石原は感じたのである。すでにこの時点で石原は「陛下ノ御病状ハ早晩之ヲ発表セサルヲ得サルへシ到底之ヲ秘シ置キ難シ」と考えていた(16)。天皇の病状の悪化ぶりを憂慮した元老山県有朋の強い推挙で、この一九一九年一〇月から東京帝国大学教授で宮内省御用掛の三浦謹之助が主治医として天皇を診察するようになった。それに伴い、侍医頭も片山芳林から池辺棟三郎に交代したのだが、石原は侍医の交代をもって、天皇の病状公表にむけて第一歩が踏み出されたと考えたのである。

さて、この開院式への出席問題を巡っては、ちょっとした騒動がもちあがった。宮内省の当初の計画では、石原が感じたように、大正天皇の出席は困難であるとみて、避寒の名目で葉山に行幸し、開院式には出席しない予定であった。ところが、それを聞いた山県有朋が、言語道断であると、戸田氏共式部長官と正親町実正侍従長の面前で波多野宮内大臣を叱責したのである。山県が言うには、一九一五年の即位大礼の時は自分山県も天皇の勅語朗読の練習に立ち会い、自ら勅語を読んで範を示した。そのこともあって、無事滞りなくすませることができたのだが、それを思えば、今回勅語の朗読ができないために開院式を欠席して、葉山に行幸するなどというのは、すべて宮内大臣以下の熱意が足りないせいであると、厳しく詰め寄った(17)。

山県はすでに一一月初めに正親町侍従長に、天皇が開院式に出席して勅語を滞りなく朗読できるように、今から準備をはじめるよう求めており(18)、原首相もそれに協力して、一二月九日には勅語案文を「御朗読に便なる様短き紙に認め」、天皇のもとに差し出していた(19)。にもかかわらず、開院式を間近に控えて今さらそれができないとあっては、山県が波多野に怒りを爆発させたのも無理はないと言えるかもしれない。宮内大臣に同情した式部長官は「大礼の時と現在では御容体が非常に異なっている」と波多野を弁護し、波多野も天皇の状態が大礼の時のようであれば問題はないと弁解したのだが、もとより山県の怒りは解けなかった。そのような経緯があり、練習すれば大丈夫と一部の侍従が請け合ったので、開院式欠席の予定はとりやめとなり、勅語朗読の練習がはじまったのである(20)。

しかし、練習の甲斐もなく、大正天皇は勅語をうまく読み上げられるようにはならなかった。開院式への出席は急遽とりやめとなり、開院式の前日(一二月二五日)に松方正義内大臣から至急面会を求められた原首相は、「誠に遺憾の次第ながら数日来御練習になりたるも何分にも御朗読御困難にて明日の開院式に臨御六ケし」と松方から打ち明けられた。原も「如何にも遺憾の次第なれども去りとて強て臨御ありて万一にも勅語朗読難相成様にては、国民一般の失望落胆此上もなきに付御中止不得已事なり(21)」と納得し、慣例にしたがって原が勅語を代読することになった。

ちなみに、大正天皇が練習した開院式の勅語とは、次のようなものである。

朕、茲ニ帝国議会開院ノ式ヲ行ヒ、貴族院及衆議院ノ各員ニ告ク。

帝国ト締盟各国トノ交際ハ、益々親厚ヲ加ヘ、平和ノ協定其ノ成ルヲ見ムトス。朕深ク之ヲ欣フ。朕ハ国務大臣ニ命シテ、大正九年度予算案及各般ノ法律案ヲ帝国議会ニ提出セシム。卿等克ク朕カ意ヲ体シ、和衷審議、以テ協賛ノ任ヲ竭サムコトヲ望ム。(22)

この短い文章を、幾度練習を重ねても、すらすらと読み上げる（暗誦ではない）ことができなかった。大正天皇の朗読ぶりは、まさに原敬が危惧したごとく、「国民一般の失望落胆此上もなき」ものだったのであろう。天皇たるには、個人的にはべつだん並はずれた知力をそなえている必要はなく、かえって邪魔になるとさえ言えるが、しかし課せられた公務上の儀礼行為を遂行できないようでは、天皇を中心に構成されている統治システムに深刻な亀裂が走りかねない。日本国民の大多数が当時抱いていた天皇観を考えると（今でもそうかもしれないが）、神聖不可侵であるとされているがゆえに、ひとたび大正天皇のこの状態が国民一般の前に露わになるや、いかなる反動がまきおこるか、山県や原ならずとも予断を許さぬものがあったはずである。

このような騒動のあとに、第一回目の病状公表がなされ、それに続いて天皇の公務制限が決定されたのである。一九二〇年七月二四日には第二回目の病状公表がなされた。天皇の実際の症状を考慮してか、一回目より少し踏み込んだ表現が用いられている。すなわち、第一次発表であげられた糖尿病と座骨神経痛については漸次快方にむかいつつあるとし、ただ「御倦怠の折節には御態度に弛緩を来し、御発言に障碍起り御明晰を缺く事偶々之あり」、それゆえ「日常万機を親裁あらせらる、外は努めて安息に御起居遊ばさる、事当分尚必要なるを以て、厳かなる御儀式の臨御内外臣僚の謁見等は御見合わせに相成り」と、天皇の言語障碍のことが初めて公認された。(23)

第二回発表の案文を石原次官から見せられた倉富は、「御倦怠の折節には御態度に弛緩を来し、御発言に障碍起り御明断を缺く事偶々之あり」の一節に驚き、これを読めば誰しも、天皇に「脳ノ疾患アル様ニ思ハル。脳ノ疾患アレハ下文ノ万機親裁シタマフコトノ外御静養云々ノ処ニ礙ハル様ニ思ハルルニ付、御発語云々ハ之ヲ削ル訳ニハ行カサルヤ」と、この部分の削除を求めた。しかし、石原次官は「此事ガ此節ノ主眼ニテ（略）、医師ノ説ニテ言語ニ関スル神経ト意識ニ関スル神経トハ別個ナルモノナル由ニテ、御発語ニ障礙アリテモ御意識ニハ影響ナシト云フコトヲ得ル趣ナリ」と答えて、その要求を斥けた(24)。

石原の言から、天皇が儀式に出席できないのは、前回の発表にあったように糖尿病や座骨神経痛のためではなくて、主として発語障碍によるものであると、その実情の一端を国民に示すところに、第二回の病状公表のねらいのあったことがわかる。さらに石原は、医者が言語能力と理解能力・判断能力とは別物だと診断しているのだから、倉富のように天皇の認識能力に疑問を感ずる者が出てきたとしても、天皇の現在の病状は万機親裁の支障にはならぬと弁駁すればよく、それゆえ問題の箇所をそのまま発表しても心配はない、との考えを示した（第二回発表から倉富の危惧した感想を抱いた者は多かったと思われるが、それらの人々が石原の期待したように、その弁駁で簡単に納得したかどうかは、また別のことがらである）。

つまり、言語障碍や姿勢の屈曲等のために、公務に制限を加えなければならないとしても、理解力や判断力には異常が認められないので、天皇は国務、軍務、宮務のすべてについて従来どおり万機を親裁し、政務を支障なく遂行できる、というのがこの段階で宮内省が採用した公式見解だったわけである。先ほど述べた君主機能の天皇と皇后・皇太子による分担を可能にし、かつそれを支えていたのは、このような医学上の判断であった。たとえ公式行事に出席できなくとも、大正天皇の理解力・判断力に問題がなく、従来どおり万機を親裁できるのであれば、「大政ヲ親ラスルコト能ハサル」状態にあるとは言えない。つまり、摂政を置く必要はない。大正天皇が自ら主宰できない儀式や祭祀は、可能な範囲で、皇太子と皇后さらにその他の皇族が代理をつとめればすむのである。

これを逆に言えば、大正天皇の病状がこの公式見解の想定を超えてさらに進めば、もはや上記のような君主機能の分担ではすまなくなって、全面的な委譲すなわち摂政の設置が現実的な課題として浮上せざるをえないことを意味する。しかしながら、現に大正天皇が万機を親裁し続けているかぎり、宮内省の公式見解としてはその理解力・判断力に異常がみられるとは容易には認めがたい。天皇は、じつは「神聖なる捺印機関」あるいは「反射的にYesをくりかえす機械仕掛けの神」にすぎないと、宮内省自ら認めるに等しいようなものだからである。へたをすれば、「万機親裁」はカリカチュアと化し、天皇の神聖性は地に墜ちて、「天皇親政」の理念は崩壊の淵に立たされるであろう。

大正天皇の病状が限界点を超え、これ以上は宮内省の公式見解を維持するのが困難だと認識せざるをえなくなった時点こそ、まさにその危機に直面する時である。大正天皇のように徐々に病状が進行していくケースでは、「大政ヲ親ラスルコト能ハサル」状態に天皇があると認定されれば、昨日までの「万機親裁」すべてが尋常の理解力と判断力に基づいたものではないのではないかとの、疑問を誰しも抱かざるをえないからである[25]。

この危機を救い（あるいは危機を表面化させずに）、逆に起死回生の転機となすためには、大正天皇に代わって「万機親裁」の権能を受け継ぐ人物が、たんに十分な理解力と正常な判断力の持ち主であるにとどまらず、危機にある君主制そのものを「蘇生」させる力をもつ者であるとのイメージを国民の間に喚起し、定着させねばならない。摂政となる人物に強烈なスポット・ライトを当てて、光り輝かせ、その陰のうちに「万機親裁のカリカチュア」をしずめてしまわなければならない。成人式を済ませ、半年に及ぶ欧州旅行から帰国したばかりの皇太子裕仁親王は、その演出に十分堪えうる素材であった。もちろん、二〇歳の青年に多くを求めるのは無理だとしても、この場合はむしろその若さと健康さこそが大きな魅力となったのである[26]。

なお付け加えておけば、大正天皇には、自分が病気であるとのはっきりした自覚はなかったようである。たとえば第一回の病状公表から一年少し後のことになるが、一九二一年七月一日に原首相は清浦奎吾枢密院副議長に対して、「返々も遺憾なるは日々御経過宜しからず、而して御病気と云ふ事を御自覚なきは、何とも申様なき次第なり」(27)と語っている。また、その一ヶ月半前には宮中某重大事件のあとの謹慎をすませた山県が久しぶりに大正天皇に拝謁したのだが、「従前拝せざる程の御変調」に驚いた山県は、宮内大臣の牧野に「余程御変はりなりたりとの感想を洩ら」し、さらに「御上御自分様は御病気と御思召ざる由、此事は今後の取扱上困難を感ずる点なるべし」と語っている。(28)

二、皇后と皇太子の公務代行

第一回の病状公表以降、天皇の大権行使に直接結びつかない儀式には皇后と皇太子が天皇の名代ないしは代理として出席し、主人役をつとめることになった。皇太子が天皇に代わってはじめて公的儀式を主宰したのは、一九二〇年四月一四日のことで、大正天皇の病気のため延期されていた英国大使ほか外国公使の信任状の捧呈式がそれである。皇太子が天皇に代わって外国使臣を謁見し、その国書を受理するのは、「我国に於ては始めての事」であった。(29)謁見式に侍立した内田康哉外相はその日の閣議で、皇太子の「御態度並に御言葉等実に立派にて宮内官一同と共に実に感嘆せり」と報告したが、(30)原首相以下の閣僚は大いに安心したにちがいない。

これをはじめに、五月二七日海軍記念日、六月二四日ルーマニア皇太子カロル親王からの勲章受理式、一〇月三一日天長節観兵式と皇太子の名代が続き、一一月には三大節（新年、紀元節、天長節）に宮中で催される宴会には、今後すべて皇太子が天皇代理として出席することに内定した。さらに帝国議会の開院式にも皇太子を出席させる話がもちあがり、中村雄次郎宮相（一九二〇年六月に宮内大臣が波多野から中村に交代した）から原首相に照会がなされた。ただし、原の考えは、三大節の宴会等は宮中の行事なのでそれでもよいが、開院式は純然たる国務であり、しかも天皇に差支えあって出席できない時には、総理大臣が勅語を代読する慣例が以前から確立しているので、皇太子の代理は宜しくないというもので、内閣の宮内省への正式回答もその線でなされた[31]。原内閣は、開院式への出席は天皇大権の行使に直接つながるものととらえ、たとえ皇太子であっても、天皇の代わりはできないと判断したわけである。

石原宮内次官の言によれば、大正天皇の第一回病状公表前に、波多野宮内大臣が、天皇の病気中、摂政を置かずに皇太子をして天皇の代理をなさしむることができるか否かを、検事総長で帝室制度審議会委員の平沼騏一郎に調査させたことがあったらしい。平沼の答申は代理を置くことはできぬというものであり、倉富帝室会計審査局長官も、摂政を置かずに天皇の代理を置くことができないのは明瞭で、調査するまでもないと、これに同調している[32]。もちろん、ここで問題になった「代理」とは、儀礼行為の代理にとどまらず、「万機親裁」を中核とする天皇の大権行使の「代理」であり、平沼や倉富は原と同様、皇太子が皇太子のままで天皇の「代理」をつとめるのは、憲法および皇室典範にてらして不可能だと判断したのだった。

しかしながら、陸軍の考えはこれと少しちがっていた。というのは、参謀本部は特別大演習の統監を皇太子に代行させることを求めたからである。大正天皇の病状が公表された一九二〇年の陸軍特別大演習は、ひとまず上原勇作参謀総長に統監が委任されたが[33]、大分県で行われた大演習には皇太子も観戦者の資格で参加しており、演習の講評場では天皇の代理として勅語を代読した[34]。これには宮内省も反対しなかったようである。参謀本部はこの経験をふまえて、翌二一年の特別大演習については、はじめから天皇の委任によって皇太子が統監を代理する計画をたて、大正天皇に帷幄上奏した。天皇は山県、松方両元老の意見を確かめたうえで、それに許可を与えている。[35]

大演習の統監・統裁は統帥大権の行使にほかならないから、開院式について原内閣がとったのと同じ論理に立脚して、憲法上その権限をもたない皇太子、それも階級上は陸軍少佐にすぎない裕仁親王に、大元帥の代わりをつとめさせることはできぬとの判断になってもおかしくはないのだが、陸軍軍部はそうは考えなかった。

明治天皇は軍務には非常に熱心だったから、開院式とはちがって、陸軍の大演習にはほとんど毎回欠かさず参加していた。そのため、開院式のように天皇欠席の際のルールが慣例として確立していなかったことも、上記の陸軍の解釈をなりたたせる一因となったのかもしれないが、天皇の軍隊親率の目に見える証として、天皇が無理ならば、その代理として是非とも次の天皇たる皇太子には出席してほしいとの感情論が、天皇の大権は天皇一身に帰属するものだから、たとえ皇太子であろうとも、軽々しく行使はできないとする名分論ないし憲法論(平沼や倉富の判断はこちらに属する)を凌駕してしまったのである。[36] しかし、当事者の意図は別として、大元帥として軍務を自ら遂行できない天皇は、天皇たる資格をもちえないとの主張が、暗黙のうちに、この軍部の論理に内包されている点には、やはり留意しておくべきであろう。

皇太子とならんで節子皇后も公式の行事や式典で天皇の代理をつとめた。とくに、社交性の強い外国賓客・使臣の接待や宮中主催の宴会などで主人役をつとめることが多かったが、軍関連の儀式にも関与することがあった。たとえば、一九二〇年五月末には戦艦陸奥の進水式に出席したが、皇后が軍艦の進水式に臨むのはこれがはじめてであった。[37]

二、皇后と皇太子の公務代行

皇后が儀式を主宰することが多くなると、沼津、葉山、日光等の御用邸に滞在する大正天皇を置いたまま、皇后のみが単独で東京に還り、公務に従事する機会が増えてくる。これはいたしかたないことだが、妻は夫に従うべきだとする観念の強い当時にあっては、次のような感想を抱く者も少なくなかったと思われる。「国母陛下が最先頭に立たせられ、臣僚百官を従へさせられ、御通行謁を賜はりしその御有様は、その御態度等はもとより極めて厳粛荘厳にあらせ給ひしも、心ある人々は何やら異様の感なき能はざりし」、と。これは一九二〇年四月二〇日に新宿御苑で皇后が主宰する観桜会が催された時に、それに参加した人物が侍従武官の四竈に伝えた感想である。

皇后が天皇に代わって公的な場で活躍することに抵抗感を抱いたのは、大正天皇の血縁の皇族達も同様であった。少し後の一九二一年八月のことだが、大正天皇の妹である北白川宮妃房子内親王は、「〔天皇と〕（永井）皇后陛下との御間柄に付御感想」を牧野伸顕宮内大臣に洩らし、さらに「皇后様、大使、公使等へ御陪食等の事御話あ」った。それに対して牧野が最近の天皇と皇后の仲を詳しく説明し、皇后が外国使臣を接待することは国際関係上やむをえないと釈明したので、房子内親王は「果して然からば自分の云ふ事は杞憂に過ぎず」と了解し、その場はそれですんだが、このような北白川宮妃の発言は「兎に角政務に〔皇后が〕（永井）御関係せる如き誤解は避け度し云々の御心底」に由来するものと牧野は考え、「内親王方には聖上の御容体に付ては特に深く御心配遊ばされ、其結果兎角他の努め方に付き物足らず御思召ある哉に拝察」したのであった[38]。

ことが皇族に関わるので、牧野は曖昧にしか表現していないが、下世話に言えば、北白川宮妃をはじめとする大正天皇の妹達は、公務のためたびたび病気の天皇のもとを離れる皇后に対して「妻」として十分つくしていないのではないかと、ひそかに不満を抱いていたのである[39]。さらに宮廷儀式の主宰者にとどまらず、天皇の大権までをも実質的に行使する立場に皇后が立つのではないかと、内心危惧し、憂慮していたのであった。

天皇家にかぎらず、一般庶民の「家」でも家長が比較的若年で病気に倒れた場合、その「妻」が家長に代わってその役割を担うのはごくありふれたことだったと言えよう。まして、天皇家のように「家」がそのまま一つの経営体であり、しかも公務上の職位（＝天皇位）が家の血統に由来するものである場合には、家長代行ともなれば、たんに家政の領域にとどまらず、「夫」の職務（＝公務）の領域においても（その全部についてではないにしても）、その代理者たらざるをえなくなるのは、けだしやむをえないことと言えよう。天皇の配偶者である皇后は、「国母」と「妻」という公私にわたる二つの役割を有しているわけだが、天皇が元気なうちはこの両者が矛盾するとは誰も考えなかった。しかし大正天皇の病気により、皇后が天皇の果たすべき公務を代行するようになると、状況は大きく変わる。「妻」の役割を果たすことを第一義に考える人々からすれば、皇后が「国母」として立派に天皇の代理をつとめれば、つとめるほど、言外に「妻」役割を否定するものとみえるわけであり、「何やら異様の感」を抱かずにはおれない、ということになるわけである。

実際には皇后が直接的なかたちで「政務に御関係」することはなかったが、ことが天皇家の家政とくに家族問題にかかわる場合には、天皇と皇后の関係の変化によって、いまや家長代行となった節子皇后の意志が、誰にもまして大きな重みをもたざるをえない。もちろん、天皇家の家族問題は、まさにそれが天皇家の問題であるがゆえに、政治と無縁な「私的問題」ではありえない。長男の外国留学や結婚、家長の病気・隠居など、通常の国民の「家」では純然たる「私的」領域に属すものが、天皇家の場合には、ただちに重要な政治問題となりかねない。天皇家の家族問題における皇后の発言権の増大は、間接的ではあるが、皇后に政治介入の契機を与えかねない余地をはらんでいた。皇太子の外遊問題、結婚問題、摂政就任問題は、まさにそのような領域にほかならなかった。それについてふれる前に、たとえ病気であったとしても、天皇であるかぎりはこれだけは果たさなければならないとされた「万機親裁」の実態について、もう少し考察を加えておきたい。

三、公務制限後の「万機親裁」

公務制限により、ほとんどの儀礼行為は大正天皇の双肩からはずされたのだが、皇后や皇太子では代理をすることのできない儀式、つまり天皇自らそれに臨まなければ、執行できない儀式というものがまだ残っていた。まずあげられるのは、親任官、親補職の任命式である。大正天皇の公務制限がはじまってから摂政が設置されるまでの間、親任・親補式は多くは天皇が東京に居る時に行われ、不在の場合は挙行されずに、辞令が総理大臣から伝達される例であった（つまり皇太子が代行することはなかった）。ただし、特定の人事（陸軍大臣や宮内大臣）については、天皇の行幸先で親任式が行われている。[40]

原敬日記からひろってみると、この期間（一九二〇年四月から一九二一年一〇月中旬）に原首相は、計八回、親任・親補式（上原勇作の元帥親授式も含む）に侍立している。すでに第一回目の病状公表の時点で、「陛下には時々親任又は親補官の辞令御申渡しの際にも御困難の事あり、其時は余側より御助言申上る様の事も之あり」と原が日記に記さざるをえない状態だったようだが[41]、天皇の大権行使に直接かかわる儀式であるので、代理を立てることはできなかった。

親任・親補式以外にも陸軍の軍旗親授式は天皇出席のもとで行われた。一九二〇年一〇月一五日に歩兵第七五（会寧）、七六（羅南）両聯隊、一九二一年七月九日に騎兵第二八聯隊（竜山）に軍旗が授与されている。[42] 通常の軍旗親授式は皇居正殿で行われ、軍旗を授受する侍従武官長・侍従武官、陸軍大臣、聯隊旗手や儀式を司る式部官以外にも、皇族、元帥、海軍大臣、軍事参議官、参謀総長、教育総監、東京衛戍総督が参列し、さらに宮内大臣、侍従長、式部長官なども列立する、かなり大がかりなものだった。公務制限の趣旨からすれば、このような儀式は取りやめて、陸軍大臣が軍旗を聯隊に伝達するか、あるいは皇太子が代行するかのどちらかになるはずだが、上記の親授式は、天皇の執務室である御座所において略式で挙行された。参列したのは、参謀総長と教育総監のみであり、宮内官の列立はもちろん、奉仕もなかった。天皇と陸軍大臣、二名の聯隊旗手、侍従武官長と一名の侍従武官、これだけの人数で挙行されたのである。(43)

四竈侍従武官の記すところによれば、天皇の病状を考慮して、親授式を行うべきか否かが問題となったのだが、結局、軍旗授与は「軍隊に対する最大重要儀なるを以て、約式の所は問題となさず。兎も角御座所に於て親授あらせ給ふ事と」なった。(44)同じ軍務であっても、天長節観兵式の閲兵は皇太子（あるいは他の皇族）が代理できたのだが、軍旗の授与は軍隊統率の根幹にかかわると観念されていたので、少々の無理をおしても天皇自らつとめなければならなかったのである。

これらの儀式はいずれも天皇の大権行使そのものか、あるいはそれに直接かかわるものであるが、ほかにも新年式の四方拝、晴御膳、拝賀式、政始などは天皇でなければ行えない祭儀と見なされていた。一九二一年正月の新年式は、天皇が不在だった（大正天皇は帝国議会の開院式を避けるため、前年の一二月下旬からから葉山に滞在していた）ため、これらの儀式はとりやめになっている。(45)皇太子が代理をつとめたのは、新年式の中の新年宴会と陸軍始観兵式の二つにすぎない。

次に、「万機親裁」の内実をなす二つの職務に移ろう。まず、国務、軍務、宮務の三領域にわたって臣下の奏上を聴き、その求めに応じて可否の意志を表明する仕事だが、さいわいに総理大臣であった原敬が詳細な日記を残しているので、総理大臣の国務奏上については、その日時、場所、内容等を比較的詳しく知ることができる。一九二〇年四月初めから翌年一〇月中旬までに、原首相は計二七回大正天皇に拝謁し（親任式等の侍立は除く）、政務を奏上している。外交関係のトピックとしては中国借款問題、ニコラエフスク事件、琿春事件、シベリア・山東撤兵問題、日英同盟継続問題、ワシントン会議参加問題等であり、内政関係は議会および総選挙の状況（含む議会での政府演説の内容）、予算案、地方長官・植民地長官会議召集、文官任用令等があげられる。そのほか人事関係（司法大臣、鉄道大臣、陸軍大臣、国勢院総裁、関東長官、大審院長、検事総長、外交調査会委員、ワシントン会議全権等の任命、ニコラエフスク事件に関する田中、加藤両大臣の進退伺の却下、田中陸相の辞表却下、原の海軍大臣事務管理就任、末松謙澄の叙位叙勲）、総理大臣の賜暇・出張奏請、山県・松方両元老の辞表却下へのお礼、皇太子外遊の模様などが奏上されている。

一九二〇年四月に公務制限が決定された際に、陸海軍両大臣と外務大臣を除く他の閣僚からの上奏は、なるべく総理大臣である原敬自身が行うこととされたが[46]、「万機親裁」を続けるかぎりは、内閣を代表する首相と帷幄上奏権をもつ陸海両相、国書を初めとする外交文書に副署する外相に対する謁見を止めるわけにはいかなかった。

内閣からの上奏以外にも、宮務に関する宮内省の奏聞、軍務に関する統帥府の奏上が行われていた。宮相の上奏については適当な史料が見つからないが、軍務上奏については、四竈侍従武官の日記が参考になる。これによれば、大正天皇は琿春派兵の裁可をはじめとして、陸海軍の特命検閲、特別大演習、年度戦時編制や作戦計画等に関して参謀総長および軍令部長、さらに陸軍大臣、海軍大臣の奏上を聴き、裁可を与えていたことがわかる。また陸軍大臣や海軍大臣からは軍の人事に関して内奏がなされていた。ほかにも陸海軍の高級司令官（軍司令官、艦隊司令官）から管下状況報告を聴く例が多く記されており、首相、外相、陸海両相以外の各省大臣からは所管業務の報告奏上をほとんど聴くことがなかったのと比べると、大元帥の職務はかくも重要であったのかとの感を抱かざるをえない。

公務制限後も、大正天皇が内閣から差し出された奏請書類に決裁を下し、また親署を要する文書に自筆で署名していたことは、国立公文書館に所蔵されている公文書類（御署名原本、公文類聚、任免等）を見れば明らかだが、四竈日記に、軍令部の副官が東京から日光御用邸まで「例により御裁可書類を持参」したと記されていることから、(47)軍関係の書類も同様に処理されていたことがわかる。

このように記せば、公務制限のあとも、宮内省の公式見解どおり、日常的な「万機親裁」については何等滞りなく処理できていたことになるのだが、しかし実際のところを言えば、じつはこの期間は、正常な理解力と判断力が大正天皇から失われつつあるとの認識が、拝謁する機会をもっていた輔弼者たちの間で徐々に形成され、定着していく過程にほかならなかった。

原敬日記に記されている奏上記事を、病状公表以前と以後とで読み比べてみると、そこに大きな違いのあることに気がつく。一九一九年一二月頃までは、たんに原の奏上を聴くだけではなくて、説明を聞くために大正天皇の方から原を召し出したり、奏上に対して質問をしたりする記事が多く見られる。いくつか例をあげると、一九一八年一一月二日には、朝鮮土地調査事業完了に関して内閣から提出された上奏書類に疑問を抱いた大正天皇が、原を召んで説明を求めたことが記されている。(48)朝鮮統治についてはとくに関心を寄せていたようであり、三・一事件後の朝鮮総督府官制改定や長谷川好道朝鮮総督の後任人事についても、たびたび原に説明を求め、「先年朝鮮に往きたる時李王が日鮮交渉して外国に当るべしとの趣旨を云ひ、伊藤側に在りて相当に取繕ひたり」との、やや意味不明の発言までもが記録されている。(49)

台湾統治にもついても同様で、一九一九年九月二七日には陸軍大演習後に台湾に巡視旅行をする意志のあることを原に洩らしており、一九一九年一〇月二八日の記事でも、原を召し出して、台湾総督の後任人事をどうするのか尋ねている。(50)翌日、原は初代文官総督として田健治郎を奏薦したのだが、大正天皇は（自分が任命権者であるはずなのに）田の内定記事を新聞で読んだと語って、原を恐懼させている。これらの記事は、大正天皇が総理大臣の奏上をただ黙って一方的に聴くだけの存在ではなかったこと、天皇と総理大臣の間に下問、奉答というかたちで「会話」が（時には軽い皮肉や冗談も交えて）成立していたことを示すものである。

ところが、病状発表後の奏上記事からは大正天皇の発言を示す記載がまったく姿を消す。原日記に記されている大正天皇の反応は、「陛下は御手づから御机上に在りたる紙巻煙草一握りを取りて賜はりたる」「陛下は植木を好むやと御尋ねに付き、好む旨を申上げたるに、暫く其処に待てとの御諚あり、直に御廊下に出られ草花一鉢を御手づから下賜ありたり。其他煙草等も賜はり」「陛下御手づから美事なる植木鉢を賜はりたり」「煙草及び植木鉢を賜りたり」にすぎない[51]。この反応は、裕仁親王が摂政になったあと、内山小二郎に替わって侍従武官長となった奈良武次がその日記に記している拝謁の際の模様とほぼ同じだと思われる[52]。大正天皇は、総理大臣の奏上をただ黙って聴くだけで、政務に関して意味のある言葉を発するのをやめたのである。日記には記されていないが、大正天皇との「会話」の経験を豊富にもっていた原が、次第に大正天皇の理解力に疑問を抱くようになったとしても不思議はない。

一九二〇年八月九日に会見した山県と原は、大正天皇の病状について意見を交換し、早晩「摂政を置かるる外なからん」[53]という点で意見の一致をみた。さらに同年一二月一一日の会見でも、原は山県に「御病気は御肉体にはあらずして御脳に在られる位は国民も悟る事と思ふ、故に是れ永く今日の儘には置かれまじく、又現に親任親補の際に於ける御親授にも、御詞の御明瞭を欠く事多し、故に摂政論は不遠起らざるを得ざる事と思はる、」[54]と述べており、大正天皇の病状が、もはや宮内省の公式見解を維持できないまでに悪化しつつあるとの認識を明確に把持するにいたっていたことがわかる。

同様の認識を抱いたのは原、山県のみではなかった。気の早い松方内大臣は、早くも一九二〇年六月に摂政設置を提起して、山県からその軽率ぶりを戒められている[55]。皇后も同年八月には、日光へ御機嫌伺いに来た原首相に対して、わざわざ人払いをしたうえで（これは異例のことである）、大正天皇の病気について「一般には如何感じ居るや」と下問するほどであり、[56] よほど心配だったのだと思われる。拝謁の機会は少なかったが、会えば大正天皇と長時間話し込むことの多かった大隈重信も、一九二一年四月に、宮中某重大事件の責任をとって元老山県が差し出した辞表を却下されるよう天皇に進言した際には、「陛下は果して御諒解ありしや否やは疑し」と感じるにいたっている。[57]

また、第二次大隈内閣の海軍大臣であった海軍大将八代六郎は、宮中某重大事件において山県攻撃にまわった城南荘一派に味方したが、一九二一年二月にその一人である松平康国に、自分が拝謁した時の天皇の「御様子」を物語り、「皇紀ノ恢復スル上カラ宮廷ヲ刷新スル上カラ東宮ガ摂政トナラセ給フコトノ急務ナルヲ主張」した。[58] 八代が拝謁したのは前年八月だったが、早急に摂政を置かねばならぬと感じるほどに、大正天皇の病状について深刻な印象を抱いたのである。おそらく、海軍大臣として何度も拝謁していた頃の元気な様子と比べ、その落差に愕然とさせられたのだと思われる。この八代の例からわかるように、天皇が正常な理解力・判断力を失っているとの「噂」はこのようなかたちで広まっていったのであり、いかに宮内省が願ったとしても、それを押しとどめることはできなかった。

宮内省の公式見解にもかかわらず、天皇の病状が「万機親裁」の遂行に支障をきたしかねないほど悪化しつつあると認識されていたことは、原内閣が公式令を改定したことによっても知れる。同令第一九条を改め、天皇の親署を要する勲記・功記の範囲を「勲三等功五級以上」から「勲二等功三級以上」に狭めたのである。もちろん、大正天皇が署名しなければならない辞令書の数を減らすのがそのねらいであった。原首相は「法律勅令親任親補を始め、如何にも御署名多し、此例規は制定の当時は此種の事も少なかりしに因り此制を設けたるものなるべきも、今は実に夥多にて恐懼の至りなり」と、事務の拡大によって天皇の親署を要する文書が夥しく増えたため、公式令の規定は時代に合わなくなったと閣議で説明したようだが、しかしもともとは、原の日記にもあるように、正親町侍従長から天皇の親署を要する文書が「非常に増加し、毎日日課として御署名あるも到底御運とならず、如何にも恐察に堪へざる次第なるに付、何とか心配ありたき旨」の内談があり、それに応える措置として考えられたものである。[59]

公式令の改定案は一九二〇年一二月二四日に閣議に出されたが、添付されている賞勲局の調査によれば、大正天皇は即位後毎年平均五八八件の勲記（勲三等以上）に署名しており、明治天皇の最晩年の治世三年間の平均三四二に比べると、たしかに七割以上増えた計算となる。[60] 大正天皇は第一次世界大戦の論功行賞として、すでにその時点で一、六九一の勲功記に署名を済ませていたようだが、賞勲局の見込みではさらに二、七八一もの辞令書類が天皇の署名をまっていた。公式令を改定すれば、これを四三六に減らせるのである。ただたんに署名するだけだとしても、その数が三千ともなればたいした量にちがいない。それが六分の一に減るのだから、大きな負担軽減と言える。それにともない上位の勲章のありがたみも増そうというものである。

しかし同じ賞勲局の調査によれば、明治天皇は日露戦争の論功行賞だけで、なんと総計一一、五八六の勲功記に署名したのだった。このような天皇を戴いているかぎり、公式令改定の議論など出されようもなかったはずである。大正天皇の文書処理能力が、病状発表以前に比べて目に見えて下がったがために、あらためて天皇が処理しなければならない文書の量の多さに気づかされたというのが実情であった。[61]

改定公式令が公布されたのは一九二一年四月だが、その頃になると、親任・親補式も従来どおりの方式を維持できなくなっていた。親任式では天皇自ら被任命者に口頭で辞令を述べるのが慣例であるが、すでに病状発表の時点でうまく発語できずに、侍立する原首相が言葉を添えたりする状態だったのが、さらに悪化したため、一九二一年四月に行われた上原参謀総長の元帥親授式からは、ついに口頭で天皇が辞令を述べるのをやめ、ただ「辞令書を御手づから御渡し相成る事」に変更されたのである。[62] 従来は、天皇が口頭で辞令を述べたあとに、侍立する総理大臣が辞令書を被任命者に手渡していた。原敬は日記に「誠に遺憾の事ながら御病気なれば如何とも致しがたし」と慨嘆している。

以上のことから、宮内省の公式見解にもかかわらず、一九二〇年の夏から冬にかけて大正天皇の公務処理能力が次第に低下していったこと、またそれに併行して、「万機親裁」を継続するにたるだけの能力が大正天皇から失われつつあるとの認識、すなわち「大政ヲ親ラスルコト能ハサル」状態に向かいつつあるとの認識が、大正天皇に接する輔弼者の間で次第に固まっていったことがわかるであろう。宮内省の公式見解「大正天皇は言語と身体の障碍のため、儀式等に出席できないが、理解力・判断力は正常であるので、従来どおり「万機親裁」を行うことができる」はもはや維持できなくなった。摂政設置問題が浮上する前提が整ったのである。

四、皇太子の外遊問題と結婚問題

病状が公表されてから約一年半、皇太子が摂政になるまでの間、大正天皇は従来どおり「万機親裁」を続けていた。しかしながらその同じ期間に、天皇の周囲では、天皇が正常な理解力・判断力を失いつつあることをいやでも認めざるをえなくなっていた。つまり、ある時期以降は、臣下から正常な理解力と判断力を欠くと見なされている君主によって、国家意思の最終確定がなされ続けたのである。おそらく、君主としての義務感・使命感のなせるわざであろうが、半ば身体化された習慣にしたがって、大正天皇は輔弼者の求めるがまま、ほぼ機械的に裁可を下していたのだと思われる。しかしながら、国政上はそれでも大きな支障は生じなかった。問題がなかったわけではないが、一部は皇后・皇太子が肩代わりすることによって、あるいはそれができない場合でも、天皇の事務負担を軽減する工夫をすることで、それなりに解決の道をはかることができた。

「万機親裁」を支える国家統治システムは、国家意思の最終確定者である天皇が正常な理解力・判断力を失ったからといって、ただちに機能不全におちいって破綻をきたすようなものではなかった。これは、明治憲法下の国家意思決定システムが、最終裁可者である天皇を受動的な「主体」として組み込むかたちで構成されていたために、かりに受動的君主の極限形態ともいうべき「神聖な捺印機関」と化した場合であっても、それに対応できる余地が十分残されていたからだと考えられる。日常的な国政の運用においては、有能で忠実な臣下たる輔弼者を信用し、その奏請にただ「可」の意思を表明するだけで事足りたのであった。

しかしながら、それにおとらず重要なのは、それ（日常的に大きな支障が生じていない）にもかかわらず、大正天皇が正常な理解力・判断力を失っていると認識した者、ほぼすべてが一致して、摂政の設置もやむを得ないと判断したという点である。結果として出力されたものが同じ機能を果たしているのであれば、ブラック・ボックスであってかまわないなどとは、誰一人考えなかった。いっぽうで、日々大正天皇に「万機親裁」を求め続けながら、他方では正常な理解力・判断力を失った天皇には「万機親裁」を続ける資格はないと、そう考えていたのである。「万機親裁」を行う天皇は、受動的主体であってかまわない（というよりむしろそうであることがのぞましい）としても、あくまでもそれは一個の「主体」であることを失ってはならなかった。有能で忠実な臣下たる輔弼者を信用し、その奏請にただ「可」の意思を表明するだけで事足りるとしても、その「可」そのものは、あくまでも正常な理解力と判断力をそなえた「主体」から発せられるものでなければならない。万事「よきにはからえ」式の「そうせい公」であっても、反射的に「可」を表明するにすぎない「神聖な捺印機関」との間には、やはり絶対的な差が存在しているのであり、その差こそが重要であると、そう考えられていたのだと言えよう。

それでは、なぜ天皇は、正常な理解力と判断力をそなえた「主体」であることを失ってはならないのか。まず第一に考えられる理由は、原敬のいう「国民一般の失望落胆」への危惧である。すでに述べたように、天皇が「神聖なる捺印機関」あるいは「反射的にYesをくりかえす機械仕掛けの神」にすぎないことが国民の間に公然と広まれば、「万機親裁」はカリカチュアと化し、天皇の神聖性は地に墜ちて、「天皇親政」の建国理念も崩壊の淵に立たされかねないからである。

第二の理由は、天皇が正常な理解力と判断力を失い、「神聖なる捺印機関」と化すと、国家意思の規範性を弱め、さらにその統一がとれなくなるおそれが生じるからである。

「万機親裁」の国家意思決定プロセスにおいては、通常天皇は受動的主体としてふるまい、輔弼者の奏請をそのまま裁可するのが一般的であるから、決定された国家意思の内容は、裁可を求めるために輔弼者が提出した案と中身は同じである。つまり内容的には、輔弼者の意思が国家意思であると言ってよい。しかし、形式からすれば、輔弼者の意思がそのまま国家意思であるとは言えない。輔弼者の意思が国家意思に転化するには、必ず天皇の裁可を要し、それがなければ、輔弼者の意思は輔弼者の意思のままにとどまる。天皇という別人格の「主体」が行う意思決定を経由してはじめて、別の意思＝国家意思として確定されるのである。輔弼者の意思が国家意思として対象化されるには、天皇というレンズを通して光が屈折し、像を結ぶ必要があった。あるいは輔弼者の意思が国家意思となるには、天皇の裁可行為により「聖別」される必要があるのだと言ってもよい。もちろん天皇という「主体」によってなされなければ、その「聖別」は意味をもたない。君主＝主権者とはそういうものである。

もしも、天皇が「神聖なる捺印機関」にすぎないのであれば、定立された国家意思は、天皇という「主体」によって媒介されたものではないから、実際には輔弼者の意思にとどまったままである。それは仮装された国家意思すなわち「まがいもの」の烙印を他者から押されかねない危険性をつねにはらんでいる。国家意思の規範性および拘束力は必然的に弱化をきたさずにはおかない。

天皇に国家意思の最終的確定を求める立場にある輔弼者が一者であれば、それでもまだ問題は少ないといえるかもしれない。ところが、明治憲法下の国家意思決定システムのように、多元的輔弼制をとっている場合、輔弼者の意思がそのまま素通しで国家意思に転化するような状況は、各輔弼者の意思が乱立して国家意思の統一がとれなくなる事態を生じさせかねないのである。

多元的輔弼制のもとで輔弼者間に意思の対立が生じた場合には、通常はまず輔弼者間で相互に調整がはかられ、意思一致を実現する努力がはらわれる。それでも対立が解けない場合には、最終的にはその裁定は天皇の意思決定に委ねられざるをえない。天皇の裁断により決着がつけられるのである。自己の意見と異なる結果を天皇が裁定した時、それにおとなしく承服するか、あるいは責任をとって辞任するかは輔弼者の判断次第である。しかし、「神聖なる捺印機関」となった天皇がこのような裁定を下すことは原理的に不可能であろう。そのような天皇によって裁定が下されたとしても、それは結局、ある特定の輔弼者の意思を素通しで反映したにすぎないのだから、対立する輔弼者にそれに従うことを求めるには無理がある。最悪の場合には、輔弼者の意思は悪無限的に対立したまま、国家意思として統一されない状態におちいりかねない。

つまり、「万機親裁」システムのもとでは、通常天皇は国家意思決定のプロセスにおいて受動的主体としてふるまえばよいのだが、しかし、まったくの受動的主体で終始できるかといえば、必ずしもそうではなかった。輔弼者間の意思が対立して裁定を下さねばならない場合に代表されるように、能動的主体としてふるまうことを求められる局面が、頻繁にではないとしても、必ず存在したからである。

天皇が正しい裁定を下すかどうかより以前に、甲乙を比較検討して選択を行い、決定を下すためには、まず能動的な意思決定を行いうる「主体」がそこに存在していなければならない。少なくとも正常な理解力と判断力をそなえていなければ、あるいは正常な理解力と判断力を有していると臣下から信頼されていなければ、そのような裁定はなしえないし、たとえなしたとしても説得力をもちえないであろう。元老、内大臣・宮内大臣、総理大臣（さらには、軍の首脳部）が一致して摂政の設置もやむなしと考えるにいたった第三の理由は、まさにこのこと（天皇には能動的君主としてふるまわなければならない局面が必ず存在する）にあった。

大正天皇が能動的な「主体」として有効な意思決定をなしえない、あるいはたとえ意思決定をしたとしても、説得力を欠くとみなされかねない、そういった状態にあったことは、皇太子をめぐる天皇家の二つ家族問題（皇太子の洋行問題と結婚問題）を紛糾させ、政治問題化させた大きな要因のひとつであった。同時に、この二つの問題をめぐる紛糾は、大正天皇が能動的な意思決定能力および裁定能力を完全に失っていることを明らかにし、摂政設置論を確定的なものとさせたのである。

皇太子の洋行問題と結婚問題（＝宮中某重大事件）については、すでに詳しい研究があるのでそちらに譲り[63]、本書では大正天皇の役割と摂政設置論との関係に的を絞って論じるにとどめておく。裕仁親王の欧州見学旅行は、元老、内大臣・宮内大臣の発案であり、皇族の長老、総理大臣、枢密院議長も支持し、軍部も賛成したのだから、ふつうならば何の問題もなく決定されたはずである。それが紛糾したのは、皇太子の生母でもある皇后が「此挙を以て冒険とし[64]」、容易に同意しなかったためである。いや、正確に言えば、その皇后の反対を抑えることのできる力をもつはずの大正天皇に、裁定能力が失われていたこと、それが真の原因であった。

皇后が中村宮相から皇太子外遊の提案を聞かされ、その承認を求められたのは一九二〇年七月だが、三元老（山県、松方、西園寺）と宮内大臣は、まず皇后の許諾を得たのちに大正天皇の裁可を仰ぐ方針をとった。『侯爵松方正義卿実記』の記述によれば、「天皇陛下ハ御脳症ニアラセラル、ヲ以テ先ツ之ヲ　皇后陛下ニ奉上シテ其御許諾ヲ受ケ然ル後ニ　聖上ノ御裁可ヲ仰クニ決シ」たという。[65] 三元老と宮内大臣は大正天皇には主体的な意思決定能力なしと判断し、皇室の家長代行である皇后の承認を求めたわけだが、この方針――それ自体は極めて正しい方針であるが――が、結果的には裏目に出た。予期に反して皇后は反対の意を示し、宮内大臣、内大臣、西園寺、山県両元老の説得にも頑として応じなかった。[66] 彼らの方針にしたがえば、皇后の許可がおりないかぎり、正式決定（大正天皇の裁可）に進めないわけであり、自縄自縛におちいった感がないでもない。

大正天皇が健在であれば、まず天皇の意思を伺うことが優先され、皇后の意思はその次に位置づけられたであろう。たとえ皇后が反対しても、天皇が外遊に賛成すれば、家長の権威で事は決したにちがいなく、皇后に対する説得も天皇に期待できたかもしれない。ところが、「天皇陛下は御病気にて可否の叡慮あらせられざる」（奈良東宮武官長の回想による）[67] ために、そもそもそれができなかったのである。大正天皇の病気により、皇后が天皇家の実質的な家長となり、その発言権が増したこと、しかもその皇后が万事「よきにはからえ」式の人物ではなかったこと、さらに、大正天皇が当事者能力を欠き、誰も大正天皇に皇后の説得ができるとは考えていなかったこと、それが皇后の反対による事態の紛糾をまねいたのである。

皇后の頑強さに閉口した元老たちは、皇太子外遊問題は「政事上是非とも必要」との論法を持ち出して、皇后から「結局政事上必要とあれば、政事上の事は干渉せざる積なり」との言質を引き出した。[68] その上で皇后の許諾の有無にかかわらず、大正天皇に上奏してその裁可を得ようとしたのである。政治問題となれば、皇后の許諾を求める必要はないからだが、であれば元老達が最初にたてた方針（まず皇后の許可を得た上で、天皇の裁可を仰ぐ）がそもそもまちがっていたことになる。

ともかくも、皇后の反対を抑えるために、松方内大臣は一九二一年一月一六日に葉山御用邸に赴いて大正天皇の裁可を求めようとした。しかし、天皇に裁可を仰ぐ前に、今一度皇后の許可を求めて欲しいと、中村宮相が懇願したので、松方は天皇に奏上する前に皇后に拝謁し、最後の説得を行った。皇后はなおも「御異存の廉々」を松方に述べたが、最終的には折れ、皇太子の外遊に同意した。[69] あとは、大正天皇が裁可し、ようやく事が決したのである。もちろん、この裁可は当時の大正天皇が行っていた他の裁可と同じく、没主体的なもので、大正天皇は松方の求めるがままに「可」を表明したにすぎない。

最後のところで皇后が折れたので、いちおう問題は解決したのだが、当初の想定どおりに、松方が皇后の意向を無視して天皇の裁可を求めたらどうなったであろうか。その場合、天皇は皇后の反対を抑えるためのデウス・エクス・マキナとして機能したことになる。天皇の裁可は、元老と内大臣・宮内大臣の意思を国家意思として確定させるために是非とも必要な措置だが、元老達は「天皇陛下ハ御脳症ニアラセラル、ヲ以テ」、当事者能力を欠くと認定していたのだから、その「裁可」はまったく機械的なものであった。皇太子の外遊は摂政就任をにらんでの措置であり、大正天皇の病気とともに暗雲がさしかかっている天皇制の刷新・蘇生のために、是非とも必要とするというのが元老と宮内省の考えであり、彼らからすれば、皇后の心配する気持ちそのものはよくわかるとしても、結局のところは、「母親の情」に溺れて大局を見失った謬見にしかみえない。その正当性への確信があったからこそ、彼らは大正天皇をデウス・エクス・マキナとして利用することをも辞さなかったのである。

しかし、これを逆に外遊反対論の立場からみれば、元老と宮内省は自分たちの意思を押し通すために、「御脳症ニアラセラル、」大正天皇を利用しているにすぎないということになる。たとえどのようなものであれ、ひとたび天皇が決定を下したからには、それにおとなしく従うべきであるというのが当時の一般的な規範倫理であったが、もしも、反対論者が自己の正当性に対してその規範倫理を超えるにたるだけの強い確信を抱いていた場合には、その決定は天皇の主体的な判断に媒介された正当な国家意思ではなくて、元老達の私意を粉飾しただけの「まがいもの」にすぎない、との結論に達するのは容易である。元老達が反対を抑えるためにとった、ある意味でやむをえない天皇の権威の利用法が、逆に天皇の権威への信頼を動揺させる結果をまねきかねないのである。

同様に天皇家の家族問題が政治問題にまで発展したのが、皇太子の結婚問題をめぐる、いわゆる「宮中某重大事件」であった。皇太子の婚約者である久邇宮良子女王の母俔子（ちかこ）妃は実家の島津家から色覚異常の遺伝子を受け継いでいたので、遺伝学的に言えば、良子が皇太子と結婚して生まれる皇男子（未来の天皇）にその形質が発現する確率は二五パーセントである。この医学的事実を前にして、婚約解消論と婚約遂行論とが対立したのであった。前者は、神聖なる天皇家の血統に不純なる分子が混入するのは恐れ多いとする「純血論」を唱え、元老、宮内省は一致してこの立場をとった。原首相も原則的にはこれを支持している。いっぽう、婚約遂行論のほうは、色覚異常をもってさほど重大な欠陥とは考えず、逆にそのような些細な理由で、すでに天皇の内諾も得ている婚約を解消するのは人倫にもとる行為であり、国民道徳の鑑となるべき皇室のとるべき道ではないとする「人倫論」を以てこれに対抗した。久邇宮家とそれを支援した杉浦重剛とその門下生および頭山満をはじめとする浪人連や城南荘一派がこれに属する。(70)

元老と宮内省側が敗北した点で結末が大きく異なる（中村宮内大臣は、一九二一年二月一〇日に皇太子の結婚には何ら変更はないとの声明を発表し、責任をとって辞職した。また、山県と松方の両元老は、それぞれ枢密院議長と内大臣の辞表を天皇に提出し、さらに山県は一切の栄爵の拝辞を申し出た）とはいえ、元老と宮内省の考えが強い反対論に出会って事態が紛糾した点では、外遊問題も結婚問題も同じである。

大正天皇が元気であれば、この事件もこれほど紛糾しなかったであろうと思われる。なぜなら、皇太子の婚約解消はすでに明治時代にその前例があったからである。九条節子が皇太子妃に内定する前に、伏見宮禎子女王が候補に内定したことがあった。しかし、明治天皇は、同女王には胸部疾患その他健康上に問題ありとする侍医及び専門医の意見を考慮して、内約を解消する決定を下した。(71)どちらを選択するにしろ、天皇家の家族問題であるのだから、天皇が最終的な判断を下せば、それで決着がついたはずである。

ところが、元老と宮内大臣は、侍医や専門医の報告書を入手しておきながら、それを大正天皇に提出して、この決定をその判断に委ねようとはしなかった。彼らがとった戦術は、専門医の調書を根拠にして、久邇宮側に自発的な婚約辞退を求めるというものであった(72)。ところが久邇宮の拒否に出会うと、今度は婚約解消の是非を枢密院に諮詢することを考える(73)。もちろん枢密院に諮詢するには、その前に大正天皇に事の顛末すべてを奏上し、そのうえで諮詢の許可を得なければならない。天皇家の家族問題に関しては、本来ならば家長である天皇の意志が絶対的であったから、明治天皇であれば、すべてを聞いたうえで、枢密院などに頼らず自分で最後の断を下したにちがいない。枢密院への諮詢論が出てくること自体、すでに大正天皇の判断力に信頼がおかれていないことを示すものである。しかしながら、形式的には、枢密院への諮詢を経たうえで天皇が最終的に事を決するのであるから、この提案は、外遊問題において山県と松方がとろうとした方法、皇后の反対を抑えるために天皇の裁可を仰ごうとしたのと、基本的には同じものと言わねばならない。大正天皇個人の判断力が心もとないと思われているからこそ、天皇の裁可前に枢密院の審議にかけて、決定に重みを与えようとしたのである。にもかかわらす、山県の腹心である清浦奎吾枢密院副議長が躊躇し、平田東助宮内省御用掛も難色を示したので、中村宮相は枢密院への諮詢をあきらめ、辞職を決意することになる(74)。結局中村は、「世上ニ物議アリ、解約ヲ断行セハ由々シキ大事ヲ引起シ、其結果累ヲ　皇室ニ及ボスノ虞アルヲ以テ、之ヲ止ムル(75)」という平田の考えにしたがったのであった。

じつを言えば、「人倫論」に立つ婚約解消反対派が内心いちばん恐れていたのは、元老や宮内大臣が大正天皇に奏請して、婚約解消の裁可を求めることであった。「綸言汗のごとし」、天皇がいったん決めたことを変更するのは不可なりというのが、解消反対論の大義名分であったが、天皇自身が前の決定を変更すれば、その議論は有効性を失う。そのことを自覚していた彼らは、元老や宮内大臣が「最後ノ手段トシテ勅裁ヲ仰グカモシレズ一旦綸言ガ出タ日ニハ取返シガ附カヌ」と考え、大隈重信を動かして、天皇と皇后に対して「若シ其筋ノ者ヨリ聖断ヲ仰イダ場合其儀ハ相成ラント云フ御諚ガアルヤウニ出来レバ此ノ上モナイガソレガムヅカシケレバ再調査ヲ命ズルトノ御沙汰アルヤウ言上」させようとする工作を行った(76)。

ではなぜ、元老や宮内大臣は、枢密院への諮詢つきであれ、大正天皇をデウス・エクス・マキナとして利用することに踏み切れなかったのであろうか。山県はその理由を「全体ならば、事は頗る重大な問題であるから、直に聖断を仰ぐべき筈であるが、今日にては陛下は御脳の御宜しく無い時であるからそれも出来ず」と中村に語っている(77)。これには二重の意味が含まれていると解すべきであろう。ひとつには、文字どおり、大正天皇は正常な判断力をそなえておらず、この困難な問題の裁定を仰ぐことができない、という意味である。ふたつめは、それゆえこの問題の解決（＝婚約解消）を天皇の決定によって行ったとしても（たとえそれが枢密院の諮詢を経たとしても）、天皇の主体的な決断だとは誰も納得しないであろうから、問題の解決とはなりえない。それどころか、元老が病気の天皇を操って、自分たちの私意を押し通そうとしているだけだとの反発を生むにちがいない、というものである。

辞職を決意した中村宮相が原首相に語った、「枢密院に御諮詢の事となすには、聖上に伺て其聖旨に因らざるべからず、然る時は累を聖上に及ぼすの恐れあり、故に此儘御遂行の事に決定して自分辞職する決意なり(78)」なる言葉も、同様に二重の意味をもっていると解される。中村が恐れたのは、ひとつには、婚約解消論に天皇の裁可を受ければ、「人倫説」が主張するところの「人倫に背く」決定を天皇にさせたことになり、その批判が天皇に及びかねない、というものである。ふたつめは、病気の大正天皇は元老や宮内大臣の言うがままに動かされる「操り人形」にすぎないとの非難（それが表だってあらわれることは少ないとしても）に天皇がさらされるおそれのあることである。さらに言えば、中村、清浦、平田の躊躇の背後には、彼ら自身、建前としては「純血論」を信奉していても、内心は「人倫論」を圧倒できるほどの自信をもちえなかった、との事情があったのではないかと思われる。

ながながと書いてきたが、結局のところ、大正天皇が正常な理解力と判断力を失っており、実質的に「大政ヲ親ラスルコト能ハサル」状態にあると周囲からみなされていたことが、天皇家の家族問題である二つの問題の決定を紛糾に追い込んだ真の原因であり、また結婚問題で元老と宮内省が敗北したのも、それに帰着するところが大きいのである。この問題を経過することで、摂政設置はほぼ決定的になったとみてよい。

最後に、これは前掲伊藤之雄論文でも指摘されていることだが(79)、この宮中某重大事件においては、元老や宮内大臣が皇后の意思を伺うことがなかった事実に注意を喚起しておきたい。久邇宮が皇后に書面を送って、婚約辞退の意志のないことを示し、それによって一騒動もちあがっているのを皇后が知ったあとになっても、彼らは皇后の判断を求めず、枢密院への諮詢を経たうえで天皇の裁決を求める選択をした。ほぼ同時に進行しつつあった皇太子の外遊問題では、天皇よりも先に皇后にまず許可を求めたことを考えあわせれば、これはいささか理解に苦しむ。私は、これは偶然ではなくて、外遊問題で手こずった元老が、意図的に皇后を敬遠した結果ではないかと考える。結婚問題をめぐる紛糾が表面化しはじめた一九二〇年一二月八日に、山県は原敬と皇室の問題を話し合ったが、皇太子の外遊問題と結婚問題にふれたあと、「近来何もかも皇后陛下に申し上ぐる様になり、斯くては或は将来意外の弊を生ぜずとも限らず甚だ憂慮し居れり(80)」と、原に語っている。皇后の発言権が増大するのを憂慮した山県が、皇后を蚊帳の外に置こうとしたと考えるのは、うがちすぎであろうか。

後述するように、敗北した山県がこの問題から撤退したあと、婚約遂行論者の牧野宮相の前にたちはだかった最大の壁は、じつはほかならぬ皇后の婚約遂行反対論であった。皇后は最初は久邇宮家との婚約に好意的だったようだが、久邇宮の右の上書を機に婚約遂行反対に立場を変えるのである。私の右の推測があたっているとすると、山県にとっては何とも皮肉な話と言わねばなるまい。

五、牧野伸顕の宮内大臣就任

中村宮相が引責辞任した際に、倉富勇三郎も辞表を提出した。当時倉富は本官である帝室会計審査局長官のほかに皇族および華族関係の事務を取扱う宗秩寮の総裁代理を兼任していた。宗秩寮総裁は井上勝之助であったが、病気のため執務できず、その療養中、臨時に総裁の事務を取り扱うよう命ぜられたのであった。一九二〇年一二月二三日のことである。(81)総裁代理になってはじめて倉富は久邇宮良子女王の「色盲遺伝子」問題を知り、これに関与することになるのだが、あいにく一九二一年一月から二月初めにかけては日記が欠落していて、倉富と宮中某重大事件の関係について詳しいことはわからない。ただ、倉富が中村宮相、石原宮内次官など宮内省首脳陣と同様に婚約解消論者であったのはたしかである。

中村が辞意を表明した翌日（一九二一年二月一一日）、倉富は宮内大臣の代理として、宮相辞任の顛末を、銚子で病気療養中であった伏見宮貞愛親王（伏見宮も解消論者の一人であった）に報告し、その事後承認を求めた。倉富の報告は中村辞任に関する宮内省の公式見解ともいえるものなので、長くなるが、参考のために引用しておく。

昨年宮内大臣ヨリ良子女王殿下ノ事ニ関シ言上シタルコトアル趣ナルカ、其時ハ宮内大臣ハ久邇宮殿下ヨリ御婚約御辞退アルコトヲ希ヒ居リタルナリ。然ルニ殿下ハ御辞退ナク、宮内省ニテハ絶対ニ此事ヲ秘シ居リタルモ、終ニ世上ニ漏レ此事ニ付種々揣摩憶測ヲ為シ、之カ流言モ行ハレタリ。初メハ流言ニ止マリタルカ、其後ニ至リテハ文書ヲ以テ種々ノコトヲ告クル者アルニ至リ、既ニ殿下ニモ文書ヲ呈シタル者アルナラン（略）。右ノ事情ニテ予期ノ如ク御婚約ヲ解カントスレハ、宮内大臣ハ其旨ヲ上奏シ、思召ニ依リテ之ヲ解カサルヘカラス。然ルニ辞退ニ依ラス皇室ヨリ婚約ヲ解カルルコトハ御信義ニモ関ストノ意見アルノミナラス、御解約ノ為此事ニ付物議ヲ起ス様ニテハ、尚更恐レ多キコトニ付、宮内大臣ハ終ニ御婚約ハ御変更ナク自己（宮内大臣）ハ職ヲ辞スルノ決意ヲ為セリ。然ルニ此事ニ付テハ各殿下ニ言上シ、御承認ヲ得タル上ニ非サレハ為シ難キコトナルヲ以テ、其手続ヲ為サントスル際、昨十日ニ至リ物情ハ一層険悪ト為リ、今日ノ紀元節ヲ期シ不穏ノ行動ヲ取ル計画ヲ為シ居ルコトノ風評アリ。現ニ昨日ハ途上ニ（皇国ノ興廃、風雲急ナリ）等ノ文詞ヲ記シタル文書数十万枚ヲ配布シ、其他ニモ不穏ノ文書ヲ配布セントスルモノアリ。警察ニテ之ヲ差止メタル趣ナリ。右ノ如キ形勢ト為リタル為メ、政府ヨリ宮内省ニ対シ何トカ人心ヲ緩和スル手段ヲ取リ呉度旨ノ交渉ヲ受ケ、宮内省ニテハ已ムヲ得ス宮内大臣カ辞職ノ決心ヲ為シタルコトヲ政府ニ伝ヘ、政府ヨリ之ヲ煽動者ニ伝ヘテ之ヲ鎮静セシメントシタルモ、政府ニテハ其効ナカルヘシト云ヒ、終ニ御婚約ノコトニ言及スルノ已ムヲ得サル事情トナリタルヲ以テ、先ツ閑院宮殿下ニ此ノ事情ヲ言上シタルニ、殿下モ其事情ナラハ已ムヲ得ストノ御辞アリタル趣（略）、依テ殿下ニ言上スル前ナリシモ、已ムヲ得ス昨夜政府ノ人ヲ経テ御婚約ハ変更ナキコト、宮内大臣ハ辞職ノ決心ヲ為シタルコトヲ洩シタリ、右ノ次第ニテ順序ヲ失シタルモ、殿下ノ御承認ヲ願フ為メ宮内大臣ハ今日倉富ヲ遣ハシタル儀ニ付、宜シク御聴入ヲ願フ(82)。

宮内省の望む婚約解消を実行するには、大正天皇の「聖断」を仰がねばならないが、婚約解消は信義にもとるとの「人倫論」の非難があり、しかも事が世間にもれ、宮中某重大事件としてスキャンダル化しつつある現状においては、天皇の裁断によって婚約解消を強行すれば、かえって物議をかもしかねないと判断される。よって、やむをえず婚約解消論を撤回し、さらに混乱を招いた責任をとって宮内大臣は辞任することになった、というのが倉富の説明である。さらに、当初中村は、辞任公表前に、伏見宮、閑院宮など婚約解消に賛成した皇族長老に了解を求めるつもりであったのだが、紀元節をひかえて反対派の動きが不穏な形勢をみせたために、事態を憂慮した政府の要請によって、急遽引責辞任と婚約に変更なしとの声明を公表したというのである。

補足しておくと、中村は枢密院への諮詢をあきらめた二月八日の時点で、婚約解消は無理と判断して辞職する決意をすでに固めていたのだが、川村竹治内務省警保局長から鎮静の手段をとるよう申し入れがあり、急遽二月一〇日に声明が出されたのである。しかも、宮内省側は当初は、治安対策ならば、中村の辞意表明で十分と考えていたのだが、川村からそれでは不十分だと指摘されて、やむなく婚約に変更なしとの趣旨を加えたのであった。[83]もっとも、川村警保局長自身は、「中村は川村に是非御内定の遂行並に宮相辞任の事を公表してくれよと云ふに付、遂に新聞記者に漏せり」と原首相に報告している。[84]いずれが正しいのか藪の中だが、川村は原からその不都合を叱責されている。

倉富が一九二一年二月一四日付で中村に提出した辞表は、表向きは「老衰職務に堪えず」であったが、[85]倉富が宮内省の同僚に「此御婚約ハ解カレルヘキモノト信シタリ（略）今日ト雖変ルコトナシ、（略）此ノ信念ヲ改メサレハ将来東宮妃タルヘキ良子女王殿下ニ対シ不敬ナルハ勿論、延ヒテ東宮殿下ニ対シ奉リテモ不敬ナル訳ナリ」と語っていることからわかるように、[86]真の理由は婚約解消に賛成したことにあった。

この時、中村、石原、倉富以外にも、井上宗秩寮総裁、同宗親課長仙石政敬が辞表を出した。[87]いずれもその理由は倉富と同じく結婚問題にあった。宗秩寮事務官で爵位課長の酒巻芳男が倉富に語ったところによれば、[88]井上の辞職理由は、「婚約問題ハ昨年九月頃仙石政敬ヨリ之ヲ聞キ、宮内大臣ノ処置ハ適当ト思ヒタリ。然ルニ病気ノ為引籠居リ、斯カル重要時期ニ出勤セス。大臣ハ責ヲ負フテ辞職スル場合ニ安ンシテ職ニ在ル訳ニ行カサル故職ヲ辞ス」というものであり、仙石も宗親課長として強硬に婚約解消論をとなえたことを理由にあげている(89)（ちなみに仙石の妻素子は、久邇宮邦彦王の妹であった）。酒巻も進退伺を出したが、これは倉富が握りつぶした(90)。

石原、倉富、井上、仙石の辞表は中村から後任の牧野伸顕に引き継がれた。倉富は一九二一年二月二一日に牧野に会って自己の進退につき相談するが、牧野からは「此節ノ事ハ畢竟意見ノ相違ナル故左程頓着スル必要ナカルヘシ」と慰留される。しかし、倉富が「予カ辞表ヲ出シタルハ、予ハ此事ニ付初メヨリ解約ヲ可トスルノ意見ナリシナリ。然ルニ解約セラレサルコトニ決シタル以上ハ予ノ意見ハ将来ノ東宮妃タル方ニ対シ不敬ト為リ、延イテハ東宮殿下ニモ不敬ト為ル様考フルニ付、此儘ニ宮内省ニ奉職スルハ適当ナラスト思フ訳ナリ」と明確に婚約解消論を述べたので、牧野もそれ以上は勧めず、ともかく皇太子の欧州旅行出発が無事済むまでは現状のままで行きたいので、「出勤ハ続ケ呉ヨ」と述べるにとどまった(91)。牧野が倉富を婚約解消論者とみなしていたことは、しばらくしてのちに原敬に「宮内省中に在る色盲論者井上倉富等も辞表を出し居たるも、皆悪意なき者に付、之を却下し」と述べたことからも裏づけられよう(92)。

元老松方の推薦によって宮内大臣となった牧野は、周囲にはっきりと表明したわけではないが、婚約遂行論者であった。そのことは、就任直後に牧野が残したメモを読めば明らかである。一九二一年二月二五日に中村前宮内大臣と会った牧野は、中村は「色盲云々ノコトハ全然取リ消シタル姿ニテ、色盲説ノ起リタル以前ノ状態ニ復シタルモノナルニ付、御内約ハ依然存立シ何等故障ナク御進行ニナルヘキモノトノ了解ナリ」と語ったとして、その談話を覚え書きにして残している。また、同じ日に、おそらく皇后の内意を受けてのことと思われるが、牧野邸を訪問して、「宮相引責シタルモ、御内約進行ノコトニ付テハ、未タ何等御決定ナキモノトノ見込云々、故ニ色盲ノ問題ハ残ルニ付、何トカ此点ニテ詮議ノ上、決定ヲ要スヘシ云々」と申し入れた大森鍾一皇后宮大夫に対して、「中止説ハ撤回セラレタルニ付、前後ノ事情モ顧ミ御婚儀ノコトハ最早事実上最後ノ決定ヲ告ケタルモノト認メ、更ニ議スルノ余地ナシ云々」との意味の回答を与えている。[93] 牧野は、中村の引責辞任によって婚約解消論は撤回されたのであり、予定どおり婚約を進行させることに宮内省の議は決したと解釈していたのである。

さらに五月一四日には、婚約「御辞退は当然の事なり、神様の御血統に不純分子の混入は甚だ宜からず」と「純血論」を述べる伏見宮に対して、牧野は「宮相が御変更あらせられずとの旨を発表し、自から責を引きたる上は、今更再び同様の事を繰返へす事はより以上の害を引起す事に必然成行くべきに付、更に御詮議は考へ物なるべし」[94] と返答している。これによっても、宮中某重大事件の混乱を収拾するとともに、婚約を予定どおり進行させ、結婚問題を解決することが宮相としての自分の任務であると、牧野が考えていたことがわかるであろう。しかし、牧野を迎えた宮内省の高官たちは、前述したように、引責辞任した中村、石原と同様、みな婚約解消論者だった。牧野としては、慎重にことを運ばねばならず、まず省内の人心収攬に気をつかわねばならなかった。

牧野は、皇太子が無事出発するまでは省内人事を凍結し、まず山県・松方両元老の辞職問題の解決を優先させることにした。いっぽう、宮内省内には宮内次官に倉富を推すグループが存在しており、その実現をめざして運動をはじめた。その中心になったのは内匠頭の小原駩吉であり、勅任参事官南部光臣、式部職庶務課長西園寺八郎、仙石等がそれを支持した。小原、南部は宮内省改革に熱心であり、牧野大臣、倉富次官を擁してその実現を目論んでいた。彼らは当然倉富の引責辞任に反対であり、留任を強く望んだ。

小原は「牧野ハ資望経歴ニテ十分ナルモ、処事ノオニ乏シ。輔佐其人ヲ得サレハ事功ヲ挙ケ難シ。若シ石原健三ヲシテ留任セシメテハ間モナク又行詰マルヘシ。故ニ吾々ノ仲間ニテ談シ合ヒタル処ニテハ、此際君ヲ煩ハシテ次官タラシムルコトガ衆望ノ一致スル所ナリ」と、倉富に次官就任を強く迫った。[95] さらに小原は、西園寺八郎に倉富の次官就任工作を依頼し、八郎は松方内大臣と牧野に倉富を推薦するとともに、薩摩閥の大物である山本権兵衛にも倉富を売り込んだ[96]（倉富は第一次山本内閣で法制局長官を務めたことがある）。

このような強い働きかけに対して、倉富は辞表提出の心情を明かして、次官候補たることを固辞し、逆に小原こそ次官となって「現状打破」に邁進すべきであると主張したが、牧野の選んだ次官候補者は、宮内省とはまったく無縁の関屋貞三郎（静岡県知事）であった。倉富が牧野の意中の人が関屋であることを知ったのは一九二一年三月七日のことで、酒巻から極秘情報としてこれを聞かされている[97]。南部や小原の関屋評は「大人シキ人物ニテ格別癖モナキ様ナルニ付先ツ宜シカルへシ」（小原）、「其人物ヲ知ラサレトモ党派心ハナカルへシ」（南部）というもので、小原、南部などの宮内省改革グループは、「関屋ハ才気縦横ノ人ニ非ス。牧野ノ大臣ニ関屋ノ次官ニテハ、二人ニ任セ置キタラハ何事モ運ハサルへシ。依テ銘々ヨリ関屋ヲ鞭撻シテ事ヲ執ラシムルコトハ必要ナルへシ」（小原）ということで一致した[98]。

倉富自身は、牧野から次官の人選を求められた原敬が横田千之助と相談のうえ、関屋を推薦したものと推測していたが（関屋と横田はともに栃木県出身）、のちに薩摩出身の山之内一次から、牧野は以前から関屋を知っており、関屋を牧野に推薦したのは実弟の大久保利武であったと聞かされている[99]。牧野がそれまで宮内省とまったく縁のなかった関屋を次官に選んだのは、他者から露骨な薩摩人事と見なされるおそれのない人物であって、しかも薩摩系に近い者を腹心におきたかったからであろうが、倉富が婚約解消論者であった事情も考慮されたと考えられる。倉富支持グループは、小原を除き（小原は賀陽宮家と縁故が深く、そのため賀陽宮佐紀子女王を皇太子妃に立てようと画策して、婚約解消論を唱えたと噂されたが、実際には、久邇宮が婚約辞退を表明したうえで、天皇がそれを却下することで事態の収拾をはかろうとする折衷論者であった[100]）、南部、仙石ともに強硬な婚約解消論者であった。

牧野と関屋は、戦後恐慌のあおりで困難におちいった皇室財政・宮内省財政を立て直すため経費削減をはかり、また省内の人心掌握のため、倉富支持グループの望む宮内省の組織改革に着手することにした。一九二一年四月に、関屋、小原、南部、倉富に内蔵頭の山崎四男六を加えた組織改革のための秘密委員会が組織され、以後、一九二一年一〇月に実施される宮内省官制改革の準備が進められるのだが[101]、官制改革案の立案およびその実施過程で、漸進論の牧野、関屋、山崎と急進論の小原、南部およびそれを支持する倉富との間に意見の対立が生じ、さらに一〇月改革にともなう省内人事をめぐって、両派の亀裂は決定的となる。それを機に、宮内省内に牧野・関屋派と小原・西園寺・倉富派の対立構図ができあがることになるのだが、それについては省略する。

ただ、倉富支持グループが当初考えていた官制改革案が、かなり思い切った内容のものだったことは指摘しておきたい。倉富が残した秘密委員会の覚書からうかがいしれる南部参事官の原案では、参事官、侍医寮、大膳寮、主猟寮、主殿寮、主馬寮、調度寮、帝室博物館、臨時帝室編修局、皇子附職員、澄宮附職員、御歌所、臨時編纂部、林野管理局の一部、御料牧場、帝室制度審議会、学習院評議会、宮中衛生会、皇室経済会議、宗秩寮審議会などの部局や審議会が廃止されることになっており、宮務監督、侍従補、審査官補、薬剤師長、主膳監、車馬監、御用掛、出仕等の廃官や帝室林野局以外の特別会計の廃止も計画されていた[102]。このうち一〇月の官制改革で実現をみたのは、主猟寮、主殿寮、調度寮、宮中衛生会の廃止、特別会計の整理などにすぎない。

話を戻すと、倉富を次官候補に擬し、省内改革のため是非とも必要な人物だと高く評価していた南部や小原の強い勧説により、ついに倉富も辞意を翻すにいたり、三月九日には、牧野が慰留すれば、それに応じるつもりだと南部と小原に告げた[103]。

その倉富が牧野から留任を求められたのは、皇太子が欧州旅行に出発したあとの三月一一日であった。牧野が倉富に示した理由は二つあり、一つは婚約解消論も皇室のためを思ってのことだから、責任者である中村大臣と次官の石原は別として、他の宮内省幹部については、この問題を理由とする引責辞任を認めないというものだったが、牧野があげたもう一つの理由に摂政問題が含まれていた。牧野は倉富に次のように述べて、留任を求めたのである。

辞職ノコトハ再考ヲ請ヒ度（略）右ノ理由ノ外ニ今一ツ理由アリ。宮内省ニハ如何ニモ人物乏キコトヲ感ス。今後摂政問題其他種々ナル重大問題アリ。是迄出合ヒタルコレ程ノ大切ナル時節カ来ルナラント思フニ、此ク人物ガ乏シクシテハ如何ニモ心細キコトナル故其為ニモ是非留任ヲ希望スル次第ナリ。(104)

倉富は司法官僚として相当の経歴を積み（司法省民刑局長を経て東京控訴院検事長で司法省を退官後、韓国政府法部顧問、韓国統監府司法庁長官、朝鮮総督府司法部長官を歴任）、第一次山本権兵衛内閣では法制局長官をも務めた法制のエキスパートであるうえ、松方内大臣からじきじき内大臣秘書官長（以前の文事秘書官長で詔勅案文の作成を担当）への就任を請われるほど、(105)漢学に深く通じた人物とみられていた。結婚問題と摂政問題の解決が自分に課せられた最も重大な任務と考える牧野は、宮内官僚中には得難い人物として、倉富の豊富な知識と経験を必要としていたのである。すでに南部、小原に留任の決意を示していた倉富は、宗秩寮総裁代理を免じられることを条件に、牧野の慰留に応じた。この勧説にしたがって留任を決意した倉富は、その交換条件として必然的に、牧野の下で摂政問題に深くコミットすることになる。

なお、倉富自身は、山県と松方を留任させるために、牧野は宮内省内の誰の辞任も認めないのだとの観測を下していたが、(106)原日記をみるかぎりでは、就任当初の牧野は、高齢を理由に、山県の枢密院議長、松方の内大臣辞任だけは受理もやむをえないと考えていたようである。就任後はじめて原首相とこの問題を相談した折（三月九日）、牧野は、二人とも官職を辞しても、元老として皇室に対して責任を有していることに変わりはないのだから、その希望を容れてはどうかと述べて、原首相から強く反対されている。大正天皇が山県の枢密院議長辞任を認めることは、山県の完全な失脚を意味すると考える原は、摂政問題の解決を控えて、両元老とくに山県を是非とも生かしておかねばならないと、牧野に迫った。牧野の優柔不断に業を煮やした原は、「牧野は如何にも躊躇決せず」と日記に記している。[107]この原との問答において、牧野は「色盲論者」井上勝之助と倉富は「悪意なき者に付」、その辞表を却下したと語っているので、山県、松方の辞表の扱いと、宮内省幹部のそれとは明らかに別のものと、牧野が考えていたことがわかる。

牧野の方針にしたがい、大臣と次官の交代を除いて、宮内省では宮中某重大事件の責任をめぐる人事異動は行われなかった。唯一の例外と言っていいのは、久邇宮附属官武田健三の免官である。これは宮中某重大事件の存在を世に知らしめた「宮内省の横暴不逞」と題する怪文書の執筆者である来原慶助が[108]、来原に成功報酬として一万五千円を支払う約束を武田がしたとして、久邇宮家にその支払いを要求したことが発覚したために[109]、免官処分をうけたものである。なお倉富は、牧野の指示を承けて、警視総監の岡喜七郎に来原の件について善処を申し入れている。岡の意見は、三千円なり五千円を来原に支払って、おとなしくさせるのが現実的な解決策だというものだったが、牧野、倉富はこれを拒否した。しかし、実際には久邇宮家に長年出入りしている牧野某なる人物が来原に五千円を支払って、来原を黙らせた模様である。[110]

六、皇后の婚約遂行反対論

中村の引責辞任および婚約に変更なしとの宮内省声明により、元老山県以下の婚約解消派は大きな打撃を蒙った。牧野が婚約遂行論であったことは、すでに述べたとおりだが、倉富の観察では、牧野の前途にはいま一つの難関が横たわっていた。一九二一年二月一七日に倉富は小原にこう語っている。

唯一ノ懸念ハ、中村雄次郎ヨリ大森鍾一ヲ経テ皇后陛下ニ言上シ居ル趣意ハ、中村ハ微力ニテ御婚約ヲ解クコトヲ得スト云フニ止マリ、御婚約ハ確定シテ之ヲ動カサストマテハ言上シ居ラサル模様ナリ。然レハ後日尚ホ之ヲ解クコトヲ得ルノ余地ナキニ非ス。若シ皇后陛下カ之ヲ解クノ思召アラハ平山ハ必ス窮地ニ陥ヒルヘシ。(111)

文中に「平山」とあるのは松方の腹心平山成信（内大臣府御用掛）のことである。倉富と小原が、松方は牧野ではなくて、平山を宮相の後任に据えるだろうと考えていたため、その名が出たのである。(112) また、中村の言上を皇后に取り次いだとされる大森鍾一は、二月二五日に牧野に結婚問題の再詮議を求めた大森皇后宮大夫である。倉富が指摘しているのは、中村が公表した「御婚約を変更せず」との声明は、宮内大臣かぎりで出されたものにすぎず、大正天皇はもちろん皇后の承認を得たものではないとの事実である。婚約はまだ内定のままにとどまっており、勅許を得て確定したものではないのだから、皇后の判断次第では変更可能である。もし、皇后が婚約解消を望んだら、婚約遂行派の宮内大臣は進退窮まるであろうと、そう倉富は指摘したのだった。

倉富の推測はまちがっていなかった。じっさいのところ、中村辞任後も皇后はまだ婚約解消の余地ありと考えていたのである。皇后の考えは、波多野元宮相が牧野に語った次のような話から読みとれる。

一九二一年四月に波多野は皇后に会って、皇太子の婚約問題について考えを聞かされた。久邇宮から皇后に対し、婚約辞退はしないとの上奏書が奉呈されたために皇后は不快に感じ、その手紙は皇后宮大夫をして返却させたが、「あ丶云ふ風にては他日皇太子様が御困まりなさる事もあるべし、久邇宮様が御自分様が勝つたと云ふ御態度では宜しからず、（略）未だ真の御内約であるから御取り消しになれぬ分けでもない」と波多野に語ったのである。(113) 最後の部分は倉富の推測を裏づける発言と言えよう。

波多野はこれに対し「御婚儀の事は中村〔雄次郎、前宮内大臣〕男より御変更あらせられずと発表したるに付き、勅許もあつての後の事と存ずるが故に今更御変更の余地はあるまいと思ひます」と諌めたが、皇后は「御勅許のありたる次第ではない、大臣から電話で葉山へ報告の形で中村の発表したるを通知して来たまでの事である」と反論した。この皇后の発言も、上記の倉富の推測と一致する。波多野は「御勅許はなかつたとしても、中村が彼の時御変更あらせられずと発表した以上、今日之を御止めになる様の事は宜からず、そうなれば此度は国民は陛下に直接御処置の不当を訴ふる様になり、甚だ憂慮すべき事になります、兎に角御婚儀の事に付ては何れ宮内大臣〔牧野伸顕〕より適当の時機に申出致すべきに付、夫れまでは何も御話しのない方が御宜しかるべし」と忠告した。

つまり、現時点で皇后の方から婚約解消論をもちだすと、収拾不能の事態となるので、牧野から申し出があるまでは現状を見守るように勧めたのであった。波多野は、婚約内定時の宮内大臣であり、「色盲」遺伝のことを心配した久邇宮が医者に診断を依頼して、宮内省に提出した調査結果（「良子女王には色盲の遺伝子の因子なし」）にもとづいて、結婚に問題なしとの決定を下した当の責任者であり、当然ながら婚約遂行論者であった[114]。その波多野であるから、皇后にこういった助言をしたのも不思議ではない。さらに波多野は、同じ婚約遂行論者の牧野のために、皇后の意のあるところと自分が皇后に諌言した事実を伝えたのであった。

これから明らかなように、婚約は確定しておらず、まだ解消の余地ありと皇后は考えていた。ただし、それは主として皇太子の舅となる久邇宮邦彦王に対する不信感と警戒心のなせる業であって、良子女王その人あるいは彼女が有しているかもしれない「色盲遺伝子」に対する反感によるものではなかったと思われる。先ほど、牧野が宮内大臣に就任したあと、大森皇后宮大夫から「婚約問題の再詮議」を求められたことを紹介したが、皇后の波多野への言葉から判断すれば、大森のこの行動も、皇后の意を承けたものと考えてまちがいない。皇后は、大森を通じて牧野の意向を打診したのであろう。裕仁親王の結婚問題に対して、皇后がどのような考えであったのか、従来は必ずしも明らかでなかったが、牧野日記が公開されたことにより、久邇宮の上書を機に皇后が婚約遂行に懐疑的になったことが判明したのである。

皇后のこの考えは、宮内省の一部ではよく知られていた。たとえば、皇后と波多野が上記のような会話を交わしたのと同じ四月に、仙石政敬は倉富に、「良子女王ノ事ハ、大奥ニテハ先日ノ中村雄次郎ノ辞職丈ニテハ愈々決定シタルモノトノ御思召ニハ非サル様ニ思ハルル」という、田内三吉の話を伝えている(115)。「大奥」とはここではもちろん皇后のことを指す。田内は皇后の末子である澄宮の別当だったため、「大奥」に出入りする機会も多く、その情報はかなり信頼できると受け取られていた。なお、この時倉富は仙石に、石原健三から聞いたとして「中村ガ辞職スルトキハ、中村ハ直接ニハ拝謁致シ居ラサル様ナリ。皇后宮大夫ヲ経テ中村ハ非力ニテ御内約ヲ解クコト能ハサル旨ヲ言上シタル様ニ聞キ居レリ」と述べており(116)、皇后の解釈にまちがいのないことが裏付けられる。

皇后が久邇宮の言動に強い警戒心を抱いていたことは、良子女王の拝謁を願う久邇宮の願いを聞き入れず、遠ざけ続けた事実に如実にあらわれている。一九二一年五月一九日に仙石は倉富に対して、次のような大奥の内情を伝えた。

昨年両陛下葉山御避寒中、良子女王ヲシテ皇后陛下ノ御機嫌ヲ伺ハシメラレントシタルコトアリ。皇后宮大夫ヲ経テ御都合ヲ伺ヒタル処、御都合ニ依リ今暫ク見合セラレ度トノコトナリ。其後自分(仙石)ヨリ更ニ伺ヒタル処、尚同様ノ答ナリ。其後更ニ大夫ニ御機嫌ヲ奉伺セラルヘキモノナラハ余リ延引セサル方宜シカラン。如何ナル御都合ナルヘキヤヲ問ヒタル処、大夫ハ時期ノ宜シキトキ御報スヘシ。夫レマテハ御待チ成

サレ度トノコトナリシナリ[117]

大正天皇と皇后が葉山に避寒に出かけたのは、一九二〇年一二月二三日であり、久邇宮が皇后を不快にさせた書状を呈したのは一一月二八日である。婚約解消問題が浮上した時点で、皇后は良子女王に会うのを意図的に忌避し、その後も同様の姿勢をとり続けたのである。そのため「〔久邇〕宮家にては非常に神経を痛め居る由なり」と、田台湾総督の使いとして久邇宮家を答礼訪問した松本剛吉は、その内情を原首相に報告している。[118]翌二一年一二月には、おそらく新年の拝賀式で良子女王と会うのを避けるためだと思われるが、皇后の御思召によって学齢以上の女王の拝賀そのものが取りやめになった（王男子の拝賀は行われた）。この皇后の拝謁拒否は婚約問題が解決するまで続けられるのである。[119]

久邇宮に対する皇后の不信については、倉富自身も中村前宮相から聞いたことがあった。一九二一年五月に、倉富が中村に（結婚問題に対する）「皇后陛下ノ御思召ハ如何ト」と尋ねると、中村は「何モ伺ヒタルコトナシ」と答えるが、倉富からさらに君の推測はどうかと求められると、「格別御好ミニハ在ラセラレサル様ニ拝察ス」と言い、さらに「気六ヶシキ舅ニテハ困ルナラント云フ様ナル御口気ナリシ」と洩らしたのであった。[120]

未来の皇太子妃を娘にもった邦彦王の態度に、傲慢なものを感じとったのは皇后だけではなかった。当時フランスに留学中であった東久邇宮稔彦王は、東京にいる東久邇宮附事務官金井四郎に皇太子婚約問題の経緯について詳細を問いただす手紙を発したが、それには次のような内容が含まれていた。

良子女王ノコトニ付テハ、是迄皇室ノコトニ付民衆運動ヲ為シタル事例ナカリシニ、此節ノコトハ其運動ノ為メ前議ヲ翻スニ至リタルハ如何ナル事情ナルヤ解シ難ク、久邇宮殿下ハ良子女王ノコト御内定アリタル以来急ニ御体度ガ変リ、其考ヘモ以前トハ異リ自分（東久邇宮殿下）等ニ対シテモ親密ナラサル様ニ考ヘラル。

御内定変更ノコトハ朝香宮ノ外総テ変更ニ同意ナリシ由。久邇宮カ自己（久邇宮）並ニ良様（良子女王）ヲ犠牲トシテ辞退セラレタラハ、皇室ハ愈々安泰ニシテ此事ニ関スル民衆運動モ起コラスシテ済ミタルヘク、久邇宮ガ伏見宮ノ意見ヲ聴従セラレサリシハ実ニ遺憾千万ナリ。[121]

邦彦王は、異腹の弟である稔彦王（婚約解消論者であった）からも、良子女王の皇太子妃内定以来、急に態度が変わり、他の皇族に対しても「お高くとまる」ようになったとみられていたのである。

すでにみたように、大正天皇の病状は天皇の裁断による解決を不能にしていた。山県の工作が失敗に終わったあと、天皇家の家族問題について最終的決定権を握っているのは、いまやその家長代行となった皇后である。その皇后が婚約遂行に否定的であるとなれば、倉富も指摘するように、婚約遂行論の牧野にとってははなはだ頭の痛いことであった。牧野としてはなんとか皇后を説得して婚約遂行に同意を得なければならないが、それには時間を要した。外遊問題からもわかるように、皇后は、山県や松方をも手こずらせた意志強固な女性である。牧野は、何よりもまず皇后の信頼をかちとらねばならなかった。

この難関をクリアする方途のひとつが摂政設置であった。もちろん、牧野をはじめとする婚約遂行派が結婚実現のために摂政を置こうとしたわけではない。ただ、摂政を立てることが、同時に「皇后の反対」という難関を緩和する効果をあわせもっていたこと、そして牧野はそれをよく認識したうえで、事にあたった点を指摘しておきたいのである。

牧野と総理大臣の原敬との間で摂政問題について立ち入った話し合いがなされたのは一九二一年五月四日が最初だが、同月二〇日に「色盲問題の再燃を恐れ、何とか御沙汰にても取計ふの外なかるべし」と考える牧野に、原敬は「御成婚は後にて摂政問題は先なり、故に既に摂政とならる丶以上には殿下の思召も主として考慮せざるを得ず、其思召に従ふは当然の事なり」という注目すべき助言をした。[122]

つまり、皇太子が摂政となれば、皇太子自身が婚約問題に決着をつける（勅許を与える）「主体」となるのだから、皇太子が結婚を望めばすべての反対は抑えることができると、原は言外ににおわせたのである。もちろんその場合、皇后の反対なる難関は大いに緩和される。そして本章の最後でふれるように、実際に裕仁親王の結婚問題はほぼそのようにして解決されたのだった。もっとも原は、牧野には右のように語ったが、のちに山県や西園寺に述べた表現では「色盲問題は摂政後皇太子殿下の御意見並に皇后陛下の思召を伺って決定すること穏当なり」となっていて、[123]「皇后の思召」と「皇太子殿下の御意見」が同列にあげられている。ずるがしこい原敬は、同じ事を語っても、婚約遂行論の牧野と解消論の山県・西園寺では受け取り方が逆になるように、言葉を操作したのである（政治家としては当然のことであろうが）。

牧野はこの原の助言を聞いて、「夫ならば解決に好都合なり」と答えた。原からこの助言を聞くまでは、牧野は「宮相よりの提案にて御沙汰を仰ぐ事」すなわち大正天皇の裁断による解決を考えていた。[124]しかし、裁定能力をもたないとされる大正天皇の「御裁断」によって解決するとなれば、当然ながら、皇后の同意を得ることが第一の要件となる。牧野が原に何度も元老（山県、西園寺）の婚約解消論に困惑していると語ったために、原は「牧野は御内定通り御遂行の論らしく各元老等は不適当論を棄てざるに当惑し居るもの、如し」と、[125]もっぱら牧野が恐れたのは元老とくに山県の婚約解消論だと推測しているが、波多野から皇后の意向を聞かされていた牧野が恐れていたのは、なにも山県ばかりではなかった。原の助言により、摂政問題の解決は、婚約問題についても大きな前進の一歩となりうることに牧野は思い当たったのである。

牧野に「摂政問題と色盲問題」の関係について助言してから二ヶ月後の一九二一年七月三一日、山県と会った原は「色盲問題」についてふれ、「殿下摂政とならる、ものとせば其上にて裁断を仰ぐべく、又皇后陛下の思召を承りて解決する事至当の順序なり」と持論を説いたが、山県はそれに対して「皇后陛下の思召は如何」と原に反問している。原は「判然承知せざれ共、御賛成には之なき様なりと拝察す」と答え、山県も「然らんと思ふ、皇太子殿下御近眼なれば旁々左様に思召さるゝならん」とこれに同意した。[126] これから、この時点での山県と原が、婚約遂行に消極的な皇后の意向を承知していたことがわかる。

牧野と山県すなわち婚約遂行派と解消派の中間に立つ原は、遂行論の牧野には「皇太子の裁断」に注意を向かわせるいっぽうで、皇后の意向を知る山県には「皇后の思召」を強調するといった印象操作を行い、「摂政問題を先にし、結婚問題は後にする」という自説をもって事態収拾をはかろうとしたのであった。婚約問題の結論がどちらにころんでも原自身は傷を受けないように、保険をかけたということになろうか。いやそれよりも、宮中某重大事件の紛糾は、大正天皇の「御裁断」を仰ぐことに中村宮相が躊躇した点に原因があると信じる原は、[127] 中村の躊躇を生み出した根本である、裁断する「主体」の欠如を、摂政を立てることによって回復することこそが先決問題だと考えたにちがいない。正常な理解力と判断力をそなえた「主体」による「御裁断」であれば、その結論がいずれになろうと、事態の紛糾は避けることが可能である。その意味では、摂政を置くことですでに結婚問題は解決されたといえる、これが原の考えだったと思われる。

なお、一部には原の説とは逆に「摂政問題と婚約問題の同時解決」論も存在していた。つまり、摂政を立てる直前に、大正天皇の最後の裁定として婚約に正式な勅許を与え、この問題に決着をつけるべしとする考えである。枢密院副議長清浦奎吾はこの立場であったらしく、一九二一年一一月二日に、牧野に「皇太子妃の冊立は前に決定の方宜敷かるべく」と注意している。[128] 宮内省内にも同様の考えがあり、南部参事官は「皇族ノ婚姻ハ勅許ヲ受ケサルヘカラス。故ニ摂政ヲ置カルル前ニ勅許ヲ受ケ置カルル方宜シカルヘシ」と牧野に進言し、宮内次官の関屋も南部と同意見であった。[129] 皇太子が摂政として、父親である大正天皇のかわりに、自分の結婚に対して自ら

「勅許」を与えるのでは、理屈に合わぬというわけである。しかし牧野は、「御結婚ニ付テモ困難問題アリ。摂政問題ニ更ニ別ノ困難問題ヲ加フルハ便ナラス」との考えから、南部の進言を退けたのであった。「御結婚ニ付テモ困難問題」とはもちろん、皇后の反対論を指すのである。

七、宮内省の摂政問題検討作業

三月に倉富留任が決定した際に牧野が語ったように、摂政問題の解決にあたっては、その法制官僚としての知識と経験にものを言わせて、倉富に大いに働いてもらうことが期待されていた。しかし、牧野が摂政問題に関して具体的な指示を倉富に与えたのは、それからさらに三ヶ月たった、一九二一年六月二三日のことだった。この日、牧野は倉富をまねいて、摂政設置の手続きを内密に調査するよう依頼した。

天皇陛下先年来脳ノ御悩アリ御静養遊ハサレ居ルカ、御容体ハ御悪シキ方ニハ非サルモ御脳ノ方ハ御宜シキ方トハ申上難ク、昨日還御ノトキナドモ、停車場ニテ急ニ固ク御成リ游ハサレ、其ノ為御帽ノ冠リ方モ曲リ御脚ノ運ヒ方モ自由ナラサル様ノコトナリ。先年来ハ公式ニハ総テ出御游ハサレス、外交官ノ御引見又ハ御陪食デモアル様ノトキハ其ノ為御旅行ノ必要アル様ノコトニテ誠ニ都合悪シ。到底此ノ如キコトニテ永ク弥縫スル訳ニハ行カサル故、皇太子殿下ノ還啓デモアリタル上ハ、摂政ノ御詮議モ必要ナラント思フ。摂政ニ関スル規定ハ一ト通リ整ヒ居ル様ナレトモ、之ヲ実行スルニハ如何ナル手続ヲ要スルヤ予メ取調ヘ置キ度、然ルニ此事ハ只今ノ処此ノ如キ考ヲ懐キ居ルコトガ分リテモ困ル次第ニ付、誰ニ話ス訳ニモ行カス。君

（予）一人ニ依頼スル故、其積リニテ調査致呉度。イツレ医師ノ診断書モ必要ナルヘク、是ハ一週一回ノ拝診ニハ拝診書ヲ作リ居リ。又侍従及侍従武官ニ於テモ異様ノ御動作アリタルトキハ之ヲ記シ居ル筈ナリ。(130)

大正天皇の病状は、駅のホームで急に歩行困難をきたすほどに悪化しつつあった。一九二〇年四月にとられた公務制限措置のまま、いつまでも現状を維持し続けるのは難しいと牧野は判断し、倉富に摂政問題の手続調査に着手するよう命じたわけだが、このことは、すでにこの時点で元老、宮内大臣および総理大臣の間では、大筋で合意が成立し、いよいよ実施にむけて動きだしたことを意味する。原敬日記の記述からすると、だいたい一九二一年の五月半ばから六月中旬の時期に、皇太子の帰国後しかるべき時期に摂政を立てることで、山県、原、牧野の三者間に意見の一致をみたものと解される。それをふまえて、いよいよ宮内省でも具体的な手続きの研究をはじめることとなり、予定どおり倉富がその役目を仰せつかったのだった。

倉富の調査は六月二三日からはじまり、二八日には「摂政ニ関スル規定施行順序書」の第一稿が書き上げられた。(131)七月六日にその完成稿が牧野に手渡されている。牧野は「摂政ヲ置カレタル後ハ摂政附属ノ職員ヲ置ク必要アルヘシ」と、摂政府のことをたずねたが、倉富は「其必要ナカルヘシ」と答えた。(132)

いっぽう、元老山県も別途調査を命じ、枢密院書記官長の二上兵治と内閣恩給局長の入江貫一が私案を作成した。(133)山県はそれを松方、西園寺に提示して意見を求め、元老の一致が得られたら、宮内省に検討させるつもりであった。西園寺が原敬に語ったところでは、西園寺は山県から七月六日にこの案を渡され、検討を求められている。この山県案は二つに分かれており、第一は皇室典範に規定する摂政を置く案、第二は、当面は摂政を立てず、天皇の「御代理」にとどめておくという案である。(134)倉富はこの案を七月一四日に関屋次官から知らされたが、関屋の言では「一ハ真ノ摂政ヲ置クノ意見ニテ、一ハ御名代ト云フ様ナル形ト為シ、或ル時期ヲ経過シタル後摂政ト為ス意見」であった。[135]また、七月一九日に原敬が平田東助から聞かされたところでは、「摂政と云ふ事と、主上外征等国政を視らるゝ便ならざる時は監国の事あるに付、二様の内何れを可とすかと云ふ[136]」ものであった。平田の「監国」が関屋のいう「御名代」にほかならない。先述のように、すでに波多野宮内大臣時代に、天皇の病気中、摂政を置かずに皇太子をして天皇の代理をなさしむることができるか否かを、平沼騏一郎に調査させたことがあり、平沼は代理を置くことはできぬと答申し、倉富もそれを支持していた。今回も倉富は、「御名代ト云フコトハ実際効能ナシ」と「御代理」案には反対であった。[137]

倉富から「施行順序書」を受け取った牧野は、天皇に供奉して塩原に随行し、そこで検討した模様である。「牧野伸顕文書」には、「七月一五日塩原にて」と書き込みのある「摂政設置の手続きについて」と題された自筆メモが残されている。[138]東京に戻った牧野は、七月二〇日に倉富に会って、いくつかの質問をした。まず問題となったのは、摂政を置くにあたり、皇族会議と枢密顧問の会議といずれを先に行うべきかであった。皇室典範第一九条第二項には「天皇久キニ亙ルノ故障ニ由リ大政ヲ親ラスルコト能ハサルトキハ皇族会議及枢密顧問ノ議ヲ経テ摂政ヲ置ク」とあるだけで、皇族会議と枢密顧問の議のいずれを先にするかまでは規定されていない。倉富案は、どちらを先にしてもかまわないが、まず枢密顧問の会議を開き、その決定を承けて枢密顧問が皇族会議を召集する手順を践むのがよいというものであった。牧野はそれに疑問を呈し、「御親族ナル皇族ノ会議ヲ先キニセラルルカ宜シクハナキヤ」と質問した。[139]

倉富の説明は、皇族会議を先に開くと、皇族会議令第二条（「皇族会議ハ皇室典範第十九条第二項ノ場合ニ於テハ摂政タルヘキ順位ニ在ル成年皇族男子之ヲ召集ス」）および第四条（「前二条ノ場合ニ於テ皇族会議ノ召集ハ成年皇族男子三分ノ一以上又ハ枢密顧問ノ請求ニ依リ之ヲ行フ」）の規定により、親族である皇族の請求によって、摂政となる皇太子自身が会議を召集することになるが、それはいささか具合が悪い。それよりも皇族会議令第四条の枢密顧問の会議を先に開き、その議決によって皇族会議を請求し、それに基づいて皇太子が召集するほうがよい。また、皇族会議には枢密顧問に諮詢する権限がないので、いずれにせよ枢密院はまず会議を開いて自ら摂政問題を審議することを決めなければならない。であるならば、最初に枢密院の会議を開いて摂政問題の審議をすることを決め、その請求によって皇太子が皇族会議を召集するのが妥当である、というものであった。法制官僚としては、当然こういう論法になると思われる。

牧野があげた第二の質問は、摂政を立てなければならない理由を説明する文書として皇族会議および枢密院に提出されるべき天皇の「御容体書」はどのようにして作ればよいか、というものであった。これについて倉富は、「最モ困難ナルハ御容体書」であるとしつつも、裁判所で用いられる鑑定書のようなものではダメだとしか答えていない。

以上からわかるように、倉富の案では摂政を置くとの決定は天皇の諮詢によらずして決行される（つまり、皇族会議も枢密顧問の会議も、勅命によって召集されるのではない）ことになっていたが[140]、牧野は、法理上はまさにそのとおりだが、はたしてそれについて議論の余地は全くないのだろうか、と質問している[141]。天皇に諮詢するだけの能力があるのなら、そもそも皇室典範第一九条第二項が適用されるはずもなく、摂政を置く必要もないと、倉富は疑念を払拭するよう牧野に求めた。さらに二人は、摂政府のような組織を設置する必要はなく、「一切ノ機関ハ平常ノモノヲ使用セラルヘキ」と考える点で意見が一致しているのを再確認し、万一天皇が回復した場合、摂政を廃止する手続きについては、その時点でさらに考えざるをえないとして、ひとまず協議を終えた[142]。

牧野は、その翌々日（七月二二日）松方内大臣と会見し、摂政問題について詳しく話し合った。松方は西園寺から渡された山県案を牧野に交付し、その検討を依頼した。牧野は原との協議の結果および宮内省での調査結果をもとに、松方に摂政問題について宮内省の方針を説明し、次の諸点について松方の同意を得た。

一、摂政設置の時期は、皇太子帰国後の一〇月末あるいは一一月頃がよく、遅くとも一二月の議会開会までに解決すべきこと。

二、皇族会議と枢密院のいずれを先にするかについては、牧野は皇族会議を先にするのが適当と考える。その理由は、摂政設置はまずなによりも皇室の家族問題であるので、親族間の話し合いをいちばん優先させるべきであり、国民も枢密院よりも皇族会議により重い信用をおいているので、皇族会議を先にしたほうが「国民も万止むを得ざる事と諦らむなるべしと考へらる」こと。

三、摂政府はおかず、現在の機関をそのまま存置する。ただし、東宮職の人事は刷新する。

四、天皇と皇后はそのまま皇居にとどまり、従来通りの生活を続ける。皇太子は青山御所から皇居に日を決めて出勤し、政務親裁を代行する。

五、医者の診断書は一定の形式を備えるべきである。

六、摂政を立てることのやむを得ない事情を皇后へ言上するのは、内大臣の松方が責任をもって行う。また、各皇族への説明もできるかぎり松方が行い、松方は摂政問題の解決を花道として内大臣を辞任し、隠居する。(143)

すでに述べたことからわかるように、二、三（除く人事問題）、五の諸点は牧野と倉富の協議で問題となった事項である。第一項の、遅くとも議会開会前までに摂政問題の決着をつけるべしとの意見は、原の強く主張するところであり、(144)第四項も原の考えに由来すると思われる。(145)第六項は、松方の意向によるもので、この問題に取り組む松方の決意をよく示している。

牧野の日記では、松方と牧野の間では「御代理」案は最初から問題にもならなかったようなのだが、松方が山県案を牧野にそのまま手交したことを西園寺から聞かされた原は、元老の意見がまとまる前に摂政案と御代理案の二案があるなどということが世間に広まると、意見が両様に分かれて面倒なことになると考え、まず元老の間で意見一致をはかり、摂政設置で統一してほしいと、山県に求めた。山県もそれに同意している(146)。

なお、少し横道にそれるが、摂政を設置するか、それとも「御代理」でいくかという議論は、山県にとってはこれが初めてではなかったことを、ここで紹介しておきたい。そもそも摂政を立てる話そのものが二度目だったのである。一九一二年七月一九日に明治天皇が病に倒れると、「俄ニ御快癒大政ヲ自ラシ給フヲ予期ス可カラサルニ至レリ」と感じた山県枢密院議長は、芳川顕正副議長、伊東巳代治顧問官に摂政設置を内議し、枢密院より発議することに決定した(147)。山県の命を受けて、伊東が摂政設置の手続きを定め、それを入江貫一枢密院書記官が記録した（「摂政ヲ置クノ件発議ノ手続」）。次いで入江とその同僚二上兵治の二人が枢密院開会の通知案、宮内大臣への照会案、摂政を置く枢密院の決議案を作成し、枢密院書記官長河村金五郎の決裁を受けた。さらに山県は、渡辺千秋宮内大臣と協議し、「両三日聖上ノ御様態ヲ拝察シ、然ル後摂政ヲ置クノ発議ヲ為スヘキコトヲ定メ、此ノ旨ヲ含メテ準備ス可キコト」を渡辺に指示した(148)。しかし、明治天皇は危篤となり、「遂ニ摂政ヲ置クニ至ラスシテ（…）崩御在ラセラ」れたため、この件も未然に終わった。

二上と入江のコンビは、それから九年後に再び山県に求められて摂政設置案を起草することになるのだが、すでに初回の時に、摂政設置に関する学説を調査した二人から、代理監国を置くべきか否かで説が分かれている旨の報告が山県になされているのである。それを聞いた山県は伊東に意見を求め、伊東が、代理監国は「皇室内部ノ事実ノ問題ナリ。憲法典範其ノ他ニ依テ認メタル法律上ノ制度ニ非ス」と、数年後の平沼や倉富と同様の解釈に立ってこれを退けたので、山県も摂政設置の発議をする決意をしたのであった。このような経緯があるにもかかわらず、九年後に再び山県の命で作成された案に、「代理監国案」が併記されているのは、山県周辺に誰か強くこれを主張するものがいたためだと思われる(149)。なお、伊東巳代治は、九年後には帝室制度審議会総裁として皇室令の整備にあたっていたが、山県、原、牧野によって摂政問題からは徹底して排除された。倉富も帝室制度審議会のメンバーであったが、摂政問題を帝室制度審議会に付議することには強く反対している。[150]

話をもどすと、松方内大臣と牧野宮内大臣の合意が確認されたのをふまえて、七月二五日に摂政問題に関する最初の宮内省首脳会議が開かれた。出席者は牧野、関屋、倉富、南部、それに宮内省御用掛の憲法学者清水澄の五人である。清水が出席したのは、山県案の二案のうちいずれを採るべきかを検討するためであり、「御代理」論者である清水がよばれたのであった。そのためもあって、まず最初に「摂政を置かず、天皇の代理を置くことの可否」が論議された。[151]清水はその「御代理」論を、概要以下のように説明した。

明治憲法には天皇の代理を置く規定はないが、ドイツ（プロイセン）の憲法も同様である。しかるにプロイセンではフリードリヒ・ヴィルヘルム四世が精神病となったため、弟のヴィルヘルム（のちのヴィルヘルム一世）がまず三ヶ月の期限で代理となり、さらに延長して一年とした。また、ヴィルヘルムが即位した後も代理を立てたことが二回ある。よって、日本においても憲法に明条はないが、代理を立てることは可能である。そもそも摂政は天皇の意識がまったくなくなった時に置かれるべきもので、一時的な故障ならば摂政ではなくて、代理にとどめるべきである。さらに代理を否定するのは天皇機関説の立場である、と。[152]

この議論に対する反駁は倉富が行った。代理を立てるには天皇の詔書によらなければならないが、その詔書には天皇の親署が必要である。しかし、天皇がその詔書に親署できるくらいなら、そもそも代理は不要である。それにとどまらず、詔勅や法律勅令の上諭等には天皇の親署が必須とされるが、その場合たんなる代理者にすぎない者が天皇に代わって署名するのは不当である。また、摂政については皇室典範で摂政となるべき人の範囲と順位が定まっているに対して、代理については何らの規定もない。つまり、理屈上は臣籍にある者でも代理をつとめることができるわけだが、それは憲法の趣旨に反する、と。

清水も倉富も互いに譲らなかったが、この問題の裁定は牧野が下した。代理を置くことは適当ならず。天皇の病状が皇室典範にあるごとく「大政ヲ親ラスルコト能ハサル」ならば、当然摂政を置くべきであり、代理問題についてはこれ以上の議論は必要ない、と。これにより、少なくとも宮内省レベルでは、「御代理案」は斥けられることになった。原日記によれば、山県も西園寺も松方も「御代理」には反対ないし消極的であり、[153]もともと清水説は最初から採用される可能性は少なかったと言えるであろう。

次の議案は皇族会議と枢密顧問会議のいずれを先に行うかという問題であったが、法令の規定からいって無理の少ない枢密顧問の会議を先にすべきだとしたのは倉富だけであり、牧野、南部、清水の三人はこれに反対した。「事重大ナルヲ以テ天皇ト最モ親近ナル皇族会議カ先ツ議決ヲ為スカ順序ニテ人心ヲ安ンスルコトヲ得ヘシ」と、「家族の情誼と人心安定」の見地から皇族会議先行論を唱えた。結局、牧野・松方の合意にそって、皇室会議を先に開くことで決着がつけられた。

この首脳会談の議をもとに、南部に摂政を置く手続書の起草が委ねられた。倉富は南部に自分が作った「手順書」を示し、その参考に供した。[154]さらに牧野は、七月三一日には侍従長の正親町実正に対して、天皇の「御容体及び御動作に付、日々侍従職の日誌を備へ、之に記入する事を重て精細に談示」した。また「既往に逆〔遡〕りても同様のも〔の〕を出来る丈調整する事」を命じた。摂政設置がやむを得ないことを示す材料を本格的に蒐集しはじめたのである。[155]

南部は、倉富の「手順書」をもとに、皇族会議を先にするとの決定にしたがってこれを修正し、「摂政を置くことに関する手続書」を作成した。さらに倉富の意見を徴した上で、皇族会議を先にするのがよい理由および「御代理案」を否とする理由の説明を付して、それを八月二三日に牧野に提出した。[156]

皇族会議を先に開く場合の手続きは、おおよそ以下のようであった。摂政を置くことを議する皇族会議は、成年皇族男子三分ノ一以上の請求により（皇太子が）召集するとの皇族会議令第二条の規定にもとづき、宮内大臣はまず、皇族会議を請求する皇族に対して大正天皇の病状を記した「御容体書」を提示する。それにもとづいて皇族が皇族会議を請求する。皇族会議には枢密院に諮詢する権限はないので、摂政設置を議決した後、皇族会議の議長の命をうけて、宮内大臣が枢密院議長に通報し（皇族会議令第一一条）、それを受けて枢密院が自発的に審議をはじめる。枢密院で議決されたあと、枢密院議長は宮内大臣（および総理大臣）にその決定を伝え、宮内大臣から皇族会議の議長にその旨報告する。枢密院議長から通報を受けた宮内大臣はただちに摂政設置の詔書発布の手続きをとる。

なお、この八月の時点では、倉富は摂政設置は急を要しないと考えており、新聞で皇太子の帰朝後直ちに宮中の重大事が決行される模様などと報道されているのを見て、牧野は事を急ぎすぎではないかと憂慮し、次のような意見を具申した。

現在ニテモ政務ノ御親裁ハ差支ナク、唯公式ノ臨御ガ出来サル丈ナル故、成ルヘク其時期ヲ延ハス方宜シカルヘク、一般ニテモ已ムヲ得スト云フ考ヘノ起ルトキヲ待チテ実行セラルルカ宜シカラン(157)

宮内省の高官とはいえ、天皇の輔弼者ではない倉富は、天皇に拝謁する機会もまれで、日常的に天皇に接することはほとんどなかった。彼は、現に天皇が「万機親裁」を日々行っているのだから、前年病状を公表した際の宮内省の公式見解（儀式には出席できないが、政務の親裁には差支えない）はまだ有効性をもつと考えていたのである。それに対して牧野は、次のように、大正天皇の病状はもはや従来の見解を維持できないまでに悪化していると答えた。

此事ニ付テハ君（予）ノ如キ意見ヲ述フル人モアルカ、一方側近ニ接スル人ハ反対ニ之ヲ速ニスヘキコトヲ主張スル人モアリ。万機ノ御親裁ハ差支ナシト云フモ、実ハ然ラス。故ニ一面ニテハ内閣総理大臣ト宮内大臣トニテ勝手ナルコトヲ為ストノ非難モアリ(158)。

大正天皇に接する機会のはるかに多い牧野は、天皇がすでに「大政ヲ親ラスルコト能ハサル」状態にあると認識していた。これも牧野日記の公開によって知られるようになったことだが、この前後の牧野日記には、大正天皇の病状を報告する加藤泰通侍従の談話が書きとめられている。まず、七月に大正天皇は温泉治療のため塩原に出かけたが、皇太子時代にはほとんど毎年のように滞在していたにもかかわらず、塩原のことをまったく「御記憶あらせられざる様」にみえ、「曾て屢々御来遊ありたる事は全く御念頭に登らざるが如し」と加藤は語っている(159)。また、梨本宮守正王夫妻がその女婿である李王世子を伴って拝謁することになったのだが、皇太子時代に韓国を訪問したこともあり、朝鮮語ができるのを自慢に思っていた大正天皇は、幼少時代からの顔見知りで、それまでにもたびたび会ったことのある李王世子の訪問を心待ちにしていた。ところが、実際に三人が八月七日に日光御用邸で対面した時には「何等御言葉もなく、以前より御待構ありたるに顧み、近側のもの不思議に感じた」のであった。大正天皇は「全く世子をお忘れになり梨本宮の若宮」とまちがえたのである（ただし、梨本宮には王男子はいない）。加藤侍従は「余程の御異状と拝する外なし」と牧野に語っている。そのほかにも、「庭に人が居る」「大きな男が居る」「小さな男が見ゆ」と発言したことが侍従からの報告として記録されており、牧野は「何か御脳の働きにて跡《ママ》になり御記憶と実際と混合したる御感じありしにや」と記している(160)。牧野が「万機ノ御親裁ハ差支ナシト云フモ、実ハ然ラス」と倉富に語った時、上記のこともその念頭にあったのだと思われる。

本章の第四節で、「もしも、天皇が「神聖なる捺印機関」にすぎないのであれば、定立された国家意思は、天皇という「主体」によって媒介されたものではないから、実際には輔弼者の意思にとどまったままである。それは仮装された国家意思すなわち「まがいもの」の烙印を他者から押されかねない危険性をつねにはらんでいる」と述べたが、牧野自身、そのような「危険性」をひしひしと感じていたことが、上記引用の牧野の言葉「内閣総理大臣ト宮内大臣トニテ勝手ナルコトヲ為ストノ非難モアリ」から判明する。倉富も、牧野との会見のあと、天皇がすでに「大政ヲ親ラスルコト能ハサル」状態にあると知りながら、一方で日々天皇に「万機親裁」を求めている総理大臣や宮内大臣は「極限スレハ命ヲ矯ムルト云ハサルヘカラス」と語り、かといって急に摂政を置こうとしても、天皇が現に「万機親裁」を行っている現状では、摂政を必要とする説明がつかない。突然「親政不可能」と言い出せば、では今までの「万機親裁」はいったい何だったのかということになろうし、じつは今までも「親政不可能」だったのだと言えば、原や牧野は「矯命ノ責ヲ免レス」、「イツレニシテモ説明シ難キコトナルヘシ」と、南部光臣に述べている。南部も、「其点ハ誠ニ困ルコトナリ」とこれに同意した[161]。牧野と宮内省は、倉富の指摘するアポリアを、「死の跳躍」によって解決しなければならなかったのである。

なお、摂政設置の時期については、「自分ニ於テモ直ニ之ヲ実行スル考ヲ懐キ居ル訳ニ非ス。準備丈ハ何時実行シテモ差支ナキ様ニ致シ置キ度考ナリ。(略) 皇太子殿下ノ御信望高マル時ニ直実行スル様ノコトハ絶対ニ避クヘキコト、考ヘ居ル[162]」と、牧野は答えている。牧野自身も、皇太子の帰国直後に、あたかも待ちかまえていたかのごとく、皇太子が議長となって皇族会議を開き、「皇父陛下の御引退を議するは、如何にも感情上又孝道の上に於ても穏当ならざる傾きあるに付[163]」、一〇月末か一一月頃に実行するのをよしと考えていたのである。

八、宮内省の方針転換と第四回病状発表

九月に入って皇太子が欧州旅行から戻り、国民歓呼の声で迎えられた。皇太子を出迎えた原首相は、横浜から東京までの間「殆んど人なき所なしとも云ふべき盛況にて、到処万歳の声を絶たず、如何にも国民歓喜の色を現はせり」と日記に記し[164]、その歓迎ぶりから、この「御威勢ある皇太子殿下摂政となられ人心を一新せられなば、国家皇室の為め如何計り幸運ならんも知るべからず」[165]、との感を深くした。おそらく同様の感を抱いたと思われる牧野も、これを機に摂政設置に向けて公然たる活動を開始する。さしあたって牧野がしなければならないのは、摂政設置もやむをえない状態に天皇があるとの認識を宮内省が有するにいたったことを、国民各層に周知させることであった。具体的には、従来の公務制限措置がもはや維持できないほどに大正天皇の病状は悪化しており、しかも簡単に治る見込みがないとの趣旨で、新たな病状発表を行うことである。一九二〇年四月以来、宮内省が維持してきた方針と公式見解がここで最終的に放棄されるのである。

牧野は、まず九月八日に山県を訪問して、摂政設置の時期、摂政設置に伴う東宮職改革について意向を尋ねた。牧野は皇太子に病状を報告することは述べたようだが、第四回目の病状公表については何も話さなかったらしい[166]。次いで一三日に原首相と会見し、摂政設置を急ぐ原に対して、皇太子に供奉して欧州に旅行した三浦謹之助が帰国したので、まず三浦に大正天皇の診察を命じ、その報告をまって、摂政設置の前提となる第四回目の病状公表を行う予定を明らかにした。そして、今回の御容体発表は、摂政設置もやむをえないと国民一般が納得するための材料ともなるべきものだから、「是迄の様に御快方なれども御静養を要すと云ふのみにては判断に苦しむべしと思はるゝに因り、御幼少の頃御脳を御病みありて十分ならざりしに、御践祚の後は政務を親裁せられ、御容態段々に御宜しからずとの趣旨を附する」つもりであると[167]、その決意を示したのである。さらに、血縁である四内親王をはじめとする皇族方に対しては、侍従と侍従武官とがまとめた「御挙動」の記録もあわせて呈示し、大正天皇の病状について正確な理解をいただくつもりであると、付け加えた。

原はいちいち同意し、「御威勢ある皇太子殿下摂政となられ人心を一新せられなば、国家皇室の為め如何計り幸運ならんも知るべからず」と、牧野を鞭撻し、彼が重大な一歩を踏み出すのを支持したのであった。そのうえで議会開会前に摂政問題を解決する必要性をもう一度うったえた[168]。なお、この会見の際に、牧野は原に摂政設置の手続調書（南部作成のものと思われる）のことを告げ、閲覧するかどうか尋ねている。原は、その必要なし、宮内省が十分調査すればそれでよいと答え、その申し出を断った。このことは、摂政設置は内閣ではなくて、宮内省の所管業務であると、原が理解していたことを示している。原としては、摂政設置の大方針および皇太子の帰国後、遅くとも議会前には摂政を立てるという設置時期の二点について自己の希望が容れられるならば、あとは宮内省に任せて、口をはさむつもりがなかったのであろう。

三浦から診断書を入手した牧野は、九月二五日に皇太子に天皇の病状を報告し、「医師診断書、侍従長、侍従武官長等報告書御内覧を願ひ」出た[169]。閲読した皇太子は、翌日それらを牧野に戻している。ついで、摂政問題を議するため東京に集合した三元老（山県、松方、西園寺）に会い、この問題を話し合った。二六日に訪問した山県には、「調書を手交し」、「御容体書発表の事を談示」している[170]（他の二人についても同様であったと思われる）。「調書」とは、南部がまとめた「摂政ヲ置クコトニ関スル手続書」のことと思われ、牧野から「手続書」を受け取った山県はそれを清浦に示し、清浦は枢密院書記官長二上に命じて意見書を作成させ、それを牧野に交付した[171]。ただし、この二上意見書の内容は不明である。

さらに牧野は、閑院宮、伏見宮、東伏見宮の三親王、朝香宮、伏見宮博恭王、竹田宮大妃昌子内親王、北白川宮を歴訪し、御容体書発表の文案を示して、了解を求めた。各皇族ともに異存なく、発表に同意した。また、牧野の感触では、それが摂政設置につながることもおおよそ理解されたようであった。ただし、朝香宮鳩彦王のように「絶対に政務を御離れになり、摂政を置かれ、御療養に専一に御消光被遊候ては如何」と積極的に摂政論を主張する人物もいたいっぽうで、この発表の「自然の結果たる典範（十九条）の条項に該当し其規程応用の点まで御明言なし。出来る丈御理解なさる様努め置きたるも結局の処まで進まざりし」と、牧野に危惧させた伏見宮貞愛親王のような人物もいた[172]。最後に牧野は皇后に拝謁し（一〇月三日）、「御容体書発表の事を申上」げた。皇后も異存なく、牧野は「不治症に入らせらる、事十分御覚悟の様」と拝察している[173]。皇后には、今回の発表が何を意味するのか、牧野に言われるまでもなく、よくわかっていたにちがいない。

根回しもすんだ一〇月四日、第四回目の病状公表が行われた。

（略）通常御歩行の場合にも側近者の扶助を要せらる、ことあり、且御態度の弛緩及御発語の故障も近頃其度を増させられ又動もすれば御倦怠起り易く、御注意力御記憶力も減退し、要するに一般の御容体は時々消長を免れざるも概して快方に向はせられざるやう拝察し奉る。陛下は幼少の時脳膜炎様の疾患に罹らせられ、且御成長の時期より御成年後に於ても屢々御大患を御経過遊ばされし為め、（略）近時に於ては前記の御容体を拝するに至れるは洵に恐懼に堪へざる所なり[174]。

あらためて指摘するまでもないだろうが、今回の発表は、大正天皇の病状は快方に向かわず、悪化していること、身体の平衡異常や言語障碍にとどまらず、注意力・記憶力にも支障が生じていること、さらに幼少時の「脳膜炎様の疾患」を持ち出すことで、精神作用にも疾患の及んでいる可能性を示唆するところに、眼目がおかれていた。もちろん、まだ「大政ヲ親ラスルコト能ハサル」状態にあると明記されるまでにはいたってないが、実質的にはそう言ったも同然なのは、従来の発表には含まれていた「万機を親裁あらせらる、外は努めて安息に御起居遊ばさる、事当分尚必要」（第二回）、「万機を親裁あらせらる、外は、依然御静養を主とし」（第三回）が、今回の発表では欠落していることからもうなずかれよう。

それゆえに、この発表は大きな衝撃をもって受け取られた。清浦枢密院副議長は「昨日宮内省ヨリ天皇陛下ノ御容体ヲ発表セシカ、用意足ラス。新聞紙カ号外ヲ発行シタル為大ニ人心ヲ驚カシタリ。自分（清浦）ハ倶楽部ニ居リタルガ、其処ニ在リシ者ハ一同ニ驚キタリ。之カ為株式ノ相場モ狂ヒタル様ノコトナリ」と枢密院控所で倉富に語り、同じく枢密顧問官の曽我祐準も「自分等モ驚キタリ」と語っている。[175] しかしながら、山県や原は、発表後「摂政問題に関し順調に運びつ、ある」「大に安神をして居る」と松本剛吉に安堵の意を洩らした。[176] 彼らはこの発表によって大きな前進が勝ちとられたとみなしたのである。

明言されてはいないが、天皇がほぼ「大政ヲ親ラスルコト能ハサル」状態にあることを、一〇月四日の病状発表は示唆していた。そのことは、発表に同意を求められた皇族達の反応を見ても明らかであるし、牧野自身そのように皇族が反応するのを、期待していたのを、つまり「自然の結果たる典範（十九条）の条項に該当しその規程応用の点まで御明言」されるのを期待していたわけだから、疑問の余地はないと言ってよい。しかし、発表後も相変わらず、「万機親裁」は続けられていた。発表の当日、原首相は「参内拝謁して大審院長及び検事総長更迭の件に付奏上し」、翌日には両者の親任式が挙行されている。さらに一〇月一一日にはやはり原首相が「参内拝謁して加藤海相不在中事務を管理すべき旨内奏し」、文官の首相が海軍大臣事務管理に就任するという重大案件に、天皇の承諾を受けた。[177]「万機親裁システム」である以上、実際に摂政が置かれるまでは、天皇の親裁を止めることはできないのである。

一〇月四日の病状発表から一一月二五日の摂政設置までの約一ヶ月半は、考えれば奇妙な時間帯であった。正常な理解力と判断力を失っていると、臣下から半ば公然と認定されたに等しい君主が、なおも国家意思の最終的確定者として機能しつづけたのである。「大政ヲ親ラスルコト能ハサル」状態に近い君主が依然として「万機を親裁」しつづける、という矛盾。そのような微妙な状態が一ヶ月半もの間続いたのだが、天皇の「主体」が

「無」と化し、受動的君主の極限ともいうべき状態にあったと思われる、まさにその時に、国務における最高輔弼者として国政を取り仕切っていた原首相が暗殺され、内閣総理大臣の後任を天皇が任命せざるをえないという、予想だにせぬ事件が出来したのである。

君主の死によらずしてなされる君主権の実質的委譲である摂政の設置にあたっては、政権の安定はもっとも望まれるところであった。原首相自身そのことはよく認識していたのであり、原、山県、牧野の間で皇太子帰朝後の摂政設置について粗々合意が成立しつつあった一九二一年六月六日に、内閣の改造を求める高橋是清蔵相、野田卯太郎逓相に対して、「陛下の御容体到底御全快なし、故に〔皇太子が〕（永井）摂政となられざるを得ざる事は殆んど疑ふの余地なし、如此決定に至るまで如何なる事ありとも国家の為、皇室の為政変を起す事を得ず」と述べ、内閣の改造は摂政問題が解決し、原が摂政に一度辞表を呈して、その信任を得た後にすべしと、極秘に打ち明けたことからもわかる(178)。

摂政問題が最終局面にさしかかりつつあった、まさに土壇場になってのこの悲報は、原と手をとりあってここまでやってきた牧野にとって、「実に驚愕、心事悉す可きにあらず」と言わざるをえないものであった。続けて牧野は日記にこう記した。「内外今日の場合殆んど収拾す可からざる局面を呈する事となる。幼少十九歳の青年無分弁〔別〕の暴挙、国家の安寧を害すと云ふも不可なし。嘆息限りなし(179)」、と。牧野が驚愕し、嘆息するのも無理はない。「十九歳の青年の暴挙」は、他ならぬ牧野自身によって「大政ヲ親ラスルコト能ハサル」状態にあると認定され、三週間後にはその大権を皇太子に委譲する計画が定められている大正天皇、その大正天皇が、何千万の国民の見守る中で、最高輔弼者たる総理大臣を選定し、任命するという、不可解な状況を作り出してしまったからであった。

原の後継に選ばれたのは、同じ政友会の高橋是清であるが、この人事がどのようにして決まったのか、すでに

「大政ヲ親ラスルコト能ハサル」状態にあると認定されかかっている大正天皇が、その過程でいったいいかなる役割を果たしたのか、確認しておく必要があるだろう。

一一月四日午後八時前に原遭難の急報を受けた牧野は、直ちに皇居に参内し、次いで首相私邸へと急行し、そこで松方内大臣と「勲位、内閣の跡始末を談し」、再び参内した。翌日内大臣府に松方、牧野、清浦が集まり、後継首班候補には西園寺が最適であると定め、小田原に療養中の山県のもとに清浦を派遣して、その意向を訊ねる手はずとなった。山県の同意を確認した松方は六日に西園寺に会って、後継首班を引き受けるよう要請したが、西園寺は老齢を理由にそれを断った。牧野も西園寺の説得にあたったが、西園寺は「絶対に拒絶」。さらに松方がもう一度西園寺に話をしたが、これも成功しなかった。西園寺は山県の意見を聞くために小田原に出発し、松方と牧野は清浦を再度小田原に派遣して、山県からも西園寺を説得するよう依頼することにした。(180)

すでに原首相が死亡し、一一月五日午前中には臨時兼任首相の内田外務大臣が他の閣僚の分もあわせて辞表を天皇に提出したのであるから、通常ならば、松方が西園寺に会いに行く前に、内大臣あるいは宮内大臣が大正天皇に拝謁して、事態の処理方法について下問を受けるとの手続きがなければならない。その下問に対して内大臣なり宮内大臣が、元老の意見を御聞きになって然るべしと、ひとまず奉答し、それを天皇が嘉納してはじめて、元老による後継首班の選考がはじまるのがスジである。ところが、松方あるいは牧野が天皇に拝謁したことを示す記事は、牧野日記には一切出てこない。ついでに言えば、侍従武官の四竈孝輔の日記にも、内大臣、宮内大臣の拝謁のことは記されていない。一一月四日の夜遅くに原に正二位と大勲位を授ける御沙汰と、内田の臨時兼任内閣総理大臣の親任式が行われているので、(181)内大臣なり宮内大臣は天皇に会って、その件の裁可を受けなければならないはずだが、そして拝謁すれば、必ず天皇に事態を報告し、後継首班の選定について天皇の下問があってしかるべきなのだが、牧野日記はただ「参内」とだけ記して、拝謁のことには一切ふれていない（この件については後述する)。この事実はいったい何を意味するのであろうか。

松方、牧野はこの政変に処するにあたって、大正天皇には正常な理解力・判断力がないと判断して、あえてその意向を問うことをしなかったのか、あるいは問うことはしても、それは無意味な形式にすぎないので(なぜなら、何らかの意味のある意向の表明が返ってくるはずはないのだから)、天皇への奏上についていちいち書く必要がないと考えたのか、そのいずれかだと思われる。第四回の病状公表後も、形式的には「万機親裁」は続けられていたのだから、高橋内閣を成立させるために、大正天皇が必要な書類に決裁を与え、署名を行ったのはまちがいない。親任式も執り行われている(182)。しかし、それはまったく「神聖な捺印機関」として機能したにすぎないのであって、現実には、大正天皇は「受動的主体」ですらもなかった。通常の内閣後継首班の選定の場合、天皇の「主体性」は「御下問」と「御嘉納」、とくに「御下問」によって発現される。実際、これ以後の他の政変の場合には必ず「御下問」のあったことが牧野日記には記されている。しかし、高橋内閣の成立にかぎっては、「御下問」の三字はどこにも見いだせない。大正天皇にはもはや「下問する主体」はないと、牧野は考えていたのであろう(183)。

なお、この時、清浦と牧野は元老・内大臣である松方の個人的な相談相手として、後継首班候補の選定に関与したと解すべきであろうが、枢密院副議長と宮内大臣がこのようなかたちであれ、後継首班候補の選考に関わるのは、今までになかったことであり、清浦や牧野個人についても、初めての経験であったと思われる。予想外の事件に、松方が自分の相談相手および山県との連絡役に信頼できる人物を求めたとしても無理はないが、ここで清浦と牧野が関わったことが、第三章でとりあげる「御下問範囲拡張問題」につながるのである。

後継首班選定のプロセスをもう少し追ってみよう。小田原で西園寺は山県から内閣組織を勧められるが、やはり固辞して受けなかった(一一月八日)。山県は、腹心の平田に交渉継続を委任し、西園寺に平田と話をするよう依頼して別れた。東京に戻った西園寺は平田と交渉するが（一一月九、一〇日）、逆に平田に組閣を勧め、いやがる平田から後継内閣は政友会の高橋に任せるべしとの言質を引き出すに成功した。[184] いっぽう、西園寺は無理だと悟った松方と牧野も、あとは高橋の政友会内閣でいくしかないと判断し、意見の一致をみていた[185]（一一月九日）。西園寺、松方が高橋推薦で一致し、牧野、平田も異存なしということになったので、小田原の山県の意向を確認したところ、山県も「西公、松侯の相談なれば異議なし」とこれに同意し[186]（一一月一一日）、元老の意見はまとまった。一一月一二日に西園寺は高橋を招き、後継首班たることを勧め、高橋は受諾した。[187] 翌一三日、高橋は宮中に召され、大命を受け、次いで親任式が行われたのであった。[188]

一一月一二日に高橋が西園寺に後継内閣を引き受ける承諾をしたあと、西園寺、松方は天皇に拝謁して、元老の一致した見解により高橋を奏薦すると奉答し、天皇の「御嘉納」を受けたはずだが、牧野の日記にはそのことは見えない。「御下問」について述べたことが、「御嘉納」についてもあてはまるのである。その代わりに、牧野は「台命」なる言葉を日記で使っている。「一三日は台命高橋に降る筈なるに付、一旦高橋に台命降りたる後」（一一月一二日）、「高橋も召に応ず。直に台命降る。時に十時半なり」[189]（一一月一三日）。「大命」ではなく、「台命」である。三ヶ所とも同じなので、うっかりまちがえたとは思われない。言うまでもなく、「台命」は天皇の命令（「大命」）ではなくて、摂政（あるいは皇后、皇太子）の命令を意味する。もちろん、一一月一三日の時点では摂政はまだ立てられていないし、皇太子が皇居で高橋に謁見して、組閣を命じたのは、大正天皇その人に間違いない。にもかかわらず、牧野は日記に「台命」と記したのである。

牧野は一一月一二日午前一〇時に東宮御所で皇太子に会い、「直接秘密に何事か言上」している。[191] この事実を日記に書き記した奈良武次東宮侍従武官長は、「多分陛下の御病状並摂政問題に関することならん」と推測しているが、その推測は正しいと思われる。なぜなら、皇太子は一一月一三日に東京を発ったあと、箱根で陸軍の特種演習に参加し、一五日に一時帰京するが、ただちに陸軍大演習に出発し、高輪御殿に戻ったのは一一月二〇日だったからである。[192]一一月二二日には牧野から皇族が捺印した皇族会議の請求書を捧呈され、会議召集の台命を発しているから、[193]牧野が皇族会議のことを皇太子に説明したとすれば、この一一月一二日の機会しかないとみてよい。しかし、だからといって、牧野が摂政問題以外のことについて皇太子には何も話さなかったということにはならない。摂政問題のついでに、元老が高橋を後継首班に奏薦し、高橋も同意していると皇太子に告げ、その内々の承認を求めた可能性は十分考えられる。皇太子に会って、その承諾を確かめえたとの思いが牧野にあるので、「大命」とすべきを「台命」と記したのではないだろうか。

一見したところ、高橋への大命降下の手続きは、天皇の元老への下問→元老の候補者選考→元老の奏薦→天皇の大命降下という通常の後継首班決定のプロセスを忠実に践んでいるように見える。また従来、そのように解されてきた。しかし、摂政問題を進行させてきた牧野は、それが見かけだけの同一性であって、肝心の大正天皇が「下問する主体」あるいは「嘉納する主体」たりえずに、たんに「神聖なる捺印機関」としてしか機能していないことをよく知っていた。通常の場合とは異なり、元老の意思が、天皇の意思を媒介としないで、そのまま素通しで国家意思となったのである。このまま放置すれば、「万機親裁」がカリカチュアと化すのを認めてしまうことになりかねない。あるいは、元老と内大臣・宮内大臣が勝手なことをしているとの非難をあびかねない。それを回避するために、牧野は、いまだ摂政ならざる皇太子に、先行的に摂政の役割を引き受けてもらうことにしたのではないか。[194]おそらく元老、内大臣、宮内大臣だけの秘密であったとしても、皇太子に報告して、その承認を受けることにより、失われた君主の「主体」を回復させ、それによって媒介されているとの確証を得たかったのではないだろうか。そのように解釈すれば、牧野が日記に「台命」と記した理由もよく理解できるのである。

いっぽう、宮中の奥深くで極秘に行われた牧野の工作から身を離して、この政変劇を鳥瞰すれば、高橋は歴代の中で唯一、ほぼ「大政ヲ親ラスルコト能ハサル」状態にある天皇によって任命された総理大臣だったことになる。すでに一〇月四日の病状公表があり、さらに政変劇最中の一一月七日には、陸軍大演習終了後の一一月二五日に、宮中の重大事件（摂政設置）につき皇族会議及び枢密顧問官会議が開かれるとの新聞報道がなされていた(195)。これらをよく読めば、高橋の任命が右のようなものであることは、当時の人々にもうすうすわかったはずである。天皇が「神聖なる捺印機関」としてしか機能していなくとも、元老によって総理大臣が選定され、大きな問題もなく政変の処理はすまされた。天皇が形式的存在にすぎず、内大臣、宮内大臣の手で、元老の意思がそのまま国家意思に転じたとしても、国政の運用にさしたる支障は生じないことが証明されたのである。元老の意思はもとより私意であり、党派的だとさえいえる。しかし、天皇の意思とは別個に、あるいはその上位に立って、国家意思を決定する意思が存在する、あるいは存在しうることが現実に示されたのであり、その事実は否定しようがない。高橋内閣の成立過程は、国家意思が天皇の意思と切り離されて、決定されうる現実を国民の前に示した。明治憲法のもとで、天皇機関説が広く支持されうる根拠をもつものであることを、実例をもって示したのだと言えよう。

九、皇太子の摂政就任

第四回の病状発表後、摂政問題はいよいよ最後の局面をむかえる。原敬の暗殺という思いもかけない事件を間にはさみつつも、牧野と宮内省は予定どおり事を進めていった。病状公表後になすべきは、まず皇族会議の召集にむけて、皇后以下の皇族に摂政設置のやむをえないことを説明し、皇族会議の請求に必要な措置をとることである。第二には、枢密院と連絡をとり、摂政設置を決議する枢密顧問会議の開催を依頼すること。第三は、以上の両件をも含めて、摂政設置にむけて必要な事務的な準備万端をとどこおりなく進めることであった。他には、現任東宮大夫である浜尾新に辞任を迫ることも牧野の仕事であったが、これについては伊藤之雄前掲論文に譲り(196)、ここでは省略する。以下この節では、上記三者がからまりあって叙述がやや複雑になるが、ほぼ時系列にそって一一月二五日の皇太子の摂政就任まで、動きを追っていくことにしたい。

九月末に牧野は、第四回目の病状公表の文案を南部に示し、倉富と相談のうえ、侍医作成の「御容体書」、侍従長と侍従武官長の作成にかかわる「御動静に関する書類」等を参考にして、皇族会議に提出する説明書類を作成するよう命じた(197)。その作業は一〇月一一日から南部と倉富の手によって進められる(198)。一〇月の宮内省官制改革にともなう人事異動で、倉富は、牧野の懇請もあって、式部長官に転じた井上勝之助の後任として宗秩寮総裁事務取扱を兼任することになった。新官制では、皇族に関する事務に加えて皇族会議に関する事務も宗秩寮の管轄とされたので、倉富は、その職責からしても、関屋次官とともに摂政問題の宮内省側事務責任者となったわけである。

一〇月一一日、かねてからの牧野との約束にしたがい、松方内大臣が皇后に拝謁して摂政設置のやむをえないことを「委曲言上」した(199)。皇后は次の三条件をつけて、松方の上奏に同意を与えた。第一、輔導たる皇族の権力が大きくなるおそれがあるので、摂政に輔導を置くことは不賛成である。第二、皇太子が青山御所を嫌っているので、同御所を摂政の居所とするのは不可である。第三、大正天皇は内閣から差し出される書類を決裁するのを楽しみにしているので(200)、摂政設置後も何とかこの種の仕事がなくならないようにする工夫はないものか、とくに配慮を望む。さらに、皇后は十一月の陸軍大演習終了後に決行する予定にも同意した。なお、皇后の付した三条件のうち、実際に実現されたのは第二だけである。

一〇月一九日に牧野は、三浦謹之助宮内省御用掛、入江為守東宮侍従長、池辺侍医頭と「御容体書」につき協議し、一一月中旬にもう一度病状発表を行うことを内示した(201)。当初の牧野の腹づもりでは、第五回目の病状発表で、「大政ヲ親ラスルコト能ハサル」ほどに天皇の状態が悪化していることをさらに明らかにしたうえで、摂政設置の皇族会議を開く手順だったのだと思われる(202)。しかし、思わぬ時期に原暗殺事件が起こったために、第五回目の病状発表は中止せざるをえなくなった。なぜなら、この時三浦、池辺が作成した「御容体書」の案文は、一一月二五日の皇族会議に提出され、摂政設置と同時に発表された侍医・拝診医連名の「御容体書」とほぼ同じと推測されるが、後者には「御降誕後三週日を出てさるに脳膜炎様の御疾患に罹らせられ、(中略)近年に至り遂に御脳力御衰退の徴候を拝するに至れり。(中略)御記銘、御判断、御思考等の諸脳力漸次衰へさせられ、御考慮の環境も随て狭隘とならせらる。殊に御記憶力に至りては御衰退の兆最も著しく、加之御発語の御障碍あらせらるゝ為め、御意思の御表現甚御困難に拝し奉る(203)」と記されているからである。大正天皇が高橋是清を総理大臣に親任したのは一一月一三日である。その前後にこのような発表をすれば、それこそ「万機親裁」はカリカチュアと化し、天皇と総理大臣の権威も地に墜ちたであろう。

一〇月二二日から一一月一日にかけて、牧野は再び各皇族を訪問し、三浦・池辺等の作成した新しい「御容体書」を示して、皇族会議の請求に同意を得る工作を行った。その順番は、閑院宮、伏見宮、朝香宮、北白川宮、梨本宮、久邇宮、東伏見宮、賀陽宮そして伏見宮博恭王であった。有栖川宮、華頂宮、竹田宮、東久邇宮、山階宮が訪問先にあがっていないのは、成年男子皇族がいないか、不在(軍務、外国留学)のためであろう。牧野の訪問をうけたすべての皇族男子が皇族会議の請求に同意し、摂政設置もやむをえないと了解した。皇族の意向は、次の伏見宮博恭王の言に集約できる。

誠に恐れ多い事であるが、大臣より詳しく聞き取りたる事に付ては実に止むを得ず、最早最後の方法に依るの外他に致方なかるべし。(204)

ただし、朝香宮鳩彦王と久邇宮邦彦王からは「御上に於かせられ御同意なき時は如何成行くや」との質問が出された。(205)これは誰しもが抱く疑問と言うべきだが、牧野の答えはこうであった。

法律上は御承諾を願ふ必要なし、唯臣下の分として無断に此如重大事件の取扱相成難に付申上ぐるなり、夫れには懇に申上御納得を得るに努むべく、多分は御承引を得るならん。(206)

つまり、皇室典範および皇族会議令の定めるところにしたがえば、大正天皇の同意・承諾がなくとも、皇族会議と枢密顧問の議決さえあれば、皇太子を摂政に立てて大正天皇を病気引退させることができるのだが、それでは臣下の分際としてあまりにも忍びないので、できるかぎり大正天皇に御納得いただけるように努力すると、答えたのである。

しかし、皇族会議と枢密顧問会議を天皇の命によらずに召集することをすでに牧野と宮内省が選択している以上、純粋に論理の問題として扱えば、大正天皇の同意・納得のうえに摂政を置く、あるいは同意・承諾がなければ摂政は置けないという発想、それ自体が背理だと言わねばなるまい。なぜなら、大正天皇の病は、肉体的な故障だけをみればそれほどのものではなかったから、摂政を置くことに承認を与えるだけの理解力、判断力が天皇にあるのであれば、まだ「大政ヲ親ラスルコト能ハサル」状態にあるとは認定できないわけであり、わざわざ摂政を立てる理由が成り立たなくなるからである。それができないからこそ、摂政を置かねばならぬ事態に立ち至っているのであり、そもそも天皇に同意・承諾を求めること自体が意味をなさないと言うべきなのである。しかし、感情論からすれば、そんな返答は皇族に対してできるはずもない。宮内大臣としては、あくまでも御納得をいただけるよう努力すると言う以外に、返答しようのないのもたしかであった。

なお、邦彦王は上記以外にも、「皇后様の位地如何なり行くべきや」との質問を発している。牧野は、「政治上には今までと何等御代〔変〕はり被為入れず、（中略）儀容の方面に付ては両陛下は勿論従前と御同様に万事取計ふべきは論なし云々」と、既定方針にのっとり返答をした。[207] 邦彦王がこの質問をしたのは、あるいは皇后が今なお良子女王との対面を忌避していることを念頭においてのことだったのかもしれない。

牧野は以上のような皇族との交渉の経過を、一一月三日と四日に、山県と松方に報告し（この時あわせて三浦、池辺の「御容体書」を手交した）、彼らを安心させている。[208]

いっぽう、皇族訪問と並行しつつ、牧野は宮内省の下僚に事務的な準備をさらに進めるよう指示をした。たとえば一〇月二五日には、摂政設置決定後に宮内省から発表する文案を作成するよう倉富に命じている。[209] その案文は一〇月三一日にはできあがり、牧野に渡された。[210]「倉富勇三郎文書」に残されている断片類から判断すると、倉富が作成したのは、一一月二五日に公表された「宮内省発表」のもととなる文書（「御病状に関する書類」）であったと思われる。[211] さらに、牧野は倉富に、摂政設置を宣告する詔書の案文作成も命じた。「倉富勇三郎文書」には「第八　詔書案」と題された詔書案文を含む断片メモが含まれているので、そのように判断できる。ただし、実際に公布されたものとは若干字句の異同がみられる。[212]

牧野はこの詔書の草案を一〇月二五日に原首相に示して、その意見を求めた。草案では、実際に出された詔書と同様に、天皇の署名（御名）を摂政が代筆し、かつ天皇の署名の横に摂政の親署を添えて公布することになっていた。これは摂政令第三条に「摂政ヲ置ク間御名ヲ要スル公文ハ摂政御名ヲ書シ且其ノ名ヲ署スルノ外天皇大政ヲ親ラスルトキト形式ヲ異ニスルコトナシ」とあり、それにしたがったのである。[213] 何度も言うように、天皇が

「大政ヲ親ラスルコト能ハサル」がために摂政が立てられるのだから、その事を宣布する詔書に天皇が親署したのでは、「大政ヲ親ラスルコト能ハサル」とは言えなくなってしまう。自己言及のパラドクスを避けるためには、こうせざるをえない。また、天皇が詔書に親署することは、天皇が摂政設置に同意し、それに裁可を与えたことを意味するのだから、天皇の同意を得ることが摂政設置の必須要件となってしまい、宮内省の見解とは齟齬をきたしかねないからである。

ところが、原首相はこの期に及んで、これに強い難色を示した。原はこう言った。

摂政を置かるゝ詔勅には普通詔書の通御名御璽丈にて摂政の御名は之なき事適当ならずや、現に勅令其他にも御親署あり、又色々御裁可の事も之あるに付、摂政を置かるゝ詔勅に突然御親署の御名なくして摂政の御代署と云ふ事何分にも穏ならざる様に思ふ。(214)

原は、摂政設置の詔書も、それまでどおりに天皇の親署のみで公布すべしと主張した。その理由は言うまでもない。現に大正天皇は、総理大臣である原の輔弼を受けて「万機を親裁」し、勅令その他への署名や文書の裁可を日々行っているわけだが、突然天皇が「大政ヲ親ラスルコト能ハサル」ために親署できないとなれば、それまでのすべてが内閣総理大臣に操られた「神聖なる捺印機関」の行為にすぎないとなってしまいかねないからである。詔書草案を見せられてはじめて原は、すでに八月の時点で倉富が南部に指摘していた困難、すなわち「親政不可能ト云ヘハ是迄ハ如何トノ問題ヲ生シ、是迄モ不可能ナリト云ヘハ〔総理大臣、宮内大臣は〕(永井)矯命ノ責ヲ免レス」(215)に気づかされたのであった。

倉富のように、摂政問題に早くから関わっていた宮内官僚は、当初からこの困難をよく認識していたのであり、すでに織り込み済みであった。彼らは困難を承知の上で、摂政設置に向けて「死の跳躍」をなす覚悟を決めていたのだとも言える。いっぽう、牧野に摂政問題の解決を急ぐよう、しきりに督励し続けてきた原ではあったが、まさに土壇場になって、摂政問題のなんたるかを突き詰めて理解していないことを、はからずも暴露してしまった感がある。詔書の署名式に疑問を呈した原は、「天皇の同意なくば如何せん」と質問をした鳩彦王、邦彦王を笑うことはできない。いや、後者の二人が大正天皇の「意思」の内実を問題にしたのに比べて、その形式しか問題にしない原のほうが、はるかに人が悪い。原にとって、公務制限後の大正天皇の「万機親裁」が何であったのか、語るに落ちたと言うべきであろう。

原の日記は一〇月二五日の牧野との会談の模様で終わっているのだが、原が残した鉛筆書きのメモによれば、なおも詔書の署名式にこだわったことがわかる。一〇月二七日に松方、二八日に牧野、三〇日に山県と、この問題を元老と話し合っている[216]。牧野からは摂政令を根拠に再度「不可」と言われたようだが、原の反対を知らされた翌日、牧野は倉富と「摂政ヲ置ク詔書ノ形式ニ付協議[217]」しているので、宮内省の見解が再度牧野から伝えられたのであろう。いっぽう山県からは、詔書は天皇の御名で宣布し、詔書とは別に摂政の宣旨を出すという別案が提示されたようであり、一〇月三一日に原は「山県宣旨案」を牧野に伝えている[218]。倉富は一一月五日に南部から「摂政ヲ置カルルトキ摂政ヨリ国民ニ告クル令旨ヲ降サルル必要アル旨ヲ主張スル人アル」ことを告げられたが[219]、二人ともその必要はない（詔書が出されるのだから）との意見であった。

その後、詔書の署名問題がどのように決着したのか、残された史料からはよくわからないが、原が死んだこともあって、結局は宮内省の主張どおりの署名式で公布された。その代わりと言うべきか、摂政の令旨を同時に出す案は残り、一一月二〇日に牧野、関屋、南部の三人が令旨案の審議をしている[220]。この令旨案は内大臣府御用掛の西村時彦（天囚）が起草したもので、倉富は二一日にそれについて意見を求められ、若干の修正を加えた。摂政の令旨も一一月二六日に実際に公布されている[221]。

いっぽう枢密院では、清浦副議長が内々に各顧問官と個別に会見して、一一月下旬に摂政設置が決行される予定を打ち明け、それぞれの意向を打診する作業を進めていた。[222] 一一月二日の原敬のメモには、東宮大夫でもある浜尾顧問官一人が時期尚早としたほかは「各顧問同意寧ろ遅きを云ふ」との清浦の言葉が記されている。[223] 同じ日に枢密院で秘密協議が行われ、三浦・池辺の「御容体書」が朗読されたが、会議後に清浦は牧野を訪問し、顧問官「何れも已むを得ずとの態度に見受けたり。（中略）会議（摂政設置を決議する枢密顧問の会議）（永井）の席におゐて議論質問等出ざる様、乃全会一致にて可決する事に付て各員十分了解したる由」と、枢密院も摂政設置にほぼ固まったことを告げた。[224] さらに、翌一一月三日には、摂政設置を決定する日はあらかじめ午前中から顧問官を召集しておくつもりなので、宮内大臣も当日出席するようにとの、牧野への伝言を倉富に依頼している。[225] さらに一一月一五日にも、倉富は牧野の命で清浦と会い、「摂政ヲ置カルルコトニ関スル枢密院会議ノ順序ヲ協議」し、細かい詰めを行った。[226]

一一月七日に摂政設置についての秘密会議が宮内省で開催された。この会議は一一月一四日、一八日にも開かれている。さらに一一月一九、二〇、二一日には宗秩寮の松平慶民（宗親課長）、酒巻芳男も加えて皇族会議とその請求手続きにつき協議が続けられ、南部起草の手続書に修正が加えられた。また、一九日に牧野は三浦・池辺の作成した「御容体書」を再度倉富に示すとともに、池辺侍医頭にさらにその字句を改訂するよう命じた。また倉富が起草した「御病状書」（皇族会議に提出し、かつ宮内省公表に用いる）について医師の意見を求めるよう池辺に命じた（その意見は二一日に倉富に伝えられ、それにもとづき若干の語句が修正された）。[227]

一一月二一日に伏見宮邸に皇族一二人が会同し、「皇族会議開設の請求書調整方及議案説明賛成担当の事に関する」協議を行った。[228] 宮内省からは牧野、倉富、松平、酒巻が出席し、皇族会議の「議案」「御病状ニ関スル書類」「皇族会議召集請求書」を持参した。[229] 「議案」の文面は「天皇陛下御病患久シキニ亘リ大政ヲ親ラシタマフコト能ハサルヲ以テ皇室典範第十九条第二項ノ規定ニ依リ摂政ヲ置カルヘキモノト議決ス」[230]であった。倉富の残したメモ断片に「皇族会議ハ天皇陛下御病患ニ由リ親ラ大政ヲ行ヒタマフコト能ハサルヲ以テ皇室典範第十九条第二項及第二十条ノ規定ニ依リ摂政ヲ置カルヘキモノト議決ス」と記されたものがあるが[231]、これは「議案」の草案と思われる。

席上朝香宮から、摂政設置には異存ないが、それを今行うのは問題である。なぜなら「内閣更迭に付御親裁ありたる時より僅々の日数を経たる今日、天皇の御不能力を直に発表する時は、国民は之を黙過すべきや」[232]との質問が出された。すでにお馴染みの、本質をついた疑問である。一〇日ほど前に大正天皇が親しく内閣総理大臣を任命したばかりなのに、ここで突然「親政不可能」と言えば、総理大臣の任命は元老が勝手にしたことであると、皇族、枢密院、宮内省、政府が認めるに等しい。はたして国民が何と思うかと、朝香宮は問うたのである。原遭難の報を聞いて、牧野が「前途憂慮に堪へず」[233]としたのも、まさにこの心配があるからだった。

この質問に対して、牧野は、「御質問は御尤も」だが、「親裁を要する事柄は日々絶へず起るもの」であり、しかも今回の政変のように、いつ何時重要なる事件が起こるかは予想できない。つまりは、「今日こそ摂政問題を決するに好機と認むる時は何れの日に視るべきや予期することは不可能」なのだから、宮内大臣としては「彼是熟慮の上今日を選びたるなり」と、反駁した[234]。宮内省内でこの問題を十分に検討してきた牧野である。朝香宮に言われずとも、問題がそこにあるのはよくわかっていた。しかし、朝香宮の指摘した論理にしたがえば、摂政を立てる日は永遠に来ない。牧野としては、その問題はすでに織り込み済みであり、よくよく承知のうえで、あえて今回の決断をしたのである。われわれが「死の跳躍」をする覚悟でいることを、皇族方もよく理解していただきたい、そう言いたかったにちがいない。

牧野の反駁の前に、朝香宮も前言に固執するのをやめ、賛成にまわった。皇族会同の翌日、牧野は倉富に、朝香宮は以前には摂政を置くのは急いだほうがよいと主張していたのに、昨日のようなことを言われるのは困ると言いつつも、「朝香宮ハ道理ハヨク分カル方ナリ。今後熟練セラレタラハ宜シカラン」と語ったが(235)、朝香宮の言に一理あるのを牧野も認めていたのであろう。なお、この日も朝香宮は「聖上に於かせられ皇族会議に付御不同意の時は如何になり行くや(236)」との質問を繰り返したが、牧野は一〇月二五日の回答と同様の説明をして、これを退けた。結局宮内省の原案どおりに決定し、皇族会同は無事終了した。

皇族会同を乗り切った牧野は、翌一一月二二日に皇太子に「前日調印の終はりたる請求書を捧呈し、委曲を言上し、直に召集状発表の台命を願ひ(237)」出た。皇太子はこれを許可し、ここに皇族会議の召集が決定した。この時牧野は同時に浜尾東宮大夫の更迭についても、皇太子の承諾を得た。そのあと、牧野は松方に付き添って大正天皇に拝謁し、摂政設置のことを上奏して、その允許を仰いだのだが、摂政問題のまさにクライマックスともいうべきシーンであるので、長文をいとわずに、牧野日記の該当箇所を引用する。

> 内府より、御容体捗々からず、此上は尚一層御静養を必要とするに付政務は皇太子殿下、摂政として御代理遊ば〔さ〕るゝ事とし、今後は何等御煩ひ不被在、御気儘に御養生遊ば〔さ〕るゝ様願上度し、而して幸ひ御快復被為在る時は元の如く御親裁遊ばさるゝ次第なり、此事に付ては皇族方も御心配遊ばされ、夫々適当の手続きを御調らべ相成、皇族会議を御開きになり、次いで枢密顧問の会議をも開く事に進むる事と致度、誠に恐懼限りなき事ながら此段申上御許を願い奉る旨言上及びたるに、聖上陛下には唯アー〳〵と切り目〳〵に仰せられ御点頭遊ばされたり。
>
> 事如何にも重大なるに付、宮内大臣は改て、只今内大臣より言上仕りたる通り愈々手続等取運びても別に御思召不被為在るや念を押し奉伺したるに、矢張りアー〳〵と御点頭せられたり。臣子として実に堪へざる事

ながら、皇室、国家の為め万止むを得ざる事情に動かされ、今日の上奏に及びたる次第なるが、恐れながら両人より言上の意味は御会得遊ばされざりし様我々両人共拝察し奉りたり。(238)

陛下の御病状が重いので、皇太子を摂政とし、政務を御委任なさるように御願い申し上げます、あわせて（皇室典範の定めるところにしたがい）皇室会議、枢密顧問の会議を開くことに御許しを願いたく存じますと、松方内大臣が上奏したところ、大正天皇は聴きながら「アー、アー」と肯き、心配した牧野宮内大臣が、そのように取り運んでも御異存ございませんかと念を押せば、これに対しても同じように「アー、アー」と肯いたのであった。

松方、牧野の奏上を聴きながら「アー、アー」と肯く、天皇のこの反応は、一〇月一一日に原首相が拝謁して、ワシントン会議で加藤海相が留守の間、自分が海軍大臣事務管理を務めたいと天皇に裁許を求めた時にも、おそらく同様であったと思われる。また、一一月一二日または一三日に、松方内大臣および西園寺が高橋是清を内閣総理大臣に奏薦した際にも、大正天皇はきっと「アー、アー」と肯いたにちがいない。さらに言えば、牧野は自身の日記にまったくそのことを記していないのだが、宮内大臣として天皇の允許を求めるため拝謁した際に、大正天皇が牧野に示したのも、同じような言葉・仕草であったはずである。

宮務に関する輔弼者である牧野が大正天皇に拝謁・奏上しないはずがない。宮中某重大事件で山県、松方が出した辞表を却下するにしろ、宮内省の官制改革を行うにしろ、牧野はそれについて必ず大正天皇に奏上し、その裁許を得たはずである。にもかかわらず、牧野日記では、この一九二一年一一月二二日の松方、牧野の拝謁が最初に登場する宮内大臣の拝謁記事なのである（日記の記述は一九二一年三月一三日から始まっている）。牧野は、他者の拝謁の模様は聞き伝えて日記に詳しく記しているのに、自ら体験したそれについてはまったく記事を残していない（皇后の拝謁記事は残されている）。意図的にそうしたのだと考えるほかないが、ほぼ同時期に一四回の奏上記事を含む原日記と比べると、牧野日記のこの沈黙は異様であると言わざるをえない。なぜ牧野が大正天皇と自分が会った記事を日記に記さなかったのか、原と牧野の違いが何を意味するのか、検討を要する問題であろう。

いつからそうなったのか、時期を確定するのは至難だが、少なくとも公務制限措置がとられてからあと、ある時期以降は、臣下の奏上に対して大正天皇が右のような反応を示せば、それをもって「御嘉納」になった、あるいは裁可なり允許が下された「かのやうに」みなされてきたと考えて、まずまちがいない。もちろん、「天皇親政」の政治理念のもとでは、このようなかたちであれ、允許・裁可がなされたからには、天皇は当該案件につき相応の理解を有し、適切な判断をはたらかせた結果、それを行ったと考えるのがたてまえとなっており、誰も公然とはそれを否定できない。公務制限以後の「万機親裁」の内実とは、ほぼこのようなものだったと思われるが、その解釈にしたがえば、この時大正天皇は、摂政を立て、かわりに自分は引退して病気療養に専念することに同意したのであり、さらにその手続きのため皇族会議と枢密顧問会議を開催することにも承諾を与えたとみなさなければならないし、みなしてよいのである。原敬流でいけば、摂政設置の詔書に大正天皇の親署をいただいて、そのまま宣布してもかまわないわけである。

しかし、松方、牧野にはそれはできない。ここでも繰り返すが、天皇が摂政設置に同意したものと認定して、天皇親署の詔書を発し、あるいは皇族会議・枢密顧問の召集を命じれば、それは摂政設置という宮務・国務の混交事項を天皇が親裁したことを意味するわけだから、裁可された詔書が天皇は「大政ヲ親ラスルコト能ハサル」状態にあると宣告しているのと矛盾をきたしかねない（「自己言及のパラドクス」）。だから、それはできない。この拝謁までは、牧野も松方も、大正天皇が「アー、アー」と肯けば、それでもって問題なく裁可は下されたと解釈してきたのであり、彼ら自身がまさに「かのやうに」の世界にどっぷり漬かっていたのであった。「天皇親政」

のたてまえがあるかぎり、そう解釈しなければ、「万機親裁システム」はたちゆかないのである。もっとも、「万機ノ御親裁ハ差支ナシト云フモ、実ハ然ラス」[239]と倉富に語った牧野は、それが「かのやうに」の世界にほかならぬことを知らぬはずはない。むしろ身にしみて感じていたからこそ、日記に自らの拝謁の模様をわざと記さなかった、いや記せなかったのだと、推測することもできよう。

摂政設置とは、じつはこのような「かのやうに」の世界、すなわち「天皇親政」のたてまえを維持するために、逆に天皇が「神聖なる捺印機関」に堕してしまっている状態を否定し、それを「正常化」する試みにほかならない。だからこそ、牧野と松方は、大正天皇が「アー、アー」と肯けば、それでもって裁可は下された「かのやうに」扱う、それまでの解釈をここで全面的に退けなければならなかった。大正天皇が「アー、アー」と肯いても、「恐れながら両人より言上の意味は御会得遊ばされざりし」と、従来とはまったく逆の、「かのやうに」を否定する解釈――大正天皇が「アー、アー」と御頷きになっても、それは長年の御習慣となった反射的動作にすぎず、じつのところは奏上の内容をまったく御理解なされておられない――が下されたのである。牧野日記にはじめて生身の姿をあらわす大正天皇は、臣下の言上の意味を「御会得」できない君主として描かれているのである。

このことは、すくなくとも公務制限以後に大正天皇が行った「万機親裁」の多くが、じつは「言上の意味は御会得遊ばされざりし」状態でなされたものであることを、牧野（と松方）が言外のうちに認めていることを意味する。かくて彼らは、倉富が南部に語った「親政不可能ト云ヘハ是迄ハ如何トノ問題ヲ生シ、是迄モ不可能ナリト云ヘハ矯命ノ責ヲ免レス」[240]という事態にまさに直面することになる。牧野がそれまで自分の日記に、拝謁の模様を一切記さなかったのは、「親政不可能」な大正天皇の姿を記録に留めるのが忍びなかったのであろうが、それ以上に、「かのやうに」の世界で行われている「矯命」と非難されかねない事情に対して敏感だったためだと思われる。牧野は、「恐れながら両人より言上の意味は御会得遊ばされざりし」と日記に安心して書くことができるようになるまでは、大正天皇とのやりとりを記録に残すのを憚った。意図的あるいは無意識的な隠蔽の構造ともいうべきものが牧野日記にはらまれているのである。

牧野はついに「王様は裸だ」と叫んだわけだが、しかし彼らは、純真素朴な少年ではありえない。つい最近まで「王様は世にもみごとな衣装を召されているかのやうに」ふるまってきた大臣・廷臣の一人であった。もはや「王様が裸である」ことを隠せないと考えた彼らは、純真な少年がそれに気づく前に「裸の王様」を舞台から退場させ、見えなくさせようとした。そのためには、まず彼らが先に「王様は裸だ」と叫ばなければならなかった。そしてひとたび「王様は裸だ」と誰かが叫べば、もはや「かのやうに」の世界は成り立たなくなって、王様は姿を消さざるをえないのである。

いっぽう、宮内省では二二日に各宮家の皇族附職員を宗秩寮に召集し、宗秩寮総裁事務取扱の倉富が、昨日伏見宮邸で皇族会議請求のことが決定されたので、近日中に皇族会議が召集されることを告げ、秘密を厳守するよう求めた。[241] またこの日、摂政の儀礼について協議が行われ、井上式部長官、西園寺式部次長、渡辺直達式部官、関屋次官、倉富、南部参事官、大谷正男大臣官房庶務課長が出席した。「三大節ノトキノ摂政ノ位置及ヒ勅語ニ代ハルヘキ語等」は決定を他日に譲ることとされたが、それ以外の儀礼についてはだいたいのところが定められた。またこの日、東宮大夫を辞職する浜尾を子爵に陞爵する件について、牧野と倉富との間で打ち合わせが行われ、牧野は、倉富と松平が強く反対したので、浜尾の陞爵は当初予定していた一一月二四日を一日延期し、二五日に摂政の裁可を仰ぐことに決定したと告げた。倉富と松平が反対した理由は、もちろん「陛下ハ大政ヲ親シタマフコト能ハスト云フテ摂政ヲ置カルルニ、其前日ニ重要ナル政務即チ陞爵ノ御裁可ヲ願フハ不当ナリ」というものであった。さらに牧野は、大正天皇に拝謁した模様を倉富に語り、「今日松方正義ト共ニ御前ニ伺候シ、摂政ヲ置カルヘキコトヲ奏シタルモ、終ニ御理会アラセラレス。将ニ退カントスルトキ、松方ヲ呼ヒ留メタマヒタルモ、御詞ハ全ク上奏ニ関係ナキコトナリシナリ。実ニ畏レ多キコトナリ」[242]と述べた。大正天皇が松方に何を告げたのか、牧野は語っていない。摂政のことと、まったく関係ないというのであるから、あるいは「之をお前にやろう」[243]と紙巻煙草を与えようとしたのかもしれない。

翌二三日に牧野は再び皇后に拝謁し、浜尾辞表のことを言上した。[244]さらに翌二四日は皇居に参内した松方、西園寺両元老と会見し、皇族会議について最後の打ち合わせを行った。[245]また、清浦枢密院副議長から二四日に開かれた枢密院の準備会の報告を聞き、「何等顧慮すべき言論なき見込みなり」と大いに安心している。[246]さらに皇后に拝謁し、浜尾の後任に珍田捨巳を任命することに承諾を求めた。

一一月二四日の枢密院の準備会では、清浦から各顧問官に対し「明日皇族会議ヲ開カルル順序ヲ説キ、午後一時ヨリ枢密院会議ヲ開キ、可決後直ニ詔書ヲ以テ之ヲ公布セラルヘキ順序ナル故、一致ニ可決スルコトヲ望ム」との発言があり、次いで伊東顧問官が「大体ニ於テ異議ナキモ、副議長ヨリノ話ニ依レハ明日詔書ヲ以テ国民ニ公布セラレ、其翌日ニ賢所皇霊殿神殿ニ奉告セラルルトノコトナリ。順序ヲ失スルヤニ思ハル。此事ニ対スル非難ハ枢密院ニ於テ責ニ任セサル意ヲ明カニシ置キ度」と意見を述べた。[247]皇祖皇考に報告するよりも先に、国民に摂政設置を知らせるのはけしからんと言うのである。伊東は皇室令制の整備を任務とする帝室制度審議会の総裁でありながら、摂政問題に関しては、元老、原首相、牧野宮相から無視され、その関与を徹底的に排除された。このあたりで自分の存在感を示さねばいけないと思っての発言であろう。

同じ二四日倉富は、皇族会議で内大臣が「天皇陛下ノ御平癒ヲ祈リ奉ル」演述をすることにしたいので、その案文を作るようにと、関屋次官から依頼された。これは皇族会議に参列員として出席する平沼騏一郎大審院長の提案によるもので、倉富は早速案文を作って松方に示し、議事次第に内大臣の演述を追加した。[248]そのあと、二一日の皇族会同では、皇族会議において「原案ニ賛成ノ演述ヲ為スヘキ人」が未定のまま終わったので、北白川宮の欧州旅行留別会に出席する松平慶民に、留別会に集まった皇族と協議して、賛成発言をする人物を選ぶようにとの依頼がなされた。ところが、その晩松平から宮内省に連絡があり、朝香宮、久邇宮、伏見宮博恭王から松方の演述に対して強い反対意見が出されたことを倉富は知らされる。倉富は「実ニ意外ノコト」と驚いたが、その反対理由というのが「松方ガ（中略）会議ノ終ラントスルトキ述フレハ、松方ノ意見ニテ事件ガ決定スル様ノ嫌アリ。此ノ如キコトニテハ松方ヲ皇族ニ準シテ待遇スルモノナリ」という意味不明のものであった。しかし、皇族が反対したために、松方内大臣の御平癒祈念の演述は取りやめとなる。翌日この話を聞いた牧野は「皇族ノ心理ハ常識ニテハ判断シ難シ」(249)と、倉富にこぼしている。

いよいよ、一一月二五日皇族会議の当日を迎えた。倉富は九時に出省し、酒巻から皇族会議に関する書類を受け取った(250)。牧野と相談のうえ、「侍従武官長内山小二郎、侍従長正親町実正ヨリ提出シタル御病状書」は皇族会議に提出しないことに決め、その結果、侍医・拝診医連名の「御容体書」と倉富が作成した「御病状書」の二通のみが「御病状ニ関スル書類」として皇族会議と枢密顧問の会議に提出されることになった。開会前に平沼に会った倉富は、平沼がせっかく提案した内大臣の演述は「案外ノ故障」にて、行われないことになったと説明し、その諒解を求めた。平沼はその不都合なることを指摘したが、それ以上は何も言わなかった。

平沼が問題にしたのは、詔書の文章であった。平沼は「摂政ヲ置カルル詔書案ニ（摂政ニ任ス）トアルハ（摂政ノ任ニ就ク）ト書クコトハ出来サリシヤ」と質問し、倉富が「初ノ案ハ就任トナリ居リタルモ（摂政ノ任ニ就カシム）トスヘシトノ意見アリ。終ニ皇室典範ノ成文通リニ為シタルナリ」と起草の経緯を説明すると、「任ニ就カシムト云ヒテハ大変ナリ」と答えて、いちおう納得した。「摂政ノ任ニ就カシム」だと、詔書本文で「大政ヲ親ラスルコト能ハサル」と宣言されている大正天皇が、裕仁親王を摂政に親しく任命したことになってしまうので、平沼は「大変ナリ」と答えたのであろう。つまり、平沼は倉富と同じ考えをもっていたことが、この短いやりとりから判明する。さらに言えば、「摂政ノ任ニ就ク」ならば、裕仁親王は、明治天皇が定めた皇室典範とその下位法である皇室令の規定にしたがって、当然の権利として摂政の任に自ら就いたと解釈できるに対して——そう解釈できるからこそ、それでは孝道にもとりはしないかとの懸念を生んだのであろう——、「摂政ノ任ニ就カシム」では、他の者によって摂政に任命されたことになる。大正天皇は「親政不可能」であると詔書が述べているのだから、この「他の者」は大正天皇以外の何者か、すなわち臣下（皇族を含む）であるとの解釈が生じる余地がある。そんな解釈になっては「大変ナリ」と平沼は危惧したのではないだろうか。

皇族会議は皇居宮殿の西溜の間にて午前一一時から開催された。出席した皇族は、議長の皇太子裕仁親王以下、伏見宮貞愛親王、閑院宮載仁親王、東伏見宮依仁親王、伏見宮博恭王、伏見宮博義王、山階宮武彦王、賀陽宮恒憲王、久邇宮邦彦王、梨本宮守正王、久邇宮多嘉王、朝香宮鳩彦王、北白川宮成久王の計一三人であった。(251) ほかに皇室典範に定める参列員として松方内大臣、牧野宮内大臣、大木遠吉司法大臣、平沼大審院長が出席し、山県枢密院議長は病気のため欠席した。宮内省からは、さらに倉富宗秩寮総裁事務取扱、関屋宮内次官、南部勅任参事官、松平、酒巻宗秩寮事務官が列席し、倉富が説明員として議案を朗読した。仄聞するところではと断ったうえであるが、新聞報道では、議長の皇太子が開会を宣言したあと、牧野宮相が侍医頭提出の「御容態書」を根拠に天皇の病状を説明し、典範の規定にしたがい皇太子を摂政となすことの已むを得ざる旨を述べたあと、伏見宮が賛成の発言をして、皇族一同異議なく決定したと記されている。(252) 倉富の日記では、「皇太子殿下臨場議事ヲ開カレ、予ハ議案ヲ朗読シ、次第書予定ノ通リ十分間許ニテ議了セラル」と簡単に記されているにすぎない。

枢密院の会議は午後一時から同じく宮中東溜の間で開催された。こちらも倉富の日記はそっけないほど簡単で、「副議長清浦奎吾自ラ議案ノ趣旨ヲ説明シ、伊東巳代治賛成ノ意ヲ述ヘ、三十分間ニテ可決」とあるにすぎない。これではあんまりなので、枢密院の議事録から、少し補っておく。枢密院会議の出席者は、清浦副議長（山県議

長は欠席)、伊東、細川潤次郎、九鬼隆一、金子堅太郎、南部甕男、三浦梧楼、浜尾新、曽我祐準、穂積陳重、安広伴一郎、岡部長職、黒木為楨、一木喜徳郎、久保田譲、富井政章、井上勝之助、平山成信、石黒忠悳、有松英義、珍田捨巳、倉富勇三郎、松岡康毅の各顧問官(皇族四人と樺山資紀と都筑馨六は欠席)、高橋総理大臣以下の閣僚(加藤海相を除く)であり、他に牧野宮内大臣が参列した。(253)

清浦が山県に代わって議案の説明を行い(議案は皇室会議のそれとまったく同じ)、天皇の病状は「到底急速御本復ノ見込モ立タサル御容体ナルニ付、事此ニ到リテハ恐レ乍ラ久シキニ亘ルノ御故障ニ由リ大政ヲ親ラシ給フコト能ハサルモノト断定シ奉ルノ外ナク、従テ大権ノ行働ヲ疏通シ国務ノ進行ニ凝滞ナカラシムル為、此ノ際国法ノ明文ニ照ラシテ摂政ヲ置カセラルルコト誠ニ已ムヲ得サル次第ト思料ス」と提案した。伊東の賛成演説は、まず議長の説明により十分明らかであるがと断ったうえで、天皇が「久シキニ亘ルノ御故障ニ因リ大政ヲ親ラシ給フコト能ハサル」状態にあることは、資料として提出された「天皇陛下御病状ニ関スル書類二通ニ於テ精確ニ其ノ事実ヲ証明スル所アリ」と述べ、よって「本案ニ付テハ最早兎角ノ言議ヲ須ヰスシテ摂政ヲ置カルルコトノ今日ノ場合ニ於テ洵ニ已ムヲ得サル」と、摂政を置くことに賛成せざるをえないとした。さらに皇室令制の宜しきを得て、幸いにして摂政の地位をめぐる紛争もなくと、自画自賛したあとで、「本案ノ洵ニ止ムヲ得サルモノナルコトヲ認メ、皇族会議ノ発議ニ対シ且議長閣下ノ御報告ニ対シ全幅ノ賛意ヲ表シ併セテ各位閣下満場一致ヲ以テ議定セラレムコトヲ希望ス」としめくくった。(254)

枢密院が満場一致で可決したあと、摂政を置く詔書が宣布され、ここに裕仁親王は摂政に正式に就任した。同時に、侍医頭が提出した「御容体書」が公表された。その内容はすでにふれたので省略する。摂政は就任後ただちに高橋首相以下の国務大臣を謁見し、次のような言葉を与えた。

皇上の御不例久しきに亘るに因り、余已むを得ずして摂政となりしに就いては卿等従前の通り国務に励精せんことを希望す。[255]

次いで翌二六日には、摂政令の規定にもとづいて、賢所にて奉告祭が挙行され、その後朝見式に準じて摂政が皇族、親任官並宮内高等官に謁を賜った。また、この日かねて宮内省で用意された令旨が高橋総理大臣に手交され、公表された。

二五日の夕刻、宮内省の大臣官房に、倉富、関屋、南部、松平、酒巻、大谷庶務課長、渡辺信文書課長が集まり、牧野が「重大ナル摂政問題モ諸君ノ尽力ニテ滞ナク局ヲ結ヒタルニ付、謝ヲ表ス」と慰労の辞を述べた。これに対し、倉富が一同を代表して「牧野カ苦心シタルモ滞ナク局ヲ結ヒタルコトヲ喜フ」と答えた。しかし、倉富はその日記で「牧野ノ謝意ニ対シ一言モセサリシハ言カ足ラサリシナリ」と、牧野が下僚（とくに牧野を補佐するうえで大きく尽力した倉富と南部）に対して十分な感謝と慰労の言葉を述べなかったことを不満とした。[256]すでに倉富等は、一〇月の宮内省改革を進める過程で、牧野がとった方針と態度とに失望を感じていた。さらに摂政問題で、牧野はただ自分たちをうまく利用しただけはないかと不信を抱いたのである。宮内省官制改革と摂政問題の二大ハードルを何とかクリアした牧野宮内省であったが、これ以降牧野・関屋派と倉富・南部・小原派の暗闘というかたちで省内対立が深刻化する事態をむかえることになる。

前にもふれたが、倉富が起草し、皇室会議と枢密顧問会議に提出された「御病状書」は侍医の「御容体書」とは別に、「宮内省発表」として公表された。それには次のような一節が含まれていた。

大正八年以後は万機御親裁あらせらるゝ、外帝国議会の開院式等にも臨御あらせられず、御避暑御避寒の期間は之を延長し、務めて御静養あらせたまふも御軽快に向はせられず、御脳力は日を逐ひて衰退あらせらるゝ、の御容体を拝するに至れり。而して御姿勢其他外形の御症状も末梢器官の故障より来るものに非ず、総て御脳力の衰退に原因し、御脳力の衰退は御幼少の時御悩み遊ばされたる御脳病に原因するものと拝察することは拝診医の意見一致する所なり。畏多きことながら、近日に到りては終に大政を親らしたまふこと能はざる御状況とならせられたるに因り、皇族会議は本日二十五日を以て摂政を置かるべきものと議決せられ、枢密顧問亦同日を以て同一の議決を為し、皇太子殿下は其の議決に依り皇室典範の規定に従ひ摂政の任につかせたまふことの已むを得ざるに至りたるは誠に恐懼に堪へざる所なり。(257)

この「宮内省発表」を新聞で読んだ四竈侍従武官は、次のような怒りの言葉を日記に記した。

嗚呼、何たる発表ぞ。昨日までは叡慮文武の聖上と其の御聖徳を頌しつゝ、今日俄然此の発表あり。(中略)此の発表無くば、世上或は聖上の御病患果して那辺に存せらるゝやを揣摩臆測するものあらんも此の臆測は放任して可なり。今や統治の大権施行を摂政殿下に托し給ひ、専ら御静養あらせ給はんとする聖上陛下に対し、何の必要ありてか此の発表を敢てしたる、余は茲に至りて宮相の人格を疑はざるを得ざるなり。(258)

たしかに、心ならずも病気引退せざるをえなかった大正天皇のことを思えば、「宮内省発表」の表現は苛酷であり、側近に奉仕する四竈侍従武官ならずとも、情において忍びないものがあると言えよう。

しかしながら、四竈にとっては、いたずらに大正天皇の人格を傷つけるだけの不必要な発表にしかすぎなかったとしても、摂政の設置を推進してきた元老、内大臣・宮内大臣、故原首相にはこの発表は必要だったのである。いや、彼らにとどまらず、摂政設置を議決した皇太子以下の皇族と枢密顧問官、それを支持した皇后、高橋内閣の閣僚、大審院長そのすべてにとって、この「宮内省公表」は必要であった。なぜなら、いかに皇室の大事とはいえ、一般国民に対するアカウンタビリティはそれなりに果たす義務を宮内省は負っていたからである。

大正天皇が病気であり、公務に制限を加えなければいけない状態にあることは、すでに広く知れわたっていた。しかし、公務制限後も「万機親裁」を続けていたわけであるから、「天皇親政」のたてまえからすれば、「叡慮文武の聖上」というイメージは保持され続けなければならなかった。天皇が「神聖なる捺印機関」であるなどとは口が裂けても言えないわけである。ところが、摂政を立てるということは、とりもなおさず、大正天皇が「久キニ亙ルノ故障ニ由リ大政ヲ親ラスルコト能ハサル」状態にあると認定することにほかならない。しかも、大正天皇の病気は、病床に臥したまま起きあがれないといったたぐいのものでないことはこれまたよく知られていたから、当然その「故障」とは、精神的なもの、すなわち脳の障碍による知覚作用、知的能力の低下に求める以外に、説明のつけようがない。つまり、摂政を立てるということ、そのものの中にすでに「御脳力の衰退に」因り、「終に大政を親らしたまふこと能はざる御状況とならせられたる」との認定が内包されているのであり、「宮内省発表」はそれを明示的に表現したにすぎない。

公表された侍医・拝診医の医按（「御容体書」）は、「御降誕後三週日を出てさるに脳膜炎様の御疾患に罹らせられ、（中略）近年に至り遂に御脳力御衰退の徴候を拝するに至れり。（中略）御記銘、御判断、御思考等の諸脳力漸次衰へさせられ、御考慮の環境も随て狭隘とならせらる。殊に御記憶力に至りては御衰退の兆最も著しく、加之御発語の御障碍あらせらるゝ為め、御意思の御表現甚御困難に拝し奉る」と、天皇の病気が脳の障害に由来するものであって、精神作用に大きな困難が生じており、簡単に回復できるものではないと、述べているにすぎず、皇族会議・枢密顧問会議の議決やそれをうけて宣布された詔書中にある「天皇陛下御病患久シキニ亘リ大政ヲ親ラシタマフコト能ハサル」との認定を直接に下しているわけではない。そもそも、そのような認定を下す権限が侍医達にあろうはずもない。その認定は政治的な決定だからである。

宮内省が果たさなければならないアカウンタビリティとは、侍医・拝診医の医按と皇族会議・枢密顧問会議が行った政治決定とをつなぐ因果関係の説明を国民一般に与えることにほかならない。医按によれば大正天皇は正常な理解力と判断力を失っていると判断され、たしかに「大政ヲ親ラシタマフコト能ハサル」状態にあると認定せざるをえない。それゆえ、摂政の設置はやむをえない措置であり、国法に照らして適法であるとの、皇族会議や枢密顧問会議でなされた説明をそのまま公表したのが、「宮内省公表」なのである。これがなければ、医按である「御容体書」と皇族会議・枢密顧問会議の議決（これ自体は公表されない）の結果である「詔書」の二つが公表されたにすぎないから、国民は両者の間で、はたしてほんとうに天皇は「久キニ亘ルノ疾患ニ由リ大政ヲ親ラスルコト能ハサル」状態にあるのかどうか、皇族会議と枢密顧問会議はいかなる理路によって、その議決を行ったのか、不審に思うかもしれないのである。

原武史は、この「宮内省発表」を「天皇の病状に関する五回目の発表」と解釈しているが、[259]「宮内省公表」は皇族会議・枢密顧問会議が「なぜ摂政を立てなければいけないと判断したのか」についての「説明書」とみるべきなのである。牧野はそれを公表することによって、摂政設置について国民を納得させようとしたのである。さらに原は、一一月二五日に、大正天皇が「万機親裁」のために使用していた裁可印を摂政にわたすべく、正親町侍従長が天皇に印籠の御下げを願い出たところ、「聖上には快くお渡しなく、一度は之を拒ませられたりと漏承はる」[260]との四竈日記の記述を根拠に、「天皇は自らの意思に反して、牧野をはじめとする宮内官僚によって強制的に「押し込め」られたというのが私見である」[261]としているが、もともと「主君押込め」なる学問上の概念は、その提唱者である笠谷和比古にとっては、主君としてのつとめを果たさない大名の首をすげかえる権利を家臣団は有していたとの、プラスのイメージで語られるものであったから、原のような文脈で使われると、私などは困惑を感じずにはおられないのだが、それはいいとしよう。問題は、原がそれをもっぱら牧野以下の宮内官僚（本章の範囲ではその代表が倉富ということになる）の所為とするところにある。そしてこの「私見」に伴うかたちで、主君を「押込め」んと暗躍する冷徹な牧野（そのためには、大正天皇は誕生以来ずっと脳が弱かったとのまちがったイメージを流すことも辞さなかった）と型破りな大正天皇を理解し、暖かく見守る原敬という対比図式が原によって設定されているのも、私には疑問に思える。

四竈の漏れ聞いたことが事実であれば、たしかに摂政設置は大正天皇の意に反して行われたと言えるであろう。しかしながら、そもそも摂政の設置とは、法的には天皇の意志に関わりなく行われうるものなのである。摂政設置を報ずる新聞紙上で、美濃部達吉は「皇室典範による摂政は（中略）勅命に依り其任に就かる、に非ず、或る事情が発生すれば当然其任に即かれるのでありて、法律上の言葉を以て云へば天皇の法定代理機関であつて御委任に基く代理機関でない[262]」と説明している。この点に関しては、憲法学説的には美濃部と対立する立場にあると思われる倉富や平沼も同じ見解であったことは、本章でみたとおりである。明治天皇が定めた皇室典範とその下位法である皇族会議令の示すところにしたがえば、皇族会議と枢密顧問会議が天皇「久キニ亘ルノ疾患ニ由リ大政ヲ親ラスルコト能ハサル」と認定すれば、たとえ天皇の同意・承諾がなくとも、摂政を立てることができるのであり、それはまったくの合法行為である。原武史の言い方をまねれば、明治憲法と皇室典範の上に組み立てられた法制度の中にそもそもの最初から「主君押込め」の論理がビルトインされていたのである。牧野をはじめとする宮内官僚はその論理に忠実にしたがったまでであり、彼らの暗躍により大正天皇が「押込め」られたとするのは、時代劇の「お家騒動」史観とはたしてどれほどの距離があるのか、疑問に思う次第である。

この明治天皇が定めた法制度を前提とするかぎり、原の論法にしたがえば、その本人がそれを意識しようと、しまいとにかかわらず、摂政の設置が必要だとみなす者すべてがほぼ自動的に「主君押込め」の論理に加担する者とならざるをえない。あれほど執拗に摂政の設置を求めて、牧野の尻を叩き続けた原敬も、もちろんその例外

であるはずない。(263)

もしも、「押込め」という語を使うことで、原が摂政設置の不当性を主張したいのであれば、議論の立て方としては、大正天皇が「久キニ亘ルノ疾患ニ由リ大政ヲ親ラスルコト能ハサル」とした皇族会議・枢密顧問会議の認定そのものが不当である（つまり、大正天皇の病状は「万機親裁」の任にたえないほど悪くはなかった）と論じるか、そうでなければ、天皇の意志を無視して摂政を置くことができると定めている典範以下の皇室令制そのものが不当であるとするか、はたまた「御脳力の衰退」した天皇には「万機親裁」は不可能とする当時の君主観そのものが不当であるとするか、そのいずれかにすべきであったろう。

おわりに

原敬は死んだが、彼が残した戦略「御成婚は後にて摂政問題は先なり」は効を奏した。牧野は、一九二二年一月二八日に、摂政となった裕仁親王から、自分が結婚したあと女官制度を改革したいとの意向を打ち明けられ、皇太子が予定どおり良子女王と結婚する意志をもっている明証を得る。(264)牧野日記には記されていないが、二月一日に牧野が倉富に語ったところでは、このとき摂政は「予ノ結婚ノコトモ其時期ヲ決定スルコトニスヘシ」(265)と、摂政問題も解決したので、結婚話を進行させるように牧野に要望したのである。牧野は「其時期ニ達シ居ラス」と答えたが、これで裕仁親王が婚約遂行派であることがはっきりした。次いで二月七日には婚約解消論の大黒柱であった元老山県が死亡する。

五月一六日になって婚約問題の最終解決の決心をした牧野は、まず大正天皇の四人の妹の最年長者である竹田宮大妃昌子内親王を訪ね、「宮内大臣は御内定の事を御進行遊ばさるゝ事に聖断を仰ぐ心得なる次第を言上した」[266]。昌子内親王は、裕仁親王は、自分は当然良子女王と結婚するものと思っているらしいと語り、皇后も「既往の行掛りを離れて御心置なく御親しみになり、御結婚も御予定通りに進む事に御思召す様に被為成度ものなり」と述べ、牧野の判断に理解を示した。さらに牧野は伏見宮に婚約遂行の決意を示し、その同意を得た[267]。日記には記されていないが、閑院宮にも同様のことを述べたと思われる。

その上で、ついに六月九日に牧野は皇后に拝謁、婚約を予定通りに遂行することの已むをえない事情を説明し[268]、「此際御内定通り勅許ありて御発表ある方、大なる意味におゐて皇室の御為め宜敷かるべく、乍恐愚考致す次第を詳に附陳」した。皇后は「不純分子の皇統に混入する事の恐れ多き事、（略）〔「色盲」のことを〕（永井）知りつゝ黙認する事は心苦しき事なり。乍去已に熟議を遂られ御進行の外なしとの事なれば涙を呑みて勅許被遊止むを得ざるべし」と、婚約遂行に同意を与えたのであった[269]。ただし、「実は昨春の出来事以来は色盲の事は第二段となり、久邇宮殿下の御態度今少し御謹慎被為べきものと考ふ。愈々御進行被為候以上は此点に付十分御自覚あり度切に希望す」と、結婚を認めるかわりに久邇宮が謹慎することを交換条件に求めた[270]。

皇后がこのように態度を変えたのは、摂政問題を無事乗り切ったことで牧野に対する信頼が強まったこと、また皇太子が「色盲」問題のことを知った上でなおかつ良子との結婚を望んでいるのを皇后も認識せざるをえなかったことに由来すると思われる[271]。なお、皇后が抱いていた久邇宮に対する警戒心は、久邇宮朝融王の婚約破棄事件によって久邇宮の面目が失墜することにより大きく緩和されるのだが、この点については次章で詳しく取り上げる。

皇后の同意を得た牧野は六月一二日に摂政に会い、「御結婚に付昨春以来の経過を申上、且医師調査に付関係の事項を詳細言上。而して乍恐皇室の御為御内定通り勅許を仰ぐを上策と考慮致す旨を上聞に達[272]」した。摂政は

一、二質問したあと「御嘉納可被為在由御仰あり」と牧野は日記に記している。こうして、もめにもめた裕仁親王の結婚問題に決着がつけられた。摂政が自分の婚約に勅許を与える勅書に大正天皇に代わって署名したのは六月二〇日のことであった。

注

（1）伊藤隆・広瀬順晧編『牧野伸顕日記』中央公論社、一九九〇年、一二八、一三〇頁。以下本書では『牧野日記』と略記する。

（2）右同書、一二四頁。

（3）「倉富勇三郎日記」（国立国会図書館憲政資料室所蔵）大正一二年三月二六日条。以下本書では「倉富日記」と略記する。なお、日記の引用に際しては、かなづかいは原文のままとしたが、適宜句読点を補い、かつ漢字を通行の字体にあらためた。

（4）右同、大正一二年三月二六日、三一日、八月二六日条。

（5）明示的なかたちではじめて秩父宮の結婚問題が『牧野日記』に登場するのは一九二四年四月一八日のことだが、「倉富勇三郎日記」では、その前年から有馬伯爵家の家政問題のひとつとして話題にされている（もちろん内密の話である）。有馬家以外の文脈で秩父宮結婚問題が倉富の日記に登場するのは二四年九月四日であり、牧野日記とは半年ばかりのずれがある。「倉富日記」の当該箇所には、閑院宮華子女王と伏見宮敦子女王、同知子女王が候補にあがっているとの、徳川頼倫宗秩寮総裁の言葉が書き留められているが、これと対応する『牧野日記』の記述は、同年八月一八日に牧野が節子皇后に拝謁した時の記事である。その日皇后から「閑院姫宮に付ては云々の御話あり、大臣知らざるかとの御下問」があったことを、牧野は日記に記している（『牧野日記』一五〇頁）。皇后が尋ねたのは、征韓論政変の時の心神喪失の例からして、華子女王の母方の祖父である三条実美には、何らかの精神疾患があり、それが遺伝するおそれはないのかとの疑問だと推測される。翌年三月に牧野が元老西園寺公望に秩父宮結婚問題について報告した際に、西園寺は「故太政大臣〔三条実美〕の明治六年征韓論当時精神異状の話あり。右は養子の某より自分直聞せり」と、牧野に尋ねたが、この噂とほぼ同じものを、おそらく皇后も聞いたのだと思われる。なお、牧野は西園寺に対して、三条の病状は遺伝的なものではないと否定したが、それは、西園寺に会う前日、侍医頭入沢達吉、三浦謹之助、平井政遒の三人の専門家から「遺伝的神経病とは認められず」との報告を聞いており、その知識にもとづいて西園寺に返答したのであった（『牧野日記』一九四、一九五頁）。なお、この時点で牧野が皇后にあげた秩父宮妃の候補は、閑院宮華子女王と松平節子の二人であったと思われる。

（6）「倉富日記」は昭和初期の枢密院研究で有名だが、近年では一九二〇年代の宮中研究の資料としても活用されるようになった。最近のものとしては、あとで言及する伊藤之雄の一連の業績のほか、西川誠「大正後期皇室制度整備と宮内省」『年報近代日本研究20』、山川出版社、一九九八年、川田敬一『近代日本の国家形成と皇室財産』原書房、二〇〇一年、がある。

（7）拝診医三浦謹之助と侍医頭池辺棟三郎の診断書の全文は原奎一郎編『原敬日記』第五巻、福村出版、一九八一年、二二七頁に収録されている（以下本書では『原日記』五のように略す）。

（8）四竈孝輔『侍従武官日記』芙蓉書房、一九八〇年、二〇三頁。

（9）一九一九年二月一五日に葉山御用邸に参内した原敬に対して、石原健三宮内次官は「御脳の方に何か御病気あるに非らずやと云ふ事なり」と語っている。しかし、原は「拝謁したる処にては別段の御様子なし」と、この時点ではそれほどの異常を認めていない（『原日記』五、七〇頁）。原が大正天皇の変調を疑いないものと認めざるをえなくなったのは、同年九月頃のことであり、九月二七日に松方正義内大臣に「陛下近来の御健康に付憂慮すべき次第に付篤と考慮を望む」と申し入れている（同上、一四七頁）。原が元老山県と大正天皇の病状について話すのは同年一一月六日が最初である（同上、一六六頁）。このことから、一九一九年の夏に大正天皇の病状が表面化し、秋には関係者の間で深刻に受け止められるまでにいたったと考えてよいだろう。

（10）伊藤之雄『日本の歴史22　政党政治と天皇』講談社、二〇〇二年、九一頁。

（11）四竈前掲書、一五一、一五三、一六三頁。

（12）右同書、一六三頁。

（13）一九二〇年七月に東宮武官長となった奈良武次の回顧録によれば、一九一九年の陸軍大演習の際に、大正天皇が乗馬をおそれために、山県元帥等が大いに心配をしたとのことである。波多野澄雄・黒沢文貴編『侍従武官長奈良武次　日記・回顧録』第四巻、二〇〇〇年、一一五頁（以下本書では『奈良日記』四のように略す）。
(14)「倉富日記」大正九年三月四日条。
(15)『原日記』五、一六七頁。
(16)「倉富日記」大正八年一一月一日条、一〇月二一日条。
(17)右同、大正八年一二月二三日条。
(18)『原日記』五、一六七頁。
(19)右同書、一八七頁。
(20)「倉富日記」大正八年一二月二三日条。
(21)『原日記』五、一九三頁。
(22)三浦藤作編『歴代詔勅全集』第七巻、河出書房、一九四一年、二〇二頁。
(23)『原日記』五、二六一頁。
(24)「倉富日記」大正九年七月二一日条。
(25)一九二〇年三月末の第一回病状公表の前、波多野宮内大臣は元老山県に三浦謹之助の診断書を見せた。そこに「数年前より御不例の様に記し」てあるのを見た山県は、「穏当ならざるに因り訂正を注意した」（『原日記』五、二二六頁）。山県が穏当でないと感じたのは、そのままでは、何年も前から病気で正常な判断力を失っていた人物が万機親裁を行ってきたと、宮内省が認めてしまうことになりかねないからであった。
(26)欧州旅行を終わって帰国した皇太子が、危機に瀕した天皇制を蘇生させうる、新たな「カリスマ的権威」として迎えられ、かつそのようなものとして演出されたことについては、原武史『大正天皇』朝日新聞社、二〇〇〇年、二四一～二四七頁を参照のこと。
(27)『原日記』五、四〇六頁。
(28)『牧野日記』一二頁。山県が牧野に洩らした大正天皇の「御変調」とは、具体的には「英語云々の御言葉あり、年齢を御尋ねあり、元気である抔、切れ〳〵の御言葉のみなりし」というものであった。
(29)『原日記』五、一二三二頁。

(30) 右同。
(31) 右同書、三二五、三二八頁。
(32) 「倉富日記」大正八年三月四日条。
(33) 四竈前掲書、二三二頁。
(34) 『奈良日記』一、五三頁。奈良東宮武官長の回顧録では、天皇の名代となると、儀礼その他の関係上面倒なので、皇太子は名代ではなくて、代理として演習に参加することにしたという。大演習の統監そのものは委任を受けた参謀総長にまかせ、観兵式と賜餐のときに天皇代理として天皇と同じ行動を行うが、それ以外は見学者として演習に参加する計画が立てられたのであった（『奈良日記』四、一一七頁）。
(35) 四竈前掲書、二四三頁。
(36) 陸軍の感情論を示す一例として、一九一九年秋の海軍大演習の際に、観艦式の勅語を軍令部長が代読したことを不満に思った山県有朋が原敬に述べた、次のような言葉を紹介しておく。「皇太子殿下代つて御朗読あらば例規如何は知らざるも軍人は如何にも難有事に感泣すべし」（『原日記』五、一六六頁）。
(37) 右同書、二四二頁。節子皇后と海軍の関係はこれだけにとどまらない。摂政設置後のことだが（一九二二年三月）、九州・中国旅行の際に軍艦を利用している（門司から江田島を経由して神戸まで）。御召艦摂津の艦長小山田繁蔵は乗組員の感想を集め、「坤徳餘影」なる文集を作成して、宮内大臣に提出したが、乗組員の一人は「国母陛下ヲ軍艦ニ迎エ参ラスルハ神功皇后以来ノ御盛時」と記している（「牧野伸顕文書」（国立国会図書館憲政資料室所蔵）書類の部、五－一七）。ほんとうに「神功皇后以来」のことであったのか、明治天皇の皇后が軍艦に搭乗したことがなかったのか、疑問は残るが、皇后がお付きの女官を連れて軍艦内で宿泊し、その間に艦内を巡視したり、乗組員の訓練や艦隊行動を見学したりするのは、たしかに珍しいことにちがいない。あるいは、一九二〇年、二一年と、大正天皇が海軍の儀式に出席できなかったことへの、「埋め合わせ」の意味があったのかもしれない。
(38) 『牧野日記』一九頁。
(39) 一九二一年一〇月二五日に、内匠頭小原駩吉は倉富に対して「先日北白川宮邸ニテ晩餐アリタルガ、北白川宮抔ハ矢張リ皇后陛下ノ天皇陛下ニ対セラルル御態度ニ幾分ノ御不満アル様ナリ」と語っている（「倉富日記」大正一〇年一〇月二五日条）。小原に不満を洩らしたのは、房子内親王の夫の成久王であるが、それは妃の不満を反映したものであろう。

(40) 一九二一年六月一三日の富谷鉎太郎大審院長の親任式は、天皇が東京に居なかったため挙行されず、原首相が辞令を富谷に渡しただけであった。ところが、その四日前には山梨半造陸軍大臣の親任式が沼津の御用邸で行われている。親任される山梨も、侍立した原首相も天皇の居る沼津までわざわざ出かけて、任命式を行ったのである（『原日記』五、三九八、三九九頁）。同じ親任官といっても、陸軍大臣と大審院長では扱いに大きな差があったことになる。

(41)『原日記』五、二二八頁。

(42) 四竈前掲書、二三七、二六一頁。

(43) この時の軍旗親授式の式次第は、「軍旗親授ニ関スル件」「平沼騏一郎文書」（国立国会図書館憲政資料室所蔵）二四一－一〇に詳しい。

(44) 四竈前掲書、二三七頁。

(45)「大正十年新年式について」「平沼騏一郎文書」二四一－二四。

(46)『原日記』五、二二八頁。

(47) 四竈前掲書、二二七頁。

(48)『原日記』五、三三三頁。

(49) 右同書、一一七、一一九頁。

(50) 右同書、一四九、一六二頁、一六三頁。

(51) 右同書、三三八、三九五、四〇三、四三一頁。

(52) 奈良武次は東宮武官長であったが、摂政が置かれたために一九二二年一一月に内山に替わって侍従武官長を兼任した。侍従武官長として奈良は大正天皇に定期的に拝謁し、その模様を日記に記している。奈良はそれまでほとんど大正天皇の側近に奉仕したことがなく、大正天皇にとっては緊張を強いられる相手だったと思われるが、侍従武官長を拝命したばかりの一九二二年一二月七日の日記には、「拝謁す、御機嫌宜し、煙草を用るかと御下問を賜はりつ、煙草を賜はる」とあり、また翌日の日記には「煙草を賜はる、此時……を呼べ……を呼んで呉れと仰せらる」（『奈良日記』一、二九八頁）と記されている。原敬に煙草を与える時も同じようであったのではないかと推測される。

(53)『原日記』五、二六八頁。
(54) 右同書、三三二頁
(55)『原日記』五、二四九頁。
(56) 右同書、二六四頁。もっとも、皇后が原と内密に話をしたのは、中村宮相から出された皇太子の外遊問題について原の率直な意見を聞きたいがためであった。皇后は天皇の病気中に皇太子が外遊するのは孝道に反するのではないか、と心配したのである。
(57) 右同書、三七八頁。
(58) 松平康国手記「東宮妃廃立事件日誌」苅田徹「宮中某重大事件の基礎的史料に関する研究」『拓殖大学論叢』一九〇、一九九一年、三七二頁。
(59)『原日記』五、三三二頁。
(60)「公式令中改正ノ件」「公文類聚」(国立公文書館所蔵) 第四五編　大正十年第一ノ一巻 (2A－011類1370)
(61) 公式令を改定したあとも、原首相はさらに天皇の公務負担を軽減する措置を考えている。天皇の署名を刻した印を作成し、外部に発出しない文書の場合は、天皇の親署に代えて、この印を押すことにしてはどうかと、牧野宮内大臣、平田東助宮内省御用掛に提案した(『原日記』五、三八〇、三八五頁)。
(62) 右同書、三八一頁。
(63) 波多野勝『裕仁皇太子ヨーロッパ外遊記』草思社、一九九八年。渡辺克夫「宮中某重大事件の全貌」『THIS IS 読売』読売新聞社、一九九三年四月号。伊藤之雄「原内閣と立憲君主制 (二)」『法学論叢』一四三巻、四・五・六号、一九九八年などが詳しい。
(64) 奈良武次「奈良武次回顧録草案」『奈良日記』四、一一六頁。
(65) 藤村通監修『松方正義関係文書』第五巻、大東文化大学東洋研究所、一九八三年、二七〇頁。
(66) 波多野勝前掲書、二九頁。
(67)『奈良日記』四、一一六頁。
(68)『原日記』五、三〇五頁。

注

(69) 前掲『松方正義関係文書』五、四五六頁。松方は、一九二一年一月一六日に皇后と天皇に拝謁し、皇太子外遊問題に決着をつけたあと、その顛末を山県に手紙で報告している。それによれば、中村の説得にもかかわらず、皇后は最後まで反対の意を翻さなかったので、致し方なく、恐れ多いことではあるが、断然「陛下之御裁定願上」るつもりで、葉山に赴いたところ、中村からのたっての要請もあり、皇后に拝謁して最後の説得を行うことになったという。
(70) 詳しくは、前掲渡辺論文を参照のこと。
(71) 宮内庁編『明治天皇紀』第九、吉川弘文館、一九七三年、六一三頁。
(72) 侍医寮御用掛保利真直が「色盲遺伝に関する意見書」を宮相に提出したあと、元老山県、西園寺、松方(内大臣)、中村宮相、平田東助宮内省御用掛の五者会談がもたれ、久邇宮に婚約辞退を要請することが決定され、伏見宮貞愛親王を通じて勧告が行われた。また、山県自身一九二〇年一二月一〇日に久邇宮邦彦王を訪問して、婚約辞退を勧告した(前掲渡辺論文、七一、八二頁)。
(73) 『原日記』五、三四一頁。
(74) 右同書、三四四、三四五頁。「倉富日記」大正一〇年二月八日条。
(75) 「倉富日記」大正一〇年二月八日条。
(76) 前掲「松平康国手記」三六二、三六四頁。なお、大隈はこの申し入れに応じなかった。
(77) 岡義武・林茂校訂『大正デモクラシー期の政治 松本剛吉政治日誌』岩波書店、一九五九年、五三頁。以下本書では『松本日誌』と略す。
(78) 『原日記』五、三四八頁。
(79) 伊藤之雄「原敬内閣と立憲君主制(二)」『法学論叢』一四三巻五号、六頁。
(80) 『原日記』五、三一九頁。
(81) 「倉富日記」大正九年一二月二三日条。この日倉富は石原宮内次官からはじめて久邇宮良子女王に色盲遺伝子のあることが問題となっていることを聞かされ、翌日さらに詳しく皇太子婚約問題の経緯を説明を受けた(右同、大正九年一二月二四日条)。
(82) 右同、大正一〇年二月一一日条。倉富の報告を聞いた伏見宮は「能ク了解セリ。右ノ如キ事情ナラハ已ムヲ得サルコトナリ」と宮内大臣の措置を是認したが、同時に「予カ久邇宮ナラハ此事ハ躊躇ナク御辞退申上クルナリ。少シニテモ欠点アル者ヲ妃トシテ差上ケテ、如何ニシテ心ニ安ンスルコトヲ得ルヤ。御辞退申上ケテコソ心カ安マル訳ニ非スヤ」と、久邇宮を非難した。

(83)「倉富日記」大正一〇年二月一〇日条。なお、この前後の倉富日記の抜粋が、立命館大学編『西園寺公望伝』第三巻、岩波書店、一九九三年、三七三～三七八頁に掲載されている。また、川村警保局長が中村に事態鎮静の申し入れをしたので、自分の辞任と婚約に変更なしとの声明を出すことにしたとの事実経過は、牧野が中村から直接に聞いて作成した覚書きにも記されている（「皇太子妃色盲問題につき中村前宮相の談話覚」「牧野伸顕文書」書類の部　五－一）

(84)『原日記』五、三四九頁。

(85)「倉富日記」大正一〇年二月一四日条。

(86)右同、大正一〇年二月一六日条。

(87)右同、大正一〇年二月一五日、一七日、一八日条。

(88)酒巻については、梶田明宏「酒巻芳男と大正昭和期の宮内省」『年報近代日本研究20　宮中・皇室と政治』一九九八年を参照されたい。

(89)「倉富日記」大正一〇年二月一八日条。

(90)「倉富日記」大正一〇年二月一四日条。

(91)右同、大正一〇年二月二一日条。

(92)『原日記』五、三七二頁。

(93)「二月二十五日午後二時半宮中に於て中村前宮相談話覚」「牧野伸顕文書」書類の部、五－一。

(94)『牧野日記』一二頁。

(95)「倉富日記」大正一〇年二月二一日条。

(96)右同。

(97)右同、大正一〇年三月七日条。

(98)右同、大正一〇年三月九日条。

(99) 右同、大正一〇年六月二二日条。なお、宮内次官に就任するべきか否かの相談のために原敬を訪ねた関屋は、牧野との関係を尋ねた原に「深き関係なし、只往年鹿児島県に奉職せし為め薩人に知合い多く、今回も其関係より或薩人によりて内交渉を受けたる訳なり」と答えている（『原日記』五、三五九頁）。倉富に語った山之内の言が正しければ、「或薩人」とは大久保利武を指すことになる。

(100) 「倉富日記」大正一〇年二月一〇日条。

(101) 一九二一年の宮内省官制改革については、前掲伊藤之雄「原敬内閣と立憲君主制（三）」を参照されたい。

(102) 「宮内省官制改正案草案」「倉富勇三郎文書」二八－一二（国立国会図書館憲政資料室所蔵）。なお、南部案に対する倉富の意見は、主殿、調度、主猟、主馬寮の廃止と車馬寮の新設、警察部の独立、大臣官房調査課の廃止、書記官・事務官の区別の廃止、侍従次長、式部次長、掌典次長の廃止、御料牧場の縮小、林野管理局以外の特別会計の廃止などであり、「書記官・事務官の区別の廃止、侍従次長、式部次長、掌典次長の廃止」を除くと、実際に実施された官制改革案により近い内容である。

(103) 「倉富日記」大正一〇年三月九日条。

(104) 右同、大正一〇年三月一一日条。

(105) 右同、大正九年一〇月一五日条。倉富の内大臣秘書官長は倉富が枢密顧問官になったことで自然消滅した。

(106) 右同、大正一〇年三月一三日条。

(107) 『原日記』五、三七二頁。

(108) 渡辺前掲論文では、来原慶助に「宮内省の横暴不逞」の材料となる情報を提供したのは武田であったとされている。そのことは、倉富日記の記述からも裏付けられる（「倉富日記」大正一〇年三月二八日条）。なお、渡辺論文でも、この来原なる人物が何者かは「不明」とされている。

(109) 「倉富日記」大正一〇年三月一九日条。

(110) 右同、大正一〇年三月一九日、二八日、三一日条。

(111) 右同、大正一〇年二月一七日条。なお、これと同種の指摘はその後も、たびたび倉富によって繰り返される。

(112) 牧野が原敬に語ったところによれば、他の元老から中村の後任の人選を一任された松方は、最初は平山に話をもっていったが、平山に断られたところへ、平田東助が牧野を強く推薦したので、是非とも就任してもらわねばならないと、牧野に依頼したのだという（『原日記』五、三五二頁）。なお、平山は「人倫論」を支持し、久邇宮側に立って婚約解消に反対する運動を行っている（前掲渡辺論文、七九、九五頁）。

(113)『牧野日記』一〇頁。

(114) 渡辺前掲論文、六七、九〇頁。

(115)「倉富日記」大正一〇年四月一一日条。

(116) 右同。

(117) 右同、大正一〇年五月一九日条。

(118)『原日記』五、四一二頁。松本がこの件を原に報告したのは、久邇宮が、結婚問題を有利に進めるために、次期総理大臣の呼び声高い田健治郎に接近をはかったことを、苦々しく思ったからであった。

(119)『牧野日記』一五、二〇頁。「倉富日記」大正一〇年六月三日、大正一一年九月四日、一七日、一〇月三日、七日条。皇后が良子女王に対面を許したのは、一九二二年一〇月六日のことであった。

(120) 右同、大正一〇年五月一九日条。

(121) 右同、大正一〇年五月三一日条。倉富は、東久邇宮がパリに出発するまで東久邇宮の宮務監督をつとめていた関係もあり、金井から稔彦王の私信を内密に見せられたのであった。

(122)『原日記』五、三八九頁。

(123) 右同書、四一〇、四一九頁。

(124) 右同書、三八四頁。五月八日に、就任以来初めて元老西園寺に会った牧野は、「純血論」の西園寺と婚約問題を論じ、西園寺は「〔婚約解消によって〕非常の動揺を来たし、皇室に対して道徳問題等のため、より以上の悪影響ありとすれば、止むを得ず多少の欠点あるも御断行なさる様御親裁を仰ぐ外なかるべし」と語ったと、あたかも西園寺が婚約遂行に同意したかのように解せる記述を日記に残しているが（『牧野日記』一一頁）、西園寺と牧野の会見の模様を牧野から聞かされた原は、西園寺は依然として「純血論」の立場から婚約遂行に原則反対であり、ただ「宮相よりの提案にて御沙汰を仰ぐ事」についてだけは賛成したと、牧野が語ったと記している。同じことがら（西園寺の発言）についての同じ人物（牧野）の説明にしては、まったく相反する内容が記されているかのごとくである。

たぶん、西園寺は、牧野がその責任で大正天皇の裁断を仰いで最終的な解決をはかるのであれば、それはしかたがないという意味で「同意」したのであろう。この西園寺の態度は、遅れて七月五日頃に、「御婚儀の事に付ては自分の意見は換〔変〕はらざるも、本件に付ては最早何等容喙せざる積りなり」と、積極的反対運動はしないとの表明をして、牧野を安心させた山県の、「〔自分はあくまでも「純血論」を正しいとするが〕然し陛下の御思召にて何れ共御裁断になれば固より云ふところなし」（右同書、一三頁）という態度と同じものである。この頃（七月頃）には、山県、西園寺の婚約解消論もそれほど恐れるにたるものでないことを、牧野も了解するようになっていたと思われる。

(125)『原日記』五、三八九頁。

(126)右同書、四二一頁。

(127)中村宮相に、「可成速かに何れとも決定すること国家は勿論皇室の御為なり」と注意していた原は、「要するに本件は御変更とも否とも決せずして荏苒今日に至れるが故に世間の騒ぎも大仰になり中村等窮地に陥りたるものなり」と日記に記している（『原日記』三四四、三四七頁）。

(128)『牧野日記』三三頁。

(129)「倉富日記」大正一〇年一〇月二〇日条。

(130)右同、大正一〇年六月二三日条。

(131)「倉富勇三郎文書」では、「皇室関係雑書類」と分類された中に摂政設置に関連する文書が含まれている。しかし、これらはすべて草稿にすらなっていない断片的メモにすぎず、まとまったかたちの書類は見いだせない。本文の「摂政ニ関スル規定施行順序書」をはじめとして倉富が起草した摂政設置関係の宮内省文書は、どれひとつとして「倉富勇三郎文書」には残されていない。

(132)「倉富日記」大正一〇年六月二八日条、七月六日条。

(133)右同、大正一〇年七月一四日条。もっとも、摂政設置の法的問題について山県から委任を受けている平田東助が原に語ったところによれば、この案は「二上枢密院書記官長取調べたる上に、一木〔喜徳郎枢密〕顧問官の意見を聞きたるもの」（『原日記』五、四一六頁）であり、入江の名前は出されていない。

(134)『原日記』五、四〇九頁。
(135)「倉富日記」大正一〇年七月一四日条。
(136)『原日記』五、四一六頁。
(137)「倉富日記」大正一〇年七月一四日条。なお、この時関屋は、倉富に大正天皇の病状悪化のことを伝え、最近宮内省御用掛で漢学者の小牧昌業が論語の御進講を行った際に、大正天皇は小牧に「四百余洲ヲ挙ル」という軍歌を歌うよう命じ、小牧は論語を講義せずに、軍歌を歌ったこと、大正天皇は以前にはきちんと軍歌を歌うことができたが、その時には「僅ニ一語二語位ヨリ御唱ヘナサルコト出来サル趣ナリ」と語った。
(138)「牧野伸顕文書」書類の部、四‐一四。
(139)塩原で倉富の「施行順序」を検討した時から牧野は皇族会議を先にしたほうが、国民に対して理解を得やすく、かつまた臣下が主君の地位を左右するとの非難を受けなくてすむとの考えを抱いていた（「摂政設置の手続きについて」右同）。
(140)いつの時点のメモなのか不明であるが、次のような内容の自筆メモが「倉富勇三郎文書」に含まれて居る。「皇族会議及枢密顧問ハ通常ノ場合ニ於テハ天皇ノ御諮詢ニ応フルモノナレトモ、天皇大政ヲ親ラシタマフコト能ハサル場合ニ於テハ自ラ諮詢シタマフコト能ハス」「皇室関係雑資料」「倉富勇三郎文書」二八‐一八。
(141)塩原でしたためた前述の牧野のメモにも、天皇は「大政ヲ親ラスルコト能ハサル」状態にあるのだから、摂政設置を枢密顧問に天皇自らが諮詢することはできないとする倉富の議論に対して、「諮詢ノ手続果シテ不可能ナルヤ否ヤ問題ナリ」と記されている（「摂政設置の手続きについて」「牧野伸顕文書」書類の部、四‐一四）。
(142)「倉富日記」大正一〇年七月二〇日条。
(143)『牧野日記』一五～一七頁。
(144)『原日記』五、四一六頁。
(145)右同書、四一〇、四一六頁。
(146)右同書、四一九、四二一頁。
(147)明治天皇死去の際の、枢密院の摂政設置をめぐる動きは、「明治四十五年七月　摂政ヲ置クノ議ニ関スル書類」「枢密院文書」（国立公文書館所蔵）2A‐16‐2枢37による。

(148) 一九二二年七月二六日に、渡辺宮相と徳大寺実則侍従長の二人が美子皇后に拝謁し、明治天皇の病状から判断すると、「皇太子万機を視たまふの時」が来るやもしれないので、皇太子を輔翼くださるよう依頼するとともに、そのことを、時機をみて明治天皇に奏請されるようにと言上している（『明治天皇紀』第一二、八一六頁）。この件は、西園寺首相と山県枢密院議長と打ち合わせ済みと記されているが、たぶん、これは山県から指示された渡辺が摂政設置の瀬踏みをしたのであろうと思われる。
(149) 関屋宮内次官が倉富に語ったところでは、「御代理案」の起草者は入江貫一の方であったらしい（「倉富日記」大正一〇年七月一四日条）。とすると、山県周辺では、平田・入江のラインが「御代理案」の支持者だったと推測される。
(150) 右同、大正一〇年八月一六日、九月一〇日条。
(151) 右同、大正一〇年七月二五日条。これ以下の議論はすべてこの条の記述に依拠している。
(152) ここで、清水が「天皇機関説」を持ち出したのはいかにも唐突に聞こえるが、後日南部が倉富に語ったところよれば、「代理監国」に関する憲法学者の見解は、清水が積極論で、一木喜徳郎が消極論であった（「倉富日記」大正一〇年八月二二日条）。そういう背景がわかると、この言も納得されうる。ただし、天皇機関説論者の美濃部達吉は「監国」を認めている（美濃部『憲法撮要』第五版、有斐閣、一九三二年）。
(153) 『原日記』五、四一九、四二一頁。原敬日記の記述からすれば、「御代理案」の出所は平田東助であったと推測されるが、その平田も七月末には「摂政の外なし」と山県に同意した模様である。
(154) 「倉富日記」大正一〇年七月二六日条。
(155) 『牧野日記』一八頁。
(156) 「倉富日記」大正一〇年八月一六日、一七日、一九日、二二日条。
(157) 右同、大正一〇年八月一九日条。
(158) 右同。
(159) 『牧野日記』一四頁。塩原での天皇の行状については、「牧野伸顕文書」中の「塩原供奉日誌の一部　附雑感」（書類の部、三一－六）に詳しいが、これについては小田部雄次『ミカドと女官――菊のカーテンの向う側』恒文社、二〇〇一年、三五～三九頁を参照されたい。

(160)『牧野日記』二〇、二五、二六頁。なお、大正天皇の侍従武官長であった内山小二郎が侍従武官長を辞任する際に残した覚書きによると、牧野に報告された「前方に人が見える」との発言は、日光滞在中だけのことであり、その後あとを絶った事から判断して、実際に幻覚を見たのではなくて、「御言葉御不自由ナルガ為メ御意志ヲ充分ニ御発表遊バサレ難キニヨル」ものであると断定している（「聖上陛下御近状」「牧野伸顕文書」書類の部、三一-四）。
(161)「倉富日記」大正一〇年八月二二日条。
(162) 右同、大正一〇年八月一九日条。
(163)『牧野日記』一六頁。
(164)『原日記』五、四三四頁。
(165) 右同書、四四三頁。
(166) 右同書、四四一頁。九月一六日に原が山県から直接に聞いた話では、病状発表の件にはふれられていない（同上、四四六頁）。山県が松本剛吉に語った話も同様である（『松本日誌』一一五頁）。
(167)『原日記』五、四四二頁。
(168) 右同書、四四三頁。
(169)『牧野日記』二六頁。
(170) 右同書、二七頁。
(171)「倉富日記」大正一〇年九月二九日条。
(172)『牧野日記』二八頁。どうやら牧野は、皇族に対しては、摂政設置の必要性を積極的に自分から持ち出すことはせずに、病状の深刻なことを伝えて、皇族のほうからそれに言及するのを促す戦術に出たようである。、
(173) 右同。
(174)『原日記』五、四五五頁。
(175)「倉富日記」大正一〇年一〇月五日条。
(176)『松本日誌』一一六頁。
(177)『原日記』五、四五四、四五五、四五八頁。

(178) 右同書、三九七頁。その後、さらに原は、皇太子が摂政に就任した後も、辞表を提出してその信任を確認する手続きをふむことなく、そのまま留任する決心を固め、西園寺、山県の両元老もこれを強く支持したのであった（同上、四三九、四四五、四四六頁）。
(179) 『牧野日記』三四頁。
(180) 右同書、三四、三五頁。
(181) 四竈前掲書、二七四頁。原の叙位・叙勲のことは、内田外務大臣の臨時兼任総理大臣就任のこととともに『東京朝日新聞』一九二一年一一月五日付に掲載されている。どちらも、一一月四日夜に行われた。
(182) 右同。ただし、四竈日記では一一月一一日条に親任式のことが記されているが、これは一三日のまちがいであろう。
(183) 四竈侍従武官は、一一月五日（松方、牧野、清浦が西園寺を候補に選んだ日）の日記に、「午後二時退出、帰途西君と同道、宮城前外苑を散策す（外聞を憚る談ありたればなり）」と記している（四竈前掲書、二七四頁）。「外聞を憚る談」の内容は記されていない。たんなるプライベートなことかもしれないし、大正天皇の病状にかかわることかもしれない。しかし、政変への対処が、大正天皇をまったく度外視して進められていることへの、不満であった、とも考えられよう。
(184) 『松本日誌』一二二、一二五、一二七頁。
(185) 『牧野日記』三五頁。
(186) 『松本日誌』一二七頁。
(187) 右同書、一二九頁。
(188) 『牧野日記』三六頁。
(189) 右同。のちに、犬養毅に昭和天皇が組閣を命じた時にも牧野は「台命」を使っている（同上、四九二頁）ので、あるいは牧野にあっては「台命」＝「大命」だったのかもしれない。
(190) 奈良東宮武官長の日記では、一一月一三日午後一二時二〇分に、皇太子は東宮御所を出発、陸軍特種演習を統監するため、箱根に向かった。午前中皇太子が皇居に出かけたとの記述はない（『奈良日記』一、一八七頁）。
(191) 右同。
(192) 右同書、一八七～一八九頁。

(193)『牧野日記』三七頁。
(194)すでに皇太子は、軍務の面では大元帥代行として活動していた。陸軍特種演習・同特別大演習の統監がそれである。詳しくは、皇太子帰国後の奈良日記の記述を参照されたい。
(195)四竈前掲書、二七四頁。倉富も、一一月九日に「(本月二十五日午前ト午後トニ重大ナル事件ノ会議アル趣新聞ニ掲載シ居ルコトヲ指)」して、牧野に「秘事ノ漏レ易キコトヲ談」じている(「倉富日記」大正一〇年一一月九日条)。
(196)伊藤前掲「原敬内閣と立憲君主制(三)」。
(197)「倉富日記」大正一〇年九月二九日条。
(198)右同、大正一〇年一〇月一一日条。
(199)『牧野日記』二九頁。
(200)この皇后の言葉から、少なくとも自分自身は病気だとの自覚をもたない大正天皇の主観においては、内閣・軍部・宮内省から上奏される決裁文書を処理するのが、君主としてのつとめであると認識されていたこと――あるいは身体化された習性となっていたというべきか――がわかる。
(201)『牧野日記』三〇頁。倉富は一〇月二六日に、牧野から「侍医ノ作製シタル」「御容態書」を受け取り、筆写しているので(「倉富日記」大正一〇年一〇月一一、二六、二七日条)、一〇月下旬には三浦・池辺らの「御容体書」の案文はできあがっていたものと思われる。
(202)九月二九日に南部は倉富に、「多分此後二回位容体書を発表シタル上ニテ摂政問題ニ移ル順序ナルヘキカ」と述べている。この時南部は、牧野から第四回目の病状発表の案文を示されており、「此後二回」は牧野の意向をふまえてのものと推測できる(右同、大正一〇年九月二九日条)。
(203)『東京朝日新聞』一九二一年一一月二六日付(句読点を補った)。四竈前掲書、二七八、二七九頁。
(204)『牧野日記』三三頁。
(205)右同書、三一、三二頁。
(206)右同書、三二頁。
(207)右同。

(208) 右同書、三三三頁。

(209)「倉富日記」大正一〇年一〇月二五日条。

(210) 右同、大正一〇年一〇月三一日条。

(211)「宮内省発表」は『東京朝日新聞』一九二一年一一月二六日付による。ほかに四竈前掲書、二七九、二八〇頁にも引用されている（一部欠落あり）。「皇室関係雑書類」「倉富勇三郎文書」二八―一八には、その文言からみて、この「宮内省発表」の案文の一部と思われる自筆断片が、三種類含まれている。このことから、「宮内省発表」の起草者は倉富であったと断定できる。

(212) 実際に公布された詔書（A）と倉富の案文（B）を左に掲げる。

（A）「朕久キニ亘ルノ疾患ニ由リ大政ヲ親ラスルコト能ハサルヲ以テ皇族会議及枢密顧問ノ議ヲ経テ皇太子裕仁親王摂政ニ任ス　茲ニ之ヲ宣布ス」（「宮内大臣ノ合議ニ係ル皇太子裕仁親王摂政ニ任スル詔書案」「公文類聚」第四十五編、大正十年、第一ノ一巻、2A‐011類1370）

（B）「朕疾患久キニ亘リ大政ヲ親ラスルコト能ハサルヲ以テ皇室典範第十九条第二項及第二十条依リ皇族会議及枢密顧問ノ議ヲ経テ皇太子　　親王摂政ニ任ス　汝有衆其レ之ヲ知悉セヨ　汝有衆以下或ハ左ノ如クスヘキカ　乃チ茲ニ之ヲ宣布ス」

（「皇室関係雑書類」「倉富勇三郎文書」二八―一八）

(213) 前掲伊藤之雄「原敬内閣と立憲君主制（三）」二〇頁に記されている、摂政設置の詔書および摂政設置後の公布文書の署名式の説明は、正確なものとは言えない。

(214)『原日記』五、四六三頁。

(215)「倉富日記」大正一〇年八月二一日条。

(216)『原日記』五、四六三頁。

(217)「倉富日記」大正一〇年一〇月二六日条。

(218)『原日記』五、四六四頁。

(219)「倉富日記」大正一〇年一一月五日条。

(220) 右同、大正一〇年一一月二〇日条。

(221)『東京朝日新聞』一九二一年一一月二七日付。令旨の正文は、「摂政殿下ヨリ高橋内閣総理大臣ニ賜リタル令旨」「公文類聚」第四五編、大正十年、第一ノ一巻、2A－011類1370。
(222)『牧野日記』三〇頁。「倉富日記」大正一〇年一一月三日条。
(223)『原日記』五、四六四頁。この時清浦は、九鬼隆一他一名とはまだ内談していないと原に告げたが、一一月三日に倉富が清浦から聞いたところでは、富井政章一人が残っているとのことであった(「倉富日記」大正一〇年一一月三日条)。
(224)『牧野日記』三三頁。
(225)「倉富日記」大正一〇年一一月三日条。
(226)右同、大正一〇年一一月五日条。
(227)右同、大正一〇年一一月七、一四、一八、一九、二〇、二一日条。
(228)『牧野日記』三六、三七頁。
(229)「倉富日記」大正一〇年一一月二一日条。
(230)「皇室典範第十九条第二項適用方ノ件」「公文雑纂」大正十年、第十四巻(国立公文書館所蔵)2A－014纂1576。
(231)「皇室関係雑資料」「倉富勇三郎文書」一八－一八。
(232)『牧野日記』三七頁。なお、「倉富日記」大正一〇年一一月二一日条にも皇族会同の記事があるが、そこでは朝香宮のほかに、伏見宮博恭王も論難したと記されている。牧野の日記では「其他一、二の御質問あり」となっているのがそれであろう。ほかにも、倉富日記では、皇族の論難に倉富が反駁したことになっていて、牧野の発言は記されていない。逆に牧野日記には、そもそも倉富が会同に出席したことすら記されていない。
(233)『牧野日記』三四頁。
(234)右同書、三七頁。
(235)「倉富日記」大正一〇年一一月二一日条。
(236)『牧野日記』三七頁。
(237)右同。
(238)右同書、三七、三八頁。大正天皇に奏上したあと、牧野は西園寺を訪問して、「問題の形行」を報告した。

(239)「倉富日記」大正一〇年八月一九日条。
(240)右同、大正一〇年八月二二日条。
(241)右同、大正一〇年一一月二二日条。これ以降の記述も同様。
(242)右同。
(243)『奈良日記』一、三〇一頁。
(244)『牧野日記』三八頁。
(245)右同書、三九頁。これ以降の記述も同様。
(246)四竈日記では、二四日の枢密院の準備会に牧野も出席して、池辺侍医頭以下連名の「御容体書」の報告説明を行ったかのように記されているが（四竈前掲書、二七七頁）、牧野日記から判断するかぎり、牧野は出席していない。
(247)「倉富日記」大正一〇年一一月二五日条（一一月二四日の補遺）。
(248)右同、大正一〇年一一月二四日条。以降の記述も同じ。
(249)右同、大正一〇年一一月二五日条。
(250)右同。以降の二五日についての記述は、とくに断りがないかぎり、すべて倉富日記の同条による。
(251)『東京朝日新聞』一九二一年一一月二六日付。四竈前掲書、二七七頁。
(252)『東京朝日新聞』一九二一年一一月二六日付。四竈前掲書、二七八頁。
(253)「皇室典範第十九条第二項適用ノ件筆記」『枢密院会議議事録』第二七巻、東京大学出版会、一九八六年、二四九〜二五一頁。
(254)右同書、二五二〜二五四頁。なお、四竈前掲書では、当時の新聞報道にもとづいて、枢密院でも牧野が御容体書にもとづいて天皇の病状を説明したとされているが（二七八頁）、議事録には牧野の発言は記録されていない。
(255)四竈前掲書、二八〇頁。宮内省では、この他に「元老ニ賜フ令旨案」「高官ニ賜フ令旨案」なども準備されたが（「元老ニ賜フノ書草案」「牧野伸顕文書」書類の部、一－一二）、これらは発出されなかった。天皇がまだ存命であるのに、摂政が元老に「誨導匡救」を求める令旨を与えるのは、僭越だと見なされたのであろう。
(256)「倉富日記」大正一〇年一一月二五日条。

(257)『東京朝日新聞』一九二一年一一月二六日付。
(258)四竈前掲書、二八〇頁。
(259)原武史『大正天皇』一九頁。
(260)四竈前掲書、二七九頁。
(261)原前掲書、二五一頁。
(262)美濃部達吉「国法と摂政」『東京朝日新聞』一九二一年一一月二六日付。
(263)すでにこの点（摂政問題について原敬と牧野の間に原が指摘するほどの差はない）は原『大正天皇』についての伊藤之雄の書評（『日本歴史』六四一、二〇〇一年）でも指摘されている。伊藤前掲論文では、原敬が死ぬまでは、牧野よりもむしろ原こそが摂政設置の推進役であったとの議論が展開されている。なお、こまかいことだが、原武史はその著書で、原敬の日記の一節を引用して、一九二〇年三月の第一回病状発表が「宮内省ではなく、首相の原敬の判断によるものであった」（原前掲書、一六頁）と解釈しているが、これは原日記の誤読であろう。原日記を読めば、発表の当日に波多野宮相から発表文を内示されたのであって、原が発表を指示したのではないことがわかる（『原日記』五、二二六頁）。また、第一回の公表にあたって、差し障りがあるとして、三浦謹之助の「容体書」をそのまま発表するのを止めたのは、原首相ではなく、宮内省のほうである。
(264)『牧野日記』四四頁。
(265)「倉富日記」大正一一年二月一日条。
(266)『牧野日記』四九頁。
(267)右同書、五一頁。
(268)この時牧野が皇后に奏上した内容を示す覚え書き（奏上の草案メモ）が牧野伸顕文書に残されている（「皇太子妃色盲問題について」「牧野伸顕文書」書類の部、五－一二）。その中で、医学的にみて良子女王が「色盲」遺伝子を有しているとしても、所生の皇男子に「色盲」があらわれるのは五〇パーセントの確率であり、しかも、たとえ「色盲」であっても、その配偶者に「色盲」遺伝子を有さない女性を配せば、「色盲ノ遺伝性ハ全ク根絶ス」。よって、不幸にして次の皇太子が「色盲」であっても、それは一代にとどまる、との説明がなされている。

(269)『牧野日記』五四頁。

(270)皇后から久邇宮への不信感を聞かされた牧野は、六月一九日と二一日の両度にわたって、久邇宮に注意をしている。一度目は、何事も初めが肝心であるとして、皇后に対して邦彦王から「本件に関し少からぬ御心配を掛上げたる事、今後良子殿下に付ては宜しく御願申上ぐる意味を」奏上するよう勧め、さらに皇后との関係が最も大切であるので、十分に注意するよう、なるべく万事控え目にするようにと、助言をしている(『牧野日記』五六、五七頁)。しかし、久邇宮にはこの助言は効き目がなかったようである。でなければ、次章でとりあげるような事件はおこらなかったはずである。

(271)六月九日牧野が奏上した時に、皇后は、一昨年冬(すなわち一九二〇年一二月頃)山県から「色盲」の事を聞いた時に、突然婚約が解消になったと聞かされたりすると、裕仁親王がさぞ驚くであろうと思ったので、こういう事件がおこっているとの事だけは自分(皇后)から皇太子に話しておいた、と牧野に語っている。このことから、裕仁親王は「色盲」のことが原因で、自分の婚約をめぐって問題が生じたことをよく認識していたと考えてよいであろう。

(272)『牧野日記』五六頁。

第二章

摂政、久邇宮を訓戒する

はじめに――宮中問題と元老――

元老とはいうまでもなく、天皇自らが指名した天皇の最高顧問である。理屈の上では、元老の「至尊匡輔」の権能は天皇の大権行使のすべてにわたり、天皇の求めなり、許しがあるかぎり、いかなる問題にも答えなければならないわけだが、中でもとくに元老固有の職責として自他ともに認められていたものに、いわゆる宮中問題すなわち皇室に関わる重要案件の処理をあげることができる。具体的には、皇室の家長として天皇が勅定ないし勅裁すべき事柄につき、天皇の求めに応じ、あるいは元老自らの発意により、しかるべき助言を天皇に与えること、及び法制（宮内省官制）上の宮務（皇室事務）輔弼者たる宮内大臣を監督するとともに、重要宮務の処理につき宮内大臣（および内大臣）の相談役をつとめることがそれである。

宮務とは、君主とその一族の生活とその再生産に直接関わる領域であるがゆえに、しかも天皇家の支配の永続こそが国家の至高理念とされていたがゆえに、この領域における天皇の最高顧問たる地位は、元老のみに許された特権であるとともに、元老の権威の源泉であった。いわゆる宮中某重大事件での敗北が元老山県に事実上の失脚をもたらしたことからも、それは納得されるであろう。

宮務の領域は国務と並んで、いやそれ以上に、元老たるものの固有の守備範囲と認識されており、元老が最後まで責任をもってあたらなければならぬ問題だと考えられていた。たとえば、一九二〇年九月一三日に元老山県有朋と会見した原敬は、山県にむかって「政府は政事の全責任を負ふべく、而して宮中に関しては今日の場合元老全責任を負ふの外なし(1)」と述べている。元老の国務・政務への介入を嫌い、遠巻きにしながら徐々に外堀から内堀へと、その権力を縮めていった原敬でさえも（と言うよりも、その原敬だからこそというべきだが）、たとえ元老が政治の領域から完全に閉め出されたとしても、宮中問題だけは別だとの認識を抱いていた。元老の高齢化に伴い、国務・政務への影響力は着実に失われていったが、宮務の領域は元老の最後の領土として依然として保持されていたのである。

最後の元老であった西園寺公望も、「山公薨去後は松方侯は老齢でもあり（云々）、自分は全責任を負ひ宮中の御世話やら政治上の事は世話を焼く考なり(2)」と語ったように、「宮中の御世話」こそ元老が最も気にかけるべき問題だと認識していた。だとすれば、元老と宮中の関係、ことに個々の宮中問題を元老がどのように処理したのかを明らかにするのは、元老を論ずるにあたって欠くべからざる作業と言わねばならぬ。しかし、首相奏薦権をはじめとする国務の領域に比較すると(3)、宮中問題における元老の役割は不明な部分がまだまだ多く残されている。

宮中問題については、ことがことだけに菊のタブーの厚いベールにさえぎられて、一般の人間は容易に内情を窺い知ることができなかった。今なお正確な事実は知りえないことが多い。西園寺の伝記執筆にあたっても(4)、宮中との関係は、それでなくとも乏しい史料がますます僅少になる領域であり、つねに隔靴搔痒の気分を免れなかった。元老西園寺の全体像を描くには不十分だと思いつつも、宮中との関係についてはよくわからぬまま放置せざるをえなかったのである。

もっとも、元老西園寺が宮中問題で具体的にどのような役割を果たしたのかを示す事例が皆無というわけではない。その数少ない例として、久邇宮朝融王の婚約破棄事件があげられる。この事件に関しては、当時宮内大臣であった牧野伸顕の日記と枢密顧問官で帝室会計審査局長官であった倉富勇三郎の日記に少なからぬ記述があり、さらに牧野の日記には僅かだが西園寺との交渉の内容も記されている。これらの史料をもとに、この事件がどのように推移し、元老がどのように事件処理に関与したのかを見ていくことにしたい。

一、久邇宮朝融王と酒井菊子

久邇宮朝融王は久邇宮邦彦王の長男で、皇太子妃となった良子女王の兄である。母は公爵島津忠義の娘俔子《ちかこ》。一九〇一年生まれで、婚約破棄事件が起きた一九二四年当時は海軍中尉であった。酒井菊子は旧姫路藩主酒井伯爵家の娘で、一九〇三年に生まれた。父は酒井家先代の忠興、母は三条実美の七女夏子である。酒井家の当主忠正は養子で、旧福山藩の阿部正桓の次男。酒井忠興の長女秋子（菊子の姉）と結婚し、一九一九年に家督を継いだばかりだった。良子女王と酒井秋子とは女子学習院の同期生であり、酒井菊子も良子の妹信子女王と同窓であった。倉富日記には、朝融王の手紙を良子女王が菊子に取り次いで交際がはじまったと、記されている。(5)

皇室典範及皇室親族令の定めるところによれば、皇族の結婚は自由ではなく、天皇の許可を必ず必要とし、勅許なき婚姻は無効であった（典範四〇条）。朝融のような王男子が華族の女子と結婚するには、まず第一に、華族酒井伯爵家の子女菊子との結婚の適否につき、天皇の内意を伺い、その認許を仰がなければならない。この内許伺いについては、皇室法上に規定はないが、慣例として従来から行われてきた。これに天皇が内許を与えた段階で、未だ内々のものとはいえ、事実上婚約が成立したとみなされていたことは、皇太子裕仁親王と久邇宮良子女王の例が示すところである。その後結婚準備が進められ、婚約者が相当な年齢に達して、両家の間でいよいよ婚礼挙行の合意が成立すれば、皇族自身より天皇に申し出て、正式に結婚の勅許を得なければならない（親族令第二二条）。この願いを天皇が適当と認めれば、宮内大臣の副署のある勅書を皇族に与えて、結婚を許可する（典範第四一条）。これで婚約は確定し、その旨宮内省より公表される。あとは定められた手続きにしたがって結納と婚礼の儀式、すなわち納采の儀、告期の儀、妃氏入第の儀、賢所大前の儀、皇霊殿神殿に謁するの儀、参内朝見の儀などがとりおこなわれるのである。(6)朝融と菊子の場合は、一九一七年九月、すなわち二人が一六歳と一四歳の時に両家の間で内約が交わされており、その年のうちに大正天皇から内許が与えられていた。

このように、婚約内許、結婚勅許は天皇が有する皇室大権の一端にほかならず、天皇の許可は命令も同然であった。それゆえ、一度内許を得た婚約を破棄するのは、たとえそれが皇族の場合であっても、そう簡単に済むことではなかった。実際、良子女王の結婚に際しては、まさにそのことが問題となったのである。

良子女王と裕仁親王との結婚をめぐるいわゆる宮中某重大事件が一大スキャンダルとして世間の耳目を驚かしたのはつい先年のことだった。宮内大臣中村雄次郎の引責辞任と元老山県の権威失墜とをまねいたこの事件は、前章でもふれたように、「色盲」の遺伝子をもつ可能性のあるものを皇太子妃とするのは、皇室の純血性を汚す忌むべき行為だとして婚約解消ないし婚約辞退を主張した山県等婚約解消派と、いったん勅定により固まった婚約を破棄するのは、それも本人に責任のない事由で解消するのは、国民の倫理道徳の模範たるべき皇室の践むべき道ではない（婚約解消となれば、良子女王が事実上生涯結婚不能の立場に追いやられたであろうことは想像に難くない）として、あくまでも婚約履行を主張する久邇宮家との争いであり、これに宮中における山県系と薩摩系との主導権争いとがからまって、深刻な政治問題と化した。この攻防で、久邇宮側が用いた武器の中に、天皇が一度認めた決定はこれをくつがえすことはできないとの、容易に反論しがたい理屈が含まれていたのである。

前章でも述べたように、事件は中村辞職とそのあとを承けた牧野宮相の善後処理で収束に向かい、一九二二年六月には結婚に勅許が下された。摂政となった裕仁親王自身が勅書に署名したのである。関東大震災で一度延期された結婚式も一九二四年一月二六日に無事挙行された。ところが、皇太子と長女の婚儀が終わるや否や、こんどは婚約不履行の非を訴えた当の久邇宮家が既に内許も得ていた長男の婚約を解消したいと宮内省に申し出たのである。相手が気にいらぬというのがその理由であった。まだ十代も半ばのうちに、家の都合で婚約を決め、内許を仰いでしまったところにそもそもの原因があるとはいえ、既往の行きがかりからすれば、久邇宮家にそのようなことを言えた義理のあるはずなく、皇族の身勝手さもここにきわまれりと言えよう。

朝融王がいつごろから酒井菊子との結婚を忌避するようになったのかはさだかでない。しかし、一九二二年八月（すなわち皇太子の結婚が勅許されてわずか二ヶ月後）には朝融王が結婚に乗り気でないとの情報が宮内省によって探知されている。その情報をもたらしたのは、宗秩寮の松平慶民であった。松平は倉富勇三郎に、海軍の遠洋航海でフランスに行った際、朝融王はパリで出会った知人に「婚約ノ婦人ハ気ニ入ラス、之ヲ止ムル工夫ハナカルヘキヤ思ヒ居ル所ナリ」と語ったこと、および久邇宮附属官で宮中某重大事件の際に婚約遂行派と久邇宮家との連絡役として活躍した分部資吉が、東宮附武官の伯爵壬生基義に、「朝融王ノ婚約アル婦人ハ其姉ノ夫（即チ酒井伯）ト私シタル如キ風評アリ」と発言したために、壬生から厳しくたしなめられたとの話を聞かせたのである。(7) 松平は、実際に分部の言うようなことがあれば、必ず噂となって華族界の消息通に広まるはずだが、今のところまったくそのような噂は聞かない。だから「分部ハ朝融王ガ婦人ヲ好マサルコトヲ知リ、其歓心ヲ得ル為ニ右ノ如キコトヲ云ヒタルモノニテ、実際右ノ如キコトハナカルヘク」と、その事実無根であることを付け加えた。

また倉富は同じ八月に、司法官時代からの友人であり、倉富の後任として朝鮮総督府司法部長官をつとめ、現在は倉富の推薦もあって久邇宮附宮務監督である国分三亥から、久邇宮家で面倒な問題（朝融王の婚約問題）がもちあがり、そのため壬生家に行かねばならなかったとの話を聞かされている。倉富は国分に松平から聞いた一件を物語り、分部は「目的ノ為ニハ手段ヲ択ハスト云フ」人物だと宮内省ではみているので、十分注意するように忠告した。(8) なお、国分は朝融王の件を、一九二二年六月初めに倉富に代わって専任の宗秩寮総裁となった侯爵徳川頼倫にも報告している。(9)

宮内省から釘をさされたこともあってか、久邇宮家では良子女王の結婚が無事すむまでは自重することにしたようであり、しばらくの間は朝融王の婚約問題が宮内省で話題にのぼることもなかった。しかし、先ほども述べたように、関東大震災のためのびのびになっていた皇太子の結婚式が一九二四年一月二六日に無事挙行されると、安心したのか、朝融王は結婚する気のないことをおおっぴらに周囲にもらすようになった。その噂が酒井家側に伝わり、いやでも問題は表面化することになったのである。

二、久邇宮婚約解消を望む

一九二四年二月三日、倉富は久邇宮家の国分宮務監督から、酒井家との婚約解消の話を宮内省に持ち出さざるをえなくなったとして、以下のような事情説明をうけた。

朝融王が菊子との結婚に乗り気でないとの話が、相手方の酒井家に伝わり、久邇宮家の意向に疑いをもったようなので、国分が思い切って朝融王にただしてみたところ、王は「コノコト疾ク決心シ如何ナルコトアルモ結婚スル意ナシ。但皇太子殿下ノ御婚儀ノ済ムマテ問題ヲ起スコトヲ見合セ居リタルナリ」、と確言した。そこで国分は父親である邦彦王の意向を問うてみたところ、邦彦王は次のように、この婚約を解消する意向であると述べたのであった。

此コトニツイテハ疾ク考ヘ居リタルコトアリ。然シ皇太子殿下ノ御婚儀済ムマテハ其儘ニ為シ置ク考ナリシカ、最早御婚儀モ済ミタル故其事モ処置スヘキ時ナリ。自分ハ此問題ハ是非取リ止メ度考ナリ。其訳ハ婚約ノ女ニハ節操ニ関スル疑アリ、此疑アル以上ハ如何ナルコトアリテモ之ヲ嫡長子ノ妃トナスコトヲ得ス。尤モ節操ノコトハ的確ナル事実ハ知リ難キ、疑丈ケニテモ承知シ難シ。之ヲ妃トナスコトハ先祖ニ対シテモ済マサルコトト思フ。婚約ヲ取消スニ付ヒテハ先年ノ良宮ノ関係モアリ朝融ハ勿論自分（邦彦王殿下）ニ対シテモ種々ノ非難アルヘクモ、如何ナル非難アルモ其コトハ甘シテ之ヲ受ケ、是非トモ之ヲ解約セント思フ。朝融カ婚約遂行ヲ望ム様ノコトアレハ、自分（邦彦王殿下）ハ非常ニ困ル訳ナリシモ、朝融カ解約ヲ好ムハ自分（殿下）ニ取リ非常ニ好都合ナリ。(10)

国分は、二人の婚約はすでに大正天皇の内意も伺い済みだから、先方も容易に解除に応ずるはずはなく、解決までに相当の時間を要すると思われるが、その間は朝融王も他の人物と新たな婚約を結ぶことはできず、当家としてもずいぶん困ることになるが、それでいいのかと反問したが、邦彦王は「如何ナルコトアリテモ遂行スル訳ニハ行カス」、と頑として聞きいれなかった。

二人の意向を確認した国分は、久邇宮父子の決心が以上のようなものであるかぎり、もはや宮内省の詮議に待つより外ないと判断し、二月二日に宗秩寮総裁徳川頼倫を訪ねて事情を説明した。しかし徳川および同席した酒巻芳男は、そのような理由で婚約を取り消すのは不十分だと主張し、同意を与えなかった。そこで国分が牧野宮内大臣に直接話をすることにした。牧野の日記を見ると、国分と久邇宮附事務官の野村礼譲が事情説明のため牧野に会ったのは二月五日である。二人から久邇宮父子の希望を伝えられた牧野は「事容易ならず、考慮し置くべし」と答え、(11)徳川に対策を練るよう指示した。

二月七日宗秩寮に幹部が集り、宮内省のとるべき措置について相談した。(12)出席者は徳川総裁、松平慶民宗親課長、入江貫一勅任参事官兼内大臣秘書官長、そして徳川の前任者で宮内省御用掛でもある倉富帝室会計審査局長官の四人であった。席上倉富から、実際問題としては婚約の遂行は不可能だとしても、監督責任上宮内大臣としてはその前に是非とも久邇宮父子に今回の婚約破棄の申し出には正当な理由のないことを厳しく説諭すべきであり、その上で善後措置を考えるべきだとの意見が出された。さらに、事は一久邇宮家にとどまらず皇室にも波及するおそれがあり、この際宮内大臣は進退を賭して争うべし、と倉富は主張した。結局、宮内大臣は婚約解消の不可なることを邦彦王に諫言すべきであると、徳川から牧野に意見具申し、もし牧野がそれを受け入れぬ場合には、次官の関屋貞三郎かあるいは徳川自身が久邇宮に意見すべしということに、話はまとまった。

また、宮相諫言後の善後措置については、仲介者を介さずに久邇宮家が直接酒井家と交渉すべきだとする徳川と、酒井家に信用のあるしかるべき人物（古市公威、三上参次、武井守正などの旧姫路藩士）を間に立てるべしとする倉富との間で意見が分かれたが、この点については、宮内大臣と久邇宮の会見の結果を見てからあらためて協議することになった。

なお、この協議の際に、久邇宮が婚約解消の理由としてあげた酒井菊子の「節操問題」が話題になり、噂の出所が、酒井家先代忠興の姉で、酒井秋子、菊子姉妹にとっては伯母にあたる子爵前田利定の夫人清子であって、清子から聞いた話を金子有道男爵（島根県物部神社神職家）が分部資吉に洩らしたということまでは突き止められたが、噂そのものの真偽については、明確な根拠あるものとも思えず、信憑性に欠けるとの結論におちついた。

右のような宗秩寮の議論は二月八日に徳川から牧野宮相に上申され、牧野が直接久邇宮に会って意見を述べた上で、さらに相当の手段をとることに決まった。

ところで、翌二月九日に倉富は徳川から、牧野が皇族最長老の閑院宮載仁親王に婚約破棄問題を話したところ、閑院宮は、その話はすでに耳に入っているが、「勿論破約スル様ノコトアルヘキトハ考ヘ居ラズ」と婚約解消に反対の意向を洩らした、との話を聞いている(13)。倉富からその話を伝え聞いた小原駩吉内匠頭は、牧野は閑院宮を味方にしようと思って、その話をしたのだろうが、案に相違して閑院宮が反対となれば、牧野は立場に困るだろうと言い、さらに言葉を継いで、朝融王と菊子の婚約は既に内許を得ているのだから、破約するには、牧野から皇后に言上してその了解を得ねばならぬが、それを求められた皇后は当然その理由を牧野に尋ねるに相違なく、牧野はいったいどういう説明をするつもりなのか、と指摘した。さらに小原は、事が公になれば、田中義一はじめ故山県の子分が、宮中某重大事件で一敗地にまみれた仇を討とうと、一斉に牧野や久邇宮を攻撃するやもしれない、いずれにせよ牧野は相当困った立場に立たされざるをえないだろうから、「コノ問題ハ大臣ノ進退ニ関スルモノナリ」、と倉富に語った。

小原は、宮内省の反牧野派の中心と目されており、この年の四月には老朽淘汰の名目で牧野から勇退を求められ、辞職を余儀なくさせられる。倉富も小原ほどではないが、やはり同じ流れに属していることは前章でもふれた。すでにこの段階では小原と牧野・関屋との反目は修復不可能なまでに悪化しており、倉富日記に記された彼らの発言には、反牧野の強いバイアスがかかっていることを承知しておく必要がある。倉富と小原は、薩摩出身の牧野としては今回も久邇宮のわがままを聞き入れざるをえないだろうと予測し、この問題で牧野が窮地におちいり、これをきっかけに宮相を辞任するのを内心望んでいたのである。

なお、小原がここで皇后のことにふれたのは、皇后が「色盲」の遺伝子をもつ良子女王と皇太子の結婚に不安を感じ、婚約解消を内心望んだことがあったのを、またあくまでも我意を押し通そうとする邦彦王の態度に強い反感と憂慮の念を抱いていたのを（第一章参照）、小原が知っていたからだと思われる。前章でもふれたように、牧野が皇太子の結婚に勅許を仰ぐことにつき皇后の承諾を得ようとした時、皇后は「不純分子の皇統に混入する事の恐れ多き事」、「已に調べの方法今日の如く明確となりたる以上は知りつゝ、黙認する事は心苦しき事なり」との真意を明言した上で、「乍去已に熟議を遂られ御進行の外なしとの事なれば涙を呑みて勅許被遊止むを得ざるべし」と婚約勅許に同意したのであった[14]。ただし彼女は、承諾にあたって「久邇宮殿下の御態度今少し御謹慎被為べきものと考ふ。愈々御進行被為候以上は此の点に付十分御自覚あり度切に希望す」との条件を付するのを忘れなかった。邦彦王の行動にあらかじめたがをはめておかないと、外戚として皇太子に影響力を及ぼし、大きな権力を手中にする懸念ありとしたからであろう。皇后の意を受けた牧野は久邇宮を訪ね、邦彦王に「可成御扣へ目に願上ぐ。奥との御関係最も大切なるに付十分の御注意を願上置たり。新聞抔には時に記事写真の掲載出来る丈御避け被遊る、様御心懸けの程可然申上[15]」げている。

小原が牧野と皇后のやりとりをどこまで正確に知っていたのかはわからない。しかし、皇后の考えがいかなるものであったのか、おおよそのところはつかんでいたと考えてまちがいない。「最も大切の事は御上の一旦御定めになりたる事は跡より之を換ゆる事は慎む可き事」（竹田宮妃昌子内親王の言葉[16]）との理屈のまえに、「涙を呑みて」ひきさがった皇后が、謹慎するどころか、皇后から見れば、天皇家よりも久邇宮家の利害を優先しているとしか思えぬ邦彦王の身勝手な願いを知ったら、はたしてどう思うだろうか。牧野は宮内大臣として皇后にいったいどう釈明し、どう責任をとるつもりなのか。小原の言にはそのような意味合いが含まれていた。実際、皇后はこの時期皇室の家長代行ともいうべき地位をしめており[17]、それゆえ宮中某重大事件で「涙を呑んだ」皇后の了解をいかにして得るかは、これから先、問題処理にあたって牧野が考慮に入れなければならない最重要な要素の一つとなる。

なお、酒井家側の動きに関しては、その内情を示す史料を使えなかったので、詳細は不明である。小原が酒井家家政相談人の一人である武井守正から聞いた話によれば、酒井家の家政相談人連（旧家臣で政財界の重要人物からなる酒井家顧問団）の態度ははなはだ強硬で、久邇宮家の処置が穏当ならばおとなしく引き下がるが、「婦人一人ヲ殺ス様ノ風説ヲ立テ」、婚約を解除せんとするのは不都合なので、その場合にはどこまでも引き下がらぬ方針でいくことになったという(18)。

三、牧野宮相の婚約解消反対

二月一五日牧野は久邇宮家を訪問し、邦彦王に対し「朝融王婚約解除ノ不可ナルコトヲ説(19)」いた。少し長いが、牧野の日記からその言葉を引用しておこう。

乍恐伺済に付殿下は総べて従来の行掛を御引継ぎ遊ばされたる事故、御内定を実行の事に御考への事と拝察し、又是非其御思召に願はなければ不相成、此れは道徳上の問題たるは勿論、殿下には今日となりては直接御縁続きの事なれば、本件の取扱如何に依りては御立場に非常なる困難を来しては、実に容易ならざる義に付、大臣としては斯様なる成行を実現を生ぜざる様予じめ考へ置く事必要にして、此点より視るも御実行に努めなければ不相成、然も今日は皇室国民の関係は直接となり、雲上総ての出来事は一般に皆悉知論評する次第なれば、皇室の出来事に付ては余程慎重に考慮致さなければ不相成、特に今日の国運は多難、危機の伏在するもの少からず、人心の刺激を来すものは出来る丈け予防除却せざる可からず、唯皇室の尊厳御高徳の旺盛に依つて統一を保つ事も相叶ふ次第なり、其皇室に於て人倫道徳を傷つける様の出来事は極力之を避けざる可からず、（中略）故に是非御婚約の成立したる行掛を進むる事に従事致度希望なり、右は宗秩寮当局とも篤と協議の上、省の熟議として決定したる者に有之云々。[20]

殿下すなわち摂政は、この婚約はすでに大正天皇の内許を得たものであるので、そのまま遂行するのがよいとの意向のようであり、また是非ともそうでなければいけないと牧野も考えている。道徳的に見ても、一度決まった婚約を破棄するのを摂政は認めるわけにいかず、しかも久邇宮は舅であるのだから、婚約破棄を認めれば、摂政の身びいきとなって、その立場を著しく困難なものにするおそれがある。そもそも宮中某重大事件の行きがかりからしても、かつて「人倫論」を唱えた久邇宮側に朝融王の婚約を破棄する理由はなく、皇族の権威をかさにきてそのような不徳義を強行すれば、人心の離反を招き、ひいては皇室の尊厳を傷つけることにもなりかねない。国運多難の折から宮内大臣としてはとうていそのような無道な要望を容れることはできない、と牧野は久邇宮の要望を拒否したのであった。ところが、邦彦王の方はそれはもっともだと言いつつも、自分の非を認めず、酒井菊子にはよからぬ噂があり、たとえそれが嘘報だったとしても、そのような噂のある人物を嗣子の配偶者にむかえるのは先祖に対して相済まぬと述べ、「彼是綜合考へ合はせたる末此決心をなしたる分けなり、何分にも可然心配を頼む」[、]となおも牧野に助力を依頼した。

業を煮やした牧野が、その噂の信憑性には疑わしいものがあり、「此如根拠ある事と認め得ざる風評を前定〔提〕として、已に六年に渉り成立したる約束を破壊する事は、道徳上の責任も夫れ丈け深甚なる道理なれば、到底之を敢てするは事情許さゞる儀なり、大臣は殊に此風評には信を置く事能はざる」[21]と厳しく応酬したところ、邦彦王にはもはやそれ以上弁明を続ける余力はなかった。節操に関する噂はたんなる破約の口実にすぎず、真実は朝融王が菊子を好まなくなり、しきりに父邦彦王に願った結果このような申し出となったにちがいない、と牧野は観測している。

この推測の正しいことは、先に紹介した松平の情報、さらに久邇宮附事務官野村礼譲が次のように小原に語ったことからも裏付けられよう。倉富の記すところによれば、野村は「酒井家ノ娘ハ何トナク厭ヤト云フ気ガ起リ、其後解除ノ口実ヲ求ムル為、種々ノコトヲ捜シ出シタルモノニテ、節操云々ノ風評アル為メ之ヲ嫌フ様ニナリタルモノニ非ス(22)」と述べたという。

久邇宮家を辞した牧野は宮内省に戻り、徳川と松平に顛末を語るとともに、噂の出所とされる前田清子にその言を取り消させるよう工夫せよと指示した。宮内省から前田清子にただしたところ、清子はそのようなことを言った覚えはないと否定し、さらにそれを久邇宮側に伝えたとされる金子にも確認したところ、金子も前田がそのように言うのであれば自分の聞きまちがいだったのだろうと述べたので(23)、この噂はまったくの事実無根ということになった。

しかし、これで久邇宮がひきさがるはずもなかった。三月初めに邦彦王は書状を牧野宮相に呈し、再度婚約解除への助力を依頼した。宗秩寮では三月六日に邦彦王の婚約解除依頼の書状にどう対処するかが話し合われたが（徳川、松平、酒巻、倉富）、その論議はだいたい次のようであった(24)。

酒井菊子の節操に関わる噂が無根のものとなったとしても、久邇宮は要求を引っ込めぬだろう。結局、肝心の朝融が婚約者を嫌っているのだから、約束どおりの婚約遂行はむずかしいし、仮に結婚したとしても長続きするとは思われぬ。最終的に婚約解除はやむをえぬかもしれないが、問題はそれをどうやって実現するかである。酒井側は、この婚約は当方から求めたのではなくて、あくまでも久邇宮側の希望によるのだから、酒井側から婚約辞退を申し出るいわれはないとの態度をとっており、宮家から解除を申し出ぬかぎり、容易にうんとは言わぬと予想される。しかし、皇族たるもの、さしたる理由もなくして内許を得た婚約を一方的に破棄するなどという不徳義のできるはずがない。宮中某重大事件の行きがかりからしても、久邇宮のそんな我が儘はとおるはずもないし、とおしてはならない。よって体面上から言っても久邇宮側から解除を申し出るのはだめである。

つまり、久邇宮、酒井さらに宮内省の三者が三すくみとなって、事態は完全に行き詰まってしまうことになる。酒井、宮内省は予定通り婚約履行を希望しているが、それは久邇宮が望まない。久邇宮、宮内省はできれば酒井側から婚約辞退がなされるのを望んでいるが、それは酒井側が受け入れない。酒井、久邇宮は久邇宮家からの婚約解消申し出を望む、あるいは受け入れるつもりでいるが、宮内省としてはそれはとうてい容認しえない、という状態である。この三すくみを打開して、なんとか円満解決の方法をさぐるとすればいったいどうすればよいのか。

ここで、松平と酒巻が次のような注目すべき提案をした。すなわち、婚約が履行できないのなら、朝融王はその責任を感じて、臣籍降下を願い出るべきである。王が臣籍降下の情願書を差し出し、仲裁人を通じてそれを酒井家に伝え、王の決心を示すいっぽうで、皇室に迷惑がかからぬよう、おとなしく辞退を申し出るようにと酒井側を説得すれば、酒井家も折れて、話はなんとかまとまるにちがいない、というのである。しかし、これには倉富が不賛成で、そのような芝居じみたことはすべきでないし、それに朝融王は長男であるので、臣籍降下など邦彦王は絶対にうけいれない、と反対した。結局、この日の協議は結論が出ないままに終わった。

三月八日にこんどは徳川宗秩寮総裁が宮内大臣代理として久邇宮邸を訪れた。先の書状に公式に返答するためである。徳川はまず国分宮務監督に会い、国分から、婚約解除の理由として酒井菊子の節操問題をもちだすのは一切とりやめになさるよう、またその疑いありとした前言を取消し、この問題はなかったことにされるのが宜しいと、邦彦王に申上げたとの話を聞かされた。国分から言われたとおり、邦彦王は徳川に「節操云々ノ事ハ一切水ニ流シ是マテ話ナキコトニナシ呉レヨ」と前言撤回の発言をしたが、さらに言葉を継いで「菊子ト朝融トノ結婚ハ自分（殿下）ノ考ヘニテハ到底無傷ノ結果ヲ得難カルヘシト思フ。当初ノ取調ヘ十分ナラスシテ此ノ如キコト、ナリタルハ遺憾ナレトモ、今日ニテハ自分（殿下）ヨリ好工夫ナシ。宮内大臣、宗秩寮総裁、宮内次官ニ只管依頼スルニ付、酒井家ノ名誉モ損セスシテ婚約ヲ解除スルコトヲ得ル様取斗ヲ頼ム」と、あらためて宮内省の尽力を要請した(25)。牧野が何と言おうと、久邇宮に婚約履行の意志のまったくないことは明らかであった。

徳川から邦彦王の依頼を聞かされた牧野は、三月一九日に国分宮務監督を招いて、三月八日の邦彦王の要請に対する牧野の返答を伝えるよう依頼した。その内容は、「大臣に於ては飽迄皇室中心の精神を以て動作する事責任上の第一義なれば、苟も御聖徳に煩累を及ぼす恐れある事は断じて参〔賛〕同する事能はざる」ゆえに、「斡旋の御請け致し難く御断り可致」という、けんもほろろな返答であった(26)。あくまでも婚約解除を望む久邇宮に対して、牧野はその要望には応じられない、と酒井家に対する斡旋依頼を断ったのである。もちろん、酒井家は酒井家で、久邇宮側が言い出さぬかぎり辞退を申し出るつもりはなかった。かくて事態は暗礁に乗り上げたのであった。

四、水野直の仲介工作

三月二三日、国分から牧野の拒否回答を聞かされた邦彦王は「非常ニ憤慨シ、到底婚約ヲ遂行スルコトハ出来ス。宮内省カ助力セサルナラハ直接ニ処置スヘシ」といきまいたが、酒井家に直接交渉するにしても、宮内省の了解がなければ何ごともできぬとする国分の言を容れて、善後措置を国分にまかせた[27]。国分は翌二四日に牧野に会見を申し込み、事態打開のために国分が酒井に陳謝し、なんとか酒井家から婚約辞退を申し出てくれるよう懇願し、もしそれが容れられない場合には、久邇宮より酒井家に対し朝融王が結婚を望んでいないので婚約を解除したい旨の正式申し入れをなし、酒井家がこれを了承すれば、両家合意にて婚約解消の届けを宮内省に出し、それにて局を結びたいとの策を披露し、牧野の意見を聞いた。

牧野は、仮にその方法を取るにしても、どういう手続きをとるかが肝要である、少し考えたいのでしばらく猶予するよう国分に指示した。国分は牧野の意を解しかねて、関屋次官にその話を語ったところ、関屋は、宮内大臣も表面上一切協力しないとは言うが、結婚がもはや不可能であるのはよく認識しており、酒井家に辞退の働きかけをすることについては、心底異論はないはずである。ただ牧野が慎重な態度をとったのは、久邇宮に婚約履行を諫言した手前、久邇宮側から相手に婚約辞退を希望したり、婚約解消を申し出たりするのを公式に認めるのは、宮内省としてはまずいと判断しているからであり、久邇宮家の人間と酒井家との直接交渉ではなくて、誰か適当な人物を間に立てての間接交渉であれば、あえて邪魔するつもりはないと考えているのではないだろうかと、国分に説明を与えたのであった。

関屋の言からすれば、牧野は邦彦王に諫言はしたが、変更を絶対に認めないとまでは考えていなかったことになる。宮内大臣として久邇宮父子の身勝手な要求に応じるのは拒否するが、表向き宮内省の手を借りずに事態が収拾されるのであれば、また酒井家が自発的に婚約辞退を申し出るとの形式が守られるのであれば、最終的にはやむをえぬこととして、婚約解除を認めてもよいと考えていたのであろう。ズルイと言えば、ズルイ考え方である。

四、水野直の仲介工作

それを裏付けるように、三月二七日に徳川から、第三者を間に立てて、伯爵酒井忠正に行き詰まりにいたった事情を説明し、酒井側より婚約辞退を申し出てくれるよう「極秘の裏に心配中なり」との話を聞かされた牧野は、それに反対するどころか、了承を与えたのであった。[28]酒井忠正とは貴族院研究会の同志で昵懇の間柄にあり、かつ大名華族界のフィクサーとして知られる子爵水野直を仲介者に立てて、事態を円満に収拾しようというのが徳川の案であった（徳川自身、宮内省入りするまでは研究会の有力メンバーであった）。三月二七日夜、徳川は水野に「同子より酒井〔忠正〕伯へ個人として篤と談合の件を相談した」ところ、水野はこれを快諾し、万事うまく解決するだろうとの見通しを語った。[29]

顛末を徳川から聞かされた牧野は早速国分をよび、第三者による交渉がはじまったからには、久邇宮家としてはその交渉の成り行きにすべてを委ねるべきであり、直接酒井家と交渉するようなことは一切すべきでない、「両殿下にも此の問題に付ては何人にも言及不被為在様致度」と述べて、釘を刺した。[30]かくて、酒井側からの婚約辞退を引き出すため、水野直ルートによる秘密交渉に舞台はうつることになる。

なお徳川は、水野の仲介工作をやりやすくするためにも、久邇宮側が反省の意を表明する必要があり、具体的には松平や酒巻が主張したように、朝融王の臣籍降下の申し出がなされるべきと考えていたようで、国分にも朝融王にはそのくらいの決心あってしかるべしと示唆している。もっとも、ほんとうに臣籍降下の情願書が出されたりすると、宮内省としてもかえって処理が面倒になるので、その決意を示すだけでよく、それが酒井家に伝われば、「華族ノ皇室ニ対スル関係トシテ酒井モ其以上猶我意ヲ主張スルコトナカラン」との計算によるものであった。[31]

三月末以降、水野による水面下の工作がはじまったのだが、その具体的な内容については、酒井家側の史料を参照できない現状では記すべきことはほとんど何もない。ただ、倉富日記に散見する倉富の伝聞記事から推測すると、水野の工作は遅々として進まなかったようである。しびれを切らした邦彦王は七月末に徳川を自邸に招いて、表向きは徳川の尽力に感謝すると言いつつも、そのじつ婉曲に交渉の進行を催促した。[32]さらに関屋次官もよんで事態の速やかな決着を督促している。[33]

徳川が倉富に与えた説明によると、まず酒井菊子に別の嫁ぎ先を世話し、それが固まってから酒井家より婚約辞退の申し出をさせようというのが、水野の戦術だった。[34]震災で妻を失った旧佐倉藩の堀田正恒伯爵と山階宮武彦王のところへ話が持ち込まれたとの記述が倉富日記には出てくる。[35]堀田家からは第三者を介して内々に、久邇宮家との縁談はすでに解消したのか、また解消になったとすれば、それは如何なる理由によるのかと問い合わせがあったという。しかし、どちらの話も先方が不審に感じて断って来たため、水野の目論見はうまくいかなかった。このやりかたでは、酒井菊子の新しい嫁ぎ先が決まらぬかぎり、久邇宮の望む婚約辞退もいつまでかかるかわからないわけであり、しかも朝融王との関係が正式に解消されぬかぎり、酒井菊子に新しい縁談を見つけるのはすこぶる困難であった。

このような水野のやり方に対して倉富は否定的で、酒井側から辞退させようとする今のやり方にそもそも無理があり、まして婚約が正式に解除されないうちに別の嫁ぎ先を探すなどというのは非常識で、そんなやりかたではいつまでたっても埒のあくはずはなく、やはり久邇宮の方から頭を下げて、都合により婚約を解消したいと率直に申し込めば、酒井側も同意して早く片づくはずだとの持論を徳川に何度か述べているが、[36]牧野が久邇宮に対し表向き婚約の解消を認めていないため、倉富の議論は容れられるはずもなかった。

五、新聞のスクープ

膠着状態を動かしたのは新聞のスクープであった。九月六、七日と都下のいくつかの新聞が「酒井家との婚約を久邇宮家突如お取消」との見出しで、「悲しみに籠もる」酒井菊子の大判の写真入で記事を発表し、「斯かる前例のない宮内省では此の処置に大狼狽を極め、目下牧野宮相以下関屋次官、徳川宗秩寮総裁其他の此の御婚約取り消し対する発表方法に就て昨今大協議を凝らしている」とスキャンダラスに報道したのだった。(37) 新聞のすっぱ抜きは宮内省の首脳部を驚かせ、かつ憤慨させたが、反面膠着状態にあったこの問題を急速に流動化させることになった。

新聞報道後も、徳川は酒井側からまもなく辞退の申し出があると信じ、既定方針に変更の必要はないと考えていた。九月八日には、牧野に「九分通り纏まり居り、両日中位には必ず酒井伯の辞退あるべしと確言」している。(38) これは徳川が仲介者（水野）を通じて酒井忠正に、久邇宮は菊子嬢に十分の厚意を有し、婚約解除後も酒井家との交際は持続するつもりである旨伝えさせたところ、酒井は大いに感謝し、宮がそれほどの厚意を示されるなら、潔く辞退するつもりだと請け合ったからだった。(39) しかし、牧野は必ずしも徳川の言に全面的な信をおいてはいなかった。というのは、他の方面から酒井家相談人の強硬な反対ぶりを聞かされていたからである。

たとえば、御殿場にいて事態の成り行きを心配していた西園寺は、西園寺が水野から聞いた話では事態の見通しは悲観的である、と入江貫一を通じて牧野に伝えている。(40) また、九月八日に宮内大臣の意見を聞きたしとて牧野のもとへやってきた酒井家相談人武井守正は、「皇室の尊厳、人心の動揺に及ぶところ実に重大なるべし。取消にても辞退にても治るまじく。先年の重大問題の時は山県公あり、今回は的になる人なし。直接宮家に世の攻撃向ふべく、又宮内省も非難されるべく」と述べ、宮中某重大事件の再来であり、悪いのは久邇宮側であるとの姿勢を示した(41)。翌日、関屋次官がやはり酒井家相談人の三上参次（東京帝大教授で摂政の御進講掛）に面談したところ、三上も「婚約ハ是非之ヲ遂行セサルヘカラス、結果ノ可否ハ問フ所ニ非ス」と語った(42)。

さらに牧野は、九月九日に近衛文麿からも、水野と酒井忠正が軽井沢の近衛のところまでやってきて難渋ぶりを告げて、解決策を相談したとの話を聞かされた。近衛の言では、酒井個人は辞退の腹づもりだが、酒井家相談人が容易に聞き入れそうもないので苦心しているとのことであった(43)。同じ頃徳川も倉富に、予期に反して決着が遅れているのは、相談人の意見をまとめるのに手間取っているためで、とくに武井守正が難物だと述べている(44)。当主忠正に婚約辞退の気はあっても、養子のため相談人連に遠慮があり、反対をおさえられなかったことが、徳川・水野の辞退工作を遅らせた原因であった。

ところで、牧野は九月一一日に西園寺を訪ね、秩父宮洋行、皇室経済顧問の補充人選、久邇宮婚約問題につき協議をしている。もっとも、この時牧野と西園寺の間でいかなる話し合いが行われたのか、牧野日記には詳しい記述がなく、ただ牧野の言に西園寺が「全然同感、賛意を表せらる」とのみ記されているにすぎない(45)。翌一二日に牧野は山本権兵衛を訪ね、「御婚姻問題に付き経過を陳述、最後行詰まりの場合に処する所見を説示」している(46)。これに対して山本は「大体同意、但、事極めて重大の問題となるべきに付、極力宮家にも累の及ばざる様注意尽力あり度」と答えた。さらに一三日には病気療養中の内大臣平田東助を逗子に見舞い、「行掛の問題に付経過及所見を開陳」したのであった(47)(48)。

牧野の「所見」に平田も「此又同感なり」と賛成し、さらに「自分の考へとして御辞退の外なきを以て、武井男〔守正〕（永井）の御反省を求むる事に出来る丈け勧告を試むべし」と、友人である武井を説得する旨約束をしている。元老、内大臣のほかに山本のところへ赴いたのは、山本がたんに前首相であるというにとどまらず、牧野が個人的に最も信頼を寄せる（山本訪問の日の日記に、牧野は「総べて公人として時事問題に付参考すべき適切なる意見は、伯（山本のこと—永井）に於て最も多く聞く事を得る、従来の経験なり」[49]と記している）人物だったからであるが、山本が久邇宮妃俔子の実家島津公爵家の後見人だったことも関係があるだろう。

ともかくも、牧野はこの三日の内に元老、前首相、内大臣を立て続けに歴訪したわけだが、その目的は言うまでもなく、事件が新聞に大々的に報道され、皇室スキャンダルとして世情の関心をひくようになったことについて取り急ぎ報告と釈明を行うためだったと考えられる。逆に言えば、元老とはかかる場合に宮務の最高責任者たる宮内大臣からしかるべき報告と説明をうける権利を有する存在にほかならない。さらに、日記に「所見を説示」とあることから、牧野は報告と釈明にとどまらず、宮内大臣としての「所見」を元老、内大臣に提示し、その同意を求めたのであった。問題はその中味だが、牧野日記の文面だけでは、牧野がいかなる「所見」を保持していたのか必ずしも明らかではない。

内大臣秘書官長でもある入江貫一が倉富に後日語ったところによると、牧野は西園寺と平田に対し「此ノ問題ハ酒井ノ方ヨリ解約ヲ申出デザレバ絶対ニ宮ノ方ヨリ解約スルコトハ為スヘキモノニ非ラサル」と言い[50]、さらに「摂政殿下ノ皇族ヲ監督セラル点ヨリ解約ヲ御認メニナルコトハ出来サル旨ヲ説キ、西園寺モ平田モ理論ハ其通リニテ正当ナル旨ヲ答ヘ」たのだという[51]。これが確かであれば、牧野の「所見」の内容は、正当な理由もないのに、すでに天皇の内許も得た婚約の解消を求める久邇宮の申し出は理不尽であり、皇族監督権を有する摂政がそのような不徳義を容認するようなことがあってはならない。よって、久邇宮から婚約解除を申請することは絶対不可であり、たとえ申請があっても、宮内大臣としては立場上それを摂政に取り次ぐことはできないし、しない、というものだったことになろう。

だとすれば、牧野が二月以来とってきた既定方針の再確認にすぎないが、牧野はあくまでもそれを堅持する旨、元老、内大臣、山本に確言し、彼らもそれは正論であるとして「全然同意」したことになろう。もちろん、この牧野の判断には宮中某重大事件との権衡が強く意識されていたにちがいない。この「所見」に対し、島津家後見人の山本は、「極力宮家にも累の及ばざる様注意尽力あり度」と答えたのであり、筋論だけでは事態解決は不可能と憂慮する内大臣平田は「自分の考へとして御辞退の外なきを以て、武井男の御反省を求むる事に出来る丈け勧告を試むべし」と応じたのであった。

山本を訪問したあと、牧野は知人の賀来佐賀四郎（台湾総督府総務長官）を自宅に招き、事情を説明した上で、邦彦王のもとに赴いて再度説得を試みるように依頼した。賀来は「宮家の態度に付ては深く憂ふるところあり、十分言上を試み度」と引き受けたが、さらに牧野に対し「本件が円満の解決なき以上、他の御縁に付勅許の降る事六ケ敷かるべしとの議を陳上せば、余程御反省の験しあるべし、此点言上差支えなきや」と質問した。つまり、久邇宮が強引な方法で破談に持ち込んだりすれば（久邇宮にはその前科があった）、酒井との縁談は解消できても、そのあとの朝融王の結婚に宮内大臣は勅許を申請しないおそれがあると邦彦王ににおわせ、その反省を求めたいが、それでかまわないかと牧野に質問したのである。牧野はそれに対し「差支なし」と答えた(52)。

賀来は九月一四日に邦彦王に面会し、その反省と謹慎を促した。賀来は牧野との打ち合わせどおり、宮相は他の縁談の勅許申請の取り次ぎを拒否しかねないと述べた(53)が、王の考えを変えるまでにはいたらなかった。しかし、賀来の言葉にはさすがの久邇宮もこたえたらしく、「余程御反省の御様子、御行動も御慎みなさるべく、御自身直接に手段を取る事は絶対に不被遊、又若宮へも御諭示あるべく、又勅許降らざるべし云々に付ては、御機嫌に触る、事も不被為在、大臣としては止むを得ざるべしとの御諒解ありたる如し」と賀来は牧野に報告している。賀来が「解決としては一年半若しくは二年間も御謹慎あるに於ては自然に解決は出来可しと申上げた」ところ、

邦彦王も「御合点出来た」と頷いたのであった。(54)

六、徳川頼倫の婚約辞退工作

牧野が既定方針堅持を変えず、また久邇宮に対し婚約解消にむけて宮側が直接に手をつけぬよう固く釘をさしたことから、結局事のなりゆきはすべて徳川による酒井側への辞退工作の成否にかかることになった。牧野としても、久邇宮が婚約解消を申し出るのは絶対回避すべきだと堅く決心してはいたが、酒井側が自発的に婚約を辞退するのであれば、それを受け入れて事態を収拾するにやぶさかではなかった。というより、平田の言をまつまでもなく、もはやそれしか方法がないのはよくわかっていた。九月一五日、徳川から、酒井忠正の決心の固いことを確認できたので、あとは酒井家に久邇宮の「温情、令嬢の前途に付詳細証言を通せば」、いよいよ婚約辞退も実行に移される見通しとなったが、このまま「進行して差支なきや」との許可を求められた牧野は、「差支なし」と答え、辞退工作の進行をうながした。(55) 牧野は久邇宮にみだりに動かぬよう謹慎を勧めるいっぽう、徳川の収拾工作に解決の糸口を見いだそうとしたのである。二〇日にもう一度、徳川から「此上進行すべきや否や」問われた時も、牧野は「是非進行すべき事」を内示している。(56)

徳川は、三月に宮内大臣はこの件には一切関係せずと牧野が邦彦王に明言した時点で、宗秩寮総裁としては表向きこの問題に手を出せなくなったが、さりとて皇族に関わる重大問題をこのまま放置するわけにもいかぬので、この際自分が職を辞し、ただの侯爵徳川頼倫となって両家の仲介をしたいとの内意を関屋次官にはかったことがあった。牧野の退任を怖れる関屋が、良子女王問題で先に中村雄次郎が辞職し、今また徳川があとをおうことになれば、ことは徳川一人にとどまらず、牧野の進退にも及びかねぬとして自重を求めたので徳川は辞職を思いとどまったが[57]、新聞報道のあとは、もはや水野にまかせきりでは埒があかぬと見たのか、直接(表向きは宗秩寮総裁としてではなくて、一徳川として)仲介にのりだした。九月八日以降宮内省にもほとんど出省せず、ほぼこの問題にかかりきりとなった。

しかしながら、酒井家相談人を婚約辞退に同意させるのはそれほど簡単なことではなかった。平田内大臣は武井守正の息子で宮内省勤務の武井守成を通じて、守正の説得を試みたが守正はなかなか承知しなかった[58]。武井守正の請求により酒井家相談人会が九月二四日に開催されたが、出席した守成の関屋次官への報告によれば、酒井忠正から酒井側より婚約辞退を申し出るのはむずかしいと徳川に返答した旨の報告があり、そのあと相談人の意見交換がなされた。久邇宮または宮内省から公然解約の申し出があるならば、それに応ずるにやぶさかでないが、新聞に伝えられるだけで今のところ何ら正式の意志表示もない状態では、酒井側から辞退を申し出る必要はないとの硬論が相談人会では優勢であった[59]。酒井忠正は徳川には辞退を約束したものの、それを相談人会に堂々と提案するまでにはいたらなかったのである。かくて徳川＝酒井の相談人説得工作の第一ラウンドは失敗に終わった。

第二ラウンドは、徳川が酒井家を正式に訪問して久邇宮家の事情を伝え、それに応じて忠正が婚約辞退を提案し、相談人の同意を得るとの手はずで、徳川＝酒井会見が計画された。一〇月七日または八日に徳川と酒井が密かに会合し、この話を詰めたのだと思われる。『都新聞』などには水野、徳川、酒井、それに賞勲局総裁の仙石政敬が某所で密議し、その結果円満解決の見込みがたったとの記事が掲載されたという(実際には仙石は出席していなかったようである)[60]。一〇月七日関屋が徳川の自宅を訪問したところ、徳川は関屋に「解約のことは愈々酒井より申込むこととなれり」と言い、そのあと二人は牧野に会い、徳川は牧野に「酒井伯辞退決心」を請け合った[61]。牧野は、それまでの経過に鑑み、完全に信頼をよせたわけではなかったが、徳川の口振りが「如何にも確定的の申出なるを以て数日間の成行きを視る事」になった。なお、牧野は一〇日に皇室経済顧問の人選のことで西園寺に面会したが、その折り西園寺から「久邇宮家に対する監督権使用云々に付、極めて重要なる注意」を受け、そのことを東宮大夫の珍田捨巳にも伝えている。[62]西園寺の注意の内容は久邇宮に対する摂政の訓戒に関するものと推測されるが、それについては後でまとめて論じたい。

一〇月一二日（『牧野日記』では一一日）、いよいよ徳川は酒井伯爵邸を訪問することになった。徳川は、内約を交わして以来この七年間に朝融王の思想に変化があり、父邦彦王も苦心していることを酒井忠正に伝え、酒井家では菊子嬢に特別の教育を施し、準備されてきたことはよく承知しているが、甚だ申し上げにくいことには、このまま結婚しても御二人の将来がほんとうに幸福かどうか自分としても憂慮に堪えぬので、御参考までにと思い、個人的に実状を申し上げた次第であると申し入れた。召集された相談人のうち、はじめから顔を出したのは星野錫（東京印刷会社社長、元東京商業会議所副会頭）だけであり、武井は忠正の懇請によって、ようやく途中から出席した。忠正は武井に「宗秩寮総裁タル徳川（頼倫）ヨリ久邇宮ノ事情ヲ聞キ、菊子ノ婚約ヲ辞退スル旨」の書面を示し、その承諾を求めたが、武井はただ熟慮すべしと答えただけで、そのまま家に帰ってしまった。翌一三日武井は「意見ヲ聞クトノコトナラハ云フヘキコトアルモ、主人カ既ニ決意シテ之ヲ承認セヨトノコトナレハ、今更何トモ云フヘキ所ナキ」との意向を酒井忠正に伝えさせ、自身はそのまま葉山へ出発した。[63]かくて決着をみないまま第二ラウンドも終わったが、それでも徳川を通じて久邇宮の意向が酒井側に正式に伝達され、当主の忠正が婚約辞退の意志を明らかにしたことは、工作の大いなる前進と言えよう。

徳川訪問のあとは、相談人の説得が個々に行われたようである。一〇月二〇日に牧野は徳川から、[64]酒井家相談人の協議も一両日中に纏まる見込み確実との連絡が酒井からあったと聞かされており、一〇月二九日には倉富も、酒井家相談人の古市公威（枢密顧問官）が武井守正の説得にあたっているとの話を聞いている。[65]当初は反対であった相談人も、徳川の申し入れと忠正の決心を見せられては、やむをえず辞退論を受け入れることになったのであろう。

二九日に徳川は宗秩寮職員に事件はようやく解決したと告げ、経過を説明した。それによれば、酒井忠正から久邇宮に対し、徳川から牧野が久邇宮に伺候して知った近状を伝え聞き、「恐懼ニ堪ヘス、辞退スル決心ヲ為シタル」旨の書面を提出し、久邇宮がそれに応じる書面を交わし、さらに酒井を招いて「懇篤ナル御詞」を与え、それにて一件落着とする段取りで、すでに根回しは完了したというのである。[66] 武井の説得には古市と星野があたっており、一〇月三〇日には相談人会が開かれ、武井の承諾もそこで得られるはずであった。しかし、武井がまたもや出席を拒んだので（武井はすでに相談人辞任を申し出ていた）、結局武井については欠席のまま事後承諾ということになったようである。[67] ともかくも、酒井家側の意志は一〇月末には辞退一本で固まり、難航をきわめた徳川の辞退工作もここにようやく決着をみた。一一月一日、徳川は倉富に「該問題ハ内報ニ依レハ所期ノ目的ヲ達スルコトヲ得ルコト、ナリタルニ付、安心ヲ請フ」旨書き送っている。[68]

七、摂政の訓戒

一〇月末には徳川の辞退工作もいちおう完了したのであるが、事件の表向きの解決と公表は、陸軍大演習統監のため石川県出張中の摂政の帰京をまたねばならなかった。大正天皇の内許を得た婚約であるから、その解除にも摂政への報告とその了解を必要としたのである。さらに加えて、解除の承認とひきかえに、宮中某重大事件に引き続き、かかる事件を引き起こした久邇宮に「お灸をすえる」べく、皇室典範第三五条の皇族監督権の行使により、摂政は久邇宮に訓戒を施すべしとの考えを元老と宮内大臣が抱いており、それを摂政に奏請し、その承認を得る必要があったからでもある。

この考えはどうやら西園寺の発案にかかるものらしく、先述のように一〇月一〇日に牧野が西園寺から「久邇宮家に対する監督権使用云々に付、極めて重要なる注意」を受けたのが、そもそもの発端であった。一〇月二〇日、徳川から一両日中に解決する見込み確実との報を得た牧野は、閑院宮を訪問して事の顛末を報告したが、その際「皇族監督上、摂政殿下訓戒的御言葉の事に及び、委曲言上」し、この件につき皇族最長老の了解を求めた(69)。すでにこの段階で元老と宮内大臣の間では訓戒のことは確定していたわけである。閑院宮は宮中某重大事件以来の久邇宮の我が儘ぶりを苦々しく思っていたのであろう、「御心底より御賛成の御気色」を示し、牧野の案に同意を与えた。

一一月一三日に摂政は帰京し、随員の牧野もそれに従った。婚約解消の件を摂政に上奏する前に、牧野はまず西園寺を駿河台に訪ね、元老と最後の協議を遂げた。西園寺は、久邇宮問題については「同伴、摂政殿下に拝謁、言上しても差支なし」と述べたが、これは異例の申し出と言ってよいだろう。奏請の内容が皇族の懲戒に関わる上に、相手は摂政にとっては岳父にあたる人物であり、牧野としても言いにくいであろうとの配慮から、西園寺としては責任分担の心づもりで申し出たにちがいない。また、そもそもの発案が西園寺であったことも関係していたのであろう。牧野は西園寺の好意を多としたが、病気加療中の西園寺の身を慮んばかって、同伴を断り、一人で上奏することにした(70)。

一一月一五日、牧野はまず皇后に拝謁した。皇室の実質上の家長代行たる皇后の内諾を得るためである。牧野は「始めて此問題に付今春来の経過顛末を申上げ、辞退御聴許と同時に殿下、久邇宮へ対して御詞のあるは、事情に顧み皇族監督上、又天職御行使の点より是非願上度、御縁故の殿下にも誠に恐懼の至りなるも、公私の差別は明白に御示しある事は大切の事と存ずる」と言上した[71]。

それを聞いた皇后は「相当御感動の御様子」をあらわし、「大臣も種々心配を重ぬる事と推察す、皇室の為めには夫れ丈けの事は心配ありたし」と述べて、牧野の処置を是認した。前述のように、宮中某重大事件の行きがかりからすれば、はたして皇后が素直に了承するかどうか、一抹の不安が残されていた。いや、この問題の処理にあたって最後の肝どころともいうべきはじつは皇后の意向如何にあったのである。摂政が訓戒を施すとの提案には、久邇宮に強い警戒心を抱いていた皇后を安心させ、その納得を得るための意味合いもあった。この時も「兼て同宮家の事に付ては種々御聞込みもありたる御物語りも拝承す。深く御憂慮被遊る、御模様に伺ひたり」と、牧野は皇后から久邇宮についての不満を聞かされている[72]。

しかし、反牧野派の小原や倉富が心配もし、また幾分期待もしていたような厳しい態度を皇后は示さなかった。牧野の要請を容れて、あっさりと婚約解消に了解を与えたのである。もともと皇后は牧野とはちがって、婚約解消そのものについては必ずしも反対ではなかった。松平慶民が一〇月上旬に皇后に拝謁した際、皇后からこの件につき話があり、松平から事情説明を受けた皇后は、「嫌ニナリタルモノヲ強ヒテ遂行セシムルハ無理ナリ。若シ大臣カ側室ヲ置クコトヲ承認スルナラハ、婚約ヲ遂行スル方宜シキモ、左モナクシテ遂行スルハ無理ナルコトナリ」と語っていた[73]。この話を倉富に伝えた松平は、たとえ久邇宮の件であれ、皇后がこの考えだとすれば、牧野が婚約解除を求めたとしても、さほど面倒なことにはならないだろうと観測し、倉富も案外のことに感じたのであった。女の側に選択の余地のない家同士がとりきめた結婚の場合、相手を好ましく思う心が男の方にまったくなければ、その結婚生活は不毛なものに終わることを、皇后はよく知っていたのであろう。だから訓戒処分のことを聞かされれば、久邇宮の横暴は抑制され、皇太子への影響力についてもそれほど心配しなくともよいと判断して、抵抗なく賛成したのだと推測される。

皇后の同意を確認した牧野は、次いで赤坂御所に廻って摂政に拝謁し、「本件の成行を詳細に申上げ、御間柄としては恐多き次第なるも、皇族監督に関する天職を御尽しの場合は公私の区別は明白に御立て可被為ものなる事（中略）を率直に申上げ」、久邇宮訓戒を摂政に進言した。ところが摂政は、「実は朝融王より〔酒井〕菊子は肺疾の憂（此の御言葉は精確に記憶せず、兔に角肺患を理由として）あるに付、中止したき御話しありたるに付、そう云ふ血統の皇室に入る事は宜からずと考へ賛成したる事あり、夫れに矛盾せざるや」と質問した。[74]朝融王は義兄として摂政に個人的に接触し、菊子の病気を理由にその同意を求めていたのである。[75]自分の結婚の際に婚約者の遺伝因子が大問題になったことを知らぬかのような摂政の物言いや、ありもしない病気までもちだして摂政の同意を得ようとした朝融王の態度には驚かされるが、摂政としては、個人的とはいえ、一旦賛成したものにあとで訓戒を与えては、前後矛盾をきたすのではないかとおそれたのであろう。

牧野は「夫れは矛盾致しませぬ、今日まで菊子嬢の問題に付て病気と云ふ事は曾て故障になつて居りませぬ、大臣も此まで中止の理由としては病気の事を耳に致した事は御坐りませぬ」と答え、朝融王の言い分に根拠のないことを保証した。そこで摂政は「夫れなれば宜しいと頗る御安心の御態度にて、又御詞を降下被為在るゝ事に付ては断然たる御口気にて御全諾」したのであった。かくて朝融王と酒井菊子の婚約解消の許可とともに、久邇宮に訓戒の詞を与えることが確定した。牧野は「如何にも天職を御尽しなさるゝ御決心も顕はれ、難有拝承して引下りたり」と日記に記している。[76]

二月から揉めぬいた問題だったにもかかわらず、皇后と摂政が責任者の牧野からこの件についてはじめて正式に報告・説明をうけたのが、すでに解決のメドもたった一一月になってからというのは、二人が皇室の実質的家長代行と名目的家長代行だったことを考えると、少し不思議な気がしないでもない。皇族に関わる重大事なのだから、皇室家長たる者、責任者から適宜事情説明を受けてしかるべきではないだろうか。また、牧野から話がなくても、皇后および摂政が他のルートからの情報で聞き知っていたことは、松平の倉富への話や摂政の牧野への質問からも明らかである。にもかかわらず、二人は牧野が報告の上奏をしてくるまで、この件につき下問することをしなかった。皇族監督権を有する者にしてはいささかあなたまかせではないだろうか。二人とも遠慮・自制していたのであろうか。皇后は女であるがゆえに、摂政は若年でかつ摂政であることに引け目を感じて。

しかし、このあたりに天皇制の「輔弼親裁構造」の特徴があったとは言えるかもしれない。常にそうだというわけではないが、厄介なトラブルは、まず輔弼者のところで処理を担当し、その解決方策の見込みが立ち、お膳立てが整えられてから、輔弼者が上奏をして、意志決定ないし執行について決裁を仰ぎ、天皇が納得すればそれを裁可して事を決する、そういうシステムだったのである。天皇が安心して裁可できるように、用意万端整えておくのが輔弼者のつとめであり、事前の処理もできないうちに、不用意に天皇に報告するのは輔弼者として避けるべき未熟、無責任と考えられていた。他方君主の方も、責任者の事に処する態勢の十分整わぬうちに天皇の意志を示すことで、事の処理に影響を及ぼすのは賢明でないとして、しかるべき時機が来るまでは自制的であることを原則としていたのである。この問題に関する摂政と皇后の態度は、このような「輔弼親裁構造」の下での君主の行動パターンの枠内におさまるものと言えよう。もっとも事の性質によっては君主が輔弼者の進言をまたずに下問することもあり、必ずしも常にこの行動パターンが守られていたというわけでもない。

翌一一月一六日入江為守東宮侍従長が摂政の使いとして久邇宮邸を訪問し、婚約解消聴許のことを伝えるとともに、以下のような摂政の訓戒の詞を伝達した。

> 御内意伺済ノ上取結ハレタル結婚内約遂行ノ運ニ至ラサリシハ遺憾ノコトト思フ
> 自今一層慎重ナラムコトヲ望ム(77)

入江が牧野に復命したところでは、邦彦王は手渡された覚書を「一読、何等の謹承せる意味の口上なく、其儘納められたり」という有様で、「如何にも御態度としては慎重を《ママ》〔欠く〕（永井）感を起さゞるを得ず。（中略）夫れにしても何か御仰せありて可然哉に被考る、次第なり」と、牧野は慨嘆している。[78] また国分が後に倉富に語ったところによると、その日の邦彦王の様子は「余程不機嫌」だったという。[79] まさか摂政から訓戒を受けるとは思ってもいなかったのであろう。

　これが摂政の皇族監督の行使による訓戒措置であることは、この文面を記した宮内省罫紙（「牧野伸顕文書」所収）の次葉に、皇室典範と皇族身位令の関連する条項が抜き書きされていることから明らかである。皇室典範から列挙されているのは、第三五、三六、三九、四〇、四一、五二、五三、五四の各条である。第三五条は天皇の皇族監督権に関するもので、第三六条では摂政が立てられた時は摂政がその皇族監督権を摂行すると規定されている。第三九条から第四一条は皇族の婚嫁に関する規定であり、第五二条から第五四条は皇族の懲戒と特権の剥奪に関わる条項である。また、皇族身位令から列挙されている各条（第三六、三七、三八、三九、四二条）はすべて皇族の懲戒に関する規定であり、第三六条に「皇族ノ懲戒ハ謹慎停権及剥権トス」と規定されている。第三七条以降の三条でそれぞれ謹慎、停権、剥権の処分内容が定められている。謹慎は訓戒と十日以上一年以下の参内停止、停権は一年以上五年以下にわたる皇族特権行使の一部または全部の停止、剥権は皇族特権の全面剥奪である。さらに第四二条は懲戒とその解除は勅書を以て行うと定めており、公式令第二条によってこの勅書には宮内大臣の副署がなければならない。また、停権と剥権についてはその解除も含めて、枢密顧問官と宮内勅任官から勅選された委員の審査に付し、さらに皇族会議に諮詢することを要する。

　さらに裏付けとなるのが、この訓戒文に添付された次のような牧野伸顕自筆の説明書である。

久邇宮殿下へ賜ハリシ勅語

妃ニハ酒井伯へ御婚約アリシヲ伯爵家ヨリ御辞退ノ形ニテ取リ止メニナリタル際降サレシナリ但皇族御監督ノ御聖旨ニ基クモノト拝察ス

この文章は、皇室典範第三五、三六条にもとづく摂政の皇族監督権の行使として、久邇宮宛に出された「勅語」であると牧野は言うのである。

以上から、摂政のこの詞が摂政の皇族監督権の行使による訓戒処分であることが明らかであろう。この時の久邇宮に対する訓戒は参内停止処分を含んでおらず、また手交された覚書も正式の勅書とは言い難いので、皇族身位令の懲戒処分とは見なせない。それよりも軽い訓戒処分と解すべきであろう。しかしそれにしても、皇族の訓戒処分そのものが異例のことである。西園寺・牧野のコンビは、その異例の処置を摂政・皇后に実行させたのである。表面には出ないが、これが宮中某重大事件の後始末という意味合いを含んでいたことは容易に納得されるであろう。

一一月一七日宗秩寮と久邇宮家の双方から新聞発表が行われ、二月以来の婚約解消問題に最終的な決着がつけられた。宗秩寮の公表は「朝融王殿下酒井菊子御結婚のこと予て御内定の処、今回酒井家に於て御内約辞退を申出たる趣を以て宮家より御内定御取消御聴済の儀願出られたるに就き、其手続きを了せり」というもので、(80)酒井側とも打ち合わせの上で、宗秩寮で用意された久邇宮家の声明は左のようであった。

朝融王殿下予て酒井菊子嬢と結婚のこと御内定の処、今回酒井伯爵家より右御内約の儀御辞退致したき旨申出でたり。固より酒井家に於ては何等別段の事情ある次第にあらず、全く当宮家の御近状を考慮したる結果に外ならず、誠に已むを得ざる儀につき当宮に於かせられても御聞済相成りたり、尚同家に対しては特に従前の通り御交際相成り度思召しの旨同家に申進めたり(81)

右文中の「当宮家の御近状」については国分監督が談話を発表し、性格の相異により朝融の菊子に対する感情が変化したことが理由である旨の説明がなされた。また酒井忠正も記者会見を行い、徳川から久邇宮家の事情を詳しく聞かされ、事情やむをえないと思い、辞退を決意したこと、ただし「取消の理由は久邇宮家にあって酒井家には一つもない」と述べた。表向きは酒井側から辞退したかたちになってはいるが、その理由が朝融王の心変わりにあったことは新聞記事からも明瞭に看取できることであった(82)。

ただし、摂政の訓戒のことは新聞には一言半句もあらわれてこない。ことがことだけに、まったく当事者（宮中と久邇宮家）の秘密にされたのであろう。実は、この件は宮内省でも牧野、珍田らごく一部首脳だけが関与していたようで、宗秩寮の職員ですら知らなかったのだと思われる。少なくとも倉富日記を読むかぎりでは、宮内省高官の誰一人として一一月一五日以前にこのことを話題にした形跡はみられない。倉富その人も、酒巻から事後暫くして聞いたのである(83)。新聞スクープ直後に、松平宗親課長が婚約解除問題解決の際には朝融王に謹慎を命じることはできないかと、倉富に尋ねてはいるが(84)、その後の松平の言動からしても、これが西園寺や牧野の動きとつながるものとは思えない。まだ若年の摂政が皇族、それも自分の岳父に対して訓戒を与えたということが公になれば、それ自身がスキャンダラスであり、皇室の尊厳と皇族の権威を傷つけかねないとして、一般には極力ふせられたのであろう。

ともかくも、宮中某重大事件の二番煎じとも言うべき朝融王婚約解消問題もようやく解決をみた。牧野宮内大臣は今回もなんとか無事に難題を処理しえたと言えよう。結果からすれば、家同士の決めた結婚が当事者の意志に反して強行されることは避けられたのだが、しかし「恋愛の自由」を一方的に享受しえたのは、男性の朝融王の方だけであった。仮に二人の立場が逆であったら、菊子の言い分は決して通らなかったにちがいない。やはりこの事件での最大の被害者は酒井菊子と言わざるをえない。もっとも、彼女の人生がこれで終わりだったわけではない。翌年二月に酒井菊子は侯爵前田利為と結婚する。前田は菊子の伯母清子が嫁いだ前田利定の弟で、旧七日市藩主前田子爵家から前田本家へ養子にいった人物である。前年に妻を失い、菊子は後妻としてむかえられたのだが、二人の結婚生活は決して不幸なものではなかった。一方、朝融王も同じ頃に伏見宮博恭王の三女、知子女王と結婚した。知子女王にとってこの結婚が幸福であったかどうかはわからない。後年、朝融王が侍女を妊娠させた時、知子女王は宮附事務官に、父伏見宮博恭王から「朝融王モ酒井トノ婚約破レ、速ニ結婚出来サレハ、其面目ニモ関スルニ付、朝融王ニ婚スルコトヲ承諾セヨト云ハレ、自分（知子女王）ハ其時ヨリ犠牲トナル積リニテ結婚シタリ」と語っているからである。(85)

八、二つの伝説――久邇宮家と酒井家――

今までの記述は、ほとんどが牧野伸顕の日記と倉富勇三郎の日記の二つのみに依拠している。朝融王婚約解消事件に対する元老西園寺と宮内省の対応を明らかにするのが主目的であるので、それでもかまわないのだが、当事者である久邇宮家と酒井家側の動向について記述が不十分なのは否めない事実である。

両家の史料を入手できているわけではないのだが、この事件についてそれぞれの家の立場というか、その後どのようにこの事件の解釈が立てられ、受け継がれていったのかを示す著作があるので、ここで言及しておきたい。

いずれも、小説に属する文章であるので、事実とフィクションが混交しており、そのまま信じることはできない。しかし、そうであるがゆえに、逆にそれぞれの家に伝わった「伝説」がどのようなものであったのかを、よく示してくれるのである。

先に久邇宮家側の「解釈」を紹介する。小山いと子『皇后さま』（主婦の友社、一九五六年）がそれである。小説であるので、酒井家側はすべて仮名が使用され、酒井菊子は桜井梅子、姉の酒井秋子は桜井春子、その夫酒井忠正は桜井清民となっている。小山は、婚約を解消した邦彦王に対する評判ははなはだ芳しからぬものであったという記述からはじめる。

一致した結論は、とにかく久邇宮家はあまりにも得手勝手である、いくら皇族であり男の側であるとはいえ、桜井梅子〔酒井菊子〕（永井）に対してひどい仕打ちだ、というにあった。良さまの「宮中某重大事件」の真相を知っていた一部では殊にそうであった。（略）天皇の外戚として権力をふるうことを懸念されていたが、娘が皇太子妃になったばかりでもうこうした専横をするのか！。（略）一般国民も、憤懣は同じだった。(86)

この邦彦王に対する「結論」は皇后から一般庶民にいたるまで、事件を知らされた者が抱いた正直な感想だったとみてまちがいない。このようなイメージを植え付けたことによって、この事件は結果として未来の天皇の外戚たるべき邦彦王の権威を完全に失墜させた。しかし、この小説における久邇宮弁護は手が込んでいて、事件の裏面に沈んでしまった「隠された真相」を明らかにすることによって、この邦彦王に対する「結論」が表面的で誤ったものにすぎないと指摘するのである。邦彦王は決して専横でもなければ、虚栄のために相愛の二人の仲を割いたのでもない。真相は全く逆で、酒井家の名誉を守るために、あえてその「隠された真相」を秘密にとどめることを選んだのであって、そのためには「自分たち一家が矢面に立つ」ことも辞さなかったのだと言うのである。

その「隠された真相」とは、酒井菊子とその義兄酒井忠正とが不倫の関係にあるという分部資吉が広めた話である。小説では桜井梅子の叔母である松田子爵夫人君子がその秘密を久邇宮家の事務官に伝え、婚約解消を勧めたので、邦彦王は世間の非難を覚悟のうえで、真相をふせたまま婚約破棄に踏み切ったと説明されている。松田子爵夫人のモデルは酒井菊子の伯母前田清子である。つまり小山の言う「隠された真相」とは例の「節操問題」にほかならない。それが宮内省の調査で、公式に事実無根とされたのはすでに述べたとおりである。小山の小説が邦彦王の弁護のために設定した「隠された真相」なるものが事実無根であることは明らかだが、ただ、それが事件解釈の枠組みとなる「伝説」として久邇宮家に伝わり、その「伝説」が「隠された真相」として小説の書き手である小山に久邇宮家側から提供されたことはまちがいない事実だろうと思われる。

このような久邇宮家側の勝手な解釈が酒井家側に受け入れられるはずもない。酒井菊子の娘で、酒井忠正と秋子の長男忠元と結婚した酒井美意子によれば、小山がこの小説を発表した時、酒井家と菊子の婚家である前田家が名誉毀損で小山を訴えようとしたが、かえって本を宣伝するだけだと言われて思いとどまったことがあるという。(87)

そのかわりに、酒井美意子はその自伝『ある華族の昭和史』(主婦と生活社、一九八二年)で酒井家側から見た事件の顛末を、小山の小説に対する反論として書いている。もちろん、こちらにもフィクションがまじっており、そのまま信じることはできない。酒井によれば、絶世の美女と言われた母親夏子(三条実美の七女)似の菊子の「美貌は早くも(学習院)男子部で評判になり始め」、朝融王が積極的に交際を求めてきたとされている。その方法は、朝融王の妹である良子（菊子の一年上級）、信子（菊子と同級）を通じて恋文を渡すというものであった[88]。倉富日記には良子女王が朝融王の手紙を菊子に取り次いで交際がはじまったとあるので[89]、どうやらこの話は事実のようである。

酒井の解釈では、婚約解消の理由として次の三点があげられている。

（ア）酒井家は伯爵であったので、皇族の妃は皇族または公侯爵から出るべきであるとする勢力が結婚に異論を唱え、美貌の菊子はその妬みと憎しみの的となった。とくに、将来の天皇の義姉となる朝融王の妃には皇族の姫でなければ釣り合いがとれないとする皇族とその取り巻きが邦彦王を責め立てた。

（イ）宮中某重大事件で山県以下の長州閥と闘った久邇宮家では反長州の意識が強く、長州と関係の深い三条実美の孫であり、毛利公爵夫人の姪である菊子に対する反感が強かった。

（ウ）久邇宮家の老女は下級公卿の出身で反幕感情が強く、譜代大藩の酒井家の姫であるということで、菊子を目の敵にし、朝融にあることないこと吹き込んで、菊子に対する反感を煽った。

私が知るかぎりでは、いずれもフィクションであって信じるに足りない。牧野宮内大臣以下この問題に関与した宮内省官吏の間では上記のいずれも話題にすらあがっていない。菊子を悲劇のヒロインとするための過剰な演出であり、朝融と菊子との婚約を戦後の明仁親王と正田美智子の結婚になぞらえて、身分違いの婚約がもたらした悲劇的結末というストーリーを組み立てているにすぎない。

ただ、信頼に足るエピソードとして興味深いのは、戦後になっての後日談である。酒井によると、朝融王は妃の知子女王が一九四七年に死亡したあと、戦争中に夫を失っていた前田菊子との再婚を望み、昭和天皇の長女成子内親王を通じて酒井美意子にその意を伝えた。美意子がそれを菊子に伝えると、菊子は「言下に一蹴した」。しかし、朝融は容易に断念せず、電話で面会を求めたが、菊子はそのたびに居留守を使い、業を煮やした朝融が高輪の前田邸に押しかけて来た時も、面会を謝絶したのであった(90)。

九、元老西園寺の役割

牧野日記によれば、この問題で牧野宮相は元老西園寺と六回会見している。その用件内容を順に列挙すれば左のようになる。

第一回二月末　皇太子の結婚後の状況とあわせて朝融の婚約問題について報告(91)。

第二回四月一八日　秩父宮縁談、久邇宮結婚問題、東久邇宮留学期間、内大臣帰京云々の事、総選挙後の政局に関すること(92)。

第三回九月一一日　秩父宮洋行、帝室経済顧問、久邇宮家云々を内談(93)。

第四回一〇月一〇日　帝室経済顧問の人選、西園寺は監督権行使について極めて重要な注意を牧野に与える(94)。

第五回一一月一四日　久邇宮婚約破棄問題の経過につき内話。西園寺は牧野とともに摂政に拝謁言上する用意ありと言う(95)。

第六回一一月一九日　内大臣人事問題、久邇宮結婚取消の顛末につき経過報告(96)。

元老訪問の用件は久邇宮問題だけに限られてはいなかったが、事件の節目、節目ごとに経過報告を忠実にしていたことがこれでわかるであろう。第一回の会見は事が起こったことの報告と牧野がとった諫言処置、すなわち宮相としては久邇宮の要望には応じられないとして、これを断ったことの説明であろう。第二回は、その後の経過と水野直を通じて辞退工作が進められつつあることの報告だと思われる。第三回は新聞ダネになった弁明と今後の処置についての協議であり、第四、五回は酒井側の婚約辞退の見込み報告と摂政の訓戒問題、第六回は事件解決後の顛末報告と理解できよう。元老は宮務輔弼の最高責任者から直接に逐一説明を受けていたのである。さらに宮内大臣が直接に報告に来なくても、元老は内大臣秘書官長はじめ宮内省の職員から情報を仕入れることができた。一事例にすぎぬとはいえ、宮内大臣は皇室の重要案件について元老に報告し、その意見を聞く義務を負っていたことがよく納得される。逆に言えば、元老西園寺は宮中問題につき責任者たる宮内大臣から情報を得、さらに助言を与える権利を有していたのである。

西園寺自身がこの事件についてどう考えていたかを示す史料があるので、少し長いが引用しておこう。西園寺は事件が一件落着を見てしばらくした一一月二二日、「皇室に関する事ゆゑ絶対秘密に願ひ度いが、此先又復た如何なる問題起るも計り難く又御注意を願はなければならぬ故、甚だ困つた事だが極秘に御話申し置く」と断った上で、松本剛吉に対して次のように語った。

朝融王は余り出来の良い方にあらず、不良少年とでも云ふ様な人の様子だ、是は本人より出たることか他の者のする仕事か分らぬが、薩派の入智慧とも云ふ、何でも嫌になりたりとてけちを付け破約することを余程前より計画されつゝありしが、御成婚前には邪魔にでも思ひしか黙つて居つて、御成婚の済み次第直に此事を申出でられたと云ふ事で、実に不都合の聞え多し、酒井家には断りのない前に三井家へ申込みたる事あるとかにて、三井にては驚き直に同族中で結婚を取極めて仕舞つたとか云ふ説もあり、三井家と酒井家とは関係のある家故、内々三井家より酒井家へ報知したとの説もあり、又他に候補者もあると云ふ説も出て居る、兎角久邇宮家は問題を起す家にて、細川家の話ありし時抔も久邇宮家より萬朝報の黒岩周六を使ひ細川家の無き事を新聞紙上にて攻撃せしめ、細川の旧臣は黒岩に決闘を申込み、遂に黒岩は新聞紙上に取消を為したりとの説もあり、誠に困つたものである、斯様の次第にて言ふに忍びざる訳なるが、結局双方熟議の上破約なりしことに落付きたる次第にして、其為め将来を考へ、自分の申出にて入江侍従長が久邇宮家に到り云々せし次第なり（傍点は永井）[97]。

三井家のことは牧野や倉富の日記には出てこないので、ほんとうかどうかはわからない。西園寺はどこからかそのような噂を聴いたのであろう。水野直や近衛文麿は西園寺をよく訪問していたので、そのあたりからの情報ではないかと思われる。また、細川家と黒岩の話は朝融王ではなく、その父親邦彦王の結婚の際の話であり、以前ふれた久邇宮の前科とはこのことを指す。いずれにせよ、当然と言えば当然だが、西園寺の得ていた情報はほぼ正確であった。また、西園寺が久邇宮に対して厳しい考えを抱いていたこともわかるであろう。それについては、入江貫一が西園寺八郎から聞いた話として、西園寺公望が「朝融王婚約問題ニ付、非常ニ強硬ナル意見ヲ有シ、久邇宮ニ我儘ヲ云ハシムヘカラス」と言っているとの記述が倉富日記にも見られる[98]。宮中某重大事件の時に西園寺が山県と並ぶ強硬な「純血論者」であったことを考えれば、西園寺が久邇宮に対して厳しい態度をとったのも、無理はないと言えよう。

西園寺は松本に訓戒処分のことも話したのだが、松本が「此事は聞及びたるも、事宮中の秘事に関するを以て故らに記することを避く」としたため、松本日誌では曖昧な記述にとどまっている。ここで注意すべきは、西園寺が「自分の申出にて」と言っている箇所である。先に私は訓戒処分は西園寺の発案にかかると推測したが、その根拠は前述の牧野日記の記述のほか、この松本への談話をあげることができる。西園寺の言をそのまま受けとれば、彼の意見により摂政が入江侍従長を派遣して訓戒を与えたことになるだろう。正確には、彼の意見に牧野が賛成し、元老と宮内大臣の助言にもとづき、摂政が久邇宮を訓戒したと言うべきであるが。

ほかに、西園寺が摂政の訓戒の発案者であるとの推測の根拠になるのは、「牧野伸顕文書」に含まれている「摂政の訓戒」の原案とみるべき文書である。先に紹介した宮内省の罫紙に書かれた摂政の訓戒のほかに、左の文面の半紙に草書体で書かれたものが残されているのである。

御内意伺済ミ婚約取消ノコトハ遺憾ノコトト思フ自今一層慎重ニセラレンコトヲ望ム(99)

文意は同じでも、宮内省罫紙に記されたものにくらべると、文章はより簡略である。実際に久邇宮に与えられたのは宮内省罫紙に記されたほうだと考えてまちがいないので、こちらはその原案だと解釈すべきであろう。問題は、この原案を作ったのは誰か、である。この訓戒の原案は、その筆跡からして西園寺のものである可能性が高い。筆跡の推定が正しければ、西園寺の発案にかかるとした私の仮説は資料的に裏付けられることになる。

この事件で元老西園寺が果たした役割としては、一つには牧野宮相の相談相手となったことがあげられる。牧野は節目、節目に西園寺を訪れて経過を報告し、かつ対策を協議したのである。第二は、事件の処置にあたって、摂政がいかなる態度をとるべきかにつき重要な助言を与えたことであろう。摂政の皇室大権の行使にあたって、それも特別の事情のもとに臨時に行われる大権行使に関して、適切な方針を提示するところに、皇室の最高顧問としての元老の元老たる所以があった。大正天皇の病状、摂政の未経験、摂政と久邇宮の関係などからすれば、おそらく元老でなければこのような提案をするのは困難だったにちがいないと思われる。宮中のことに関しても、元老西園寺はまごうことなき「至尊匡輔」の機能、すなわち宮務処理につき宮内大臣の相談役をつとめるだけでなく、皇室の家長として天皇＝摂政がなすべき事柄につき、元老自らの発意により、しかるべき助言を与える役割を実質的に果たしていたことが、この事件の顚末を通じて再確認できたと言えるであろう。

最後に付け加えておくと、西園寺は事件が一件落着したあとすべてを松本に語ったのだが、久邇宮の婚約解消事件について松本に語るのはじつはこれがはじめてであった。それまではなかなか口が固く、一度も話題にあげていない。たとえば、九月に牧野が相談にやってきた時も、翌日松本に会っているが、用事は「皇室御財産に関する相談のみ」とだけ告げて、久邇宮問題にはついては一言もふれなかった。[100] 松本に対する信頼度の差もあるだろうが、内大臣の平田が松本に詳しく事件の事情を語っていたのとは対照的であり、進行中の宮中問題についての西園寺の口の固さがしのばれよう。

この事件は、宮中某重大事件で多くの同情を集めた久邇宮邦彦王の権威を失墜させる結果をもたらした。自分の娘の場合には、一度天皇の内諾を得たからには婚約内定を破棄できるはずもないと主張しておきながら、息子の相手には天皇の内諾を得た婚約に強引に辞退を迫ったのである。宮中某重大事件の際に得た同情や尊敬を自らの手で破り棄てたに等しい。いかに皇族といえども、これではまともに相手にされなくなるのは当然である。しかもそのうえ、久邇宮は婚約解消の勅許を得るかわりに、摂政から厳重な戒告の言葉を与えられたのである。これによって婿である摂政と舅である久邇宮の力関係は摂政優位に定まり、宮中某重大事件以来久邇宮の専横を懸念し続けてきた皇后も、胸をなでおろすことができたのであった。宮中某重大事件は元老山県を失脚同然に追い込んだが、朝融王婚約破棄事件は勝利した久邇宮の権威失墜をまねいた。逆に、この事件をたくみに処理した摂政、元老西園寺、牧野宮内大臣の宮中での権力を確固たるものにしたのであった。

注

（1）『原日記』五、二八二頁。

（2）『松本日誌』一五二頁。

（3）国務・政務の領域における元老については、伊藤之雄「元老の形成と変遷に関する若干の考察」『史林』六〇－二、一九七七年、同「元老制度再考」『史林』七七－一、一九九四年が詳しい。

（4）私は、立命館大学編『西園寺公望伝』第四巻、岩波書店、一九九六年の第二、三章を執筆した。

（5）「倉富日記」大正一三年二月七日条。

（6）酒巻芳男『皇室制度講話』岩波書店、一九三四年、一三八～一四〇頁。

（7）「倉富日記」大正一一年八月三日条。松平は分部の件を久邇宮附事務官の野村礼譲に話し、野村が分部に注意したところ、分部は秘密の話を宗秩寮の松平に洩らしたとして、壬生伯爵家に怒鳴り込んだのであった。その話を壬生から聞いた松平は、いやがる分部に会って、「既ニ大奥ヘノ内伺モ済ミ居ル」婚約を久邇宮の勝手で処置することはできるものではない、いわんや宮附職員が勝手な振舞いをして、あることないこと言いふらすのは不都合千万であると、厳重に注意した（同上、大正一一年八月一〇日条）。

（8）右同、大正一一年八月一七日条。国分は九月六日にも倉富に朝融王婚約問題について語り、「朝融王ハ酒井家ノ娘ハ柔順ナラスト云ヒテ嫌ヒ居ラル。其上品行モアリ。困リタルコトナリ。当分此儘ニテ経過スル外致シ方ナカラン」と述べている（同上、大正一一年九月六日条）。

（9）右同、大正一一年九月四日条。

（10）右同、大正一三年二月三日条。

（11）『牧野日記』一一一頁。

（12）「倉富日記」大正一三年二月七日条。以降の記述もこの条による。

（13）右同、大正一三年二月九日条。以降の記述もこの条による。

（14）『牧野日記』五四頁。

（15）右同書、五七頁。

（16）右同書、四九頁。

（17）この時期、皇后が事実上の皇室家長代行であったことを示す事実を、侍従武官長奈良武次の日記から拾っておく。

（1）奈良侍従武官長の日記の大正一三年八月一三日条には、「午后三時皇后陛下に拝謁〔日光御用邸にて〕（永井）、種々御言葉を賜はる、最后に海軍武官採用の件を言上し、允許を受く」とある（『奈良日記』二、七一頁）。

奈良が皇后に海軍侍従武官人事の「允許」を求めている点に注目すべきである。奈良日記によれば、この人事案件の処理は、八月一二日に奈良が宮内大臣と次官に武官府案を紹介し、その意向を確認した上で、人事案を確定、一三日に皇后に内奏し、その内諾を得た。摂政へは一五日に奈良が上奏し、その允許を得て人事が最終確定するという手続きで処理されている。

大正天皇が健在であれば、侍従武官人事に軍の統帥と全く無関係な皇后が関係することなどありえない。侍従武官の人事が皇后に言上されたとしても、それはすべて事が決してからの事後報告でしかないはずである。にもかかわらず、この時奈良は、摂政の允許を得る前に、皇后の内許を求めている。このことは、たとえそれが統帥権と係わる侍従武官人事であっても、こと宮中の人事に関しては皇后の内許を必要とするとの認識があったことを、言い換えれば、皇后が天皇に代わって、皇室の家長代行の役割を果たしていたことを意味する。形式的には宮中のことも摂政が家長代行として意思決定すべきだが、摂政の允許の前に皇后の内許が求められている事実は、それがあくまでもたてまえにすぎず、実質的意思決定者が皇后であったことを示すものと言えよう。その結果、男子である天皇のもとでは一体の関係にあった皇室の家長と統帥権保持者という地位に分解が生じ、侍従武官人事が一面宮中人事でもあるために、統帥権保持者でない皇后が、皇室の実質的家長代行であるがゆえに、本来ならば決して許されるはずのない統帥系統の人事にも関与するとの、軍人勅諭のたてまえからすれば一種異様ともいうべき事態が生じたのである。

同様の現象は次の記事にもうかがえる。

（2）同じく奈良の日記の大正一三年一一月一一日条に「側近奉仕者は北車寄に皇后陛下を奉迎し（午后四時四十分）、后人形ノ間に於て宮内大臣及側近奉仕者一同に拝謁を賜はる。従来皇后陛下のみ還御の場合には侍従は拝謁あり、武官はなかりし由なるも、此日は皇后職事務官に打合せたる所、武官も拝謁ありとのことにて一同拝謁せり」とある（『奈良日記』二、一一五頁）。

従来はなかった皇后単独還御の際の侍従武官拝謁（皇后は統帥権保持者ではないから、天皇の軍隊のたてまえからすれば、これはないのが当然である）が、このときから行われるようになったと記されているわけだが、これも皇后が家長代行の地位を占めていたことに由来すると言えよう。

大正天皇の執務不能により生じた、皇室の家長代行＝皇后、国務・軍務での天皇代行＝摂政という二重構造は、大正天皇の死去と昭和天皇の即位によってそれが解消されるまで続いたと考えられる。

(18)「倉富日記」大正一三年二月一三日条。
(19)右同、大正一三年二月一五日条。
(20)『牧野日記』一一三頁。
(21)右同。
(22)「倉富日記」大正一三年二月二二日条。
(23)右同、大正一三年三月六日条。
(24)右同。
(25)右同、大正一三年三月一〇日条。
(26)『牧野日記』一二〇頁。
(27)「倉富日記」大正一三年三月二五日条。以降の記述もこの条による。
(28)『牧野日記』一二〇頁。
(29)右同書、一二二頁。
(30)右同。
(31)「倉富日記」大正一三年三月二七日条。
(32)右同、大正一三年七月三一日条。
(33)右同、大正一三年八月一七日条。
(34)右同、大正一三年九月五日条。
(35)右同、大正一三年八月一七日条。
(36)右同、大正一三年九月五、六、八日条。
(37)『国民新聞』一九二四年九月七日付。
(38)『牧野日記』一五四頁。

（39）「倉富日記」大正一三年九月八日条。
（40）『牧野日記』一五四頁。
（41）右同。
（42）「倉富日記」大正一三年九月一〇日条。
（43）『牧野日記』一五五頁。
（44）「倉富日記」大正一三年九月六日、八日条。
（45）『牧野日記』一五五頁。
（46）右同。
（47）摂政設置の大任をはたした内大臣松方正義は、一九二二年九月に老齢と病弱を理由に内大臣を辞職し、その後任に平田東助が就任した（九月一八日）。
（48）『牧野日記』一五六頁。
（49）右同。
（50）「倉富日記」大正一三年九月二七日条。
（51）右同、大正一三年九月三〇日条。牧野の訪問のことを平田に予告した入江の平田宛書簡（大正一三年九月一二日付「平田東助文書」（国立国会図書館憲政資料室所蔵）六六－四）によれば、牧野が平田に示そうとした所信とは「今回の事久邇宮側には破約に対し何等首肯す可き理由を存せず。したがつて摂政宮殿下の皇族御監督の上に一点の瑕瑾を生するが如き結果を来すは輔弼の責任上堪ふ可からざる事」というものであった。つまり、一一月に久邇宮に開陳したものと同じであった。また、入江は一一日に牧野が御殿場で西園寺に会って、その「所信」を開陳したところ、西園寺は「全然同意」と牧野に賛成したことを、平田に報告している。
（52）『牧野日記』一五六頁。
（53）右同。
（54）右同書、一五七頁。
（55）右同。

(56) 右同書、一六三頁。
(57) 「倉富日記」大正一三年三月二七日条。
(58) 右同、大正一三年九月二三日条。
(59) 右同、大正一三年九月二五日条。
(60) 右同、大正一三年一〇月一〇日条。
(61) 『牧野日記』一五九頁。
(62) 右同書、一六〇頁。
(63) 「倉富日記」大正一三年一〇月一三日条。
(64) 『牧野日記』一六三頁。
(65) 「倉富日記」大正一三年一〇月二九日条。
(66) 右同、大正一三年一〇月三〇日条。
(67) 右同。
(68) 右同、大正一三年一一月一日条。
(69) 『牧野日記』一六三頁。
(70) 右同書、一七〇頁。
(71) 右同。
(72) 右同。
(73) 「倉富日記」大正一三年一〇月一三日条。
(74) 『牧野日記』一七一頁。
(75) これとは別に、邦彦王が摂政に婚約解消について了解を求めようとする話を、野村礼譲事務官から関屋次官に伝えられて、宮内省首脳が大慌てするという一幕もあった。関屋から話を聞いた牧野は「実に一驚を覚ゆ」と日記に記し、「直に珍田大夫を招致、善後策を相談」した（『牧野日記』一五七頁）。その日（九月一六日）には、伯爵三条西公正との結婚をひかえた久邇宮信子女王が、両親とともに、義兄である皇太子に挨拶する予定になっており、摂政がこの件に関して邦彦王夫妻に不用意に言質を与えたりはしないかとおそれたためである。協議の結果、珍田が摂政に「直ちに為念万事御控え可然旨言上」することになった。さらに、朝融王と摂政の軍艦内での話（肺病云々のことだと思われる）を摂政から聞いた珍田は、牧野とも相談のうえ、誤解のないよう、朝融王をよんで摂政が婚約解除に同意したのではないことを再度確認するよう、摂政に助言したのであった。

(76) 右同書、一七一頁。

(77) 「久邇宮婚約解消の際の勅語」「牧野伸顕文書」書類の部、六－三。

(78) 『牧野日記』一七一、一七二頁。

(79) 「倉富日記」大正一三年一二月四日条。

(80) 『国民新聞』一九二四年一一月一八日付。

(81) 『大阪朝日新聞』一九二四年一一月一八日付。

(82) 新聞には発表されなかったが、宮内省は久邇宮、宮内省の発表以外に、酒井家の声明も用意していた。いずれも宮内省の罫紙にペンで書かれている。婚約解消を公表した際にプレス・リリースされた公表文の原案である。

酒井家発表分とされているものをここに引用しておく。

「酒井家発表分

当家菊子と朝融王殿下との間には予て御結婚の御内定をえたるが種々宮の御近状を承はり本御婚儀の将来を慮り甚た恐懼には堪えされとも、当家より御婚約を取結ばる ヽことを御辞退申上たる処、幸に御聴済相成たるのみならず、当家に対し将来とも特に御懇情を賜はるへしとの御内意を伝へられ誠に感銘に堪えざる次第なり」（「久邇宮婚約解消の際の勅語」「牧野伸顕文書」書類の部、六－三）

(83) 「倉富日記」大正一三年一二月四日条。倉富が聞いた摂政の訓戒の文面は、「折角御内意マテ伺ヒテ取結ヒタル婚約ヲ解クニ至リタルハ遺憾ノコトナリ。今後ハ万事一層慎重ニスルコトヲ望ム」というものだった。字句にちがいはあるが趣旨は同じである。

(84) 右同、大正一三年九月八日条。

(85) 右同、昭和三年六月二九日条。

(86) 小山いと子『皇后さま』主婦の友社、一九五六年、七三頁。
(87) 酒井美意子『ある華族の昭和史』主婦と生活社、一九八二年、二〇六頁。
(88) 右同書、七六頁。
(89)「倉富日記」大正一三年二月七日条。
(90) 酒井前掲書、二〇六頁。
(91)『牧野日記』一一五頁。
(92) 右同書、一二四頁。
(93) 右同書、一五五頁。
(94) 右同書、一六〇頁。
(95) 右同書、一六九頁。
(96) 右同書、一七二頁。
(97)『松本日誌』三五二頁。
(98)「倉富日記」大正一三年一〇月七日条。
(99)「久邇宮婚約解消の際の勅語」「牧野伸顕文書」書類の部、六－三。
(100)『松本日誌』三三一頁。

第三章

西園寺公望、最後の元老となる

はじめに

東京三田の私邸で病気療養中であった元老松方正義は、一九二四年七月二日の午後七時半、大勢の子や孫が見守る中、静かに息をひきとった。天保六年鹿児島城下に生まれた松方はこのとき九〇歳、西園寺公望より一四ばかり年長であった。二年前に山県有朋が逝き、いままた松方がそのあとを追った。かくて大正天皇の即位に際して、いわゆる「至尊匡輔の勅語」を与えられた六人の元老（山県、松方、井上馨、大山巌、桂太郎、西園寺）及び遅れて類似の勅語を受けた大隈重信をあわせた七人のうち、これで六人が世を去り、西園寺のみが一人遺された。文字どおり「最後の元老」となったのである。(1)

これから先、一九四〇年に九二歳でその生涯を終えるまでの西園寺を何か一言で表現するとなれば、やはりこの「最後の元老」なる言葉がもっともふさわしい。何よりも西園寺その人が「最後の元老」たる自覚をもっており、山県と松方の死を見送ったのち、ただ一人の元老として皇室のために力をつくす覚悟を固めたことは、まだ山県存命中の一九二一年一一月八日、後継首班として原敬暗殺後の政局を引き受けるよう自分に再出馬を勧める山県に、「私はあなた（山公）より年が若い、あなたは私より先に死せらる、と思ふ、其時は私はあなたに成り代り宮中の事を御世話申す、それ故〔後継内閣の首班就任は〕（永井）請けられぬ(2)」と答えたことからも容易に想像できよう。山県死後にはさらに明瞭に「山公薨去後に於ては自分は非常なる責任を負はねばならぬ決心をした」「山公薨去後は松方侯は老齢でもあり（云々）、自分は全責任を負ひ宮中の御世話やら政治上の事は世話を焼く考えなり(3)」との決意を披瀝していた。

松方の死によって、西園寺はたしかに大正時代「最後の元老」となった。それは生物学的な否応のない結果である。しかし、二人の元老のうち一人が先に世を去ったために、遺された一人が自動的に「最後の元老」たることが確定したわけではない。なぜなら、死んだ人間を生き返らせるのは無理だとしても、元老を新たに補充すること、すなわちその再生産は決して不可能ではないからである。西園寺その人がそれを証明していよう。彼が元老になったのはもちろん大正天皇の治世からで、伊藤、山県、松方などとはちがって明治期には元老ではなかった。

もちろん、誰でもが元老になれるわけではない。元老の条件は自ずから定まり、それを満たす人間はそう多くないうえ、年々減少していった。しかし、松方の死の時点でまったく皆無となったかといえば、必ずしもそうではない。例えば、シーメンス事件で大きな傷を負ったとはいえ、山本権兵衛などは自他ともに許す有力候補者の一人であった。

純手続き的には、松方の死後、大正天皇（実質的には摂政である裕仁親王）が、しかるべき誰かに新たに「至尊匡輔の勅語」を与えれば、元老の補充は可能になる。いやそれよりも、昭和天皇がその践祚に際して、西園寺以外の誰かに、彼に与えたのと同様な文面の「勅語」（「朕新ニ大統ヲ承ケ先朝ノ遺業ヲ紹述セントス卿三朝ニ歴事シ屢機要ヲ司ル勲労殊ニ顕ハレ倚重最モ隆ナリ卿其先朝ニ効セシ所ヲ以テ朕カ躬ヲ匡輔シ朕カ事ヲ弼成セヨ(4)」）を授けさえすれば、それで済んだのである。もちろん、その人物が西園寺よりも長命であれば、西園寺が「最後の元老」と呼ばれることもなかったはずである。元老再生産の機会は確実に存在していた。

しかし実際には、昭和天皇践祚の際に「匡輔弼成」を求める勅語をうけた人物は西園寺以外にはなかった。新天皇が朝見式において特に勅語を与えた個人は、西園寺と皇族男子の最長老である閑院宮載仁親王、そして総理大臣の若槻礼次郎の三人だが、即位時に元老と皇族最長老と総理大臣に勅語が与えられるのは、すでに大正天皇に先例があり、昭和天皇もそれにならったにすぎない。その治世を始めるにあたって、昭和天皇が元老として指名したのは西園寺ただ一人だった。つまり元老の再生産は意識的に見送られ、西園寺を最後に、元老はこれを自然消滅にまかせるとの選択がこの時なされたのである。西園寺をして「最後の元老」たらしめたのは、山県と松方の死という生物学的な事実ばかりではなかった。それを決定づけた第二の契機は昭和天皇践祚の際の選択であり、この措置によって西園寺が文字どおり「最後の元老」たることが確定したのである。

そう考えるならば、「西園寺はいかにして最後の元老となったのか」という問題は、「なぜ元老の再生産は行われなかったのか」という問題に置き換えられ、さらにそれは、昭和天皇践祚の際の選択がいかにしてなされたのか、なぜそのような選択がなされたのか、それを明らかにすることに帰着しよう。本章では、その問題に接近するために、松方の死の前後から昭和天皇の即位にいたる数年間、元老、内大臣など天皇側近の間で元老再生産をめぐる議論がどのように扱われ、いかなる経緯をへて決着がつけられたのかをあとづけてみた。予めその結論を示せば、おおよそ左のようになる。

山県死後、元老の再生産をめざす動きが一部に存在していた。しかし、西園寺は元老の再生産には否定的であり、その運動に対しては常に阻止的な方向で動いた。西園寺は自分が健在のうちは一人で天皇の下問に答える「一人元老制」を志向しており、自分の死後元老は自然消滅してかまわぬとの考えを抱いていた。昭和天皇即位の際の選択・決定は、この西園寺の意向を反映したものにほかならない。言い換えれば、西園寺自らが「最後の元老」たることを望み、それを積極的にひきうけようとした結果、彼は「最後の元老」となったのである。

もっとも、右の結論そのものには何ら目新しいところはない。そのことは同時代の論者によってつとに指摘ずみだからである。西園寺自身は自らの考えを公けにはしなかったが、断片的に洩れ伝わった情報や西園寺の現実にとった行動から推測して、その真意は「元老は自分限りとし、あとは自然消滅にまかす」に相違ないとする論者が少なからずいた。吉野作造「西園寺公の元老無用論」(『中央公論』一九二六年九月号)などはその好例といえよう。戦後の研究史においても同様で、すでに一九六〇年代に伊藤隆によって吉野の右評論や同じ観測を下している馬場恒吾の西園寺論が紹介され、西園寺の「元老自然消滅論」が示唆されていた。[5] さらにそれを踏まえた升味準之輔が、松本剛吉日誌の記事を根拠に、西園寺自らが「最後の元老」たることを望み、それを積極的に引き受けんとした結果、元老は補充されないままに終わったと主張したのである。[6]

このように、骨子だけをみれば、本章の結論に新味といえるほどのものはないが、いくつかの新史料によっていままで不明瞭だった点、とくに元老が彼一人に限定されていく過程をいま少し鮮明にしえたこと、また西園寺の考えをより直接的に検証できたこと、さらにこの問題をめぐって牧野伸顕(宮内大臣・内大臣)と西園寺との間に考え方の違いがあったことなどを指摘できたところに、新味があるといえようか。そのほかには、大正末年から五・一五事件までの政党内閣の時代は、これを元老制度のありかたから見れば、西園寺が「最後の元老」としてもっぱら内大臣と協議しつつ後継首班を奏薦した時代、つまり「一人元老制」と「元老・内大臣協議方式」の時代と規定できること、というか、そういう用語を導入した点、さらにこの「一人元老制」と「元老・内大臣協議方式」が西園寺の考えに由来し、しかも西園寺はこの制度に頑固に固執しつづけことを明らかにした点を、あげておきたい。

一、御下問範囲拡張問題

元老の再生産はおそかれはやかれ問題とならざるをえない。それだけの必然性をもっていた。元老が、引退した国家の功労者に与えられるたんなる栄誉職ではなくて、現実政治においてきわめて重要で、かつ統治上不可欠ともいうべき機能を果たしていたがゆえに、である。

元老は天皇の最高顧問だから、国家及び皇室の重大事に関して天皇の下問があれば、あらゆることがらに答えなければならない。その意味では元老の守備範囲は国家統治のすべての領域にわたりうるが、実際には元老が恒常的に関与し、かつ元老だけに与えられた権限としては、まず総理大臣、内大臣の人事に関して天皇の諮問に答え、かつその候補者を推薦する役割をあげなければならない。さらに枢密院議長と宮内大臣の人事に関しても、総理大臣、内大臣と協議して候補者を選定する権限をもっており、ほかに皇室の大事に関して天皇の諮問に答え、さらに宮内大臣の監督・顧問をつとめる、皇室の家政相談人としての機能がこれに加わる。

たとえ元老がいなくなったとしても、天皇の大権行使の形態が変らぬかぎり、このような仕事がなくなることはなく、誰かがこれを引受けなければならない。つまり元老の存続問題は、このような機能をいったい誰が担うのかという天皇輔弼問題と表裏一体の関係にあった。既存の元老がいずれも高齢であり、いつまでも健在を望めぬ以上、元老なきあとその機能を誰が引受けるべきなのか、新たに元老を補充して制度を存続させるのか、それとも元老に代わる何らかの機関に引継がせるのか、ことがらが重大なだけに、誰しも関心を寄せざるをえない問題であった。

たとえば、まだ山県が健在であった一九一五年、原敬は山県に「兼て糺さんと欲したる一事」を聞かんとし、「元老没後は誰が陛下の御相談相手となりて政権の移動を処理せらる丶御考なるや」と質問したのもその顕れと言えよう。(7) これに対して山県は、「西園寺なども出でざるべからず」と答えただけで、それ以上は原を納得させる意見を示さなかった。しかし、この時点の西園寺が「違勅」問題で謹慎中であり、彼の元老としての活動が本格化するのが第二次大隈内閣の末期であることを考えあわせると、(8) より若年の西園寺を元老として活躍させ、元老制度を維持・継続するところに山県の真意があったと見てよかろう。

ところで元老を再生産するとしても、元老がすべて死に絶えてから、ある人物を新たに元老にするのはそれほど容易ではない。再生産をまじめに考えれば、元老がまだ健在のうちに元老候補をつくっておくのが万全である。具体的には、元老が天皇または摂政の許しを得て、元老の適当と考える人物を内閣更迭の際の後継首班候補銓衡に参加させればよい。なぜなら、天皇の下問に答えて後継首班を推薦することこそ、元老のもっとも重要な政治上の職責と考えられていたからである。これが行われれば、その人物は、たとえその時点では天皇から「至尊匡輔の勅語」を与えられていなくとも、実質的に元老に準ずる扱いを受けたとみなされ、さらにそれが恒例化し、協議参加の実績が積み重なれば、もはや事実上の元老ということになろう。あとは勅語を待つばかりである。元老再生産の動きは、それゆえ、具体的には政変の際に元老以外にも誰か他の人物を後継首班候補銓衡の協議に加えるべきか否か、加えるとすれば誰がそれにふさわしいかという問題、すなわち当時の表現で言えば「御下問範囲拡張問題」としてあらわれてくることになる。西園寺がほんとうに「最後の元老」となるか否かは、ひとえにこの「御下問範囲拡張問題」の決着如何にかかっていた。もしも、元老以外にも下問範囲を拡張するとの結論が下されておれば、おそらく昭和天皇即位にあたり、新たな元老が指名されていたにちがいない。すなわち「御下問範囲拡張問題」とは元老再生産問題にほかならないのである。

史料にみえるかぎりで言えば、元老、内大臣、宮内大臣など天皇・摂政の側近の間でこの「御下問範囲拡張問題」なるものがはじめて登場するのは一九二四年二月末、ちょうど松方が最初の危篤状態に陥った時であった。この時、興津の川崎別邸に松方を見舞った宮内大臣牧野伸顕が帰途西園寺を訪問し、「政変に際する御諮詢範囲の件」を内談したのがそれである。(9) これと関連して、西園寺は二月二七日、訪ねてきた松本剛吉に「政変の場合に於ける御下問範囲拡張問題を語」り、「平田伯（東助内大臣）（永井）に相談すべきことを托」しており、(10) さらに三月二三日には松本に「御下問範囲拡張問題に対しては先日意見の通り拡張不同意」であり、その旨平田内大臣に伝えるよう依頼したのであった。(11)「御下問範囲拡張問題」は松方の死と相前後して登場してきたのである。

右の史料からわかるように、この時の「御下問範囲拡張問題」は西園寺の発案ではなく、牧野の方から持出したと推測される。牧野がそうしたのは、山県すでに亡く、今また松方が瀕死の床にある状況を目の当たりにして、二元老なきあと、今後の後継首班奏薦はいかにすればよいか、宮内大臣として憂慮のあまり西園寺に相談してみたということなのだろうが、それにとどまらず、牧野には「御下問範囲」を拡張することによって、元老の予備軍をつくろうとする底意があったと思われる。

二、摂政政治の新例

牧野がなぜ「御下問範囲拡張」をこの時もちだしたのか、その真意と背景を理解するには少し遡って、一九二二年六月の加藤友三郎内閣成立時にまで立ち戻らねばならない。第一章でも見たように、皇太子裕仁親王が摂政になったのは一九二一年一一月だから、この内閣交代は摂政政治がはじまって最初の政変であった。六月六日に高橋是清が内閣総辞職の辞表を差し出すと、摂政は宮内大臣の牧野にその処置を尋ね、牧野は元老に対して下問の手続きをとるよう進言した。翌日摂政に拝謁した松方は「清浦子、山本〔権兵衛〕伯等と相談の上奉答可致」旨進言し、山県のあとをうけてその年の二月に枢密院議長に昇任していた清浦奎吾と元首相の山本権兵衛を協議に加える許可を得た(12)。

これまでの慣例では、天皇の下問をうけて後継首班の選定を行うのは元老であり、元老以外の者に諮問されることはなかった。つまり、後継首班の選定は「元老協議方式」によっていた。今回の松方の申し出は、(元老ではない)枢密院議長と元首相をその協議に加えることを提案した点で前例のないものであり、摂政政治の新例を開くものといえる。それまでも個々の元老が、自分の信頼する人物に非公式に意見を求め、参考としたことがないわけではない。しかし、今回の措置は予め摂政の許諾を得ておくことが肝どころであり、それによって間接的にではあれ、この二人(清浦と山本)にも下問が与えられたとの実質をつくるところに意義があった。非公式の相談とは全然性質が異なる。

しかも注目すべきは、松方のこの奉答が、その前日にあらかじめ牧野と打ち合せずみだった点である。二人は前日の協議で、加藤友三郎海相を後継者に奏薦する、加藤がだめなら憲政会に政権を移す、さらに清浦と山本を後継首班候補選定の協議に加えることを、すなわち後継首班候補の人選とその選定方法につき話し合っていた(13)。もちろん松方と牧野の狙いが、この二人、とくに山本の復活と準元老化にあったのは言うまでもない。シーメンス事件で失脚した山本を復権させ、さらに松方なきあと薩摩閥の棟梁たる山本を、ゆくゆくは元老とする布石をここで打とうとしたのである(14)。

また、内大臣の求めによるとはいえ、このような重要な政治問題(後継首班候補の人選とその選定方法の決定)に宮内大臣が深くコミットしたのも注目される。もちろんこれは、原首相の暗殺死という予想外の事件によって生じた前回の政変において、内大臣松方が個人的な相談相手として牧野と清浦（当時は枢密院副議長）を後継首班候補の選定に関与させたことに由来し、それをさらに一歩進めたものにほかならない。宮内大臣のこのような関与は「宮中・府中の別」を紊すとの非難をまぬかれがたいが、高橋内閣が内閣改造問題で紛糾し、総辞職が予想されたこの年五月に、牧野は「内閣の雲風《ママ》余程切迫に付現下の情勢に付大略摂政殿下へ言上方」を清浦枢密院議長に依頼し、清浦はそれを快諾している。[15] また、高橋が辞表奉呈の意志を牧野に通知したとき、牧野は摂政に拝謁して「今日の閣議の成行きに依りては首相拝謁願出の上辞表捧呈の事あるべきを予め内奏、且つ其節の御言葉等に付申上」た。さらに高橋が辞表を出すと、牧野は「元老へ後継者の事に御下問の手続き被為在度言上」し、摂政はそれを受け入れたのである。[16]

　就任後初めての政変に際会した未経験の摂政に、どのように振る舞えばよいか、必要な助言を与えるこれら一連の仕事は本来は常侍輔弼を職責とする内大臣が行うべき性質のものと考えられるが、内大臣の松方は老齢で引き篭もりがちだったため、宮内大臣とその委嘱によって枢密院議長が代行したのである。青年皇太子による摂政政治の開始に伴い、内大臣の常侍輔弼の必要はさらに高まったが、老齢の元老が内大臣を兼任する従来の方式では内大臣が常に側近にあって助言を与えるのは事実上不可能であり、その役割は宮内大臣、枢密院議長さらには侍従長などによって適宜分担されざるをえない。このような状況では、後継首班の選定問題に関して「宮中・府中の別」を厳密に守るのは必ずしも現実的とはいえない。

　第一章でふれたように、高橋是清の後継首班奏薦は、大正天皇の病気により「下問する主体」を欠いたまま、表面的には従来どおりの「元老協議方式」で候補者が決定された。しかし、松方の非公式の相談相手というかたちで牧野、清浦が実質的に人選に関与しており、また山県も自己の代理人として宮内省御用掛の平田東助を、西園寺との交渉にあたらせた。政変の突発性に加えて、「下問する主体」を欠く曖昧さが元老以外の人物の関与を許したわけであるが、今回の政変においては、松方内大臣が牧野を自分の相談相手として引き続き内々に後継首班選定に関与させるとともに、牧野と清浦の支持のもと、山県の死によって大きな穴が開いた「元老協議方式」にかえて「元老・重臣協議方式」[17]（村井良太）への転換をはかり、高橋内閣成立時には非公式なままにとどまっていた元老以外の人物の協議参加をオーソライズしようとしたのである。若くて未経験な皇太子の摂政就任、大隈と山県の死、清浦の枢密院議長就任といった一連の変化によりその条件が整ったのであった（もっとも、「宮中・府中の別」のたてまえがあるかぎり、牧野の関与を公然と正当化することはできない）。なお、山県の後任枢密院議長に山本を推薦しようとしたことからわかるように[18]、清浦は薩摩系に協調的であったから、この新しい体制によって松方・牧野・山本の薩摩系は首相人事の決定において大きな発言権を有することになるはずであった。

ところで、準元老を自任する清浦枢密院議長はこの協議に喜んで加わったが、山本は葉山の別荘に姿を隠した。そのため後継首班候補選定の協議は、清浦が松方の意（後継は加藤友三郎、加藤が辞退すれば憲政会の加藤高明）を体して、興津で病に臥せっていた西園寺と葉山の山本を個別に訪問し、その意向を問うとの方式で進められた。山本は加藤友三郎をそれほど評価していなかったが、松方の意向にしたがい、西園寺も、摂政から差遣された徳川達孝侍従長に「病気なれば松方侯へ話をなし後継者は松方侯の御考えを聞きたし」と返答し、また清浦にも「松方侯が加藤海相で善いと言へばそれでよいではないか」、と松方に選定を任せた[19]。松本剛吉の日誌によれば、西園寺は政友会がまとまりさえすれば、政友会と山県系官僚との連立ないし政友会の閣外支持を受けた田健治郎内閣がよいと考えていたようだが[20]、すでに松方の意向が明らかになった以上、病中のことでもあり、あえて異を唱えなかったのだと思われる。しかし、村井良太も指摘するように[21]、少なくとも護憲三派内閣成立までの西園寺は、後継首班候補の選定に関しては、従来からの政友会内閣と官僚内閣または中間内閣との相互政権担当という「情意投合」路線を堅持しており、それゆえ加藤友三郎の貴族院内閣はいいとしても、加藤高明の憲政会内閣には反対であった[22]。

このように加藤友三郎の奏薦は、その下問形式も含めて、松方・牧野の主導のもとに進められ、これに枢密院議長の清浦が協力したのだった。山本と清浦を協議に加える許可を摂政に仰ぐにあたって、松方・牧野が事前にもう一人の元老である西園寺に相談した形跡は認められない。先に撤回不能な事実（摂政の承認）をつくってから、ことに臨んだのである。これより先、高橋内閣総辞職の情報をもたらした松本に、西園寺は牧野の宮中人事の進め方に不満を漏らしている。それは牧野が宗秩寮総裁に侯爵徳川頼倫を奏請した件で、西園寺に相談する前に徳川に交渉し、その内諾を得てから、牧野が自分のところへ来たのはけしからんというのである。西園寺は、これは「背水の陣で、既に本人に内相談をして置いてから、こちらに相談すると云ふ法はないと思う」「斯様の事をしては誠に困つたものだ、此の事を平田君に云うて置いて呉れ」とこぼしたが[23]、松方・牧野が自分に相談なしに後継首班奏薦方式の新例を開いたことを知った西園寺は、おそらく同様の不満をもったに相違ないと思われる。

さらに、宮内省御用掛の平田東助が協議から完全に閉め出されたのも、西園寺には解せなかった[24]。山県の忠実な子分として自他ともに許す平田は、直接天皇の下問にあずかりはしなかったが、原内閣や高橋内閣成立時には山県から委任されてその代理として松方、西園寺と交渉しており、西園寺も高橋内閣が総辞職すれば、病気の自分に代わって松方や牧野と交渉するよう平田に依頼していたのである[25]。西園寺が松本に語ったところでは、西園寺、山県、原は摂政を立てるにあたって平田を摂政の助言者＝輔導役にする心積もりであり、ただ「牧野が其儘にして置きし為め立消え」になったという[26]。

清浦や山本の名があがるのならば、平田も有力な候補たりうるが、「山本伯は前総理たりし関係、清浦子は枢相と云ふ事で相談相手になし」「平田子は貴族院議員、外交調査会委員、宮内省御用掛であるから政局問題には関係せしめざるがよろしと殿下〔摂政〕（永井）へ申上げた[27]」と、高橋首相に牧野が語ったことからわかるように、「御下問範囲拡張」を枢密院議長と首相経験者（やめていく高橋を別にすれば、生存している首相経験者は松方、西園寺、山本の三人である）という憲法上の役職に限定することで、平田は意図的に協議からはずされたのだった。平田が閉め出されたことから、のちに平田内大臣の秘書官長となる入江貫一内閣恩給局長は「薩派の画策」[28]と疑い、田健治郎の子分で山県、平田、西園寺の情報係をつとめた松本剛吉も「全く薩派の陰謀」[29]と見たが、まんざら故ないことではない。

松方・牧野の主導で開かれた新例が、もしもそのまま定着しておれば、山本、清浦が昭和天皇即位の際に元老に指名される公算大であったと思われる。また前述のように、一九二四年二月に牧野が「御下問範囲拡張問題」をもちだして西園寺に反対されることもなかったはずだ。ところが松方・牧野の期待に反して、この方式は定着せず、一回かぎりで終ってしまった。

翌一九二三年八月の加藤友三郎内閣の総辞職に際しては、摂政は善後措置をまず平田内大臣に下問し、平田は元老に御下問しかるべしと答えた[30]。松方とちがって、平田は枢密院議長や首相経験者を協議に加える許可を摂政に求めなかった。牧野宮相の求めに応じて八月二五日に那須から急遽帰京した平田は牧野及び珍田東宮大夫と相談し、内閣からの辞表奉呈があれば、まず摂政は「内府に御下問あり、内府より両元老に御下問あるべきことを〔あらかじめ摂政に〕（永井）内奏」することを決めている[31]。つまり、牧野も今回の政変では「元老協議方式」に戻るとの平田の考えに同意したわけである。また、平田と牧野の間では、後継首班候補に誰がよいかは一切話題にされなかった。いっぽう、徳川侍従長から摂政の下問をうけた西園寺は、松方と協議して山本権兵衛を推薦することに決定し、平田の意見も聞いたうえで、摂政にその旨奉答した。すなわち、今回は下問を受けた元老が協議して候補を選定し、内大臣にも異議のないことを確認したうえで、後継首班候補が奏薦されたのであり、山本、清浦の関与はみられなかった。

これが意図的な選択の結果であったことは、加藤内閣総辞職の一〇日も前に、内大臣平田が「摂政殿下より御下問ありたる時は自分は熟考の上奉答すべき旨申上げ、更に元老に御下問然るべしと申述べ引退り、万事西公の御指図を受ける考ゆゑ、此事は前以て西公に申上げ置かれ度し」と松本に伝言を依頼し(32)、松本はそれを御殿場滞在の西園寺に伝えていることや、山本推薦の上奏後、西園寺が平田に「今回は枢密院議長に御下問ありしには非るか」と尋ね、平田は「前回枢相の干与したるは松公より之に相談すべき旨言上に及び御允許を得たる上のことなり、今回は先づ内大臣に如何に措置すべきやの御下問ありたる故、両元老に御下問ありて然るべき旨奉答したるのみ」(33)と答えていることなどからして明らかであろう。平田と西園寺の間には、今回は清浦や山本を排除して進めるとの了解が成立していたのだと思われる。少なくともこの時点では、山本や清浦を将来の元老候補とする計画に西園寺および平田が賛同することはなかった。

前々から西園寺は山本権兵衛の宮中入りに警戒的であり、一九二二年から二三年にかけての山本の枢密院議長就任（山県、清浦の後任）、内大臣就任（松方の後任）運動にはいずれも反対の意を示した(34)。また西園寺は、高橋内閣が総辞職する前、牧野の依頼により、近々予想される政変の際に摂政の下問があるのであらかじめご準備されたいとの牧野の予告を伝えに来た中村雄次郎前宮相に対して、「清浦子が政治に関与することを甚だしく難詰」し、西園寺の憂慮と不快感とを中村を通じて清浦に伝えようとした(35)。しかし、中村が遠慮したために西園寺の警告は伝わらず、清浦は松方、牧野の提案に応じて後継首班選定協議に加わったのだった。西園寺が清浦の関与を嫌ったのは、清浦が憲政会に好意的であったことも一因である(36)。さらに山県の死後に、清浦奎吾、伊東巳代治、後藤新平、犬養毅等が「政変の場合は枢密院に御諮詢になるやう企て居る」との噂が西園寺の耳に入った時も、西園寺は「怪しからん事だ」と憤り(38)、松本に真偽のほどを調べるよう命じている(37)。この動きを西園寺は「新元老を作る」動きとみていたのであり、すでにこの一九二二年の時点で「御下問範囲拡張」に反対だったことがわかる。

しかしこれもよく知られていることだが、山本権兵衛を後継首班に決定するにあたって、西園寺の果たした役割はきわめて大きかった。かつて山県から「頗る熱の無い遣り方である」[39]と評された西園寺だが、この時ばかりはめずらしく迅速かつ行動的に事に処している。御殿場に避暑中にもかかわらず、加藤友三郎死亡の報を聞くや、まだ宮中からの連絡も届かぬのに「俄かに旅装を整えて東上、葉山御用邸に馳せ付けやうとし」、入江貫一から「召命を待たずして急遽東上し拝謁を請はんとしたのは極めて不思議なこと」であり、「公の平生から見ても頗る異様の感がある」と評されたほどであった。[40]西園寺がこれだけの行動力を見せたのは、おそらく第二次大隈内閣総辞職時に大磯の小陶庵から茶の宗匠に変装して、小田原の古稀庵に山県を訪ねた時以来に相違ない。

勅使の徳川侍従長から下問の内容を聞いた西園寺はただちに鎌倉の松方を訪問し、山本を推すことに同意を求めた。西園寺がのちに松本に語ったところによれば、松方はこれを聞いて「意外の感に打たれた」様子だったという。[41]葉山御用邸で西園寺から意中の人（山本）を明かされた平田は、政友会、憲政会ともに政権担当能力に欠ける現在、次期内閣はぜひとも挙国一致の中間内閣でなければならぬとする点では西園寺と同意見だったが、[42]それを率いる人物の払底ぶりを嘆いていたくらいだから、薩派の山本を候補とは考えていなかった。西園寺から、熟慮の上山本が最適任だと思うと結論を聞かされた時、平田も「稍予想外に感じた」[43]が、すでに両元老意見一致の上でもあり、内大臣の平田としてはいまさら異議を唱えるわけにもいかず、山本案に同意した。

西園寺が山本を首相に推したのは、「来るべき衆議院議員の総選挙を公平に行はしめ、財政行政の整理を断行せしむる」[44]ためだが、山本の宮中入りに警戒的であった当の西園寺がこれほど熱心に山本を推したのは、前後矛盾しているように見える。しかし、山本復権をねがう薩摩系の欲求をまったく無視するわけにはいかないとすれば、むしろ彼を現役の総理大臣にすることによって、当面はその元老化を封じ得るとの計算がはたらいていたのではなかろうか。

西園寺は山本を選ぶにあたって事前に牧野と内密に連絡をとっていた。八月一七日に御殿場で牧野と会見し、山本の近況を聞くとともに、加藤の病状からして十分近時に予想される内閣交代にそなえ、意見交換を行った[45]。山本に大命降下の日、牧野は日記に「此回の事は西公特に奮発なり[46]」と記したが、二人の間に山本起用について了解があったのはまちがいない。牧野は八月一二日に薩摩系の山之内一次と会い、山本擁立に協力を求められており、一四日に山之内から山本に出馬の意志があることを聞かされ[47]、それを伝えるために、わざわざ日帰りで御殿場まで西園寺に会いに行ったのであった。元老西園寺に直接山本を推薦するという方法で、今回も牧野は政変時の後継首班候補選定に深く関与した。牧野のこの行動は、宮内大臣が「宮中と府中の別」を紊したとして宮内省の反牧野派から非難されたが[48]、ここで注意すべきは、御殿場での話合の際に、西園寺が「若し御下問を拝するに於ては、自分は松公にも已に約束もある事なれば、此際は改めて相談もせず直に奉答し、其奉答の趣を内府、枢相〔清浦奎吾〕等へ内報に及ぶべし、如何[49]」と、後継首班奏薦方式についても同意を求めた点であろう。

西園寺からこう切り出されては、牧野としては反対のしようもないが、元老のみで奏薦し、内大臣や枢密院議長などには報告にとどめるというのがこの時の西園寺の提案の中味だから（先述のごとく、西園寺は摂政に山本を奏薦する前に平田内大臣の同意を確認しており、実際には内大臣と枢密院議長の扱いに差別をしている）、もちろん後継首班候補の銓衡に枢密院議長や首相経験者を加える新方式は否定されるわけである。後継首班に山本を推す牧野にこのような発言をしたことから、西園寺の山本奏薦の裏には山本復権に道を開く代りに松方・牧野の新方式をやめさせ、山本や清浦の元老化を防止する意図がはたらいていたのではないかとの推測も成り立とう。あるいは、山本が総理大臣としてどの程度の手腕を発揮するかを見とどけたうえで、元老の予備軍とするか、否かを決めようとしたのかもしれない[50]。

西園寺が松方・牧野のはじめた新方式（「元老・重臣協議方式」＝御下問範囲拡張）に賛成ではなかったこと、老齢のため内大臣を辞職した松方の後任に、前回は閉め出しをくらった平田が西園寺の強い推挙で就任し、その平田も西園寺と同様の考えであったこと、さらに松方や牧野が準元老化を望んでいた当の山本本人が、西園寺と牧野の内密の交渉によって後継首班候補とされる予定であったこと、この三点が新方式を一度きりで終わらせた原因だった。(51)

その後の清浦内閣（一九二四年一月）、加藤高明内閣（同年六月）の際も同様で、基本的には内閣の辞表提出後、摂政がまず内大臣に処置方を問い、元老に下問されるべしとの内大臣の奉答後、勅使が元老のもとに派遣され、元老の協議により意見一致をみたあと、元老がさらに内大臣の同意を確認したうえで次期首班に適当な人物を摂政に奏薦する「元老・内大臣協議方式」がとられた。

ちなみに、虎の門事件で山本内閣が一度目の辞表を提出したおりには、まず内大臣に下問があり、平田は宮内大臣の牧野や枢密院議長清浦と相談の上、入江為守東宮侍従長を興津の松方、西園寺両元老のもとへ差遣して、その意見を聞くことにした。両元老は辞表は却下されるべしと奉答し、摂政は山本を慰留したが、山本は再閣議後さらに辞表を提出したので、今度は平田自身が松方、西園寺のもとへ赴き、後継人事について協議した。(52)平田は内心元帥上原勇作を候補に考えていたが、軍閥内閣をきらう西園寺の反対は明らかだったので、上原の名を出すこともせず、清浦に決まったのだった。(53)

その清浦が第一五回総選挙のあとしばらくして辞表を出すと、摂政は平田内大臣に時局収拾の方法を下問し、平田は後継内閣組織につき元老に下問されるべしと奉答した。西園寺の意見を聞くため、徳川侍従長が京都に派遣され、(52)もう一人の元老松方のもとへは平田自らが赴いた。しかし、病臥中の松方にはもはや意見を述べる力はなく、平田は松方を見舞っただけで、しいてその考えを問うことはしなかった。今回の後継首班奏薦はもっぱら西園寺が松本を介して平田内府と連絡をとりつつ、単独で行ったことになる。六月八日徳川侍従長の訪問をうけた西園寺は加藤憲政会総裁を推薦し、その旨摂政に伝奏するよう依頼した。さらに西園寺は「元老松方公は今尚ほ重患に在れば、更に平田伯へも御下問あらせらるゝ様奏上を願ふ」[55]と申し添えた。徳川の報告を聞いた摂政はさらに平田の意見を求めた上で、加藤を召び、内閣組織の台命を下した。[56]

この加藤高明奏薦以降、元老の奉答を受けた摂政ないし天皇は、あらためて内大臣の意見をも問うのが慣例となる。「元老・内大臣協議方式」が公式のものとなったのはこの時点からと言うべきであろう。[57]それまでの内大臣は、自らが後継首班候補奏薦の下問を受ける元老であるか（松方まで）、そうでない場合（平田時代の第二次山本と清浦の奏薦）は、内閣からの辞表奉呈があった場合、摂政から下問されるのはその善後措置についてであって、内大臣が直接摂政から後継首班候補の選定について下問を受けたのではない。内大臣は奏薦権をもつ元老から同意を求められたにすぎなかった。ところが、この加藤高明奏薦の時から、内大臣にも摂政は直接意見を聞くことになったのであり、その意味で「御下問範囲が内大臣にまで拡張された」と解することができる。西園寺が反対した「御下問範囲拡張」とは（元老でない）枢密院議長や首相経験者にまで範囲を広げることであって、内大臣はその職責からして摂政の下問を受けるに何ら問題はないと考えていたとみるべきであろう。

もっとも、内大臣は事前に直接・間接のルートで元老と密接に連絡をとりあっており、元老の奉答前に両者の意志一致がはかられるのが通例だったから、内大臣が元老の奉答に反する意見を表明する心配はまずなかった。ともかくも、西園寺＝平田ラインによって「元老・内大臣協議方式」の定着と公式化がはかられ、後継首班候補選定協議に枢密院議長や首相経験者をも加える「摂政政治の新例」は一度きりの試みで終ったのである。[58]

元老が後継首班候補を摂政に奉答するにあたって（元老でない）内大臣の意見を聞き、協議するという意味での「元老・内大臣協議方式」は第二次山本奏薦時からはじまっているが、摂政が直接内大臣にも下問するとしないとでは、やはり大きなちがいがあるので、両者は区別しておく必要があるだろう。内大臣が後継首班選定につき直接摂政から下問を受けるようになった第一次加藤高明奏薦以降を「公式の元老・内大臣協議方式」、それ以前を「非公式の元老・内大臣協議方式」と二段階に分けてとらえることにしたい。ただし、いちいち「公式の」「非公式の」をつけるのは煩雑なので、以下では「公式の元老・内大臣協議方式」を「元老・内大臣協議方式」と略記し、第二次山本と清浦の奏薦について言及する際にのみ「非公式の元老・内大臣協議方式」と断ることにしたい。なぜなら、後述するように、第一次加藤高明奏薦以降、摂政・天皇は必ず元老の奉答があったあと、内大臣にも意見を聞いており、「公式の元老・内大臣協議方式」が定着するからである。約一〇年間続く「元老・内大臣協議方式」の時代のうち、「非公式の元老・内大臣協議方式」がとられたのは、最初の二回、一年たらずの時期にすぎないので、こちらは過渡的なものとみなせるからである。

ところで、清浦内閣総辞職前、平田内大臣は摂政に第三次伊藤内閣と隈板内閣の例をあげて、辞任する総理大臣の伊藤博文が自分の辞表を明治天皇に奉呈するにあたって、大隈と板垣退助の二人を後継に推薦したのは「大いなる過ち」であると進言している(59)。奈良武次の日記によれば、山本内閣末期にも平田は「隈板内閣成立の顛末を言上(60)」しているが、おそらく同趣旨の内容だったと思われる。つまり、やめていく首相には後継首班奏薦の権利はないので、それについて意見を求めてはならないし、仮にそのような進言がなされても耳を傾けてはならぬと、平田は助言したわけである。これは、元老による後継首班奏薦方式を今後とも是非維持されるべきだと、平田が考えていたことの証左にほかならない。しかし、明治憲法第五五条は国務大臣を天皇の大権行使の輔弼責任者として規定しており、辞任する総理大臣が最後の輔弼行為として自分の後継者を天皇に奏薦するのは少しも違法ではないし、むしろ憲法の条文からすれば、より憲法に忠実な方法と言うべきである。しかも、辞任する総理大臣が後継者を奏薦した例は、隈板内閣成立時にとどまらなかった。初期内閣の時代はそうであったし、第一次桂内閣の時も辞任する桂首相が自分の後継に政友会総裁の西園寺を奏薦したのである[61]。また、元老山県の反対で成功はしなかったが、第二次大隈内閣の大隈首相は自分の後任に立憲同志会の加藤高明を大正天皇に奏薦している。

それではなぜ平田内大臣は、先例もあり、憲法上からいっても問題はないはずの「首相指名方式」を「大いなる過ち」として、それに耳を傾けないよう摂政に進言したのであろうか。ひとつには、山本、清浦が後継首班奏薦に関与するのを嫌う平田の考えがここにもあらわれていると言えよう。また、大隈が加藤高明を大正天皇に奏薦して、元老山県に対抗しようとした事態の再発をおそれたのかもしれない。しかしやはりそれだけでは不十分であろう。村井も指摘するように[62]、西園寺や平田の長期的な政治戦略に由来するものと考えるべきである。

日本国憲法のように下院が後継首相の指名を行うとの明文規定のないイギリスにおいては、政党の首領である首相が辞職する際に、国王に対してやはり政党の党首である人物を自分の後継に奏薦する慣行が確立・定着していった過程が、二大政党制にもとづく議院内閣制の定着・発展過程とパラレルな関係にあった[63]。イギリスの首相は国王から行政権のほぼすべてを委任されるにとどまらず、後継首相の指名権までをも掌握する強大な存在なのである。その首相の地位を議会に基盤を置く政党が掌握することによって、議院内閣制的な立憲君主制というものが保証されてきた。「首相指名方式」はイギリス型立憲君主制の核心ともいうべき制度慣行とみなすことができる。

これを逆に言えば、天皇が立憲君主制のもとで大権君主として内閣および議会からの自立性を確保し維持するためには、後継首班の選定権を自己の手中に留保しておくことが、是非とも必要であった。内閣総理大臣の任命だけは、明治憲法第五五条の国務大臣の輔弼責任の例外においておかねばならない。とくに、議会に基盤を置く政党内閣が登場し、今後もそれが定着することが予想される場合には、なおさらそうであった。もしも、後継首班の選定までをも「首相指名方式」に変えてしまえば、明治憲法体制はイギリス的な議会主義的立憲君主制に頽落し、天皇はイギリス国王なみの「虚器を擁する」だけの存在になりかねない。なぜなら、「政党政治」のもとでの「首相指名方式」の定着は、国民の選挙により選出されたという、君主の信任とは別の権威による正当性を体現した議会政党の首領が交代で事実上の君主権の行使者となる事態をもたらし、かつまた選挙の結果、議会の勢力分布が変わることによって、間接的に有権者が総理大臣の選出を左右する方途を得たことを意味するからである。

言い換えれば、「首相指名方式」が慣行として成立しているかどうかは、政党内閣の慣行が定着しているかどうかとならんで、イギリス型立憲君主制（議会主義的立憲君主制）であるのか否かを判定する重要な指標となるのであり、「元老協議方式」「元老・内大臣協議方式」「元老・重臣協議方式」、そのいずれにしろ、首相以外の者が後継首班の奏薦を行っているかぎりにおいて、いかに政党内閣の慣行が行われていようとも、イギリス型の議会主義的立憲君主制と同じ体制になったとは言えないのである。それは、統帥権の独立が認められているかぎり、イギリス型立憲君主制になったとは言えないのと同じである。

この文脈からすれば、高橋内閣総辞職の際に牧野宮相が摂政に「元老へ後継者の事に御下問の手続き被為在度言上」したのも[64]、平田の「隈板内閣成立の顛末を言上」と同じことを言おうとしたのだと解すべきであろう。なぜなら、実際にはそうしなかったが、高橋は辞職するにあたって、可能であれば、同じ政友会の山本達雄もしくは野田卯太郎を後継首班に奏薦する意向をもっていたからである[65]。牧野・松方と平田・西園寺は、後継首班候補の選定に清浦や山本を加える問題では大きく意見を異にしていたが、「首相指名方式」を忌避する点ではまったく同意見であった。

三、元老は園公で打止

先述のように、西園寺＝平田ラインによって「元老・内大臣協議方式」の定着と公式化がはかられ、「摂政政治の新例」は一度きりで終ったが、しかしこれですべて解決したわけではない。松方の病状ははかばかしくなく、その死は目睫にせまりつつあった。松方の死とともに問題が再燃するのは避けられない。それを予期した牧野が、一九二四年二月末に「政変に際する御諮詢範囲の件」で西園寺と内談したのはすでに述べた。牧野の考えの詳細は伝わっていないが、既往の行動や西園寺が「御下問範囲拡張」には不同意と応じたことなどから推測して、たぶん必要に応じて準元老級の人物（山本、清浦）を協議に加えてはどうか、との意向ではなかったかと思われる。どのようなやりとりの結果かはわからぬが、この時の話し合いでは「御下問の範囲に付ては其時の宜しきを制する事として予じめ具体的に予定せざる事」で意見が一致したと、牧野日記には記されている(66)。具体的な人名をあげることはしないが、時と場合によっては、元老以外にも然るべき人物を協議に加えることもありうると解釈できそうな文言だが、もとより西園寺の真意は「御下問範囲拡張」に反対だったはずである。おそらく牧野に対しては曖昧な物言いをしたために、日記のような表現になったのだと思われる。

このように、松方の死の前後、元老、内大臣、宮内大臣の間で「御下問範囲拡張」につき内密の検討が行われていた。その一端が洩れ伝わったのか、次のような観測記事が『東京日日新聞』一九二四年六月一九日付に掲載されている。「元老なき後の元老問題として、一、枢密院議長及顧問官数名、一、内大臣、一、貴族院議長及び衆議院議長、一、宮内大臣等を網羅して元老会議に代わり得べき国家最高の諮詢機関を創設すべしとの議が一部識者間において論議せらる、様になった」が、「現在の元老制度なるものを何らかの形式によりて存続せしむることは我国の国情としてやむを得ざるところであって之は西園寺松方両元老は固より平田内府、牧野宮相等の間に於ける一致せる見解」であり、「結局前内閣総理大臣清浦奎吾子及び山本権兵衛伯の如きその閲歴人格において卓越せるものに対し特別の御思召により優遇の途を講ぜらる、ことになるのではなからうかと思惟されてゐる」、と。

この記事が示すように、元老なきあと、元老が果たしてきた機能は誰が継承するかについては、(ア)元老は再生産せず、枢密院議長、内大臣、宮内大臣、両院議長によって構成される最高諮詢機関によってその機能を代替する、(イ)山本、清浦などをあらたに元老に指名し、元老制度を継続させる、との二方向が考えられるが[67]、いずれにせよ「御下問範囲拡張」に結びつくことにかわりはない。右の新聞記事は(イ)の方式がとられる可能性が高いと観測しているが、そうであるならば、すでに述べたように、元老が健在のうちから、元老見習として山本や清浦を後継首班候補選定の協議に参加させておくのは、制度の継続性からしてむしろ推奨されるべきと言えよう。松方・牧野がやろうとしたのはそれであった。ところが、西園寺・平田はそれに消極的であり、当面は「元老・内大臣協議方式」を定着させることで、「摂政政治の新例」が慣行となるのを防止したのである。

ところで、右の新聞記事の取材源が奈辺にあったのかを思わせるやりとりが、その数日前の六月一六日に牧野と枢密顧問官九鬼隆一との間で行われていた。九鬼が政変の際に最高諮詢機関を設けることの可否を問うたところ、牧野は、常設の機関では「今日の形勢に面白からず、且つ世の非難多く到底存在を許さゞるべきに至るべし」と述べ、また貴衆両院議長や枢密院議長が協議に加わることになるが、「現任者が果して如此任務に堪ゆるや否や、世間も其奉答に重きを置くべきや甚だ問題なり」と、その不可を論じた(この時点での枢密院議長は浜尾新であり、摂政設置とともに東宮大夫を外されたことからもわかるように、政治的には無能であるとみなされていた)。「要するに如此重大なる任務は其人に存するを以て」、人格・識見ともに誰もが認める人物を特選して協議に加えるのがありうべき姿であろうというのが牧野の考えであり、それに対して、それはもっとものことである、結局「其時に臨み側近者におゐて適当の人選を為し、御下問拝受者を言上する外なかるべし」と九鬼が応じると、牧野もそれを是認した。(68) 九鬼が最後に主張したのは、まさに加藤友三郎の奏薦の際に、松方と牧野が採用した方法にほかならない。このやりとりから、この時点で牧野は（ア）を退け、元老や準元老に諮詢する（イ）をよしとしていたことがわかる。

一九二四年七月初めに松方が死ぬと、西園寺もこの問題に決着をつけたいと考えたのか、松本剛吉に対して「山県公逝き、松方公も死んだことゆゑ、此の先のことに付いては余程長時間平田と相談し度く考ふるゆゑ、此辺よく平田に伝へ呉れよ」(69) と語った。西園寺の意向を伝えられた平田も八月六日「自分は西公の意中は知り居る、山県公逝き、松方公死なれた今日、先のことを極め置く必要あり、会見を望み居れり」と答えた。明治を生き抜いてきた元老が一人また一人と相次いで世を去り、不治の病にある大正天皇は自ら政務をみることあたわず、しかも摂政は未だ若年で、経験に乏しい状況を前にして、二人の老人は今後のことについて是非ともじっくり話し合っておきたい、おかねばならぬとの思いにかられたのであろう。病床にあった平田は松本に「皇室の事が頗る気に掛る」と洩らした。(70)

しかし、平田の病状はいっこうに回復せず、また平田と面会すれば、平田の内大臣辞職問題にふれずにはすまないこともあって、会見は延び延びとなり、結局、西園寺が生前の平田に会うことはかなわなかった。予定していた会見が無理とわかった八月三〇日には、平田の方から松本に対して次のような趣旨を西園寺に伝えるようにとの依頼があった。

是れ丈は早く極めて置き度し、即ち政変の場合に於ける御下問範囲拡張問題であるが、(略)元老は関白である、其関白の余り多きことは好まぬ、又其関白が内閣の後継者を奏薦して置きながら、後から其施設上に関与したり、又其他の事を彼是注文抔しては可かぬと思ふ、清浦や山本抔は希望があるかも知れぬが、之は断じて可かぬと思ふ、山県逝き、松方公亡くなられ、西園寺公唯一人となられて、公には誠に御気の毒であるが、西公は頗る公平な方で、而して何等注文がましき事抔はせられず、至公至平真に国家の柱石であるゆゑ、若しも左様の事ある時は責任を御一人で御持ち下され御処置願ふと云うて呉れ、元老は西園寺公を限りとし、将来は置かぬが宜し、原が居れば別だが、種切れなり。(71)

平田は「御下問範囲拡張」に否定的であり、清浦や山本に対する評価も低かった。平田の下した最終結論は(ア)の最高諮詢会議案はもちろんのこと、(イ)の元老再生産案でもなく、西園寺が健在の間は、後継首班の奏薦は西園寺が元老として一人で責任を負う体制(=「一人元老制」)を将来も維持すべきであり、人材不足ゆえに元老は西園寺を最後にあとは自然消滅にまかす、それもまたやむをえぬというものであった。

平田の意見は九月五日に西園寺のもとにもたらされた。松本の報告を聞いた西園寺は、「平田伯の所説は尤もと思ふ、それは自分の決心し居る処で、世間で何と云はうと、自分は皇室に身を捧げ居る積りゆゑ、御下問等の場合は一人で御答へ申し上ぐる決心なり」と述べ、自分の考えを平田に復命するよう松本に指示した。(72) 西園寺は最後の元老として天皇の最高顧問たる責任を一身でひきうける覚悟を固めたのである。この平田と西園寺の往復についてはすでに升味準之輔によって紹介済みだが、(73) この時点で元老西園寺と内大臣平田の合意による「一人元老制」(と「元老・内大臣協議方式」)の構想が確定したと言えるであろう。

三、元老は園公で打止

一九二四年夏に元老西園寺と内大臣平田の間で合意された「御下問範囲拡張問題」に対する結論(「一人元老

制」と「元老・内大臣協議方式」）は、西園寺または平田から摂政に上奏され、その承認を得ることで最終的に制度としてオーソライズされた。その上奏がいつなされたのかは今のところはっきりしないが、西園寺が一九二六年八月に「平田在世中政変の場合は元老と内大臣が御下問に奉答すること、し、平田よりは特に摂政殿下に此事を上奏し居り、自分も其後参内せし時此儀を伏奏せり。故に誰も知らぬこと故、新聞や其他では常に御下問範囲拡張抔を彼是云ふが、之は極り居ること故、他には御下問なき筈」と松本に語っていることから[74]、平田辞職の一九二五年三月よりも前に、平田及び西園寺から摂政に上奏し、その承認を得ていたのは確かだと思われる。これによって「御下問範囲拡張問題」にひとまずの決着がつけられたと言ってよい。

不思議なことに、この西園寺＝平田合意の内容が宮内大臣の牧野に正確に伝えられたかどうか、いまひとつ定かではない。牧野日記には一九二四年一一月一九日に西園寺と会見し、「政変に付御下問の人選等は此際予め工夫せず、其機に臨み適当に処理する事に話合ふ」との記事が見られるが[75]、一二月末に「御下問範囲拡張問題」を内談した時の結論（＝「御下問の範囲に付ては其時の宜しきを制する事として予じめ具体的に予定せざる事」）と文意はほとんど同じであり、それを再確認したにすぎないように見える。牧野が日記にかかる表現をしていることから、あるいは西園寺は西園寺＝平田合意の内容をはっきりと示さなかったのではないかとも考えられる。なお、西園寺と牧野の間で一九二四年一一月一九日に再び「御下問範囲拡張問題」について話し合いがなされ、結論らしきもの（「政変に付御下問の人選等は此際予め工夫せず、其機に臨み適当に処理する事」）が出されたことから、この頃に松方死後の「御下問範囲拡張問題」にいちおうの決着がつけられたとみてよいであろう。おそらく、平田および西園寺による「政変の場合は元老と内大臣が御下問に奉答する」との摂政への上奏はこの前後になされたのだと思われる。

ところで、平田内大臣の時代に「政変の場合は元老と内大臣が御下問に奉答する」ことを平田と西園寺が摂政に上奏し、その承認を得たとの西園寺の発言に対して、伊藤之雄は、それを日記に書き留めた松本剛吉の記憶違いか、そうでなければ松本に対する西園寺のリップ・サービスにすぎないと、つまり嘘であるとしている[76]。伊藤はその根拠として、第一次加藤高明奏薦時に平田が最初は後継首班の人選について摂政から直接自分に下問があったとは考えなかった事実をあげているが、これでは反証たりえない。なぜなら平田、西園寺が「政変の場合は元老と内大臣が御下問に奉答する」との奏上をしたのは、第一次加藤高明内閣が成立して後のことだからである。西園寺の言が嘘でないことは、一九二五年八月の政変、すなわち問題の上奏が行われたあとに生じた最初の政変にして、しかも牧野が内大臣になってから最初の政変でもあるこの政変で、摂政が牧野に示した態度が如実に証明してくれるであろう。

この時、加藤首相以下全閣僚の辞表を受け取った摂政は牧野内大臣に「今後の処置」を下問した。牧野は「御親裁前一応西園寺の意見御参照被遊度」と進言したので、摂政は直ちに入江東宮侍従長を御殿場の西園寺のもとに派遣した[77]。入江侍従長の来訪をうけた西園寺は、まず入江に牧野の意向を問うたが、要領を得なかったので、牧野本人を御殿場に招くこととし、入江には「熟考の上内府とも相談を遂げ奉答を為すべき旨」摂政に復命を依頼した[78]。西園寺が牧野の意向を確かめるべく、わざわざ彼を呼び寄せたのは、もちろん「元老・内大臣協議方式」によって後継首班奏薦を行おうとしたからであった。後継首班候補選定の下問は元老に対してなされたにもかかわらず、西園寺は内大臣牧野との協議がすむまでは摂政への奉答を見合わせたのである。

八月一日未明に東京を発って御殿場までやってきた牧野に、西園寺は加藤再奏薦の考えを明かした。これに対して牧野も「小生全然同意、（中略）再降下あらば一般に御尤もの御聖断と拝するを疑はず」と応じたので、両者の意見は合致し、牧野が東京に戻って「加藤高明子に大命降下を以て最も適切なる儀と存する旨」の西園寺の奉答を執奏することになった[79]。牧野の復命を聞いた摂政は、「改めて内大臣の意見は如何」と「難有御下問」を牧野に与え、その考えが「全然西園寺と同一の意見」であることを確認した上で、加藤高明を召し、後継内閣組織を命じた。[80] 摂政は西園寺の奉答を聴いたあと、内大臣にも下問しているのである。

この手順は、西園寺が摂政に対して「元老松方公は今尚ほ重患に在れば、更に平田伯へも御下問あらせらる、様奏上を願ふ」[81]と助言した点を除いて、第一次加藤高明の奏薦の時とまったく同じである。ついでに言えば、次の若槻礼次郎奏薦の場合も同様の手順に従って処理されている。[82] つまり、「(公式の)元老・内大臣協議方式」がすでに制度として定着していたわけである。

西園寺の奉答を聴いたあと、摂政が自分単独の発意で牧野にも下問したとは考えられないので、この政変以前に西園寺と平田から、内閣総辞職にあたっては元老の奉答があったあと、念のため内大臣にも御下問あるべしとの進言が摂政になされ、摂政もそれをよしとして、そのとおりに行動したと考えるほか、なぜ摂政が牧野にも後継首班の人選につき下問したのか説明がつかない。このことから一九二四年六月以降一九二五年三月までのいずれかの時点で、[83] 平田と西園寺は摂政に「政変の場合は元老と内大臣が御下問に奉答する」ことを奏上し、その承諾をえたことは、伊藤の推測に反して、まちがいない事実であると結論できる。この平田と西園寺の後継首班候補選考法の奏上を摂政が嘉納したことによって、「元老・内大臣協議方式」が正式の制度として確定したのであった。なお、第二次加藤高明奏薦の際の牧野の行動(善後措置を尋ねる摂政の下問に対して「元老に下問されたし」と奉答するだけで、西園寺から御殿場によびだされるまで後継首班候補の人選について元老と何等協議をしなかったこと)は、西園寺＝平田合意は牧野に正確に知らされていなかったとの推測を裏付ける一つの傍証となろう。

ひとまず決着がついたとはいえ、この西園寺＝平田合意では、元老健在の間は「一人元老制」及び「元老・内大臣協議方式」でいくとしても、西園寺が死に、元老が消滅した際にどうするかがはっきりしない。そのことが検討されなかったわけではなく、牧野の後年(一九三〇年)の回想によると、平田がまだ内大臣在職中に、政変の際の「御下問範囲」につき考究するところがあり、元老なきあとは内大臣が責任をもって天皇・摂政の下問に答えるのが至当だが、その際に「内大臣府に御用掛として更に協議を受くべき適当の人を予め準備し置くこと然るべしとの案」が検討されたという。平田の結論は「元老の如く歴史的人物にて特殊の関係より自然に斯かる地位に就かれたる人は別なれども、今日新に斯かる制度を設くるときは種々の運動も行はれ、政争激甚となれる今日には適当ならざるべし」というもので、西園寺もこの案には「よしとは申されざりし」ため、結局平田の死もあって「該案も其儘となれり」と、牧野は回想している。[84] 前後関係からすると、牧野の回想は、一九二四年春から秋にかけ「御下問範囲拡張問題」が元老、内大臣、宮内大臣の間で論議された折りのことを指していると考えられる。問題となったのは、元老なきあとは内大臣が後継首班奏薦の任にあたり、内大臣の相談相手となるべき準元老級人物を内大臣府御用掛として予め用意しておくという案だから、これも一種の「御下問範囲拡張」論であり、前記（イ）の一変種にほかならない。

文書に日付がなく、また作成された年月日を特定できるような手がかりとなる記述も含まれていないので、牧野が回想している案そのものだと断定するにはいくぶんの躊躇が残るのだが、内容的にはそれに通じるものが「牧野伸顕文書」の中に残されている。二種類の内大臣府官制の改正案がそれであるが、[85] いずれも元老亡き後に後継首班の選定については誰が天皇を輔弼すべきかとの問題に対して「内大臣ガ其ノ任ニ当ルベキナリ」との立場に立っており、それに応じうるよう現行の内大臣府の組織と権限の改正を求めている。第一案は内大臣に加えて侍補を内大臣府に新設し、内大臣と侍補が後継首班候補選考の下問に奉答すると定めている。侍補は、元老または首相、枢密院議長、国務大臣、宮内大臣、内大臣の前官礼遇を受けている者の中から天皇の特旨によって任命されるので、これは「内大臣・重臣協議方式」を制度化した官制改革案とみなせよう。岡部日記に出てくる「内大臣府御用掛」を設ける案はこれに近い。

いっぽう、第二の案は内大臣府の組織は現行のままとしつつも、内大臣の「常侍輔弼」権限をより詳細に明文化し、かつその権限の拡大をはかったもので、「内閣総理大臣タルヘキ者ヲ諮詢セラルヘキ者ヲ奏薦スルコト」を内大臣の職責の一つに定めている[86]。これは内大臣が天皇または摂政に後継首班候補選考の下問を誰に与えればよいかを進言している現行の方式を明文化したものとみなせるが、元老亡き後は、内大臣がしかるべき人物を選んで天皇に選定者として奏薦することになるわけだから、実質的にはこちらも「内大臣・重臣協議方式」を志向するものとみてよい。

岡部日記の記述が正しいとすると、西園寺、平田の反対でこの案はお流れになったと解釈できるが、牧野が一九二四年一一月一九日に「政変に付御下問の人選等は此際予め工夫せず」とは、あるいはこのことに関連するのかもしれない。ともかくも、西園寺死後のことについては、内大臣が後継首班奏薦の任にあたるのが適当との諒解がいちおうは成立したようだが、元老がまだ生きている間に内大臣府の官制として明文化してしまうと、牧野が「更に協議を受くべき適当の人を予め準備して置くこと」と回想したように、「御下問範囲拡張」と同じ結果になるので、西園寺＝平田による「元老・内大臣協議方式」の確立にともなって、自然とお蔵入りになったものと推測される。

四、内大臣の交代

ところで、平田内大臣は、じつはその年（一九二四年）の六月から逗子の別荘で病気療養中であり、常侍輔弼の職責をつくすのが困難であるとして、松本を通じて内々に西園寺に辞意を洩らしていた。もともと病弱であった平田は、老齢でもあり、自分一人では摂政に対して十分常侍輔弼の責が果たせないと考えていた。そこで内大臣秘書官長の入江貫一に命じて、摂政の側近を整備し、その輔導体制を強化する方策を検討させた。最初入江が作成したのは明治天皇の若い時にならって、内大臣府に侍補を置く案であった[87]。この案の侍補は勅任官または奏任官であり、国務大臣が天皇に直接上奏する案件はその管掌外とされていることから、先ほど紹介した内大臣府官制改正案の侍補のように、後継首班の奏薦に関与する権限をもつものとの想定はされていない。しかし、平田内大臣はこの案では不満だったようで、さらに入江に内大臣そのものを廃止する方向で案を立て直すことを命じたようである。もっとも、内大臣は皇室典範と公式令にその名が出ており、摂政政治の間は憲法も皇室典範も改正できないので、入江は内大臣全廃案は現実的でないとして、全廃案とは別に内大臣を残す案を第二案として作成した[88]。

入江は平田の命で、その二つの案を西園寺に提出し、意見を求めた。西園寺は重大事なので、熟考すると答え、ただ第一案は内大臣を廃すると制度上中心を欠くので妙ならず、第二案を基礎とすべしとの意見を入江に述べている[89]。そのことを報告した入江の平田宛書簡（「平田東助文書」）には肝心の第一案、第二案ともに添付されていないのだが、「牧野伸顕文書」にはそれと推測できるものが残されている。第一案が「内輔府官制案」であり、第二案は「内大臣府官制改正案」と題されている[90]。前者は内大臣と内大臣府を廃止し、複数の内輔（親任官）と侍補・侍講（勅奏任官）とからなる内輔府に変えようという案で、内輔の職責は「随時近侍シ輔弼規諫ニ任ス」とされている。後者は内大臣をそのままにして、内大臣府に右と同様の「随時近侍シ輔翼規諫ニ任ス」内輔（親任官）を複数設置する案である。内大臣を廃止するか、否かがちがうだけで、摂政に「随時近侍シ輔弼（翼）規諫ニ任ス」る職責をもつ内輔を新設する点では本質的に同じであり、両者の間に大きなちがいはない。西園寺が中心を欠くので妙ならずと評したことから、入江の第一案がこの「内輔府官制案」であるのは、まずまちがいない。

その由来から明らかなように、平田が入江に作らせた「内輔府官制案」や「内大臣府官制改正案」は明治天皇の侍補制度をまねた、摂政の側近強化策であって、それにより老齢病弱の内大臣（＝平田）の職責を軽くすることがそもそもの狙いであった。後継首班の選定法に関わる先に紹介した二種類の内大臣府官制改正案とは、同じ内大臣府官制改正案という名前だけで、その目的も性格もまったく異なるものである。案文を見ればわかるように、「内輔」には後継首班の奏薦がその職務であるとは一言も書かれていない。同じ時期に同じような内大臣府官制改正案が作成されたので、混同しやすいが両者は別ものなのである。それゆえ「内輔府官制案」をもって「牧野宮相の構想する下問範囲の拡張を、元老西園寺・牧野〔平田の誤記〕（永井）内大臣の抵抗を少なくして実施しようとする構想」[91]とみなす伊藤之雄の史料解釈は二重の意味でまちがいと言わざるをえない。牧野が平田・入江案すなわち「内輔府官制案」を知らされるのは、西園寺よりもあと、一九二四年九月二六日がはじめてであった。[92]また、牧野宮相の構想する御下問範囲の拡張にふさわしい案は「内輔府官制案」の方ではなくて、内大臣府に親任官の「侍補」を置く「内大臣府官制改正案」の方である。逆に「内輔府官制案」はこの一九二四年の夏から秋にかけての時期に平田内大臣が「御下問範囲拡張」を考えていなかったことを裏書きする史料と言えよう。もっとも、内輔が内大臣と同等の存在であれば、必然的に後継首班の奏薦にも関与することになり、「御下問範囲拡張」につながるとは言いうる。しかし、平田の内大臣留任を望む西園寺は平田・入江の摂政輔導強化策にも賛成せず、平田の辞任とともにこの案もそれきりとなったのである。

話を戻すと、松本から平田の辞意を知らされた西園寺はもちろん平田の辞任には反対であり、加療に専念して一日も早く健康を回復するよう伝えさせた。一時平田の病状も回復しかけたので、この問題も沙汰やみとなるかに見えたが、それもつかのまの小康状態にすぎず、一一月になってついに平田は辞職を決意し、正式に辞表を出したいと西園寺に伝えた。[93]西園寺はこれを聞いて、「甚だ困つたものだ、此際平田は世間の評判抔には構はず、病気も不治と云ふでなく平癒の見込ありとせば、辞表抔出さずに居て呉れゝばよいが、表面辞表を出すと云ふことになれば、事頗る面倒となり、君も知り居る如く、さう云ふ事を覗ひ居る者もあり」[94]と述べた。右の西園寺＝平田の合意によれば、内大臣は元老と共に天皇・摂政の下問に答える職責を担うのであるから、信頼する平田から辞意を表明されたのでは、西園寺が困惑するのも無理はない。西園寺は、平田の意を伝えに来た松本に、辞表提出を思いとどまるようなんとか説得せよと命じるいっぽう、「人なきに困る」と、平田に代わりうる人物のいないことを嘆いてみせた[95]。

しかし、平田の辞意は固く、西園寺の慰留にも決心を翻すことはなかった。一一月二〇日には入江内大臣秘書官長に「曠職の苛責に堪へざるに依り是非とも辞表提出致度し」と、牧野宮相と西園寺に伝えるよう命じ[96]、一二月二一日には正式に辞表を提出した[97]。一二月三一日付の『東京朝日新聞』は、辞表を受け取った牧野宮相は摂政に執奏する前に西園寺と協議するつもりで、近々西園寺を訪問の予定だが、清浦も山本も西園寺の意中にはなく、後任難であると伝えている。

しかし、西園寺は松本や入江から平田の決心を聞かされるより前に、すでに一度牧野と内大臣の後継問題について話合っていた。一一月一四日に牧野が久邇宮朝融王婚約解消事件の後始末につき西園寺を訪れた際、西園寺は内府後任問題を切り出し、平田の病状次第では、やむなく辞職を認めざるをえない場合も考えられるので、その対策を予め考慮しておきたい、と次の三案を牧野に示した[98]。

第一案は牧野宮内大臣が内大臣を兼任する。第二案は牧野が内府に転じ、そのあとの宮相に枢密院副議長の一木喜徳郎をもってくる。第三案は一木を内府にする、というものであった。ただし、一木では内府として貫禄に欠け、第三案は実現困難だと西園寺はみていた。つまり、平田の後任に牧野を据え、宮内大臣は牧野が兼任するか、そうでなければ一木をもってくるか、そのいずれかにするというのが西園寺の腹案であった。牧野はこの構想に対し「何等意見を陳述せず、聞流しに附し置きたり」と記している。

ところで、その年の一、二月に牧野の宮相辞職の噂が取りざたされた時には[99]、一木の後任案に反対していたのだから[100]、明らかに一木に対する西園寺の評価は変化したと言えよう。第二次大隈内閣の文相、内相を勤め、また実兄の岡田良平（貴族院議員）が加藤高明内閣の文相である関係から、一木は憲政会よりとみられていた。一木に対する評価の変化は、あるいは護憲三派内閣の下で与党となった憲政会に対する西園寺の評価の変化と連動していたのかもしれぬが、元来が学者肌であり、憲政会に近い山県系官僚とはいえ、党派的色彩のそれほど強くない一木は、枢密院副議長としてもそれなりの経験を積んでおり、その宮相就任によって宮中側近の勢力関係に大きな変動の生ずる恐れがないと思わせたことが、一木推挙の背景にあったと思われる。おそらく、大正天皇が病気で政務をみることができず、摂政はまだ若くて経験に乏しい現状では、宮中側近はできるかぎり現体制を維持すべきであり、新分子の進入は極力避けたいと考えたためであろう。牧野内大臣、一木宮内大臣という布陣は極上とはいえなくとも、その目的にかなうものであった。

一九二五年に入って、摂政に平田の辞意を報じた牧野は、元老と協議の上何分の善後措置を復命すべき旨述べ、興津に西園寺をたずねて、内府後任問題を再び協議した[101]。牧野は斉藤実朝鮮総督を推し、西園寺はそれに反対した。前年四月に牧野が西園寺を訪問した折りには「斉藤〔実・朝鮮総督〕男現職引退後は宮中入可然旨申出たるに同感なりと云はれた」ことがあり[102]、牧野としては西園寺が斉藤内府案に反対するとは思わなかったのであろう。どうやら西園寺は東郷平八郎が適任だと主張したようであり、さらに宮相後任さえしっかりせば、牧野が内府後任たるべしとも言った。東郷をもちだしたのは斉藤案をつぶすための方便であり[103]、西園寺の真意は一一月に示した腹案通り「牧野内大臣、一木宮内大臣」にあったと思われる。平田の考えも「牧野内大臣、宮内大臣は一木か平山成信[104]」というものであった。

斉藤内大臣案では西園寺の支持を得られそうもないと悟った牧野は、西園寺の最初の案にしたがうこととし、結局自分が平田の後任として内府にまわり、宮内大臣の後任には一木をもってくる決心をする。一月三一日にもう一度興津を訪れた牧野は、「内府問題に関する最後の所感を開陳」[105]し、西園寺も趣旨了解したのであった。この結果、内大臣後任問題は、牧野宮内大臣の後任人選へと焦点がうつり、一木への説得工作が進められる。渋る一木をなんとかなだめて、宮相引き受けを承諾させたのは、牧野の日記によれば二月一二日のことであった。西園寺も一木の説得に助力を惜しまず、興津に一木を招いて自ら宮内大臣就任を勧めるとともに、一木と昵懇の間柄の中川小十郎にも説得にあたらせ、さらには加藤首相、岡田文相にも側面支援を依頼した。[106]

もっとも、牧野が内府就任を引き受けた際、自分の後任に一木を据えることを同時に承諾したかどうか、いささか疑問に思われる。というのは、後に西園寺が松本剛吉に、斉藤を宮内大臣に推す運動があり、「自分は絶対に反対を唱へ、為めに固辞する一木が受けること、なつた」と洩らしているからである。[107]これは牧野が斉藤を内府に推したのを、西園寺が宮相人事と混同したと解釈もできるが、そうでないとすれば、牧野は自分の後任にははじめは斉藤を推し、西園寺の反対で一木に変えたことになろう。牧野日記の記述は曖昧で、牧野が誰を自分の後任に推したのかはっきり記されていないため、どちらとも判断がつかない。一月三一日の西園寺・牧野会見で牧野が「内府問題に関する最後の所感を開陳」した時、西園寺は「趣旨は十分諒解」したが、「後任問題に付尚心配」だとして「一応熟考したし」と、宮相後任問題を理由に即座に賛成はしなかった。西園寺の最終的な意向は二月三日に入江為守東宮侍従長から牧野に伝えられたのである。[108]

なお、摂政は内府後任について元老西園寺に正式に下問したようであり、三月初めに入江東宮侍従長が興津に西園寺を訪ねた。[109]入江を通じて伝えられた西園寺の奉答は牧野を内大臣にというものであり、その進言をうけた摂政が内大臣就任を牧野に命じたのは三月三日であった（親任式は三月三〇日）。総理大臣と並んで内大臣の人事も元老の奏薦事項であったことが、これから確認できよう。宮内大臣の後任については摂政に直接推薦したのは西園寺ではなくて、牧野であったが[110]、西園寺の意向が優先されたことは右の事情からも明らかであろう。総理大臣、内大臣及び宮内大臣の人事（これに枢密院議長を加えてもよい）に関しては、その実質的な決定権は奏薦権ないし協議権を有する元老の手中に握られていたことが了解される。いずれにせよ、牧野内大臣、一木宮内大臣という側近新体制は西園寺の意向にかなうものであった。一木の後任引受が確実となった時点で、西園寺は中川小十郎を通じて牧野に、「過日来の形行に付ては非常に満足にて自分の寿命は今後何年あるか知らず、余り永からざるべきも兎に角此度の落着にて一年は延びたり」と、満足と感謝の念を伝えている[111]。これはたんなる社交辞令ではなくて、西園寺としてはいつわらざる気持ちだったにちがいない。「御下問範囲拡張問題」では意見を異にするとはいえ、永年の友人でもあり、気心も知れている上、摂政設置以来の宮内大臣としての牧野の手腕を評価していた西園寺は、牧野が摂政の側近として宮中にとどまるのを強く望んでいたのである。

五、西園寺「最後の元老」となる

牧野の内大臣就任により、西園寺＝平田（・牧野）体制は西園寺＝牧野（・一木）体制へと移行した。それに伴って西園寺は牧野に、西園寺・平田合意の正確な内容すなわち後継首班奏薦に関しては「元老・内大臣協議方式」をとり、西園寺健在の間は「一人元老制」を維持することを説明しなければならなかったはずだが、牧野日記を見る限りでは、牧野が西園寺からこの問題について明示的に話を聞かされたのは、内大臣就任後一年半もたった、一九二六年一〇月二八日がはじめてであった。この時西園寺は牧野に次のように語った。

過日殿下に拝謁、西園寺も老衰致、且つ将来の事も心配仕る次第に付、今後政変等の場合には内大臣にも御下問、又西園寺なき後ちは内大臣へ主として御下問、若し同人に於て参考の為め相談、意見を求め度場合には勅許を願ひ目的の人へ協議致す事と仕度、此段西園寺の気附の儘言上仕る旨申上置きたり。(112)

奈良武次の日記には、西園寺が一〇月一四日に摂政に拝謁し、「殿下に御政務其他天職に就き若干意見を言上」(113)したとあるので、ここでいう「過日」とはそれを指すものと思われるが、奏上内容を敷衍すれば、西園寺が健在の間は自分と内大臣が下問に答えるが、西園寺が死に、元老消滅となれば、内大臣が責任をもって後継首班奏薦の任にあたるのがよく、その際内大臣が必要と認めるならば、勅許を得てしかるべき人物と協議することも可能である、ということになろう。内大臣に下問範囲を拡張するのは、すでに平田内大臣の時から慣行化されていたから、この点は現行の「元老・内大臣協議方式」を再確認したまでといえるが、一九二四年の西園寺＝平田合意には欠落していた西園寺死後のことを付加した点が新しい。西園寺は、最高諮詢会議案も、元老再生産案もともに退け、自分の死後は内大臣に元老の機能を担わせることを選んだのだった。「御下問範囲拡張」は自分が生きている間は内大臣以外には認めない、それがやりたければ自分の死後に内大臣の責任でもってやってくれ、というのが西園寺の本音であったろう。

このような重大な意味をもつ上奏を、西園寺は内大臣である牧野との事前の相談もなしに行い、上奏後に事後承諾を求めたのである。この話を聞かされた牧野は、「実に重大なる事を承はるなり、然し已に言上済みとの事なれば此際は唯謹んで拝承する外なき次第なり」と応答するほかなかった。さらに続けて「此問題は先年来度々議に上りたる事にて御内談も致したる事なるが、実に無上の大問題なれば適当の方法を老公に於て考慮し置かれ度、又自分も比較〔的〕満〔万〕全なる気附あらば参考の為め提供し度、常に念頭を離れざる事柄なるも実は今日迄自から信ずるところの良案を得ず、打過ぎたるに、只今の如き御内話耳にし、唯々事の重大なると自分の其器にあらざるを思ひ、恐懼するの外なき」と述べたが[114]、元老死後に内大臣である自分にかかってくる責任の重さを思っての言葉だけとは思えぬものがある。「御下問範囲拡張問題」の詰めをしないまま来たうちに、西園寺に不意を打たれたとの思いが、牧野にはあったと解釈するのはうがちすぎであろうか。このときの西園寺の内話がよほど印象深かったのであろう、西園寺の会見依頼の書状[115]の封筒の裏に、牧野はわざわざ「政変に関する御下問奉答方之件ニ付内談アリ」と記している。なお、西園寺は一一月三日に同趣旨の話を一木にも聞かせている[116]。

内大臣就任後西園寺からこの話を聞かされるまでに、西園寺＝牧野のコンビは二回政変を経験している。第二次加藤高明内閣と第一次若槻内閣だが、すでに述べたように、いずれの場合も首相の辞表奉呈後摂政から内大臣に下問があり、牧野は元老の意見を聞くよう進言、西園寺は牧野と協議してお互いの意見を一致させた上で摂政に奉答し、それを受けた摂政はあらためて牧野の意見を確かめ、その後に台命を降下するとの手続きがとられている。牧野も第二次山本権兵衛内閣以来の「元老・内大臣協議方式」を忠実に踏襲しており、西園寺以外の人物にも諮詢するよう摂政に進言することはしなかった。

しかしそのいっぽうで、牧野は、西園寺死後のことをおもんばかって、後継首班奏薦方式をどうするかについて断続的だが、それなりに関心を寄せ続けてきた。一九二五年四月には、いかなる内容かはわからぬが、加藤首相や西園寺に対して「政変の場合に処する研究」のことを話しており[117]、さらに翌年一月にも新任の若槻首相に「政変の際御諮詢方法に関する重大問題の事」を告げている[118]。また九月には河井弥八内大臣秘書官長に「政変の場合、組閣者推薦の方法」を調査するよう命じ、河井は東京大学の小野塚喜平次教授を訪問して、「政変の場合に於ける後継内閣推薦者に関する件」につき指導を仰いでいる[119]。他にも、二五年九月に枢密院議長浜尾新が事故で急死し、その後任人事が問題となった時も、牧野は「政変抔の場合に処し、昇任〔穂積副議長の昇任〕（永井）

よりも清子――種々非難はあるも――の方、閲歴、経験、声望等におゐて勝るとの見地」から、清浦奎吾の議長復活を主張した[120]。これは、枢密院議長が清浦であれば後継首班奏薦に関与する可能性もありうると牧野が考えていたことを示すものである。これらのことから、牧野にとってたしかに「御下問範囲拡張問題」は「常に念頭を離れざる事柄」であり、「自分も比較〔的〕満〔万〕全なる気附あらば参考の為め提供し度」と考えて、それなりの模索をしていたことが納得されよう。第三節で紹介した二つの内大臣府官制改正案は、あるいはこの時期のものだったのかもしれない。ただ、「今日迄自から信ずるところの良案を得ず、打過ぎたる」に、事前の相談もなしに西園寺から確定案が奏上されてしまったのである。

牧野の真意がどうであれ、西園寺のこの一九二六年一〇月の上奏を牧野が事後承諾した（あるいはせざるをえなかった）ことにより、西園寺健在の間は「一人元老制」と「元老・内大臣協議方式」でいき、西園寺死後は内大臣が後継首班奏薦の任にあたる（その場合、内大臣が必要と認めれば、天皇の承諾を得てしかるべき人物を協議に加えることができる）との合意が西園寺＝牧野体制においても確認されたのであった。これにより元老は西園寺一人とし、その後は自然消滅に任せるとの決定がほぼ確定したと言ってよい。山本を元老に、との牧野や薩摩系の望みもここで断たれたのであった。

なお、この一九二六年一〇月に行われた後継首班奏薦方式に関する西園寺の奏上をどう評価すればよいか、伊藤之雄が私の旧稿の見解を批判しているので、ここで反論しておきたい。先述したように、伊藤は、平田内大臣時代に西園寺と平田が「政変の場合は元老と内大臣が御下問に奉答する」ことを摂政に上奏したという西園寺の言を事実ではないと解釈しているので、後継首班選考の下問を元老だけでなく、内大臣も受けることになったのは、この一九二六年一〇月上奏によってであると主張するのである。私の旧稿は「内大臣にも元老と同様に後継首相推薦の下問があるようにするという、西園寺の提言の新しさを見落とし、「現行の『元老・内大臣協議方式』

を再確認したまでといえる」と評価している」と批判されている。[121] しかし、すでに証明したように、西園寺は一九二四年秋に（注83参照）、摂政に「政変の場合は元老と内大臣が御下問に奉答する」と一度奏上しているのだから、一九二六年一〇月になってはじめて「内大臣にも元老と同様に後継首相推薦の下問があるようにする」と提言したわけではない。見落としようにも、そもそもそこには新しさがないのだから、「現行の『元老・内大臣協議方式』を再確認したまでといえる」としたにすぎない。

伊藤は、この一九二六年一〇月上奏により、次のような後継首班選定の手続きが固まったとしている。[122]（1）内大臣がまず政変後の善後処置について下問を受ける、（2）内大臣は元老に下問するよう奉答する、（3）元老は奉答の前に内大臣と後継首班の人選について、打ち合わせするか、勅使を介して内大臣の意志を知って一致を確認した後、元老が奉答する、（4）その後、天皇からとくに内大臣にも後継首班の人選について下問がなされる、（5）元老と内大臣の人選についての相談には、宮相・侍従長も加わることがある。（1）と（2）は第二次山本内閣以来慣例となっており、この二六年一〇月上奏のあとの田中義一奏薦以降、さらに（3）から（4）が加わって新しい慣行となり、それが齋藤内閣の成立まで続くと伊藤は主張する。

（1）から（4）は私が「公式の元老・内大臣協議方式」と呼んでいるものの具体的な手続きにほかならない。これが何時から慣行として成立したのかをめぐり、私と伊藤では説がわかれる。私は第一次加藤高明奏薦以来この慣行が続いたと考えるのだが、伊藤は一九二六年一〇月以降（実例としては田中奏薦以降）だと言うのである。しかし、私の説の方が正しいのは、先ほども述べたとおり、第二次加藤高明内閣（一九二五年八月）と第一次若槻内閣（一九二六年一月）のいずれの場合も、西園寺は牧野と協議してお互いの意見を一致させた上で摂政に奉答し（3）、それを受けた摂政はあらためて牧野の意見を確かめ（4）、その後に台命を降下する手続きがとられたことを記している『牧野日記』の記述から、明らかであろう。一九二六年一〇月上奏の新しさは、「今後政変等の場合には内大臣にも御下問」の部分にあるのではなくて、「西園寺なき後ちは内大臣へ主として御下問、若し同人に於て参考の為め相談、意見を求め度場合には勅許を願ひ目的の人へ協議致す事と仕度」という部分にあるのである。

『牧野日記』を克明に読んでいるはずの伊藤がなぜこんな初歩的とも言えるミスを犯したのか、私にはよく理解できないが、私の旧稿では「非公式の元老・内大臣協議方式」と「公式の元老・内大臣協議方式」の区分を明示せず、元老奉答後の摂政による内大臣への下問がはじまった第一次加藤高明奏薦以前と以後を一緒くたにして「元老・内大臣協議方式」と呼び続けていたので、「元老・内大臣協議方式」なる用語には、内大臣への下問の手順（4）を排除するとの意味が含まれているとの誤解、あるいは永井は内大臣にも後継首班人選の下問がなされることになった変化の重要性を看過しているとの誤解をまねき、それが右のような主張を生み出す原因のひとつになったのかもしれない。本章ではそのような誤解を避けるためにも、第一次加藤高明奏薦より前の第二次山本奏薦と清浦奏薦の手続きを「非公式の元老・内大臣協議方式」、第一次加藤高明奏薦以降のそれを「（公式の）元老・内大臣協議方式」とよんで区別し、旧稿の見解を修正することにした次第である。

西園寺が牧野に「実に重大なる事」を語ってから二ヶ月たって、大正天皇の長い療養生活に終止符が打たれた。西園寺は天皇危篤の報を聞くと、一二月一五日に興津を出発して逗子小坪の幣原喜重郎外相の別荘に移り、大正天皇の死までそこにとどまった。一二月一九日からはほぼ連日葉山御用邸に詰めて、気遣いながら病状の推移を見守り続けたが、二五日午前一時二五分ついに大正天皇は息をひきとり、四八年の生涯に終止符をうった。西園寺は翌二六日御用邸付属邸において大正天皇の遺骸に永訣したあと、幣原別荘に戻り、喪に服した。

葉山で践祚の儀式をすませた新天皇は一二月二八日東京で朝見式を行い、そのあと「御学問所に於て侍従長侍立の上、閑院宮殿下、西園寺公爵及若槻総理大臣に勅語を賜」[123]った。西園寺は参列の予定であったが、「朝来寒気甚だしく所労の為め不参」[124]、勅語は侍従長が代理として受け取った。この「至尊匡輔の勅語」がどのような手続きを経て出されたのかは明らかでないが、牧野の日記に、一二月一五日に摂政に拝謁した牧野が万一の場合の覚悟を促し、天皇位につく心の準備を求めた時、あわせて、「重要文案の事に付言上」したとあるのは、元老への勅語についての言及であるとみなせよう。また、一二月二四日大正天皇の死の直前に葉山御用邸で催された元老、内大臣、総理大臣、宮内大臣の四者会議でも、このことが話されたものと推測される。[125]かかる勅語の案文を用意するのが内大臣の職責だったことを思えば[126]、今まで長々しく述べてきた経緯からして、元老として勅語を与えられたのが西園寺一人にとどまったのは、当然のなりゆきだったと言わねばなるまい。

西園寺が「最後の元老」となったのは、昭和天皇が即位にあたって彼一人のみを元老に指名したからだが、それは結局西園寺自身が元老の再生産を希望せず、自分が健在の間は「一人元老制」でいく決心をし、内大臣牧野がそれに同意したためであった。その意味では、西園寺自身が「最後の元老」たることを望んだのだと言えよう。西園寺がそう考えたのは、後で詳しく検討するように、ひとつには政党内閣制の定着により元老の奏薦機能は年々形式化し、たとえ元老が消滅しても内大臣がその機能を引き受けるならば大きな問題は生じないと判断したためだと推測される。また憲法上の正当性からしても、天皇の特別の信任に由来する特権的な元老よりも、皇室令によって「常侍輔弼」の職務を定められた内大臣が天皇補佐の機能を担うのが正道だとの認識に立っていたことも考慮されるべきであろう。しかしそれ以外にも、元老の後継者として西園寺の眼鏡にかない、かつ衆人を納得させるに足る候補者のいなかったことも理由として考えられる。とくに下馬評にあがっていた山本権兵衛や清浦奎吾の元老化、準元老化に西園寺が終始一貫して反対だったことが大きい。

六、牧野の枢密院改造論と一九二六年一〇月上奏の増補

松方死後の西園寺＝平田合意で方向が定まり、一九二六年一〇月の西園寺の上奏を経て、その年末の昭和天皇の即位により確定した方針、すなわち西園寺健在の間は「一人元老制」と「元老・内大臣協議方式」をとり、その死後は元老を再生産することなく、内大臣が元老の奏薦機能を継承する（必要とあらば「内大臣・重臣協議方式」を採用する）との決定は、「政党政治」の時代を通じて忠実に維持され続けた。その後の田中、浜口、第二次若槻、犬養の各内閣いずれも、ほぼこの方式にしたがって後継首班奏薦の手続きがとられた[127]。それが破られるのは、五・一五事件後の斉藤内閣成立時をまたねばならない。その時はじめて、昭和天皇の許しを得て、元老の参考に資するため、枢密院議長（倉富勇三郎）や総理大臣経験者（山本、清浦、高橋、若槻）、陸海軍長老（東郷、上原両元帥）の意見を聴取するとの形で、「御下問範囲拡張」が実現したのである。加藤友三郎の奏薦以来約一〇年ぶりであった。西園寺にそうするよう勧めたのは牧野内大臣で、近衛文麿に託して「今日は非常の場合なれば奉答に付ては努めて慎重の手続を取られ度、其手段として元帥、重臣等の意見も徴せられ度[128]」と、興津から上京する西園寺に伝えさせたのである。

それでは五・一五事件までの数年間は、後継首班奏薦方式に関して何らの動きもなかったかと言えば、そうではない。少なくとも次の二件には言及の必要がある。第一は、一九三〇年から翌年にかけ牧野が西園寺に提起した枢密院改造問題、第二は、一九三〇年の西園寺大患後に、西園寺死後のことを心配した昭和天皇の下問に答えてなされた一九二六年一〇月上奏の増補である。

一九三〇年一月二〇日、興津の西園寺を訪問した牧野は、「政変の場合枢府議長〔倉富勇三郎〕も奉答者の一人として相当なるに付ては、其人選の際此点を考慮に入れる事望まし」[129]と、暗に倉富枢密院議長の更迭を要請した。翌日牧野が岡部内大臣秘書官長に告げたところでは、牧野はこの時「現倉富議長は（中略）、法律的頭脳の持主に過ぎず、枢密院が恰かも第二の法制局の如くになり、議長の貫目軽く、伊東巳代治其他の専横振は甚た苦々しきことなり。就ては政府が総選挙後相当有力のものともならば先づ議長更迭を試みたく、後任には前述の如き重大なる問題〔後継首班の奏薦問題〕（永井）につき相談に応じ得る様な人物を選任したく、其人選も容易ならざれども倉富より適当なる人物を得るは必ずしも困難には非ざるべし」[130]と語ったという。内大臣が現任枢密院議長の更迭を求めて、元老に相談するなどというのは穏やかでないが、その理由として政変の際に天皇の下問にあずかる可能性をあげているのは、五年前に清浦の枢密院議長復活を主張した時と同じである。「一人元老制」と「元老・内大臣協議方式」が固まったあとも、牧野は、大物の枢密院議長を後継首班候補選定の協議に加える考えをまったく捨て去ってしまったのではなかった。

牧野が倉富更迭論を持ち出したのは、枢密顧問官久保田譲の枢密院改造論に触発されたためである。久保田は前年九月に、顧問官の人数を減らし、西園寺、清浦、山本権兵衛などの元老、準元老を枢密院に入れること、どうしてもそれができぬなら、それに次ぐ人物（高橋是清、犬養毅、元田肇、山本達雄、武富時敏など）を顧問官に任じ、あわせて枢密院への諮詢事項を大幅に整理し、真に重大な問題に限ること、この二点を骨子とする改革論を倉富議長に提案していた[131]。西園寺死後は内大臣として後継首班奏薦に全責任を負わねばならぬ立場の牧野とすれば、準元老級（とくに山本）の起用による枢密院の陣容強化には大いに共感するところあったにちがいない。彼らに責任を分担させれば、その分牧野の負担も軽減されるからである。実際牧野は岡部に、西園寺の上奏によって元老なきあとは内大臣が御下問に答え、その際必要と認むれば、勅許を得て然るべき人物に協議することに決まったが、「自分は非常に其責の大なるを痛感する次第なるが、制度としては此外なかるべく、只其際相談する人は適宜定むるとするも、陛下の諮詢機関なる枢府議長の如きは是非協議して然るべき人と考へらる」[132]と、倉富更迭＝枢密院改造論の背景に元老死後の後継首班奏薦問題がからんでいることを打ち明けていた。

西園寺に明言はしなかったが、心中牧野が倉富の後任に擬していたのは山本とみてまちがいなかろう。「余の視るところにては、今は西園寺、山本の公伯を除きては群を抜く公人なし」[133]とまで山本を評価していた牧野にしてみれば、西園寺亡きあと天皇の顧問格に据え、自分の協力者たらしめようと考えるのは自然である。それが実現すれば、山本は後継首班奏薦権を有する枢密院議長となるわけだから、実質的には元老に等しい。牧野の枢密院改造論は、山県死後断続的に繰り返されてきた山本元老化運動の一変種という性格を有していた[134]。

牧野は「公爵の賛成、援助を求めたるに、大体同意の返事あり」と日記に記しているが、もとより額面どおりには受け取れない。西園寺は「総選挙の結果内閣の位置安定せば、其時に到り重ねて熟談したし」[135]と述べたのであり、さらに後日牧野に書簡を送って、「其節御内談の枢府云々御下問云々の件（中略）、弥御着手の機にもいたり候時は今一応拝眉の上親しく御相談に預り度候。其事頗る重大なる上にあらかじめ考慮すべき点多々有之様存じ候[136]」と念をおし、慎重な姿勢を崩さなかった。

枢密院改造論議は、そのあと西園寺が大患にかかり、さらにロンドン海軍軍縮条約問題が重なったため、中断を余儀なくされるが（もっとも、軍縮問題で枢密院に対する対決姿勢を崩さなかった浜口首相は、最後の手段として倉富議長、平沼副議長の更迭をも辞さぬ覚悟であったから、場合によっては三〇年九月に牧野の望む枢密院改造が実現したかもしれぬ）、翌三一年七月になって再燃した。平沼枢密院副議長を中心に枢密院側でも久保田案をもとに改革構想が煮詰まりつつある、との情報をつかんだ牧野が再度動き出したからである[137]。その要点は、山本権兵衛、清浦、高橋、山本達雄らを準元老として枢府入りさせるところにあった。牧野は枢密院改革の機は熟したとみて、西園寺に枢密院の内情とその改造案を説明し、若槻首相に働きかけるよう依頼した[138]。

西園寺がそれを引き受けたので、牧野はまたもや西園寺も改造に同意したと解したのだが、それが早計であったことを思い知らされる。木戸幸一内大臣秘書官長から「重臣即ち清浦伯、山本伯、山本達雄、高橋是清、斉藤実といつたやうな人達を枢密院に入れるといふことは、即ち公爵の持論と反対の現象を来たすことであつて、公爵が賛成される道理がない[139]」と、西園寺側近の原田熊雄や近衛が言っていると告げられ、牧野は非常に驚くのである。おそらく西園寺は、牧野には遠慮して面と向かって反対の意向を示さなかったのだろうが、西園寺の本音を知る原田が気を利かせて木戸に西園寺の意向を伝えさせたのだと思われる。

元老も積極的賛成だと誤解して、若槻首相に牧野が圧力をかけているとの噂を聞いた西園寺はこのまま放置できないと思ったのか、木戸を呼んで、牧野が直接若槻に枢密院改造を提議したとの噂があるが、それはほんとうかと質した。木戸がその事実を否定すると、「此事は主として政府の責任に於て為すべき事柄なれば、こちらより余りせかざる様にしたく、且つ万一実現せむとする場合には一体誰を議長とするや、又五人が皆吾々の希望の通りの考へなりや等も篤と考へざれば、時に或は国家憲政の将来にわざわいを残すことなきにあらざれば、充分慎重に考慮せざるべからず[140]」と、事実上の反対論を述べ、木戸はそれを牧野に伝えた。その後八月一九日の西園寺・牧野会見で、牧野が西園寺に、この問題は重要なのでできるかぎり慎重な態度で取り扱い、もっぱら西園寺とのみ相談し、直接内閣に交渉するようなことは今までもなかったし、これからもしないと約束して一応の決着がつくのだが[141]、踵を接して満州事変が起こったためもあって、結局牧野の山本起用構想は西園寺の消極論の前に、今回もまたはぐらかされてしまうのである。

西園寺が準元老級の入府による枢密院の強化に慎重であったのは、一つには、枢密院はできるかぎり弱体であるほうが好ましいとの考えに由来すると思われるが、他にも、やはり「御下問範囲拡張」に反対だったことがあげられよう。自分の死後を心配してのこととはいえ（まだまだ元気なつもりの西園寺としてみれば、自分死後のことに牧野が妙に熱心なのは、人情としてあまりいい気持ちがしなかったのではないだろうか）、枢密院に準元老級人物を網羅し、元老死後の後継首班奏薦にそなえるということになれば、その次には西園寺在世中にも彼らを協議に加えるべしとの議論が出てくるのは見やすい道理だからである。

次に西園寺の上奏の増補に転じると、一九三〇年の三月末に西園寺は風邪をこじらせて肺炎に罹り、一時はもはや絶望かと伝えられた。幸いにしてことなきをえたが、西園寺危篤の報を聞いた昭和天皇は、その死後のことに思いを馳せ、元老亡き後は内大臣が後継首班を奏薦することになるが、万一内大臣が欠員の場合にはいったい誰に下問すればよいか、西園寺に尋ねるよう鈴木貫太郎侍従長に命じた(142)。元老死後の後継首班決定の方法について、西園寺の上奏では不明な点を昭和天皇があらたに下問したわけである。もっとも下問のことを西園寺が聞いたのは、その健康が回復した八月に入ってからで、興津を訪問した内大臣の牧野から伝えられた。西園寺は「極めて重大の事なれば十分考慮すべく、今秋出京の折相談の上奉答したし(143)」と述べて、即答を避けた。

しかし、西園寺の健康状態はその年秋の上京を許さなかったので、西園寺は鈴木侍従長を興津によんで、回答の執奏を依頼した。その内容は「御下問の如き場合には宮内大臣へ御下問願上度、内大臣人選の事に付ても同様に考慮致す」というものであり、さらに「西園寺が元気に致し居る間は御思召しに依り御下問を拝する事あらば謹んで奉答仕る事は勿論の事なり(144)」と申し添えた。つまり、西園寺健在の間は現行どおり「元老・内大臣協議方式」でいき、その死後は内大臣が後継首班奏薦の任にあたるが、内大臣も欠けていない場合には宮内大臣がその役目を引き受けるべしとの増補を付し、さらにその場合には内大臣の後継人事も宮内大臣が取り扱うとの付則を追加したのである。ここでも西園寺は、内大臣欠員の場合は枢密院議長に御下問されるべしとは答えなかった。この回答にあたり、ロンドン海軍軍縮条約をめぐる枢密院の動向が西園寺の念頭にあったのだと思われるが、牧野の枢密院改造論もまったく考慮の外に置かれたわけではなかろう。

なお、この問題については、翌三一年の五月西園寺が二年ぶりに昭和天皇に拝謁した際に再度話題にのぼったらしく、拝謁後昭和天皇は鈴木侍従長に「内大臣欠員の場合は宮内大臣之を兼任し、徐ろに其後任者を銓考〔衡〕する事とすべし、此事は記録に書し置くべし[145]」と命じている。おそらく宮内大臣がそのままの資格で後継首班を奏薦したのでは、宮中と府中の別を紊すとの非難を生みかねないので、宮内大臣が臨時に内大臣を兼任して内大臣の資格で天皇の下問に答えるのがよいと西園寺が進言し、このような修正がほどこされたのであろう。これにより、元老消滅後は内大臣がその機能を継承するとの既定方針はさらに首尾一貫したものとなった。

七、「元老・内大臣協議」から「元老・内大臣・重臣協議」へ

右にみたように、西園寺は「御下問範囲拡張」に終始反対であり、平田との合意でレールを敷いた「一人元老制」と「元老・内大臣協議方式」に強く固執しつづけた。それゆえ、いかに非常事態とはいえ、五・一五事件後に重臣との協議を余儀なくされたのは、西園寺としてははなはだ不本意だったにちがいない。いずれにせよ、西園寺としては今回の措置を一回限りの特例として、次の政変時にはもとの「元老・内大臣協議方式」に復帰するのか、それともこれを先例にして奏薦方式を変更するのか、早晩牧野との間で協議・決定しなければならぬ立場に立たされたのである。

先に話を切り出したのは西園寺の方であった。五・一五事件から三ヶ月ほど後の八月一二日、一木宮相の進退問題を相談に御殿場に来た牧野に、西園寺は「政変の場合には此前御注意もあり、三、四の人々に総〔相〕談し

たる端緒に随ひ、内大臣主裁して旨を奉じ談合の上奉答相成る様に今後は御運びの程を希望す(146)」と述べた。後日牧野が木戸に告げたところでは、西園寺は奏薦方式の変更にとどまらず、「元老の御優遇も高齢病弱なれば御辞退し度しとの意(147)」を洩らしもした。

西園寺の意は明らかで、今後後継首班の奏薦にあたっては、元老を除外し、内大臣が主宰する重臣の会議（「(元老ぬきの) 内大臣・重臣協議方式」）によることとし、自分は元老をやめたいと、打ち明けたのである。好意的に解釈すれば、今後予想される難局を前にして、自らの耄碌ぶりと無力さを痛感した西園寺が、もはや天皇の信任に応えられぬと、いさぎよく身を引く覚悟を固め、元老引退後の処置について内大臣に提言したということになるが、もちろん事はそれほど単純でない。

何度も繰り返すが、西園寺は自分が健在の間は「元老・内大臣協議方式」を堅持するつもりだったのであり、「御下問範囲拡張」には終始否定的であった。牧野の忠告にしたがい、心ならずも重臣との協議を採用したが、この状態が常例となり、自分が施いた「元老・内大臣協議方式」の維持・継続が無理ならば、いっそ元老をやめたほうがよいと考えていたのではないだろうか。あるいは、後継首班候補を天皇に推薦するにあたって、自分一個の判断にまかされずに、気心の知れぬ何人もの重臣の意見を聞かねばならぬようでは、元老の存在意義はないと思ったのかもしれぬ。もっとも、西園寺の真意が元老の辞退に重点を置くものだったのか、それとも今回の奏薦方式が慣例となることへの反対を主にしていたのか、にわかには判断しがたい。いずれにせよ、牧野に話を切り出した時点では、西園寺にとり選択肢は二つであり、従来通りの「元老・内大臣協議方式」か、そうでなければ「(元老ぬきの) 内大臣・重臣協議方式」のいずれかであった。

ところが、牧野の命を受け木戸内大臣秘書官長が作成した内大臣府案は、左のように、元老が主宰して内大臣以下の重臣と協議する「元老・内大臣・重臣協議方式」をその内容とし、斉藤奏薦時にとられた方式を明文化したものだったから、西園寺の考えとは大きく食い違っていた。

爾今内閣総辞職願出ノ場合次ノ内閣組織者御下命ノ手続ハ左記ニヨリ之ヲ処理スルコト

記

一、内閣総理大臣総辞職ヲ願出タル場合内大臣ハ　陛下ノ御下問ニ対シ元老ニ御下問相成度旨ヲ奉答ス
一、元老ヲ召サレ御下問アラセラル
一、元老ハ他ノ重臣ト共ニ協議シテ奉答致度旨ヲ奉答ス
一、重臣ヲ召サレ元老ト共ニ協議スベキ旨御言葉ヲ賜フ
一、宮殿内ニ於テ協議ヲ行フ
一、右協議ニハ勅命ニヨリ内大臣参加ス
一、協議ノ結果ハ元老ヨリ奉答ス

備考

一、重臣ノ範囲ハ枢密院議長、内閣総理大臣タル前官ノ礼遇ヲ賜ハリタル者トス、但シ特ニ必要アリト認ムルトキハ内大臣ノ奏請ニ依リ特別ノ決定ヲ為スコトアルベシ(148)

このような案になったのは、「元老を除外する事の不可能(149)」を主張する牧野の意向によるが、このような形の「御下問範囲拡張」に牧野がもともと違和感をもっていなかったのは、すでに見てきたとおりである。

三二年の一二月一五日、木戸は右の内大臣府案をもって西園寺をたずね、意見を求めた(150)。西園寺の意に反して元老を除外しなかった理由として、木戸は、西園寺が生存中には元老の廃止は困難であり、また元老を除外して内大臣が奉答主体となれば内大臣の地位が極めて重要となる結果、かえってその地位が動揺するおそれがあるこ

とを指摘した。しかし西園寺の考えは変わらず、「自分は最早頽齢で身体も弱るし責任もとれず、始終政治に注意し居るのも苦痛だから、元老を拝辞したいと思って居る」と、重ねて元老辞退の希望を述べた。木戸は、軍人が幅をきかしはじめ、政治家が極めて低調な態度に終始している今日の時勢において「政治は真に元老の双肩にかゝれる様に思ひます」と述べ、昭和天皇も決して西園寺の引退を認めようとはしないだろうと、翻意を求めたが、結局この日は結論の出ぬままに終わった。

翌三三年一月七日に再度木戸は西園寺をたずね、この問題に決着をつけた。結論から言えば、西園寺は元老辞退を思いとどまり、また奏薦方式についても内大臣府案を承諾したのである。ただし、西園寺の希望を容れて原案に修正が加えられた。右の引用史料の前文に「当分ノ内」という字句を加え、さらに第三項に「元老其ノ必要ヲ認メタルトキハ」を挿入したのである。(151) つまり西園寺は内大臣府の「元老・内大臣・重臣協議方式」を承認したが、それは「当分ノ内」の暫定的措置としてであり、かつ重臣との協議をするしないの選択権を西園寺が留保する旨明記されたからであった。西園寺がその必要なしとすれば、重臣との協議ぬきで従来の「元老・内大臣協議方式」に復帰できる余地が残されていた。この変更を条件に、西園寺は「元老・内大臣・重臣協議方式」の採用を容認したのだった。

妥協案にはさらに鈴木侍従長による修正が加えられ、最終的に一月二七日に元老、内大臣の間で合意が成立した。(152) それは二月二八日鈴木侍従長から昭和天皇に内奏され、その承諾を得て確定する。平田内大臣時代にはじまった「元老・内大臣協議方式」は廃棄され、「元老・内大臣・重臣協議方式」へと移行したのであった。「御下問範囲拡張」が制度化されたと言ってよいだろう。

次の岡田内閣の成立の際には、この方式にのっとり後継首班奏薦が行われた。面白いことに、いざ実行に移す段になって、原案作成者たる内大臣府側はその忠実な履行に消極的な態度をみせ、逆に西園寺のほうが重臣会議の招集を強く主張するといった逆転現象が見られた。

斉藤内閣総辞職の時点で、「枢密院議長、内閣総理大臣タル前官ノ礼遇ヲ賜ハリタル者」との規定に該当しそうな人物は、一木（枢密院議長）、高橋、清浦、若槻、斉藤の五人であった。山本権兵衛は前年一二月に他界しており、五月初めに倉富が辞職して代わりに一木の起用となった。よく知られているように、副議長平沼の昇進を抑えて、一木が返り咲いたのは西園寺の強い推挙による。ところが、次の政変では新方式によって後継首班の選定を行いたいとの西園寺の意向を伝えられた牧野は、現内閣の閣員たる斉藤、高橋の参加は好ましくなく、また政党総裁の若槻も協議に加わるには不適だとして、一木、清浦だけの重臣会議を主張した。木戸が原田に語ったところでは、牧野は清浦を「准元老」にするつもりで「二押も三押もしてみたい」考えであった[153]。それではあまりにも清浦の地位が高くなりすぎて、西園寺は賛成しないとみた木戸は、首相経験者を一人もまじえずに元老、内大臣、枢密院議長のみで協議するべしと主張し、結局それが内大臣府案となった[154]。

木戸から牧野案と木戸案の両方を聞かされた西園寺は、「清浦一人を準元老みたいにして参加させることは、害あつて寧ろ益のないことである」と牧野案に反対し、さらに「やはり前に奏請した通り前総理全部を召されて、陛下から『元老の御下問奉答を援けろ』と御言葉を賜はるのがよい」と木戸案も退けた[155]。その理由を西園寺は、「たゞ僅かに内大臣とか、枢密院議長とか元老とかの限られた少数の者で相談して、元老が御下問に奉答するといふことは、頗る専制的で危険なことに思はれる[156]」と原田に語ったが、あれほど「御下問範囲拡張」に否定的であった西園寺の言葉とはとても思えない。五・一五事件までその「頗る専制的で危険なこと」をやって来たのは外ならぬ西園寺その人であった。

西園寺の言葉が嘘でなければ、おそらくこういうことを言いたかったのだと思われる。政党政治時代は「憲政の常道」にしたがって後継首班を推薦したので、「元老・内大臣協議方式」をとっていても、間接的に首相人事に世論を反映することができた。しかし、そのルールが破綻した後、元老・内大臣・枢密院議長だけで後継首班を推薦したのでは、天皇は民心のあるところを見定めて総理大臣を選任するとのたてまえが信頼されなくなるおそれがある。首相の人事が天皇とその側近の恣意に左右されるとなれば、「その反動として軍人と国民とが一緒になり、その結果、皇室を怨むといふやうなことが出来」かねない。それを防止するためにも、政党の総裁を含む首相経験者全員の意見を聞くべきである、[157]と。

もっとも、西園寺が首相経験者の全員参加を強く主張したのには、右に述べた以外にも理由があった。西園寺が次期政変では昨年定めた新方式でいきたいとの意向を原田に示したのは一九三四年五月二五日だが、その話をする前に原田から斉藤首相の、自分の後継候補としては岡田啓介がもっとも適当と思うとの伝言を聞いている。原田は、斉藤内閣の延長内閣を組織させるため、密かに岡田擁立工作を進めており、準備が整ったことをこの日に西園寺に報告したのである。[158]二度海軍大臣を務めたとはいえ、岡田は首相候補としては予想外の人物であり、西園寺としても冒険だったにちがいない。それゆえ、元老の一存ではなくて、広く重臣の意見も聞いた上で推薦したとの形をとりたかったのだと思われる。また、重臣会議を自分の思う方向にリードするには、岡田の後援者である斉藤や高橋の出席が望ましいわけで、事実、実際に開かれた重臣会議の席上で岡田後継案の口火を切ったのは西園寺ではなくて、斉藤だった。[159]西園寺が牧野の反対を抑えて重臣会議の招集を強く主張したのは、西園寺の考える政権構想、すなわち陸軍が推す平沼や加藤寛治の組閣をおさえ、岡田に斉藤内閣の延長内閣を組織させるため必要だったからであろう。

重臣会議方式は、この岡田内閣の時に一度行われただけで、その後の広田内閣、宇垣流産内閣、林内閣のいずれにおいても招集されなかった。ただし、重臣の関与がまったくなかったわけではない。広田内閣の時には斉藤内大臣が暗殺されたため、一木枢密院議長がその役目を代行し、[160]西園寺は一木と湯浅倉平宮内大臣を相談相手とし、初めは近衛を、近衛の辞退後広田を推薦した。その次の宇垣奏薦にあたっては、興津の西園寺のもとへ協議におもむく前に、湯浅内大臣が平沼枢密院議長の意見を聞いている。宇垣が大命拝辞した後は西園寺と湯浅の再協議により「第一候補平沼、第二候補林」に決定した(160)。重臣会議は開かれなかったが、枢密院議長の関与がみられるので「元老・内大臣協議方式」に完全に復帰したとも言い難い。

宇垣内閣の流産と林内閣の成立を見た西園寺は今度は本気で元老辞退を考える。「もはやそれは手段ではなく本心であった(162)」。湯浅や木戸の強い反対で西園寺は元老辞退を思いとどまるが、そのかわりに西園寺の意向をくんで、新しい後継首班奏薦手続きが決定された(163)（一九三七年四月）。それは内大臣が元老にかわって下問を受け、奉答主体となるが、ただし元老との協議を必須要件とするというものであった。また、重臣との協議を必要とするかどうかの選択も内大臣の判断に委ねられた。すなわちこの改定により、元老と内大臣の地位が入れ替わり、「元老・内大臣・重臣協議方式」から「内大臣・元老協議方式」ないし「内大臣・元老・重臣協議方式」へと移行したのである。西園寺は元老の地位にとどまったが、彼自身の本来の考えからすれば、もはや一〇〇パーセントの元老とは言えず、半元老とでも言うべき存在となった。さらに西園寺にとり最後の政変となる第二次近衛内閣の成立の際には、老齢を理由に後継首班候補の推薦を辞退した(164)。その死に先立って、西園寺は元老たることを自ら放棄したのである。これ以降、後継首班奏薦手続きは「内大臣・重臣協議方式」へと移行する。元老制度の終焉にほかならない。

おわりに

一九二四年七月の松方の死（厳密にはその前月の加藤高明の後継首班奏薦）から五・一五事件で犬養内閣が倒れるまでは、「一人元老制」のもとで「（公式の）元老・内大臣協議方式」がとられていた。日清戦争後にはじまり西園寺の死によって幕を閉じる元老制度の歴史をふりかえってみると、このような時期はそれ以前にも、それ以後にも見いだせないことがわかる。

松方の死までは、明治・大正を通じて「複数元老制」が維持された。後継首班奏薦方式は、明治天皇が健在の間はもっぱら「元老協議方式」がとられた。誰に何を聞けばよいのかよく弁えていた明治天皇は、侍従長が兼任する内大臣に後継首班候補のことを下問するなど、考えもしなかったにちがいない。大正天皇の治世になって、元老の協議に内大臣も参加するようになる。しかし、桂太郎をのぞけば大山巌、松方いずれも元老が内大臣になったのであり、内大臣として協議に参加したのか、元老として参加したのか判別は不可能である。すなわち平田が内大臣に就任するまでは、形式的には「元老・内大臣協議方式」だが、実質的にはそれ以前の「元老協議方式」の延長線上にあった。「元老・内大臣協議方式」がそうでなくなるのは、平田内大臣の時代からである。

五・一五事件後は、本文で述べたとおり、西園寺の死までは「一人元老制」が維持されるが、奏薦方式は「元老・内大臣・重臣協議方式」に変化し、さらに「内大臣・元老・重臣協議方式」へと移行する。つまり、「一人元老制」と「元老・内大臣協議方式」の組み合わせは右にあげた時期に固有の制度だったのである。

言うまでもなく、この期間は「政党政治の時代」「政党内閣期」と呼ばれる時期とぴったり重なっている。言い換えれば、「政党政治の時代」は元老制度のあり方から言えば、「一人元老制」のもとで「元老・内大臣協議方式」がとられた時代だと規定できるわけである。問題は、この一致が単なる偶然の産物なのか、それとも両者の間には何らかの必然性があるのか、そのいずれであるのかだが、それを考える手がかりになるのが、「はじめに」で言及した吉野作造の「西園寺公の元老無用論」である。

吉野は、西園寺が自分の後継者に山本や清浦を推挙する意志もなく、さりとて元老にかわるべき天皇の最高諮問機関（内大臣、枢密院議長、宮内大臣、貴衆両院議長からなる）の設置にも乗り気でないのは、西園寺が「政党内閣主義」の立場に立っているからだと論じ、おおよそ次のような主張を展開した[165]。

政党内閣主義が慣行として定着すれば、政変の際には現在の首班に大命再降下となるか、あるいは野党第一党の総裁を次期首班候補に奏薦するか、いずれにせよ、候補者は有力政党の党首に限定されるのだから、現在元老が受け持っている後継首班奏薦機能は、たとえそれが維持されるとしても、自ずから形式的なものに落ち着かざるをえない。だとすれば、その役割を果たすのに、卓越した指南力や政治的閲歴、名声などが要求されることもない。内大臣一人に任せておいて十分であろう。元老による後継首班奏薦制度はこれを歴史的に回顧すれば、超然内閣擁護のための制度として発足したのだから、政党内閣主義へ移行すれば、その歴史的使命は果たし終えたとみるべきである。元老たる西園寺が元老制度をいまや自然消滅にまかせようとしているのは、彼が政党内閣主義を以て歴史の大勢とみなし、それは日本においても慣行として定着するに違いないし、また定着させなければならないとの展望を有しているからに相違ない。つまり、西園寺の「元老無用論」は彼の「政党内閣主義」を裏書するものである、と。

少なくとも五・一五事件までの西園寺は元老をやめるつもりは少しもなかったから、吉野が西園寺は「元老無用論」だというのはちょっとした「言葉の綾」であって、正しくは「元老自然消滅論」（＝「元老再生産否定論」）と言うべきであろう。しかし、「一人元老制」および「元老・内大臣協議方式」と「政党内閣制」の間に必然的な関係があることを、吉野の議論は明快に指摘している。「政党内閣制」が定着すれば、政権交代のルールが確立し、元老の後継首班奏薦機能は全く形式的なものとなるから、それを見越して、またそうなることを期待しつつ西園寺は元老を自然消滅にまかせ、内大臣にその機能を移行させる方向を定めたのである、そう考えるのがもっとも理に適っているように思われる。少なくとも、西園寺が元老再生産の道を選択しなかった前提には、「政党内閣制」が定着し、「憲政の常道」論が政権交代のルールとして確立されるであろうとの将来的な見通しがあったことは疑いをいれない。選挙で選ばれた議員に基盤をおく政党が政権を担当する制度は、西園寺の理想とする「立憲主義」すなわち「主権者たる天皇はどこまでも国民の気持ちを諒察され、その意のあるところを御心とされて政治を遊ばす[166]」に適うばかりか、「主権者たる天皇」(とその側近)も民意がどこにあるのか諒察するのに、苦労しなくてすむメリットがあったのである。

ところで、吉野の議論によれば「政党内閣主義」は必然的に「元老無用論」に帰着するから、「元老無用論」に立つ西園寺も当然に「政党内閣主義」にほかならぬという結論になるのだが、松本剛吉が日誌に書き留めた西園寺の言葉、たとえば「政党員や新聞記者抔には絶対極秘に付さねばならぬが、政変の場合は其時の事情に依り中間内閣でも可なり[167]」や「自分は二大政党論を他に語り、又政党の党首に非ざれば大命を拝すること六ヶしき様言ひ居るも、君だから御話するが、其時の模様にて中間内閣も已むを得ざることあるも計り難し[168]」などを知る後世の歴史家は、西園寺が世界の大勢として政党内閣制を望ましいとみていたのは確かだとしても、「まがう方なき政党内閣論者なることは明白である」とまで断言する吉野の評価には懐疑的であった。

たとえば伊藤隆は、「この時期の『松本剛吉政治日誌』による西園寺像はかなりこれとは異なっている[169]」と言い、これをうけた升味準之輔も「西園寺は、憲政常道を絶対的なものと考えていたであろうか。おそらくそうではない。彼は中間内閣の可能性をいつも忘れてはいなかった[170]」と述べるとともに、元老西園寺という絶対的な権威を介在させてはじめて「憲政の常道」がルール化されたのであると、「政党政治」のアイロニカルな現実を指摘し、「政党内閣主義」は必然的に元老を無用にするという吉野の前提そのものに疑いを投げかけた。

しかし、その後伊藤之雄により、この時期には元老や内大臣においても「憲政の常道」論が原則として受け入れられていたことを示す内大臣府の史料が紹介され、西園寺が松本に右のような言葉を洩らしたのは、松本に対するリップ・サービスかさもなければ野党の策動を牽制するためであって、「西園寺が平常時において官僚系内閣出現の可能性を本気で考えていたとは思われない」[171]との批判がなされた。私もまた、状況を考慮せずに西園寺が松本に語った言葉を過大に評価するのは慎むべきだと思う。

たしかに、西園寺は「中間内閣」の選択を自ら禁じるつもりはなかったという点で、一〇〇パーセント純粋な「政党内閣主義」ではないかもしれない。しかし、「政党政治期」に「一人元老制」と「元老・内大臣協議方式」にあれほど固執しつづけた西園寺の姿勢を見ると、吉野が指摘したように、「政党内閣制」の定着とともに後継首班奏薦機能そのものが形式化していくのは不可避であると、そう西園寺が認識していたと考えてまずまちがいない。升味が言うように、元老西園寺なる「人格化されたルール」の存在があってはじめて「政権互譲のルール」が守られ、まがりなりにも「憲政の常道」にのっとる「政党政治」が定着しえたのだとすれば、元老西園寺は「政党政治」の守護者であり、「政党政治」にマッチした元老にほかならぬということになろう[172]。吉野が言いたかったのも、そういうことであろう。そしてそれを可能にしたものこそ、すなわち誰の掣肘も受けずに「人格化されたルール」を適用するのを保障した制度が「一人元老制」と「元老・内大臣協議方式」なのである。その意味において、「政党政治期」は「一人元老制」と「元老・内大臣協議方式」の時代と規定できよう。

ただし、西園寺の「御下問範囲拡張」への反対は、いわゆる「政党政治」期に限られるものではなくて、本章で明らかにしたように、少なくとも一九二二年の山県の死の時までさかのぼることができる。また、第一次加藤高明の奏薦までの西園寺が中間内閣論に立っていたことは、まぎれもない事実であり、その時期の西園寺の政治路線が「情意投合」路線に立脚するもので、第一次加藤高明の奏薦も、その時点においては、西園寺にとってはなはだ「不本意」な選択であったことは、最近の村井の研究で克明にあとづけられている[173]。つまり、護憲三派内閣成立後の西園寺の「御下問範囲拡張」反対論（言い換えれば、「一人元老制」＋「元老・内大臣協議方式」）が「憲政常道論」と表裏一体であるとしても、それ以前の時期については両者は無関係である、と言わざるをえないのである。少なくとも加藤友三郎から第一次加藤高明の奏薦を決意するにいたるまでの西園寺の「御下問範囲拡張」反対は、「情意投合」路線と結合していたのであって、吉野作造が指摘したような「元老無用論」すなわち「政党内閣主義」といった連関は、そこにはまったく成立していない。

この点を注意しておかないと、「政党政治」期における「一人元老制」と「元老・内大臣協議方式」への固執の論理をそのままそれ以前の時期に延長して、同じように「御下問範囲拡張」反対を西園寺は唱えていたのだから、彼の「政党内閣主義」も同様にそれ以前（加藤友三郎から清浦内閣時代）にまでさかのぼらせることができる、と私が主張しているかのように誤解されるおそれがある。しかも、行論の流れから、西園寺がどのような論理でもってそれぞれの政変毎に後継首班の候補者を奏薦したのかを、いちいち確認する作業を省略してきたのだが、そのことも右のような誤解をまねく一因となっているかもしれない。しかし、そうではないのである。

西園寺の「御下問範囲拡張」反対の論理は、前後二つの時期に分けて理解すべきであろう。第一次加藤高明奏薦以降についてはすでに右に述べたとおりである。それ以前の時期、すなわち西園寺がまだ「情意投合」路線に依拠して、次々と中間内閣を奏薦していた時期にあっては、それとは別の論理に依拠していた。すでに指摘しておいたように、消極的には元老の後継者として西園寺の眼鏡にかない、かつ衆人を納得させるに足る候補者のいなかったことがその理由であり、積極的理由としては、下馬評にあがっていた山本権兵衛や清浦奎吾の元老化、準元老化に西園寺が終始一貫して反対だったことがあげられる。山本や清浦の準元老化に西園寺が反対したのは、彼らの政治的力量、識見、人格に信頼を寄せていなかったからであり（とくに山本は西園寺が与えたチャンスを生かすことができなかった）、薩摩系の宮中での勢力が圧倒的になるのを嫌ったこと、山本はシーメンス事件、清浦は下野銀行事件など金銭がらみのスキャンダルがあったこと、また短期的には清浦が憲政会寄りであったこと、などがさらに理由としてあげられる。これらの理由は「憲政常道論」とむすびつくものではなく、むしろそれに反するとさえ言えよう。だから、必ずしも西園寺の「御下問範囲拡張」反対論イコール「憲政常道論」ではないのである。

最後に、旧稿ではまったく問題にしなかったのだが、「一人元老制」と「元老・内大臣協議方式」が、後継首班奏薦方式としては、「首相指名方式」の否定にほかならないとの側面についてふれておきたい。

あたりまえのことだが、西園寺が「元老・内大臣協議方式」に固執したという事実は、直接的には牧野等の元老再生産論あるいは「元老・内大臣・重臣協議方式」に対抗し、それを否定しつづけたということにほかならぬが、見方を変えれば、イギリス式の「首相指名方式」をも否定しつづけたということでもある。西園寺が元老としてバックアップした政党内閣制の慣行は、たしかにイギリスの二大政党による政権相互担当制度とほぼ同等のものとみなしてよい。その意味では、日本でもイギリス型の議会主義的立憲君主制の可能なことが示されたと評価できよう。しかしながら、その「憲政の常道」は「元老・内大臣協議方式」によって支えられていたのである。

元老西園寺は、イギリス流の二大政党制による政党内閣制は輸入したが、同じイギリス式の「首相指名方式」は日本に定着不可能とみて輸入しなかった。そのことは、一九二六年一〇月上奏およびそれを増補した一九三〇年一二月の上奏で、彼が元老消滅後は内大臣（内大臣がいない場合は宮内大臣）が後継首班を奏薦すべしとしたことから明らかであろう。升味準之輔は「憲政の常道」が憲法外の存在である元老西園寺という個人によって支えられていたことをパラドクスだと指摘したが、同様にそれにならって言えば、イギリス流の二大政党制がイギリス式の「首相指名方式」の否定にほかならない「元老・内大臣協議方式」なる後継首班選定方式によって支えられていたというのも、ひとつのパラドクスである。もちろん、「憲政の常道」が憲法的慣行として確固たるものとなっておれば、後継首班の奏薦はまったく機械的な作業となるから、やめていく首相が指名しようが、元老・内大臣が指名しようが、結果は同じであり、両者にたいした差異はない、あったとしても、その差は「紙一重」に過ぎないと言えるかもしれない。しかし、この「紙一重」の差が大きい。

西園寺が「首相指名方式」を嫌ったのは、本章第二節で述べておいたように、天皇が立憲君主制のもとで大権君主として内閣および議会からの自立性を確保し維持するためには、後継首班の選定権を自己の手中に留保しておくことが、是非とも必要と考えていたからである。政党内閣制のもとで、後継首班の選定までをも「首相指名方式」にしてしまえば、天皇とは独立した存在である議会─政党─有権者の系列に実質的に総理大臣の指名権が移行してしまい、天皇はただ「虚器を擁する」だけになってしまう。それをおそれたのである。

「元老・内大臣協議方式」でも指名権の実質は天皇ではなくて元老、内大臣の手にあるのだから、同じことではないかとの反論が予想されるが、しかし、元老や内大臣は天皇が選んだ、最も信頼を寄せる重臣である。君主が自分の信頼する臣下の助言にしたがうのは、ある意味で当然のことであって、それは決して「虚器を擁する」ことにはならない。しかし、有権者の投票によってその地位が左右される政党政治家は、たとえそれが君主によって任命された総理大臣であっても、他方において君主の信任とは別の権威に由来する正当性に立脚してもいるわけだから、元老や内大臣とは同列に扱えない。だからこそ「首相指名方式」は「大権私議」だと観念されていたのである。この「紙一重」があるがゆえに、天皇がその国務に関わる大権行使の大半を、議会に基盤をおき、選挙の洗礼を受ける内閣総理大臣の手に実質的に委任したとしても、それでもなおかつ大権君主である実質を手放さないですむのである。

しかし、これを逆に言えば、天皇の大権君主性を、ぎりぎり「紙一重」の形式にまで縮小することによって、明治憲法を変更することなくして、日本においてもイギリス型の議会主義的立憲君主制を確立させようとしたのが、西園寺であり、「一人元老制」と「元老・内大臣協議方式」はそのために必須のカラクリであったと、肯定的に評価することもできる。その意味で、西園寺流の「一人元老制」と「元老・内大臣協議方式」に、美濃部達吉の天皇機関説や吉野作造の民本主義と同等の位置づけをあたえることもできよう。吉野作造の「西園寺公の元老無用論」を引き合いにだして、先ほど述べた本章の結論も、それに近い評価を与えたものと言える。ただ次の点については、留意しておかねばならない。

まず第一に、この「紙一重」の差があるかぎり、表面上はいかに類似した政党内閣制の慣行が成立していたとしても、明治憲法下の「政党政治」はイギリス型の議院内閣制とはあくまでも異なるという、平凡な事実である。第二に、これも同じことだが、本章第二節でも指摘しておいたように、明治憲法を厳密に条文解釈すれば、「首相指名方式」は少しも違憲ではなく、見方によれば、「元老・内大臣協議方式」よりははるかに憲法に忠実な方式であるとも言えるのだが、西園寺はそう考えなかったという点である。このことは、憲法の条文とは別に、「首相指名方式」は「大権私議」であるとの解釈がきわめて強い一般的な支持を受けていたことを意味する。おそらく西園寺自身もそう考えたからこそ、「政党内閣制」の慣行を成立させるためにも、「一人元老制」と「元老・内大臣協議方式」が不可欠であり、それに固執すべきだと考えたとみてよいだろう。

この一般的な支持を受けていた解釈を憲法論の文脈において言い直せば、次のようになるだろう。天皇は憲法に定める輔弼者である国務大臣の輔弼を受けるべきであるが、憲法に定められたもの以外にも天皇大権の輔弼者は存在しうるし、存在すべきである。もちろん、その国務大臣以外の輔弼者の権限は限られたものであるべきだが、しかし、それがなくなることはありえないし、なくしてはならない、と。日本の政党内閣制の慣行は、このような憲法解釈の上に成立し、またそれゆえに成立可能であった。である限りにおいて、やはり日本の政党政治は、イギリス流の議会政治とは、異なる原理に立脚するものと言わざるをえないのである。

注

(1) 本章のもととなる拙稿「西園寺公望はいかにして最後の元老となったのか」(『京都大学文学部研究紀要』三六、一九九七年)発表後、同様の問題を扱ったいくつかの研究が公表された。村井良太「転換期における首相選定」『六甲台論集』法学政治学篇四五‐一、一九九八年、村井良太「政党内閣の慣行　その形成と西園寺公望」『神戸法学雑誌』四九‐二、一九九九年、小宮一夫「山本権兵衛(準)元老擁立運動と薩派」『年報近代日本研究20』一九九八年、伊藤之雄「立憲君主制の形成と展開」伊藤之雄、川田稔編著『環太平洋の国際秩序の模索と日本』山川出版社、一九九九年などである。これらにより、旧稿には不足している点が多々あることに気づかされた。また旧稿への直接、間接の批判も含まれている。本書に旧稿を収録するにあたり、それらの諸研究を参照して、不十分な点をできるだけ補うとともに、いくつかの点で論旨の修正を行っている。旧稿に対する批判に対しては、遺憾ながら、必ずしも全面的に答えることができなかった。その点をお詫びしておきたい。

(2)『松本日誌』一二五頁。

(3) 右同書、一四二、一五二頁。

(4)『官報』号外一九二六年一二月二八日付。

(5) 伊藤隆『昭和初期政治史研究』東京大学出版会、一九六九年、一九八頁。

(6) 升味準之輔『日本政党史論』第五巻、東京大学出版会、一九七九年、一〇、一二頁。

(7)『原日記』四、一二五頁。

(8) 伊藤之雄「元老の形成と変遷に関する若干の考察」『史林』六〇‐二、八六頁。

(9)『牧野日記』一一五頁。

(10)『松本日誌』二九八頁。

(11) 右同書、二九九頁。

(12)『牧野日記』五二頁。

(13) 右同。

(14) この時期の薩摩系の山本擁立運動、準元老化運動については小宮前掲論文のほか、鳥海靖「原内閣崩壊後における「挙国一内閣」路線の展開と挫折」『東京大学教養学部人文科学紀要』第五四輯、一九七二年に詳しい。
(15)『牧野日記』四七頁。
(16)右同書、五二頁。
(17)村井「転換期における首相選定」一七三頁。
(18)『松本日誌』一九五、一九六、二〇一頁。小宮前掲論文、三九頁。
(19)『松本日誌』一七八、一七九頁。
(20)右同書、一七二頁。
(21)村井前掲論文、九八頁。
(21)『松本日誌』一八五頁。
(22)『松本日誌』一九七頁。
(23)右同書、一七二頁。
(24)西園寺は松本に「平田子は内大臣《ママ》府御用掛〔平田は内大臣府御用掛ではなく、宮内省御用掛〕（永井）なれば何故相談はせざりしや」と語っている。右同書、一七九頁。
(25)右同書、一七二頁。
(26)右同書、一九二頁。
(27)右同書、一八一頁。
(28)入江貫一「政変思出草」伊藤隆編『大正初期山県有朋談話筆記―政変思出草』山川出版社、一九八一年、一五二頁。
(29)『松本日誌』一七八頁。
(30)右同書、二五二頁。『大正初期山県有朋談話筆記―政変思出草』一九三頁。
(31)『大正初期山県有朋談話筆記―政変思出草』一九三頁。
(32)『松本日誌』、二四六頁。
(33)『大正初期山県有朋談話筆記―政変思出草』一九四頁。
(34)『松本日誌』一九五、一九七頁。小宮前掲論文、三九、四一、四二頁。

(35)『牧野日記』四七頁。『松本日誌』一九二頁。
(36)村井前掲論文、七六頁。
(37)『松本日誌』一六〇頁。
(38)西園寺八郎宛西園寺公望書簡（大正一〇年三月一一日付）（立命館大学編『西園寺公望伝』別巻一、岩波書店、一九九六年、一一三頁）。小宮前掲論文、三八頁。
(39)『松本日誌』六〇頁。
(40)『大正初期山県有朋談話筆記―政変思出草』一五七頁。
(41)『松本日誌』二五五頁。
(42)右同書、二五〇、二五一、二五五頁。
(43)『大正初期山県有朋談話筆記―政変思出草』一九四頁。
(44)『松本日誌』二五五頁。
(45)『牧野日記』八三頁。
(46)右同書、八六頁。
(47)右同書、八二、八三頁。小宮によれば、山之内は、まず山本が総理大臣として手腕を十分に発揮してから、元老への道を歩むべしとする戦略の持ち主であり、「御下問範囲拡張」によって山本の準元老化をはかる戦術を姑息な方法と批判していた（小宮前掲論文、四〇頁）。
(48)「倉富日記」大正一二年八月一八日、大正一三年二月六日条。
(49)『牧野日記』八三頁。
(50)「牧野伸顕文書」には、「山本権兵衛元勲奏請案」なる内閣の草案文書が残されている（書類の部C八九）。内容から見て、一九二三年一二月末の山本内閣辞任時のものであるが、山本が桂冠するにあたって、元老であることの証ともいうべき「元勲優遇」の勅語を与えることを求めた文書である。小宮前掲論文によれば、内閣書記官長であった樺山資英から牧野に送られたものらしいが、これがとおっておれば、山本はめでたく元老になったはずである。しかし、牧野の手で握りつぶされてしまった（同論文、四五頁）。つまり、山本は元老候補にふさわしいだけの政治的手腕を見せることができず、その内閣は業績もあげることができなかったために、この時期の薩派の山本擁立・元老化の戦略は失敗に終ったのである。

(51) ほかにも、清浦枢密院議長が、下野銀行をめぐる金銭関係のトラブルで、その息子があやうく刑事訴追をうけそうになった事件のために、「今回政変抔の場合は遠慮する積り」であったことも、副次的な要因と言えるかもしれない（『松本日誌』二三〇、二三四、二四五頁）。

(52) 『奈良日記』一、四一八頁。『松本日誌』二八八頁。なお、今回の政変には、山本内閣の辞表の処理方について、平田は牧野はもちろん清浦にも相談している。しかし、これは後継首班候補の選定そのものへの関与とは言えない。

(53) 『松本日誌』二八二、二八七頁。

(54) 西園寺は総選挙が護憲三派の勝利に終わったのを見届けると、予想される政変を前にして京都に赴き、牧野宮相が帰京を促してもこれを拒否した。西園寺が帰るのを渋ったのは、西園寺が入京すれば、山本権兵衛の準元老化をねらう薩派が、山本にも下問あるよう西園寺に迫るとの噂があり、また後藤新平、伊東巳代治それに政友会の野田卯太郎などが中間内閣あるいは政本革連立内閣を策して西園寺にはたらきかけるとの噂が耳に入ったので、それを避けたいとの意によるものだったが（右同書、三〇九頁）、総選挙の結果、それまで西園寺がとり続けてきた「情意投合」路線を放棄する選択（加藤高明の奏薦）をせざるをえなくなったので、予想される雑音を避けたいというのが本音であろう。

(55) 右同書、三一九頁。

(56) 『山県有朋談話筆記　政変思出草』一七七、一九七頁。

(57) 村井「転換期における首相選定」は、第二次山本と清浦の後継首班選定は、従来型の「元老協議方式」によっており、「元老・内大臣協議方式」と言えるのは加藤高明の奏薦以降であるとしている（一三一頁）。摂政が内大臣に後継首班選定の下問をしたかどうかで「元老協議方式」と「元老・内大臣協議方式」を区分すべきだとする立場に立つなら、たしかに村井の説のほうがより妥当と言えるが、元老が自分の案に同意を求めるというかたちでならば、すでに第二次山本の時から西園寺は平田内大臣を協議に加えているわけであり、やはりこの時から実質的に「元老・内大臣協議方式」がはじまっていたとみるべきであろう。もちろん、平田は積極的に自分の意見を言わなかったが、しかし元老と内大臣の間に限れば、加藤高明奏薦以降と同様のことが行われていたのである。そこに着目して、私は「元老・内大臣協議方式」は第二次山本奏薦からはじまると解釈する。

加藤友三郎奏薦の際に、元老・内大臣松方が摂政の許諾を得たのはあくまでも清浦と山本に相談することについてであって、二人が直接摂政から下問を受けたわけではない。摂政の直接の下問があったか、なかったかで区分するのであれば、これをもって「元老協議方式」とはっきり区別できる「元老・重臣協議方式」の出現とみることはできない。内大臣は常侍輔弼が職責なのであるから、内大臣の進言により摂政から下問を受けた元老が、その内大臣に後継首班候補につき意見をたずねるのに、あらためて摂政の許諾を得る必要はない。その点で平田の関与は、加藤友三郎奏薦時の清浦、山本と同じレベルのものとみなされうる。いっぽう、高橋奏薦時の牧野や清浦は、天皇の許諾も受けていないし、また職責からしても後継首班の選定に関与しうる者ではないので、こちらは元老・内大臣松方の私的な相談相手にとどまる。

「元老・内大臣協議方式」は第二次山本の奏薦からはじまるが、内大臣が後継首班選定につき直接摂政から下問を受けるようになった第一次加藤高明奏薦以降を「公式の元老・内大臣協議方式」、それ以前を「非公式の元老・内大臣協議方式」と二段階に分けてとらえるのが、この問題についての現時点での私の結論である。

(58) 伊藤之雄は、前掲「立憲君主制の形成と展開」の一九三頁において、私の旧稿と村井前掲論文に言及しつつ「西園寺・平田の主導や彼らと牧野の対立を過度に強調すべきでないと考える」と書いている。文脈からすれば、私や村井が「西園寺・平田の主導や彼らと牧野の対立を過度に強調」している者として批判されていると解するほかない。しかし、平田と西園寺が第二次山本内閣の奏薦にあたって、意識的に「摂政政治」の新例を拒否したこと、牧野が一九二四年二月に「御下問範囲拡張」を提起して、西園寺から拒否されたこと（すなわち牧野と西園寺・平田の間には、後継首班の選定方式について意見の相違があったこと）は伊藤自身も同じ論文でみとめている（同書、一五八、一五九頁）のだから、西園寺・平田と牧野との間に意見の相違があったことは伊藤といえども否定はできないだろう。「過度の強調」が何を指すのか意味不明である。

(59)『松本日誌』三〇七頁。

(60)『奈良日記』一、四一七、四一八頁。

(61) 伊藤之雄『立憲国家と日露戦争』木鐸社、二〇〇〇年。二六六頁。

(62) 村井前掲論文、一一八頁。

(63) イギリスにおける後継首相の決定方法とその歴史的変遷に関しては、君塚直隆『イギリス二大政党制への道』有斐閣、一九九八年がたいへん参考になった。イギリスでは一八三〇年代に、後継首相の選定にあたって国王がやめていく首相の意見を求め、その進言にしたがう慣行が定着する。しかし、一八五〇年代にはその慣行が一時うまく機能せず、国王が首相だけでなく、「長老政治家」の意見にも耳を傾け、さらに彼らに後継首班選定のための調整を任せることが多く見られるようになる。しかし、これらの「長老政治家」（グレイ伯爵、ウェリントン公爵、ランズダウン侯爵）はいずれも政党の党首もしくは両院いずれかの指導者をつとめた古参の「政党政治家・議会政治家」であり（君塚前掲書、一二二頁）、日本の元老とは異なる。西園寺は元政友会総裁であり、貴族院議員でもあるので、元老の中では唯一イギリスの「長老政治家」に近い存在と言えるが、彼の経歴において議会での活動はそれほど大きな比重をしめておらず、「政党政治家」であっても、「議会政治家」とは言えないであろう。

(64)『牧野日記』五二頁。
(65)『松本日誌』一五七頁。村井前掲論文、九五頁。
(66)『牧野日記』一一五頁。
(67)村井は、一九二〇年代初頭においては、後継首班選定方式には次の五つの選択肢があったとする。一、元老の補充による「元老協議方式」の再編、二、「首相指名方式」への転換、三、枢密院への諮問、四、重臣会議（首相経験者、枢密院議長等からなる）、五、内大臣の奏薦（村井前掲論文、一二五、一二六頁）。論理的にはたしかに村井の指摘どおりである。しかし、論理的な選択肢のすべてが、当時において選択可能なものと当事者によって認識されていたわけではない。本文でも見たように、後継首班候補選定の方式を定める当事者であった元老、内大臣、宮内大臣は一致して「首相指名方式」には否定的であり、選択可能なものとはみなしていなかった。彼らの間では、まず二の選択肢とそれ以外との間に大きな境界線が引かれていたのである。その上で、残りの選択肢の中でいずれを選べばよいかが、当事者の間で争われたのである。
(68)『牧野日記』一四一頁。
(69)『松本日誌』三二七頁。
(70)右同書、三二八頁。
(71)右同書、三二九頁。
(72)右同書、三三〇頁。
(73)升味前掲書、一〇、一二頁。

(74)『松本日誌』五一〇頁。
(75)『牧野日記』一七二頁。
(76)伊藤「立憲君主制の形成と展開」伊藤・川田前掲書、一九八頁。
(77)『牧野日記』一二一頁。
(78)『松本日誌』四三一頁。
(79)右同書、四三一頁。『牧野日記』一二二頁。
(80)『牧野日記』一二二頁。
(81)『松本日誌』三一九頁。
(82)『牧野日記』一三八、一三九頁。
(83)この期間、西園寺が東京に滞在したのは、一九二四年の一〇月四日から一一月二一日までだから、『奈良日記』の記述「正午西園寺公参殿、御陪食仰付けらる、公爵の外誰も出席せず」(同書二、九五頁)により一九二四年一〇月一八日の拝謁の際に西園寺が摂政に伏奏したとみるのがもっとも理にかなう。
(84)尚倶楽部編『岡部長景日記』柏書房、一九九三年、二七一、二七二頁。以下本書では『岡部日記』と略す。
(85)「内大臣府官制改正案」「牧野伸顕文書」書類の部、二二一。なお、侍補を置き、後継首班候補の奏薦権を与える改正案の当該箇条の欄外には「再審ヲ要ス」との書き込みがなされている。
(86)それ以外に、皇室典範の条項に関する疑義に付意見を上奏すること、枢密院が議件を否決した時に意見を上奏すること、陸海軍の編制及び常備兵額に関して内閣と統帥府との意見が対立した時に意見を上奏すること、国務大臣と宮内大臣との間に主管権限の争議が生じた時に意見を上奏することなどが職責にあげられている(右同)。この案では元老が担っている天皇の最高顧問にして多元的輔弼機関の対立の調停者という役割を、元老亡き後は内大臣が受け継ぐことになるわけである。官制の改正はされなかったが、実質的な内大臣の機能からいえば、西園寺最晩年の内大臣の役割はほぼこの案の想定に近いものであったとみなすことができ、現実化されたのは侍補を置かないこちらのほうの案であったと言えよう。
(87)平田東助宛入江貫一書簡(三月七日付)「平田東助文書」六六一二。
(88)平田東助宛入江貫一書簡(七月三日付)「平田東助文書」六六一一。

(89) 平田東助宛入江貫一書簡（九月八日付）「平田東助文書」六六－三。手紙の内容から判断して一九二四年のものと断定できる。
(90)「内輔府官制案・内大臣府官制改正案」「牧野伸顕文書」書類の部、一二一－二。なお、「内輔府官制案」には「第一案」、「内大臣府官制改正案」には「第二案」の文字が記されている。なお、この文書にはさらに第三案として入江が最初に作ったものと同趣旨の内大臣府に勅任・奏任の侍補を置く改正案が追加されている。また「大正一三年一〇月一五日」という日付が追記されている。これらのことから、「内輔府官制案・内大臣府官制改正案」こそ入江が平田の命で作成した摂政輔導の強化案と断定してまちがいない。松本剛吉が日記に記した平田内府の内大臣府廃止論の具体案がこれである（『松本日誌』三五四頁）。
(91) 伊藤・川田前掲書、一六〇頁。
(92) 前掲平田宛入江書簡「平田東助文書」六六－一。
(93)『松本日誌』三四八頁。
(94) 右同書、三四九頁。
(95) 右同書、三五三頁。
(96) 右同書、三五四頁。
(97) 加藤房蔵編『伯爵平田東助伝』平田伯爵伝記編纂事務所、一九二七年、四八八頁。
(98)『牧野日記』一七〇頁。
(99) 一九二四年初頭の牧野辞職問題の顛末については拙稿「牧野宮相の進退伺」『史』（現代史懇話会）八六、一九九四年を参照のこと。
(100)『松本日誌』二九六頁。
(101)『牧野日記』一八二、一八三頁。
(102) 右同書、一二四頁。
(103) 松方が内大臣を辞任し、その後任を平田に決める際、西園寺と牧野が話しあったことがあるが、平田が請けないときは如何しますか、軍人ではどうですかと牧野が暗に山本権兵衛のことを質問すると、西園寺はとぼけて「君の云ふ人は東郷大将ならんが、それは駄目だと思ふ」と答えた（『松本日誌』一九七頁）。その西園寺が東郷を平田の後任にまともに推すとは信じられない。

(104) 右同書、三六三頁。
(105) 『牧野日記』一八五頁。
(106) 牧野伸顕宛西園寺公望書簡（大正一四年二月八日付）「牧野伸顕文書」書簡の部、四四二‐一三（『西園寺公望伝』別巻一、二四七頁）。『牧野日記』一八八頁。
(107) 『松本日誌』三九四頁。
(108) 牧野伸顕宛入江為守書簡（大正一四年二月三日付）「牧野伸顕文書」書簡の部、一二六‐四。
(109) 『牧野日記』、一九一頁。
(110) 右同書、一九四頁。
(111) 右同書、一八九頁。
(112) 右同書、二六一頁。
(113) 『奈良日記』二、三二三頁。
(114) 『牧野日記』二六一頁。
(115) 牧野伸顕宛西園寺公望書簡（大正一五年一〇月二四日付）「牧野伸顕文書」書簡の部、四四二‐一五（『西園寺公望伝』別巻一、二四八頁）。
(116) 『牧野日記』二六二頁。
(117) 右同書、二〇五頁。
(118) 右同書、二四〇頁。
(119) 高橋紘・粟屋憲太郎・小田部雄次編『昭和初期の天皇と宮中——侍従次長河井弥八日記』第一巻、岩波書店、一九九三年、二三一、二九頁。以下本書では『河井日記』と略す。
(120) 『牧野日記』二三七頁。
(121) 伊藤・川田前掲書、一九八頁。

(122)右同書、一六九頁。
(123)『奈良日記』二、三四九頁。
(124)『松本日誌』五四八頁。
(125)『河井日記』一、六五頁。
(126)昭和九年五月二六日の日付をもつ宮内省参事官室の文書「詔勅類の研究」「牧野伸顕文書」書類の部、二七には、昭和元年一二月二八日に西園寺に与えられた勅語は、宮内大臣が起案し、天皇に内奏した、とある。また、この勅語には天皇の署名、宮内大臣の署名いずれもなく、勅語の写しが西園寺にわたされた。
(127)『松本日誌』五六七、五六八頁。『牧野日記』三七九、四四三、四九二頁。犬養内閣成立の際に、元老奉答後内大臣にも下問があったかどうかは定かでない。
(128)『牧野日記』五〇四頁。
(129)右同書、三九五頁。
(130)『岡部日記』二七二頁。
(131)「倉富日記」昭和四年九月二〇日条。なお、これとほぼ同趣旨（枢密院に元老、準元老級の大物を入れて、後継首班選定の諮詢に答える機関とし、現行の枢密院の機能は新たに国務院を設置してそちらに移す）で、より詳細な意見書が「内閣ノ首班ヲ諮問セラルル機関ニ就キテ」というタイトルで「牧野伸顕文書」に含まれている（書類の部、九八）。文中に現存する審議会として文政審議会と帝室制度審議会があるとされているので、この意見書は一九二四年四月から一九二六年末までの間に作成されたと思われる。牧野日記によると、浜尾枢密院議長が事故で急死したあと、一九二五年九月二五日に、牧野は久保田譲顧問官から「枢密院根本改革の意見」を聞かされている（『牧野日記』二二七頁）。久保田は枢密院を「真に国家重要の機関たらしめ度、夫れには先づ官制も改正すべし」と牧野に打診したが、一九二九年にも久保田が同様の枢密院改革案を述べていることから、右の意見書もあるいは、この二五年九月頃に久保田ないしその周辺の人物が作成して牧野に出したものかもしれない。牧野はこの一九二五年の時点では久保田の枢密院改革案には消極的であり、現状維持と清浦の議長再起用を主張している。
(132)『岡部日記』二七二頁。

(133)『牧野日記』一四四頁。
(134)浜口内閣期の枢密院改造論が、山本、清浦等の準元老化の側面をもっていた点については、小宮前掲論文、五六～五八頁も参照されたい。
(135)右同書、三九五頁。
(136)牧野伸顕宛西園寺公望書簡（昭和五年一月二二日付）「牧野伸顕文書」書簡の部、四四二一―三六（『西園寺公望伝』別巻一、二五三頁）。
(137)『牧野日記』四五七頁。
(138)右同書、四五八頁。
(139)原田熊雄述『西園寺公と政局』第二巻、岩波書店、一九五〇年、三〇頁。
(140)木戸日記研究会編『木戸幸一日記』上巻、東京大学出版会、一九六六年、九四頁。以下本書では『木戸日記』と略す。
(141)『牧野日記』四六五頁。
(142)『河井日記』四、四八頁。
(143)『牧野日記』四〇二頁。
(144)右同書、四二三頁。
(145)右同書、四五一頁。
(146)右同書、五一四頁。
(147)『木戸日記』上、一九一頁。
(148)右同書、二〇六頁。
(149)『牧野日記』五一四頁。
(150)『木戸日記』上、二〇七、二〇八頁。これ以降の記述も同様。
(151)右同書、二一二頁。
(152)木戸日記研究会編『木戸幸一関係文書』東京大学出版会、一九六六年、一四三頁。
(153)『西園寺公と政局』三、三二三、三二四頁。

(154)『木戸日記』上、三三四頁。
(155)『西園寺公と政局』三、三二五、三二八頁。
(156)右同書、三二六頁。
(157)右同書、三二八頁。
(158)右同書、三一七頁。
(159)右同書、三四七、三四八頁。
(160)『木戸日記』上、四六八頁。
(161)右同書、五三七、五四一頁。
(162)立命館大学編『西園寺公望伝』第四巻、岩波書店、一九九六年、三八八頁。
(163)『木戸日記』上、五五九頁。
(164)右同書下、八〇七頁。
(165)吉野作造「西園寺公の元老無用論」『中央公論』一九二六年九月号(『吉野作造選集』第三巻、岩波書店、一九九五年所収)。
(166)『西園寺公と政局』三、三二五頁。
(167)『松本日誌』三三〇頁。
(168)右同書、五五七、五五八頁。
(169)伊藤隆前掲書、一九八頁。
(170)升味前掲書、一三、一八頁。
(171)伊藤之雄『大正デモクラシーと政党政治』山川出版社、一九八七年、二二二頁。
(172)「政党政治」期における西園寺の「元老・内大臣協議方式」の選択とそれへの固執が、その「憲政常道論」への転換と表裏一体の関係にあり、しかも元老以後の「将来を見すえた意図された慣行」と理解すべきものであることは、前掲村井「政党内閣制の慣行　その形成と西園寺公望」において、詳しく分析されている(同論文、八八〜一〇二頁)。
村井の「政党内閣期の政治慣行が、西園寺の積極的な政治指導によって、一九二四年から二七年にかけて形成されたもの」という判断や、「政党の政治的役割や、元老以後の政治体制というものに肯定的であった西園寺は、以後自らに残された最後の仕事として、明治憲法下における政党内閣制の静かなる進展と確立に、その政治指導の総てを傾けることとなった」との評価は、「元老西園寺は「政党政治」の守護者であり、「政党政治」にマッチした元老にほかならぬ」という本文の私の評価を、もっと洗練されたかたちで表現したものと言えよう。

(173) 村井「転換期における首相選定」一一五〜一二八頁。

第四章

昭和天皇、田中内閣を倒す

はじめに

昭和天皇が死去してから一四年がすぎた。この間に「昭和天皇独白録」や『牧野伸顕日記』をはじめとする新史料が次々と発掘、公刊され、戦争責任論議の高まりともあいまって、政治的君主としての昭和天皇に関する研究は大いに進展し、その充実ぶりには目をみはらせるものがある。この十数年の日本近現代史の研究史を振り返ってみても、いちばん成果のあがった分野のひとつにあげられよう。それらの成果の蓄積を下敷きにして書かれた Herbert P. Bix の *HIROHITO AND THE MAKING OF MODERN JAPAN*, Herper Collins, 2000, New York. がピューリッツア賞を受賞し、国際的に注目されたことは、この十数年の研究の深化をよく物語っている。

研究の成果は多岐にわたるが、なかでも従来の常識を破る新たな発見となったのは、即位後数年（田中内閣、浜口内閣期）に昭和天皇がみせた積極的な「政治関与」の姿勢であった。この時期は、政党政治の時代のなかでも二大政党時代とよばれ、戦前において天皇と内閣の関係が日本国憲法下のそれ、あるいはもっと一般的に言えば、イギリスなどの議院内閣制的な立憲君主制に、もっとも近づいた時期だと理解されてきた。ところが、この間の研究によって明らかにされたのは、その周知の了解をくつがえしかねない事実ばかりであった。昭和天皇とその側近（内大臣、侍従長、宮内大臣等）が政党内閣の施政に対して少なからぬ「介入」をくりかえしたこと、彼らが独自の政治的意志をもつ集団として動いていたことを、新しく世に出た史料が否定できないかたちで示したからである。

これら昭和天皇死後の研究の深まりとその成果は、政党政治期の政治史研究に新たな課題をもたらした。それは、この最近の研究成果をふまえて、政党政治期における天皇の政治的役割、天皇と内閣の関係、さらには政党政治期の日本の政治体制をどのようなものとして再構成すればよいか、今までの歴史像を如何に修正すべきかという課題である。これについては、増田知子、安田浩、伊藤之雄によって模索の試みが進められているが[1]、やはりまだ新発見の史料にもとづく事実関係の確定作業の段階をこえておらず、多くの支持を得るにたる新たな歴史像を提示するまでにはいたっていない。

ご多分にもれず、残念ながら本章もその課題に答えるものではない。新しい史料によって明らかになった事実関係の確定および再確認の作業にとどまる。それも田中政友会内閣の時期、つまり昭和天皇が践祚して摂政政治が終わり、再び天皇政治がはじまる最初の数年に限られる。一九八〇年代末までの政党政治史研究では、「政党政治」の後見者としての元老西園寺の存在が注目されることはあっても、昭和天皇とその側近達（＝政治的存在としての宮中）の役割はほとんど問題にされなかった。あるいは宮中グループは元老によって代表されると解釈されてきた。ところが、次々と側近達の日記類が公開されたことによって、天皇とその側近が、田中内閣の施政に大きな不満を抱き、総理大臣に注文をつけたり、その上奏に拒否権を発動しようとしたことが判明したのである。その頂点となったのが、張作霖爆殺事件の処分問題をめぐって昭和天皇が田中首相に不信任を表明し、内閣が総辞職した事件であった。

この事件は従来からよく知られていたが、ことがことだけにその核心部分は長らく不明なままであった。一九九〇年代前半に昭和天皇の側近達の残した史料が公開されたことによってその秘密が解けたのである。本章では、この事件を中心に田中内閣期の天皇およびその側近と内閣との関係を分析する。新史料を用いた田中内閣期の昭和天皇および宮中の研究としては、先にあげた増田、安田、伊藤のほかに、中園裕、粟屋憲太郎、伊香俊哉のものがあり、(2)私自身も『西園寺公望伝』第四巻（岩波書店、一九九六年）で元老西園寺を中心に考察を加えたことがある。その他に柴田紳一と佐藤元英の研究も各論として注目すべきである。(3)本章はそれらの先行研究をもとに、一部批判的検討を加えつつ、それらを総合して天皇の政治的行動の事実を確定させることを、主たる目的とする。

あらためて言うまでもないが、天皇自ら指名した天皇の最高顧問が元老であった。原理的に言えば、「至尊匡輔」の範囲は天皇の大権行使のすべてにわたり、元老たる者、天皇の求めのあるかぎり、いつ如何なる時でも、国家と皇室の重大事について天皇の下問に答えなければならぬ。しかし、実際のところは元老への下問はそう頻繁にあるものではなかった。少なくとも大正天皇が病気で執務不能となり、摂政政治が始まってからは、それは内閣交代時の後継首班候補推薦の下問にほぼ限られていたと言ってよい。老齢の元老が摂政に対面する機会もそう多くはなく、西園寺が東京に滞在する間（その多くは九月〜一一月）、年に一、二度の拝謁が定例であった。

ところが昭和天皇即位後は事情が大きく変わってくる。天皇の元老に対する直接の下問はべつにそれほど増えはしなかったが、内大臣や侍従長を経由しての間接的下問とでも言うべきものがしばしば行われるようになった。それは、昭和天皇が内閣総理大臣の上奏に種々疑問を感じ、時には納得しがたいものを認めて、それを頻繁に側近に洩らすようになったからである。摂政時代にはまだ遠慮があったのか、内閣の上奏は求められるがままに裁可し、疑問を差し挟んだり、注文をつけたりするようなことはまったくと言ってよいほどなかったから、これは大きな変化だと言わざるをえない。摂政政治時代の内大臣牧野の日記には、摂政が内閣の上奏に疑問を感じて内大臣の意見を聞くという記述はまったくない。ところが、即位とともに父大正天皇の影から抜け出した若き天皇は、君主としての責任を自覚し、きわめて熱心な姿勢で政務に臨んだのである。同じ人物を短期間のうちにこれほど大きく変化させたのであるから、天皇の地位および天皇であるとの自覚は常人にははかりしれない重みをもつものであるのだろう。

第一章で述べたように、大正天皇の執務不能で生じた、「万機親裁システム」における「裁可する主体」の機能不全という状態は、摂政の設置により回避された。しかし、この「裁可する主体」である摂政は、政治的には、有能で忠実な臣下たる輔弼者を信用し、その奏請にただ「可」の意思を表明するだけの、ほぼ完全な受動的主体としてあいかわらず機能しつづけたのである。ただ、その「裁可する主体」が、大正天皇とはちがい、あくまでも正常な理解力と判断力をそなえたと認定できる「主体」であったために、輔弼者の意思を国家意思として対象化させ、「聖別」する透明なレンズとしての機能を果たすうえで、十分期待に応えうるものであった。外から見ただけでは、「神聖な捺印機関」と化した公務制限後の大正天皇も、ただ「裁可する主体」としてのみ機能する摂政も、「万機親裁システム」における「完全受動君主」として、ほとんど区別がつかない存在であったと言えよう。

しかし、即位後の変身ぶりの片鱗をうかがわせる言動を、摂政時代の裕仁親王がまったく見せなかったわけではない。少なくとも自分の家庭生活については、摂政は臣下の助言にただ柔順にしたがうだけの受動的君主ではなかった。摂政就任後すぐに、女官制度の改革という大胆な提案を行い、宮内省の老人連を驚かしたことは本書第一章でも少しふれた。牧野宮内大臣はその要求を聞かされて、「殿下は御外遊の影響も少からざるべく、周囲の空気も預かるならんか、時勢の傾向には御動かされ遊ばされ諸事進歩的に御在しまし、少しく極端に御奔り易き御意向伺はる[4]」と日記に記している。洋行帰りの若者はしばらくして天皇の家族生活のありかたを大きく変えてしまうのであるが、そのためには母親節子皇后との間に軋轢の生じるのも厭わなかった。さらに、関東大震災後には、国民と宮内省が受けた被害を考慮して、自分の結婚式の期日を延期することを、まったく自発的に宮内大臣に申し出て、牧野を感激させてもいる。(5)また、自分の家庭の使用人にあたる東宮職の人事については、自分の好む人物を任命するよう宮内大臣に指名することもしている。(6)

摂政は、政治については受動的君主として終始したが、しかし政治音痴ではなかった。政治に関しても相応の理解力をそなえていたことを示す言動を牧野の日記から拾ってくることができる。たとえば、一九二五年七月に内大臣の牧野から護憲三派内閣の連立解消の見通しを説明されると、高橋是清は三派「協調論者なれば若し政友系離別するとすれば政友会を脱党する事なきか」と、牧野が「最も適切なる御下問あり」と感心するほどの反応をみせた。(7)摂政は、首相経験者でありながら護憲三派の連立内閣を成立させるために加藤高明内閣に入閣した高橋に好感をもっていたので、(8)高橋に特別の関心を寄せたのである。またその年の末に、やはり牧野から、牧野が床次政友本党総裁から直接聞き出した、本党と政友会の関係および若槻内閣との関係を聞かされると、「去れば本党は分離なるべし、如何」と牧野に「御下問」をしている。(9)摂政は牧野の説明を聞いて即座に床次が政本合同から憲本提携へと立場を変えるであろうと理解できる程度には、政治に通じていたのである。

しかし、摂政である間は、裕仁親王はただ「裁可する主体」として、まったき受動性のうちにとどまっていた。まだ若くて経験が不足しているとの自覚が摂政を慎重にさせていたのであるが、自分が摂政であるとの自覚、あくまでも父大正天皇の公務代行者にすぎないとの自覚が、摂政の言動を大きく拘束したのだと考えられる。摂政は天皇に代わってその大権を行使するにともない、数々の文書に署名しなければならなかった。まず「嘉仁」と父の名を記し、その左下にやや小さく「裕仁」と自分の名を署名するのである。そのたびに、摂政は自分が父大正天皇の代理人にすぎず、その大正天皇は病気のため公務を退いたとはいえ、まだ存命であることを意識せざるをえなかった。また摂政といえども、天皇の職務をすべて代行できるわけではなく、摂政であるがゆえに、逆に裕仁親王は自分が天皇ではないことを常に自覚せざるをえなかったのである。そのような事情から、摂政時代の裕仁親王は自己抑制的にふるまい、「裁可する主体」としてのみ機能する受動的君主でありつづけた。その結果、少なくとも大正天皇の公務制限以降は、摂政政治時代を通じて「君臨すれども統治せず」に近い状態が続き、その間に日本でも「政党政治」の時代が始まったのであった。

大正天皇の死が引き起こした最大の政治的な変化は、このような裕仁親王の自己抑制の枷を解き放ち、ただ「裁可する主体」としてのみ機能する存在から、同時に「下問する主体」へと大きく変身させたことであろう。摂政が天皇になるとは、そういうことなのである。「万機親裁システム」がその核心に国家意思を最終的に確定する「主体」を置いているかぎり、その「裁可する主体」が個人的な意志をもち、自分が裁可することがらに対して安心して裁可できる保証を求めること、言い換えれば「下問する主体」となることを、誰も制止はできない。「万機親裁システム」は天皇が「完全受動君主」であってもただちに機能停止におちいらないだけの柔軟性をもっていたが、同時に天皇が「下問する主体」として能動的に活動することが不可能なシステムでもなかった。

国家および皇室の最高意思決定者であり、主権者としての自覚を明確に保持していた昭和天皇は、自分が裁可を下す事柄につき輔弼者から納得のいく説明がなされるのを欲していた。「下問する主体」としての昭和天皇の登場により、輔弼者は輔弼者の意思を国家意思に転化させるためには、昭和天皇の納得という「不透明な主体」を通過しなければならなくなったのである。ところが田中首相の応対は天皇の期待を裏切ることがしばしばであり、十分な信頼を得るにはいたらなかった。また、田中内閣の施政についても天皇は不満を抱いていた。本章でみるように、昭和天皇の個人的な政治的見解は、保守的で武断的な田中政友会よりも、より進歩的で国際協調的な浜口民政党のそれに近かったからである。その結果、内大臣をはじめ天皇側近は田中の輔弼ぶりについてたびたび天皇から助言を求められることになった。しかし側近達は、ことが重大な場合には元老西園寺に報告するとともに、その助力を仰いだ。元老は天皇の最高顧問だからこれは当然の措置と言えるが、天皇が側近に下問し、さらに側近が元老に相談する。このようにして元老も間接的ながらしばしば天皇の下問に与ることになったのである。

もちろん、ことが内閣総理大臣の信任にかかわる問題だけに、後継首班候補の奏薦の場合とはちがって、この種の間接的下問は常に秘密のうちになされ、世に顕れることは滅多になかった。昭和天皇の死後、内大臣はじめ側近の日記等が利用できるようになってはじめてわかった事実が多いのである。当時の論壇では政党内閣制の確立とともに、元老はその役割を全うするであろうとの「元老無用論」がしきりに主張されていたが、それは天皇は平常は内閣の求めるままに裁可を下し、元老が下問に与るのは後継首班選定の場合に限られるとの摂政政治の状況を暗黙の前提におく議論にすぎなかった。昭和になって「下問する主体」としての天皇が登場したことにより、宮中奥深く、外からは窺い知れぬところで天皇の最高顧問としての元老の仕事は、消滅するどころか、以前にもまして忙しくなったのである。「施政に倫理を要求し、論理に矛盾を許さない」(10)昭和天皇と長い間そのような君主の不在に慣れ親しんできた総理大臣との関係調整に、元老および宮中側近は苦心させられることになる。とくに天皇と総理大臣との関係の調整では、天皇も側近も元老の調整能力に全面的に依存せざるをえなかった。「天皇の活性化」にともない、元老もまた「活性化」したのである。

一、田中内閣の成立

枢密院本会議で台湾銀行救済の緊急勅令案が否決されると、若槻礼次郎憲政会内閣は総辞職を決め、一九二七年四月一七日の夕刻、若槻首相は全閣僚の辞表を昭和天皇に提出した。即位後最初の政変である。天皇はただちに牧野内大臣に善後処置を下問し、牧野は元老西園寺の意見を聴くよう進言した。それを受けて京都の西園寺のもとへ、河井弥八侍従次長が勅使として派遣された。若槻の辞表奉呈を前にして、宮中では牧野内大臣、一木宮内大臣、珍田侍従長（珍田は昭和天皇の践祚後は一時皇后宮大夫となり、一九二七年三月から徳川達孝にかわって侍従長に就任していた）が集まって善後策を協議、後継首班候補について元老に提示すべき内大臣の意見をまとめたが、[11]その結論は「憲政の常道に依り田中男に大命の降下あるを以て至当とする」というものであった。[12]

これより前、牧野が田中を嫌っており、内大臣として田中を後継首班に推す考えをもっていないのではないかとの観測が一部には存在していた。たとえば松本剛吉は、牧野に近い井戸川辰三中将から、牧野が「此頃内閣の後任は田中男と云ふものあり、又田中自身も其積り也と聞きしが、以ての外である、田中に内閣抔やらしむることは甚だ危険なり」と井戸川に語ったこと、また「普選をやらしむるには中間内閣最も可なり」との井戸川の説に牧野も反対しなかったとの情報を聞かされている。[13]いっぽう西園寺も、政変より半年前の一九二六年一〇月二八日に牧野と会見したあと、松本に「（牧野は）若し内閣更迭でもある時は或は田中の反対を云ふかも知れぬ」[14]と洩らしている。また同じ頃、政友会総務の小川平吉も「牧野は田中の後継に対しては一身を賭して争ふ」[15]つもりだの噂があると、近衛文麿から聞いていた。

これらのことから、牧野は若槻辞職の場合、後継内閣については政友会の田中ではなく、「普選実施のための中間内閣論」を主張するかもしれぬと西園寺が判断していたと解しても誤りではないだろう。西園寺は一九二六年一一月一五日に河井弥八内大臣秘書官長と会見し、「政党ニ立脚セザル中間内閣、若ハ総選挙ノ為ノミニスル超然内閣組織ノ如キハ断然不可ナリ。後者ハ違憲ナリ」[16]と語ったが、この言葉に文字どおりしたがえば、西園寺自身過去においてまぎれもない違憲行為を行ったことになる。なぜなら、西園寺が奏薦した第二次山本、清浦の両内閣はどう考えてみても「政党ニ立脚セザル中間内閣、若ハ総選挙ノ為ノミニスル超然内閣」に該当するからである。さらに、この発言から数ヶ月後、西園寺は松本や研究会の青木信光に対して「自分は二大政党論を他に語り、又政党の党首に非ざれば大命を拝すること六ヶしき様言ひ居るも、君だから御話するが、其時の模様にて中間内閣も已むを得ざることあるも計り難し[17]」、「時の事情に依り中間内閣と雖も已む得ず[18]」と、河井が書き留めた言葉とは、これまたまったく矛盾する発言をしている。

話す相手にあわせて内容が変わるのは、元老西園寺の人間操縦術のひとつだとすると、河井への発言もそれと同じように、ある特定の政治的文脈のもとで意味をもつものと解釈できよう。この時には、すでに後継首班奏薦は「(公式の)元老・内大臣協議方式」で行うことが確定していた（本書第三章参照）。だとすれば、内大臣秘書官長に向かってなされたこの西園寺の発言は、後継首班の選定に関して事前に自分の意向を知らせて、内大臣との調整をはかるとともに、噂で聞く牧野の「普選実施のための中間内閣論」に釘をさしたものと考えられる。つまり、予想される政変にむけて、次は「憲政の常道」路線をとるつもりであることを予め内大臣の牧野に伝えさせたのである[19]。

翌年四月に実際に政変が生じた際、床次に近い井戸川中将のように、牧野も今回は「必ず自分の思ふ所を園公に話すならん[20]」と期待する向きもあったが、いかに田中義一を嫌っていたとしても、西園寺の意向を事前に河井から知らされていた牧野には、あえて元老の意に反してまで中間内閣論や憲本連立内閣論を唱える気はなかったはずである。しかも総辞職の原因が枢密院の緊急勅令否決にあったために、枢密院の田健治郎や平沼騏一郎を有力候補とする中間内閣論の目はすでになくなっており、政友本党の床次竹二郎や山本達雄を首班とする憲本連立内閣も、所詮三党（憲政会、政友会、政友本党）鼎立が生んだ変則内閣案にすぎず、元老西園寺の好むところでないのは牧野にもよくわかっていたにちがいない。

だからこそ、昭和天皇の使いとして京都の西園寺のもとに派遣された河井侍従次長は、牧野内大臣の意見として「憲政の常道に依り田中男に大命の降下あるを以て至当とする」を示したのであった。河井は牧野、一木、珍田が協議の結果まとめたこの結論について「予の意見に決定せらる」[21]と日記に記しているが、河井を通じて自己の意見を牧野に反映させるとの西園寺の作戦はみごとに効を奏したと言えよう。もちろん、西園寺は「予て自己の抱懐する所と符節を合するが如きものあり」と、「直に之に同意を表」[22]し、その旨天皇に執奏するよう依頼した。翌日帰京した河井は牧野、一木、珍田に面会したあと、昭和天皇に西園寺との会見の顛末を報告した。河井の日記によれば、西園寺の奉答は四点からなり[23]、その第三項が田中義一を後継首班にされたしというものであった。他の三点で西園寺はいったい何を天皇に言おうとしたのか、興味をそそられるが、残念ながら伝わっていない。

なお、第三項について西園寺はわざわざ京都を出発する河井に書面を送り、「陸軍大将田中義一エ仰付ラレタリトノ意味ニ有之候。政友会総裁エ仰付ラレタシトノ意味ヲ申上候義ニハ無之候」と念を押している[24]。政党総裁の田中ではなく、陸軍大将の田中を奏薦するのだという西園寺の言葉は、一見したところ、彼が是とする「憲政の常道」論からすれば納得のいかぬものだが、その四年後に浜口内閣の後継首班に再び若槻を奏薦した際にも、河井は「西公は若槻男爵に組閣の大命を下され然るべしと奉答す（民政党総裁としてに非ず）[25]」と記しているので、表向きのたてまえとしては、政党総裁であるが故に後継首班に奏薦するのではないとの論理で一貫していたようである。この矛盾については、村井良太が「西園寺は、政党内閣論者であるが故に、そして非政党内閣の可能性を認めていなかったが故に」、あえてこのような矛盾するコメントを送ったのだとしている[26]。たてまえとしての後継首班選定の論理と選定の実質的内容との矛盾は、第三章で指摘した日本の「政党政治」に固有のパラドクス、すなわち「憲政の常道」が憲法外の存在である元老によって支えられていたこと、あるいはイギリス流の二大政党制がイギリス式の「首相指名方式」の否定にほかならぬ「元老・内大臣協議方式」によって支えられていたとの矛盾と、本質的に同じものなのである。

西園寺の奉答を聴いた昭和天皇は牧野内大臣も同意見であることを確認した上で、田中義一を召び、総理大臣就任を命じた。その際、「支那問題、経済問題ハ目下最モ憂慮スベキ状況ニアル故、（中略）此二問題ニ付テハ十分ニ考慮セヨ」[27]との注意を田中に与えた。組閣にあたってこのような注文をつけたのは今回がはじめてであり、摂政時代にはなかったことである。牧野の日記から判明するかぎりでは、台命降下の際の摂政の言葉は、「内外多難の際甚だ苦労ながら内閣組織の事を卿に煩はさんと思ふ。切に此大任に当らん事を望む」[28]（第二次山本）、「苦労ながら此際新たに組閣すべし」[29]（第一次若槻）といったもので、組閣方針や政策にわたる注文をつけたりなどしていない。ただし、清浦内閣の総辞職の数日前に、当時の平田内大臣が「焦慮を要する事もあるべし云々」の一句を摂政の組閣台命の言葉に付加してはどうかと、牧野宮相に提案した事実はある。[30]これはこの「一句を御添へあらば、組閣の際他の二人（政友会の高橋と革新倶楽部の犬養）（永井）にも相談すべし、固より相談はある事と信ずるも、万全を期する為め此御言葉あらば一層確実となるべし」との平田の考えにもとづくもので、加藤憲政会単独ではなくて、護憲三派の連立内閣をまちがいなく組織するよう、摂政から念を押させようとしたのである。平田の提案にしたがえば、摂政は、たんに組閣を命じるにとどまらず、組閣方針にも注文をつけることになる。しかし、「不必要且有害」なりと牧野がこれに反対したために、平田の提案は実現されずに終わった。ところが、三年前の加藤奏薦の時にはそのような「御言葉」を下すことに反対した牧野が、田中内閣の成立時には政策にわたる「御言葉」を天皇が下すことを勧めたのである。[31]何でもないことのようだが、天皇位についた裕仁とその側近は、田中内閣成立の時点から摂政時代とは明らかに異なる姿勢を示したと言えよう。

田中は組閣にあたって田、平沼の起用も考えたようだが、若槻内閣倒壊の因を作った枢密院からの入閣はまずいとして平沼が忌避したので[32]、この話は沙汰やみとなった。結局、朴烈怪写真事件で問題となった司法大臣の椅子には平沼の推薦もあって党外から弁護士の原嘉道を抜擢し、陸相には宇垣一成の留任を求めたが、断られたので白川義則陸軍大将を、そして海相に岡田啓介海軍大将を起用したほかは、研究会の割り込み策を排し、すべて政友会員で閣僚を固めた。西園寺は近衛文麿を田中のもとへやって「外務大臣の選叙を慎重にせんことを望む」[33]と指示したが、田中は自分で外相を兼任し[34]、外務政務次官に政友会の森恪を据えた。また、昭和天皇の指摘した「経済問題」すなわち金融恐慌の速やかな収拾のため、すでに政界を引退していた前政友会総裁高橋是清を引出して大蔵大臣を任せた。かくて一九二七年四月二〇日に田中政友会内閣が成立した。

それまでにも何度か政党内閣は登場したが、政党内閣同士の間で政権の授受がなされ、与野党が入れ替わったのは、じつは今回が初めてであった。田中内閣の成立をもって「憲政の常道」が政権交代のルールとして確立したとみてよいが、そこに元老西園寺の意思がはたらいていたことを忘れるべきではない。政友会に対する批判や注文は種々あったが、新聞論調は概ね西園寺の田中奏薦を当然のこととして、好意的に受け入れた。いっぽう、田中内閣の成立を見た憲政会、政友本党の間では連盟から合同へと気運が急速に進み、六月に立憲民政党が誕生する（合同に反対した元田肇らの政友本党員は政友会に復帰した）。かくて一九二四年総選挙以来の「三党鼎立」状態に終止符が打たれ、西園寺が持論として他人にも語っていた[35]、二大政党制と政党内閣制の基盤が整ったのだった。

発足したばかりの田中内閣は金融恐慌への救済措置として、まず緊急勅令で三週間の支払猶予を命じ、取付け騒ぎの鎮静化をはかった。さらに臨時議会を召集して、日銀が台湾銀行や他の一般銀行に対して救済融資や特別融通するのを認め、全体で七億円までの損失補償を定めた救済立法を制定した。枢密院も今回はすんなりと緊急勅令に同意し、臨時議会でも、若槻前首相が高橋蔵相に財界救済法案への協力を約束したこともあって[36]、衆議院の過半数を握る憲本合同の新党倶楽部が政府の脅威となることはなかった。高橋蔵相が陣頭に立って指揮した一連の施策により、さしもの金融恐慌もひとまず収束にむかった。

もう一つの「支那問題」についても、田中内閣の対応は素早かった。五月に入って、国民革命軍の一部が江蘇省徐州方面へと進出し、北京政府系軍閥との交戦が予想されると、済南の日本人居留民保護の名目で、山東出兵を閣議決定し、満州の関東軍から約二千人の兵力を青島に上陸させ、さらに済南へと前進させた。前内閣の幣原外相は中国の内戦には不干渉主義をとり、イギリスの上海防衛のための共同出兵提議にも応じなかったし、南京事件、漢口事件の際も、領事館に避難した住民の収容と警備のため軍艦と海軍陸戦隊を現地に派遣したにとどまり、イギリスの保障占領論にも賛成しなかった。このような幣原外交を軟弱、国辱として痛烈に批判していた政友会は「外交刷新」を唱え、政権を握ると直ちに対中政策を大きく転換させた。居留民保護のためと言いつつも、山東出兵が北伐途上の国民革命軍への牽制行為であり、日本と特別な関係にある北京の張作霖政権への間接支援となるのは疑いもなかった。その後中国情勢はめまぐるし変転し、共産党との合作をめぐる国民党の内紛、汪兆銘の武漢政府と蒋介石の南京政府への国民政府の分裂、さらに国民党と共産党の合作決裂によって北伐は一時停止を余儀なくされるが、その状勢を見た日本政府はひとまず日本軍を山東から撤退させる（一九二七年九月八日撤兵完了）。

また、田中外相はその年の六月二七日から七月七日にかけて有名な東方会議を開催して、対中政策の調整をはかった。外務省や陸海軍の関係部局長、出先機関の代表が出席したこの会議で田中は「対支政策綱領」を訓示し、日本の権益、居住日本人の生命財産が不法に侵害される場合には、必要に応じて断固たる自衛の措置に出るつもりであり、とくに「満蒙」すなわち東北三省に動乱が波及し、治安が乱れて日本の保有する「特殊の地位権益」が侵害される怖れある場合には、「其の何れの方面より来るを問わず之を防護し、且内外人安住発展の地として保持せらる、様機を逸せず適当の措置に出ずる覚悟ある」ことを表明した[37]。田中内閣の干渉出兵政策の宣言であり、五月の山東出兵はもちろん、翌年の第二次、第三次山東出兵、さらに悪名高き「満蒙治安維持声明」へと続く、強硬・武断外交はこの綱領の実践にほかならなかった。

二、官僚人事、文官任用令改正問題

牧野の日記にあらわれる昭和天皇の最初の政治的な下問は、田中内閣が実施した勅奏任官の人事異動に関するもので、それに強い不満を抱いた昭和天皇が内大臣に疑問をぶつけたのである。これが「天皇の活性化」を告げる最初の事件となった。宮内省はこの問題を重視し、ことの顚末を記した覚え書きを作成した。それが「牧野伸顕文書」の中に残されている[38]。

田中内閣が成立してから二ヶ月後の一九二七年六月一五日、昭和天皇は牧野内大臣を呼び寄せて、次のように語った。

近頃事務官の進退頻繁にて、然かも其人の能否に依らず他の事情にて罷免する場合多き感ありて面白からずと思ふ、政務官を置きたるも其制度設置の趣旨徹底ならず、夫れは事務次官の進退も同様に取扱はるゝ場合あればなり、前内閣の時、川崎〔卓吉〕の如き染色濃厚の者を用ひたるが如し、其他警保局長、警視総監抔の更迭頻繁なるは取るところにあらず[39]。

宮内省作成の覚書では、天皇の言葉は「田中内閣成立以来事務官ノ交迭頻々タルモノアリ。警視総監、警保局長ノ更迭ハ暫ク之ヲ問ハズトスルモ、例ヘハ過般ノ地方長官以下ノ大更迭ノ如キ余リニ節度ヲ失セズヤ。殊ニ各省事務次官等ヲモ党人本位ニヨリ更迭セシムルニ到リテハ政務次官、事務次官ノ別ヲ設ケタル趣旨モ全ク没却セラレタルモノト云フベク、頗ル不穏当ノ傾向ニアルヲ以テ内大臣ヨリ田中総理大臣ニ注意ヲ与ヘテハ如何」となっている。

護憲三派内閣の時に政務官制度が導入され、内閣と運命を共にする政務次官や参与官とそうでない事務次官以下の区別が立てられた。それにもかかわらず、内務、大蔵、司法、文部各省の事務次官が更迭されたのは納得がいかないと、(40) 昭和天皇は言うのである。政党内閣では政権についた分け前として大幅な人事異動が行われるのが常であり、憲政会の大先輩たる大隈重信の長年の持論だった政務官制度は、このような猟官人事の弊害を防止するところにその大義名分を置いていた。しかし、政友会は必ずしもこれに同調しておらず、事務官についても党派人事の射程内に入れていた。警察官僚の首脳の交代は地方官の大異動とともに、来年には確実に実施される解散・総選挙への準備作業でもあった。少数与党である政友会が選挙で勝つには、全国の警察を手中に握る必要があったのである。

人事異動の対象は中央省庁の高級官僚にとどまらず、地方官から植民地機関にまで及び、田中内閣が実施した大規模な地方官異動は府県の知事、内務部長、警察部長から末端の警察署長にまで及んだと言われている。内閣の奏請を容れて人事案件に裁可を与えたものの、昭和天皇としては自己の官吏任免大権が党利党略に利用されているとの感をぬぐえなかったのであろう。その点ではたしかに天皇の言には一理あった。

しかし、右の引用に当時まだ自由任用官であった警保局長、警視総監についても言及がなされ、さらに牧野に対し、台湾銀行問題でよくはたらいた上山満之進台湾総督を更迭するのは穏当とは言えないと思うとか、(41) 人事異動の問題を慎重に扱うために地方官官制も枢密院に諮詢するようにしてはどうか、などと語っているところから判断すると、昭和天皇は政党内閣の人事政策そのものに疑問を感じていたと解すべきであろう。天皇の是とする人事方針と田中内閣のそれとの間には、かなり大きな原則上の食い違いがあった。

なお、昭和天皇が疑問に思った人事は、その大半が閣議決定を要する勅任文官のものだが、親任官はもとより同じ勅任官でも陸海軍の将官や外交官の大使や公使などとはちがって、いずれも書類による裁可奏請の前に天皇の内許を求める人事内奏が不要である。閣議決定後ただちに裁可を求める書類が総理大臣から差し出され、天皇がそれを決裁することで人事が確定するのである。昭和天皇は内閣から出された任免奏請の書類決裁をしながら、田中の人事はおかしいのではないか、あまりにも党派的ではないかと、首を傾げたわけである。このことは、昭和天皇が何も考えずに、ただ求められるがままに内閣の奏請に判をついていたのではなくて、いちいち案件に目を通したうえ、その是非をよく考えながら裁可書類を処理していたことを意味している。また、昭和天皇が自ら認めているように、第二次加藤高明内閣が憲政会色濃厚な川崎卓吉を内務次官に任命した時には、露骨な党派人事だと思いはしたけれど、それについて内大臣に不満をもらすことはしなかった。ここにも、摂政の時と天皇になってからでは昭和天皇の君主としての心構えがまったくちがうことがよくあらわれている。

天皇の不満を聞かされた牧野は、これらの人事の奏請が「御心に叶はせられざるに拘はらず内閣の立場を御思召して枉げて御裁可あらせられたるものと存ずるの外なく、心底に徹して畏み奉る次第なり。就て如此大御心を被為注る事誠に難有拝承仕る」と、天皇が内心の不満を抑えて内閣の奏請を裁可したことを大いに徳としたのだが、昭和天皇はそれで引き下がらず、「田中抔を会同して考慮するよう注意する事は如何のものか」と、牧野から田中に注意するように勧めた。これには牧野も内心驚いたにちがいない。それも一つの方法と考えますが、不用意に天皇の御思召を云々して「首相に於て或は内閣の御信任に係る意味に誤解する」ようなことになってはいけないので、どう処置すればもっとも適当か、その方法を十分慎重に研究し、元老西園寺ともよく相談の上、あらためてお答え申し上げたいと答えて、牧野はともかくもその場をおさめたのであった。[42]

もっとも前記宮内省の覚書きでは、牧野の返答内容は少しちがっている。それによると、牧野は、何等かの方法を以て党派人事の弊害を矯正することが急務であるが、その方法については深甚の考慮を費やさざるをえない。方法としては次の三つが考えられるが、いずれも問題なしとしない。

（1）内大臣が田中首相に自己の意見として注意を促す。

（2）内大臣が昭和天皇の心配をありのまま首相に伝達する。

（3）昭和天皇が直接田中に注意を与える。

（1）は内大臣が宮中と府中の区別を破り、政治に干渉するとの非難をまねくおそれがあり、（3）は田中内閣に対する天皇の不信任表明に等しく、内閣は立場を失うおそれある。いっぽう（2）は、（1）と（2）の両方のおそれがある。いずれも上策とはいえないので、一番好ましいのは元老西園寺と協議のうえ、西園寺から田中に昭和天皇の心配を牧野から聞いたとして伝えてもらうことにしたい、と答えたことになっている。[43]

天皇が内閣の官僚人事に不満・反対であることが明るみにでれば、野党はそれを絶好の攻撃材料とするにちがいなく、窮地に立たされた内閣は総辞職を余儀なくされるやもしれない。朴烈怪写真事件が象徴するように、護憲三派の連立が破れて以降は、「憲政擁護」にかわって「国体擁護」が政府攻撃の最も有力な武器となっていたからである。[44] しかし、同時にそれは天皇を政治責任の衝に立たしめることになりかねない。だからといって、側近としては、内閣に施政を委任されているのだから、多少不本意であっても天皇はそのまま内閣の方針を嘉納すべきであり、多少のことは目をつむって我慢していただきたいとも言い難い。なぜなら「天皇親政」のたてまえがあるからである。「天皇親政」と「天皇不答責」の二原則をいかに釣り合わせるかが、常に天皇制の「輔弼親裁構造」につきまとう難題であった。いちばん良いのは、総理大臣が天皇の意のあるところを十分に汲んで、天皇が納得し、安心して裁可できるよう内閣と各省大臣を指導することだが、この場合には施政方針上の原則にかかわる天皇と内閣の意見対立なので、そう簡単にはいかない。天皇と総理大臣の考えが食い違っている時に、双方の調和をとるのは思いのほか困難な問題であった。

翌日牧野は一木、珍田とこの件を「極秘に内談し」、一木宮相が京都に赴いて西園寺に相談することに決まった。(45) 一木は六月二〇日に京都から帰京、西園寺との面談の結果を報告するが、その内容は牧野の日記には記されていない。(46) ただ、その後のなりゆきから推測すると、西園寺はともかく一度牧野に会って、その考えを聞いてみたいと言ったのだと思われる。牧野は七月三日に自分の考えを西園寺に示したが、それはすでにみたように、西園寺から田中の注意を喚起してもらうというものであった。天皇が不満をもっていることを牧野から心配話として打ち明けられ、かつ元老の意見を求められたと、西園寺から田中に話し、もし田中がさらに詳しく知りたいのであれば、牧野はいつでも田中に会う用意があると、そう伝えて欲しいと牧野は西園寺に頼んだ。(47)

西園寺には別に対案はなく、田中に会うことを引き受けたが、ただしすぐには無理で「相当日子を要す」と条件をつけた。牧野は差迫った問題でもないので、多少時間がかかってもいいから何分よろしくと答え、「今日相談の顛末は帰京の上、奉答として言上に及ぶ可し」と付け加えた。西園寺はもちろんそれを肯定し、七月五日牧野は西園寺との協議の結果を報告したが、昭和天皇はそれに満足の意を表した。(48) この時、天皇は牧野に明年の即位式はできる限り節約を旨とするように田中に注意したいが、意見はどうかと下問している。(49) 牧野は感激して即座に同意した。天皇は他の用事で宮中に参内した田中に謁見し、自分の考えを示した。こういう問題であれば、牧野は天皇が自分の個人的意見を総理大臣に表明し、それに従うよう命じることを求めても、反対でなかったのである。天皇の自発性が無条件で認められる領域はたしかに存在していた。

七月一七日の田中の興津訪問の際に、[50]西園寺はこの問題を切り出した。牧野宛の七月一七日付書簡に「先達て御内話有之候御下問一件、本日首相へ申入置候」[51]とあるので、そう考えてまちがいない。西園寺は打合わせどおり、天皇の意向を伝え、一度牧野を訪ねて詳細を聞き、その上で天皇に納得のいく説明をするよう勧めた。田中は八月八日に牧野に面会し、事情を詳しく聞いたが、必ずしも天皇の意向を正確に理解できたのではなかった。田中は最初は「御宸念ハ事務官交迭中何レノ件ニ関スルヤ、具体的事実ニ就テノ御宸念ナリヤ亦御下問ノ時日ハ何日ナリヤ」[52]と、個別の人事に御不満があったのかと反問し、そうではなくて「事務官の頻繁に更迭するを厭はせらるゝ叡慮に被為在」と牧野から指摘されると、一応諒解はしたが、人事の更迭が警察署長にまで及んだのが御気に障ったのかと牧野に洩らしている。[53]田中としてはたてまえとしては天皇の官吏であっても、実質的に奏任官、勅任官の任命は内閣の権限であるとの思いがあり（それは実際の慣行によって裏付けられている）、天皇がそれに口を差し挟むことがよく理解できなかったのであろう。

田中はその後八月一八日に拝謁し、この問題について弁明したが、前記宮内省の覚書きでは、人事更迭の度数を前内閣その他と比較した表を天皇に見せて、特に頻繁に人事異動があるわけでないと説明したとある。しかし、田中の弁明は天皇を満足させるものではなかった。八月二二日昭和天皇は牧野に、田中が先日やって来て、例の問題にふれ、一定期間の事務官更迭は以前に比べてとくに増えておりませんと弁明したが、どうやら自分の意向が正確に伝わっていないようだと述べた。驚いた牧野は天皇の意が田中にうまく伝わらなかったことを詫びるとともに、もう一度「御思召の兎に角精確に徹底仕る様申入る」事を約束して下がった。[54]牧野からその話を聞かされた田中は後日（前記覚書きでは八月三〇日）拝謁の際に「人事問題に付て、全く田中が誤解仕りたり、仍て今後は聖旨の在るところを遵奉すべし」と、「聖旨遵奉」を約束したので、この件はひとまず落着となった。[55]

前記宮内省の覚書きでは、八月二九日に牧野・田中会見が行われ、牧野は天皇の不満は人事があまりに党人本位であること、一例として政友会方面では上山台湾総督が「単ニ憲政会系ノ人物ナリトノ理由ノ下ニ之ヲ辞職セシメムト首相ニセマレルヲ聴シメサレ、陛下ニハ頗ル不穏当ナリトオ考ヘアラセラレル旨ヲオ漏シアラセラレタリ」(56)と、田中に説明したとある。若槻内閣の時に台湾総督となった上山満之進は田中と同郷であったが、田中内閣の成立とともに、その更迭を求める声が政友会内には強かった。しかし、結局しばらく留任させることに決まった(57)。小川平吉鉄道大臣の一九二七年九月二二日の日記に「台湾は云々の事情あり、動かし難し、此事首相と予と之を知るのみ、将来の為に考慮すべきことなり(58)」とあるが、「云々の事情」とは八月二九日の会見で牧野が田中に示した天皇の意向（「上山更迭を望まず」）を指す。翌年の河井弥八の日記にも、「上山総督の位地は、常に政府及与党間の問題に上り甚危かりしも、至高の御思召、克く動揺を止めたるやに推察す(59)」とあり、昭和天皇の意向が親任官人事を直接左右した最初の例として、上山の留任は記憶されるべき事件にあげられよう。

牧野は九月二一日に西園寺を訪れ、「御下問のありたる人事問題の経過を内話」した(60)。一件落着の顛末報告であろう。しかし、人事政策をめぐる原則的な差異がこれで解消されたわけではない。牧野は天皇から田中が「聖旨遵奉」の上奏をしたのを聞かされて、「首相言上の如く実行出来るに於ては政治上誠に好影響を来す事と、為邦家大いに欣賀の至りに堪へず」と喜んだものの、「只首相、閣僚の統御上御思召通り実行出来るや否や、気遣る丶次第」と不安を隠せなかった(61)。

牧野の不安は的中し、翌一九二八年一〇月一八日に田中が文官任用令の改正につき天皇に内奏した時に、この問題は形をかえて再燃する(62)。もはや個々の人事の是非をめぐる対立ではなくて、任用令すなわち官僚任免のルールの原理原則をめぐって意見が相違したのであった。事態はより深刻と言わざるをえない。昭和天皇は田中の内奏を聞いたあと、牧野を召び、文官任用令を改正するならば、事務官の身分保証（政党人事の弊を防止するため事務官の休職を無闇にできないようにする措置）の手当をするよう自分が注意したにもかかわらず、田中がその案を示さなかったこと、および任用範囲を拡大するための銓衡機関の組織が政党本位に立案されている点について何ら説明のないこと、この二点について不満を洩らした。牧野は、重大な問題なので「此上にも御納得被遊まで重ねて御下問或は御内示被為在度」と奉答した。その後、牧野、一木、珍田、河井等の側近高官が対策を協議し、「将来の為必要なる処置」をとるべく、珍田と河井が西園寺を訪問して一件を報告し、かつ西園寺の助力をあおぐことに決定した。(63)

なお、河井の日記によれば、一九二八年九月一七日に田中が拝謁し、外交につき奏上した際に、天皇が文官任用令について下問しており、(64)田中が文官任用令の改正を上奏したのは九月二四日のことであった。(65)九月一七日には天皇が田中に文官任用令を改正する計画があるのかどうかを下問し、二四日に田中が政府方針を説明したのであろう。『牧野日記』の「事務官の身分保証の手当等の注意」はこの二四日の上奏の時に田中に与えたものと推測される。天皇は河井に「文官任用令改正に関する意見書」の作成を命じており、(66)それをもとに事前にこの問題をかなり詳しく研究していたのだと思われるふしがある。

一〇月二二日駿河台に西園寺を訪ねた珍田と河井は、「西公の考慮及行為を希望する為、側近者としての所感を述」べた。(67)西園寺は「熟考の上、適当の方法を執る」ことを約束した。牧野は一〇月二六日に天皇に報告の奏上をしている。(68)新聞報道によると、一〇月二三日田中は即位大典の恩典として行われる陞爵・授爵について報告のため西園寺を訪問しているので、(69)おそらくこの時に文官任用令改正問題も話題になったのではないかと推測される。西園寺を通じて天皇の不興ぶりがはっきりと伝えられたせいか、任用令改正問題はこれ以上の進展をみることなく終わった。一二月二八日に珍田侍従長が田中首相に「文官任用令に付、政府の取扱方を勧説」(70)し、たぶんそのためと思われるが、翌一九二九年一月に文官任用令改正案の書類が天皇の手許から内閣に返却された。(71)田中は任用令の改正案を撤回したのである。この問題は、天皇の意向にそうために、内閣が重要な政策を撤回した

実例として記憶にとどめられるべきであろう。(72)

右の官僚人事問題や文官任用令改正問題の例からわかるように、天皇は総理大臣の施政について西園寺に直接下問したのではないが、内大臣の牧野を通じて実質的に下問・奉答が行われた。それにとどまらず、西園寺は首相に天皇の内意を伝え、その注意を喚起する役割をも引き受けた。天皇の下問に答え、内大臣の相談相手となるだけでなく、天皇（および内大臣）と総理大臣との調整役をも果たしたのである。天皇が直接にその不満を総理大臣にぶつけたりすれば、首相の信任問題に直結しかねないし、内大臣の牧野にしてもうまくやらなければ、宮中の政治介入であるとの非難を浴びかねない。牧野と田中の関係が非常に近しいものであれば（たとえば原と牧野のように）、こういった微妙な問題を二人だけで裏面で処理できたかもしれないが、あいにくそうではなかった。牧野と田中の間が疎遠であるかぎり、首相に有効な働きかけができるのは、田中を天皇に推薦した元老西園寺だけであり、天皇と首相の意志調整の役回りは元老の守備範囲に属すと考えられていたのである。それゆえ、天皇と首相の間に疎隔が生じることが多ければ多いほど、元老の出番も増えるわけである。

ところで西園寺が田中に注意を与えたとして、具体的に何を言ったのかは、記録がないのでじつのところはよくわからない。たとえば官僚人事をめぐる問題の場合、ただたんに牧野の言を田中に伝え、一度牧野を訪ねて詳細を確かめた上で、天皇の納得のいく説明をするよう勧めただけだとしたら、元老としてはいささか芸のないような気もする。もっとも、前記宮内省の覚書では、一九二七年七月一七日の会見で西園寺は田中に「事務官更迭ニ関シ　陛下深ク之ヲ御宸念アラセラルル趣牧野内大臣ヨリ聞知セリ。其ノ内容ノ詳細ハ内大臣ニ面会ノ節聴取セラレテ可ナルベシ(73)」と述べたとなっている。天皇に対してどのような態度をとるべきか、輔弼者としての心構えにつき一言あってもよさそうだが、これについては西園寺がどう考えていたかは、次の言葉が参考になるだろう。

一体大臣など、御前へ出るのを憚り過ぎる、（中略）日常の政務は、たとえ御意見と違つても、憚らず反対なら反対の理由を申し上げて差支えない、御言葉を返しては恐懼の至りだとか、聖上に反対しては恐れ入るとか云つて尻ごみをしては、政事の研究は出来ない、是非得失の議論に由つて政事の研究が出来る。明治天皇さまの時でも、陛下が反対されても、これはこうしなければならぬと押切つて申し上げる。時には激論―俗にいう喧嘩をするようなことがあつても、よく申し上げて御了解を得たこともある。そこに輔弼の任がある。君臣の礼、上下の別というものは、たゞ思召しに違わない、御言葉には皆従うということではない。(74)

西園寺としては輔弼者たるべき者は、時には天皇と激論を交わしてでも、自分の思うところを天皇に通じ、その納得を得るよう務めるべきであると言いたいのであろう。そのようにして両者の直接のコミュニケーションにより隔意なき意志一致が得られれば、天皇と首相の間の齟齬はもとより生じないし、元老が両者の仲介をしなければならないこともない。これが実現されれば、たしかに「元老無用論」も現実性をもちうることになる。しかし、神格化された天皇を前にして、西園寺の言うように実行するのは彼が考えるほど容易なことではなかった。

三、専任外相設置問題・外交刷新御内旨問題

官僚人事をめぐる問題がまだ進行中の一九二七年七月八日、東方会議に出席した奉天総領事吉田茂（牧野の女婿）が牧野内大臣を訪れ、外務省の内情を訴えた。政友会の強硬外交をリードしていたのは、田中兼任外相とその下で実権を握る森恪外務政務次官であったが、その外交姿勢には前内閣の幣原外交を支えていた外務省主流の

考えとは齟齬するところが多々あった。吉田は、「其結果実に憂慮すべき目下の状体にて」、出淵勝次外務次官はじめ事務当局は非常なる苦境に陥っていると語り、この窮境を打開するには専任外相を置くことが急務であり、外務官僚出身であれば人物は誰でも良いとまで言った。(75)牧野は「此儘推移する時は帝国の面目に関する重大な影響を来す恐れあり」と心配し、田中に影響力をもつ元老西園寺の注意を喚起して、「同公より首相へ専任外相設置の勧告を試みる事」を決心し、その事情を西園寺に伝えるため近衛文麿を興津に派遣することにした。

近衛は西園寺との面談内容を七月一三日に牧野に復命しているが、(76)西園寺の考えはつかめない。七月一七日に田中は政務報告のため西園寺のもとに赴いたが、(77)会見後の田中が新聞記者に語ったところでは、外相はこのまま自分が兼任するつもりであると説明したところ、西園寺もそれは結構と同意したことになっている。(78)つまり、西園寺・田中会見で外相問題が話題になったとみてまちがいない。

牧野は「外交については先般組閣の当時陛下より首相へ御内沙汰もあり、又西公より特に首相へ伝言もありたる行掛りもあり、旁々今日の事情に顧み前段の取計を為せり」(79)と日記に記している。これは、すでに述べたように、組閣に際して昭和天皇が田中に「支那問題、経済問題ハ目下最モ憂慮スベキ状況ニアル故、(中略)此二問題ニ付テハ十分ニ考慮セヨ」との注意を田中に与えたこと、西園寺が「外務大臣の選叙を慎重にせんことを望む」と田中に指示したことを指しているが、そのような、天皇および元老の言葉がある以上、それに反する田中の行為に対しては何らかの是正措置をとらなければならないと、牧野は内大臣が閣僚人事へ介入する行為を正当化しようとしたのである。成功しなかったとはいえ、総理大臣兼外相の外交手法に不満をもつ外務官僚(吉田)が姻戚関係を利用して内大臣を動かし、内大臣から元老を通じて首相に圧力をかけて重要閣僚人事に介入しようとしたのは、それ以前にはなかった。

第一次若槻内閣の初めの頃に、牧野は二度、首相に対して忠告する必要があるのではないかと考えたことがあった。一度目は、議会乗り切りのために憲政会が政友本党との提携を策した際のことで、その見返りとして若槻が床次に円満な政権委譲を約束するようなことがあっては、「大権私議」の非難を受けかねないと憂慮した牧野は、憲政会とパイプをもつ一木宮内大臣に「老婆心なれども此点は是非避くる様為念の注意無用ならざるべし」と、若槻にそれとなく注意するように求めた。一木もこれに同意し、実際に若槻に注意している。一木から、若槻は床次に対して「憲政会は絶対多数党にあらず、本党も少数党なり、付ては政務の進行に付ては相互的に可成援助する事と致したし云々」と述べたにとどまるとの報告を聞いた牧野は、それならば「兼て心配したる大権私議の恐れは避け得たるが如し」と胸をなでおろしている(80)。

二度目はやはり第五一議会の時で、与野党入り乱れての金権スキャンダルの摘発合戦（政友会の松島遊郭事件追及、憲政会の田中義一陸軍機密費事件追及）が行われるのを見た牧野は、「各政党内面の墜〔堕〕落を暴露し、殊に陸軍巨頭の面目を毀損する事甚しく、内外人心に与ふる影響少からず。憂慮限りなし」と心配し、若槻、田中、床次が協議して互いに「人心発《あば》合《き》を制止する様申合はせ」るよう、若槻から提議させるようにしてはどうかと、一木の考慮を求めた(81)。はたして一木が今回も若槻に忠告したかどうかはわからないが、薩摩系の床次がからんでいることもあり、牧野の若槻内閣への姿勢はそれほど厳しいものではない。また、牧野は一木を通じて若槻に働きかけを行い、西園寺を動かそうとはしなかった（これは西園寺以外には政友会とパイプを持つ人物を牧野が知らないということも一因であるが）。これと比べると、牧野の田中内閣に対する姿勢は好意的とは言えないものがある。

いっぽう元老の西園寺が田中の外交姿勢で問題視したのは、専任外相問題よりも、内閣が「対支外交刷新を公言するは、陛下の御思召に出づと揚言」していることであった。一九二七年九月一八日に西園寺の政治秘書の原田熊雄が、おそらく西園寺の内意を受けてのことだと思われるが、河井侍従次長にそのような「御内旨ありしを不可とす」、これは「畢竟、牧野内府が薩派に乗ぜられたる結果ならん」と申し入れている。[82] 牧野の日記にはこの件についてまったく記述がなく、「外交刷新の聖旨」なるものが具体的に何を指すのか河井日記からは不明だが、田中が大命拝受の際に受けた「支那問題（略）ニ付テハ十分ニ考慮セヨ」との天皇の言葉を指すとみてまずまちがいない。西園寺は大命降下の際に昭和天皇が外交政策に関して田中に言葉を与えたことを牧野の失策と見ており、内閣が田中外交への反対を抑えるためにそれを利用しているとして、強い危惧を覚えたのであろう。「外交刷新」を唱う田中外交は天皇の支持を得ていると内閣が公言すれば、外交上の責任は天皇に及びかねない。それは西園寺のもっともおそれるところであった。また逆に、田中が対中政策で失敗すれば、今度は野党が「外交刷新の聖旨」に背いたとして、田中内閣を攻撃することが予想されるが、外交問題に国体問題が持ち込まれて朴烈怪写真事件のような状態が繰り返されるのも、もとより西園寺の好むところではなかった。「薩派に乗じられたる結果ならん」とはそのことを意味する。あるいは、牧野が専任外相設置を要求して閣僚人事への介入を西園寺に求めてきた際に、この「聖旨」が介入を正当化する根拠にされているのを知って、牧野のやり方に納得できぬものを感じたのかもしれない。

原田は、九月二七日にも河井に「現内閣の高唱する外交刷新の聖旨」につき意見を述べている。[83] 同日夜、田中は松本に電話して極秘に西園寺との会見の手はずを整えるよう依頼し、翌二八日朝早く人目を避けて西園寺と「重大問題」について話し合った。[84] 田中は九月二二日に一度西園寺を駿河台に訪問して、各種政務報告をすませているので、よほど重要な案件だったと思われるが、松本日誌には「重大問題」の中味が何かは記されていない。ただ、西園寺邸を後にした田中がその足で一木宮内大臣を訪問していることや、右にあげた原田の言葉などからすれば、「外交刷新の聖旨」問題であったとみてまちがいないだろう。西園寺が田中に田中外交を擁護するため天皇の言葉を持ち出すことの不当性、およびそれが逆に田中を進退窮まる立場に追いやるかもしれない危険性を注意し、田中が一木宮相に釈明に行ったのが事の真相でないかと推測される。

四、衆議院の再解散問題

議席数で野党民政党に劣る田中政友会内閣は予定通り第五四議会を解散し、それをうけて一九二八年二月二〇日最初の男子普通選挙が実施された。開票の結果は政友会二一七、民政党二一六と、両党で全議席の九割以上を占め、得票面でも二大政党時代の到来が裏づけられたが、皮肉なことに与野党ほぼ互角の状勢では、かえって政局の安定を望むのはむずかしくなった。田中内閣が警察を使った露骨な選挙干渉を行い、与党政友会が巨額の選挙資金を準備して選挙にのぞんだことを思えば、この結果は与党の実質的敗北と言わざるをえない。政友会は武藤山治の率いる実業同志会（四議席）と政策協定を結んだが、大勢は変わらず、衆議院では無産政党を含む小会派がキャスティング・ボートを握ることになった。再解散か総辞職か、はたまた野党の切り崩しか、いずれにせよ選挙の結果は前途多難の議会運営を予想させたのである。

第五五議会は一九二八年四月二三日に開かれたが、キャスティング・ボートを握った鶴見祐輔等の明政会（七議席）の戦術にそうかたちで、選挙干渉の責任者である鈴木喜三郎内相の弾劾決議案が与野党抗争の焦点となった。鈴木は選挙前に、民政党の標榜する「議会中心主義」は民主主義に立脚し、国体と相容れぬ危険思想であり、憲法の精神を蹂躙するものであると声明したため、議会政治を自ら否認する政党政治家としてははなはだ評判が悪く、議会で追及の標的となった。田中内閣は野党の攻撃の前に二度にわたって議会を停会したが、鈴木内相一人に標的をしぼった問責決議案が焦点だったこともあって、再解散にはいたらず（民政党の内閣不信任案は審議未了となった）、鈴木内相の単独辞職と引き換えに、満身創痍ながら、辛うじて議会を乗り切った。

ところで、昭和天皇は衆議院の再解散に消極的であった。開院式の当日天皇に拝謁した田中は「無産党は民政党等を誘ひ、名を内相〔鈴木喜三郎〕不信任に仮りて実は政府の顚覆を企図す。斯の如きは不当の甚だしきものなるを以て、政府は三日の停会を命ずることを奏請せんとす」[85]と、議会の停会について予め天皇の内諾を得ることを求めた。田中の内奏を聴いた天皇は牧野に報じるとともにその意見をたずねたが、停会後解散にいたる場合には枢密院に諮詢してはどうかと発言して牧野を恐懼させている[86]。さらに停会当日にも牧野に対して「内閣側より解散等の申出ある場合には、一応保留の上、下問すべし」と語っていることから[87]、解散に消極的な姿勢であることがわかる。すでに前議会で一度内閣不信任案が提出されて、衆議院の解散、総選挙となり、新議会の議席配分に有権者の意志が反映されたのであるから（選挙で勝負がついたのだから）、総選挙後の議会で内閣不信任案が再提出されたとしても、それを与党が否決できなければ、今度は内閣が総辞職する番であって、もう一度解散するのは理に合わないと、そう昭和天皇は考えていた。きわめてまっとうな議会政治の原則論にのっとった判断だと言えよう。

鈴木内相の辞任により、不信任による解散の危機は去ったと思ったのもつかの間、五月五日に衆議院が追加予算案（山東出兵費や共産党取締費を含む）を否決した際には解散したいと、田中は天皇に許可を求めた。昭和天皇はこれに同意したが、予算案否決が理由だから与えたのであって「不信任の方は同一のも〔の〕を再びするのであるから、予算の場合とは違ふ」と、両者をはっきりと区別してとらえていた[88]。しかし、拝謁後に田中が牧野に与えた説明では、予算案否決の場合だけではなく、総括的内閣不信任案提出の場合にも解散するとの話だったので、天皇への説明と食い違いがあり（昭和天皇は牧野に、田中は自分に対して「最初より予算に付申出、話次不信任案の言葉に及びたるも、解散の要請は予算と云ふ題目の下に申出たるなり」と、田中の上奏の内容を説明している）、このままでは天皇の意に反して内閣不信任案による解散が行われることになるかもしれないと、大いに心配した牧野は、わざわざ河井侍従次長を議場にやって、天皇の解散への同意は予算案否決についてだけである、と念を押させた。(89) 粟屋憲太郎は昭和天皇の不審を上奏の形式の不備に求めているが、(90) 内閣不信任案の上程を理由とする再解散は理にあわぬと天皇が考えており、田中が予算案否決を理由に解散の同意を得ておきながら、内閣不信任案で解散すれば、結果的に、その天皇をだまして解散の許可を得たことになるのを牧野等が懼れたとみるべきである。

すでに議会召集前から昭和天皇がその意向であったらしいことは、四月六日に牧野が西園寺の病気見舞を兼ねて、興津で懇談した折りに、西園寺が「再解散云々も全然同感なるが、御言葉の結果が内閣の辞職となりては考へものなり」と注意し、牧野が「此点は我々も心配したるところなるが、此手段を取らずして防止するを得ば固より最上なれば、可然考慮を依頼する」と答えていることからも窺えよう。(91) おそらく牧野は昭和天皇から、再解散については慎重を期すよう田中に注意することの是非を打診されたことがあり、また牧野自身も再解散には否定的であったために、西園寺にその可否を訊ねたことから、右の問答になったのだと思われる。

それに対して西園寺は、解散を好ましく思わぬ天皇の意向を予め首相に示してその手を縛ったり、解散の奏請を直ちに裁可せずに保留したりすれば、総理大臣としては総辞職の外に道がなくなり、天皇が辞職を命じたのと同様の結果になる危険性を指摘したのだった。昭和天皇が示した政務に対する熱心さと高い関心、それに論理的な几帳面さは、元老としては大いに喜ぶべきであったろうが、しかし「摂政殿下ハ親ラ政務ヲ御指揮アラセラルベカラズ。各種官職ニ在ル者ヲシテ、如何ニシテ其ノ全知全能ヲ竭サシムベキカヲ御考案アラセラルベシ」(92) と考える西園寺からすれば、立憲君主としてはまだまだ未熟に見えたにちがいない。

再解散問題につき、牧野から「可然考慮を依頼」された西園寺はその翌日に田中と会見している。(93) はたして西園寺は田中に忠告したのであろうか。新聞に掲載された田中の談話には、西園寺は「数の接近による政局の善後策については自ずからあなたの方にお考へがあるでせうから、私はこれについては心配しませぬ」と言い、田中も政府の決意につき元老に責任を負わせることになっては申し訳ないので、政府の考える将来の方針についてあえて一切説明しなかった、とあるのみである。(94) 西園寺は天皇が再解散に消極的であるとの意向は伝えなかったのではないだろうか。他方で、西園寺は松本剛吉の進める民政党の切り崩し策（床次派の脱党）に支持を与えていた。(95)

五、久原入閣・水野文相優諚・上山台湾総督更迭問題

鈴木内相が単独辞職し、内相は田中の一時兼任となったが、この機会に田中は自分の盟友であり、かつ政治資金提供者でもある久原房之助の入閣を実現しようとした。久原はその経営する久原鉱業・久原商事の好況で第一次世界大戦中に巨富を築いたが、戦後恐慌で整理を余儀なくされ、事業を義兄の鮎川義介に譲って、実業界から政界へと転じた。同じ長州出身の田中とは以前から深い関係にあり、田中の政友会入りにも関与していた。しかしながら、政友会での党歴は浅く、二八年総選挙の直前に入党、初当選を果たした、まったくの新人議員にすぎない。当然ながらこの人事には党内に強い反発が予想された。

久原入閣の噂は以前から取沙汰されており、久原が特派経済使節として派遣されたソ連、ドイツの旅から帰国すると、外相就任の観測記事が一斉に報道された。(96) すでに述べたように、牧野内大臣は専任外相を望んではいたが、その候補に金権政治家のイメージが強く、かつまた外交官出身でもなければ、いかなる官歴ももたない久原

房之助があげられていることに驚くとともに、強い警戒の念を抱いた。二八年二月初めには、久原について「世間の伝説、噂さ話し等を言上し、其多少根拠あるを信ずる旨を附け加へ、就ては為念時宜を見計らひ西園寺を尋ね聞込みの有無をも問ひ、話合も致度(97)」と天皇に述べたのである。

四月六日の西園寺訪問で牧野はこの外相問題についても意見を交換した。「種々話合ひの末、結局現状維持が四囲の事情に顧み最善ならんとの事に決着した(98)」とあるので、西園寺も久原の外相就任はまずいと同意したのであろう。さらに牧野は副島道正伯爵から久原がイギリスの会社から汽船購入契約の不履行のかどで訴えられ、敗訴した事件を聞かされ、イギリス大使以下誰も彼を信用していないと告げられると、ますます久原への不信はつのった(99)。

鈴木内相の辞意が伝えられると、牧野はいよいよ久原外相の出現かと疑い、その人事を阻止するため、河井侍従次長を興津の西園寺へ派遣しようとした。牧野から話を聞いた河井が、閣僚人事に宮内官が介入することになるのを憂慮したため、珍田侍従長、一木宮相とも相談の末、河井ではなくて他の誰かをやることになった(100)。その役を引き受けたのは今回も近衛文麿で、近衛は五月五日「久原に付新事実（契約不履行の訴訟問題）（永井）聞及びたるに付ては、事一層面白からざる次第なれば、是非首相よりの内奏前に中止せしむる外なく、然るに其手段の見当らず、頗る苦心致居る結果、公爵におゐて新事実の極はめて重大なるに顧み適当の形式に依り首相へ忠告相成度(101)」との牧野の伝言を西園寺に伝えた。つまり、西園寺から久原を外相にせぬよう田中に忠告してくれと、牧野は頼んだわけである。先述の官僚人事問題、専任外相設置問題、再解散問題に次いで、またもや内大臣が元老を煩わして首相の施策に干渉しようとしたのであった。他にも牧野は高橋是清に田中の説得を依頼しており、また久原入閣反対派の水野錬太郎文相とも連絡をとっていた(102)。

近衛から伝言を聞いた西園寺は、契約不履行問題はまったくの初耳であり、田中の考慮を求めるため近衛に伝言を頼むかもしれぬが、ともかく二、三日考えさせてくれ、外相人事については内閣成立時の行きがかりもあり、田中は必ず相談に来るであろうから、その際に注意するにしても、こちらに適当な候補がなければ反対するのも困難である、などと語り、最後に牧野には「伝言に対しては十分聞き取りたり、此上熟考致したる上に処置す可し」[103]と返事するように頼んだ。近衛はその夜東京に帰り、会見の模様を牧野に詳しく報告している。

翌日、西園寺は田中に注意するため、松本剛吉を呼び、牧野が久原の外相就任を頗る憂慮している旨打ち明けた。松本は西園寺の心配を田中に伝えるよう請け合うとともに、久原の入閣は動かし難いが、外相になるとは決定していない。内相後任も水野、中橋徳五郎（商相）、小川の三人のうちの誰かが転じるであろうと述べた[104]。松本が帰ったあと、西園寺は近衛に「内談の件首相へ注意せり」と打電し、近衛は早速それを牧野に電話して、牧野を安心させている[105]。松本が委細を田中に伝えたのは言うまでもない[106]。時日がはっきりしないので、明確なことは言えないが、田中が昭和天皇に、久原を外相に推薦するとの流説を聞くが、自分が外相を兼任する状態を変えるつもりはないと奏上している事実からすると[107]、西園寺の注意が効いたと言えるかもしれない。

ところで、牧野は西園寺に使者を立てるにあたって、前もって昭和天皇に一部始終を上奏していたから、西園寺への伝言は天皇の諒解のもとになされたことになる。また西園寺からの返答のことも牧野は天皇に逐一報告しており[108]、直接の発意者が昭和天皇ではなくて、牧野内大臣だという点にちがいはあっても、これもまた官僚人事問題や再解散問題と同様、間接的な元老への下問・奉答の例と見なせよう。

田中は西園寺の忠告で外相に起用するのは諦めたかもしれぬが、久原の入閣そのものは初志を変えなかった。松本を興津にやって久原入閣のやむを得ぬ事情を説かせ、また自ら西園寺を訪問して、諒解を求めたので、西園寺も「久原氏入閣に就いては内務、外務の如き枢要の位置を避けるが宜からう」[109]とこれを了承した。なお、田中の西園寺訪問の翌日の新聞に、西園寺が田中に「内閣改造とか何とか話があらうが、それは私の一切容喙すべきことでなく、話すべき筋合でもない、あなたの指揮する内閣だからあなたの思ふ存分おやりなさい、私のかれこれいふべき筋合いでない」と語ったとの談話が掲載され、[110]物議をかもした。一般論として言えば、元老の総理大臣に対する発言としては、こうあるべき内容の談話なのだが（そうでなければ元老の施政への容喙と非難されたであろう）、時期が時期だけに、田中が党内外の強い反対を押さえようとして、元老西園寺の威光をかりたと見なされたのである。[111]この田中のやり口は水野文相優諚問題でもう一度繰り返される。

田中は党内、閣内の反対を押し切って久原の入閣を断行した。党内の信望の厚い望月圭介逓相を内相に転じ、そのあとに久原をもって来たのである。さすがの牧野もこの人事にまでは反対できなかった。牧野から久原についていろいろ聞かされていた昭和天皇は、閣僚人事の内奏があった場合いかにすべきやと下問したが、牧野は「首相より内奏の場合には――其内奏の内容如何に依る事なるも――大体に於ては御聞容れ被為在之外あるまじく」と返答し、さらにその人物の人となりについて田中に質問してみたいがどうかと再下問された時にも、その結果までよくお考え下さるようにと、それを押しとどめた。[112]昭和天皇が田中にそのような質問をすれば、久原と久原を推薦した田中に対する不信任を意味しかねないからである。

閣内で久原入閣に強い難色を示していた三土忠造蔵相は、望月の説得もあって、態度を軟化させ、久原の入閣を容認した。もう一人の反対派の雄、水野文相は抗議の意味で五月二一日に田中に辞表を提出し、それは新聞にも大きく報道された。しかし実際には、各方面からの慰留を受けて、翌二二日夜には水野は辞意を翻し、留任することで田中と合意していたのであった。[113]この時点で水野が田中に預けた辞表を取り下げておれば、その後の事件はおこらなかったのだが、引っ込みのつかなくなった水野は、首相ではなくて、天皇の慰留を受けて思い止まったようによそおうとし、水野引き留めに躍起となっていた田中もその希望に応じたので、ここに水野文相優諚問題なるものがもちあがることになった。

五月二三日田中は望月、久原の人事を奏薦して天皇の裁可を得たが、その際あわせて、水野からも辞表奉呈があったが、既に水野とは御却下あるべしとのことで「隔意なき了解を遂げ」ており、「只、国務大臣の辞表は陛下に対する重要なる文書なるを以て、陛下に文相の辞表を御覧に供」すと、水野の辞表を差し出した。天皇は田中の言に従い、これを直ちに却下したが、田中はさらに水野のために拝謁を乞い、天皇の許しを得た。[114] 田中は珍田侍従長に水野拝謁の際には天皇のお言葉（例えば「安心せり」）を賜りたいと依頼し、どのような「お言葉」にするかで暫しやりとりがあったが、結局「益々励精せよ」の一言に決まった。[115]

その日拝謁を終わった水野は新聞記者に、先に田中まで辞表を出し、執奏を乞うていたが、本日田中が陛下に辞表を奉呈し、あわせて「教育のことは極めて重要でありまするから、文部大臣水野錬太郎を以てその任に当たらしめたいと思いまする」旨奏上したところ、御嘉納になり、その後自分が拝謁して辞表奉呈の理由を委曲伏奏したところ、「ますます国務のため尽瘁せよ」との御諚を賜ったと、あたかも天皇の優諚を受けて辞職を思い止まったかのごとくにとれる声明を発表した。[116]

水野声明が報道されると、自らの強引な人事から生まれた閣内の異論をおさえることができず、聖慮を煩わしたのは輔弼者としてあるまじき行為だとの非難がおこり、それを打ち消すために、今度は田中が、水野留任の意志はすでに二二日の会見において合意されており、天皇の言葉で辞意を撤回したわけではない、まして優諚を奏請したおぼえはなく、水野声明は事実にまったく反すると反駁したので、[117] 水野が自分の面子と大臣の椅子を守るために、田中は閣内不統一を糊塗するために、両者馴れ合いで天皇の言葉を利用したことが明白となってしまった。結局水野は同僚からも見放され、辞職せざるをえぬ羽目となり、再度辞表を提出して、引責辞任した。しかし、田中の責任を追及する動きはやまず、六月二日貴族院各派は田中の軽率・不謹慎を責める異例の共同声明を公表した。

水野文相優諚問題の顛末は、その日夕刻に宮内省を訪れた原田熊雄によって西園寺に伝えられた。河井侍従次長は興津から戻った原田から西園寺の意向を聴いているが、その内容は記されていない[118]。ただ、平沼枢密院副議長は、おそらく松本剛吉から仕入れた話だと思われるが、水野は前に清浦内閣の内相に就任する際にも、前日まで清浦を激しく攻撃していたにもかかわらず、清浦から入閣を要請されると、その是非につき西園寺まで助言を求め、西園寺の勧めで受諾したように見せかけた前歴があり、今回もその口であろう、「自分（西園寺）ヲ道具ニ使フコトハ妨ケナキモ、此ノ節ハ　陛下ヲ借リタリ誠ニ不都合」と語ったという話を、倉富枢密院議長にしている[119]。

優諚問題にからんで宮中側近を困らせたのは、田中が「皇室ニ関スルコトニテ世論ノ沸騰ヲ来タシタルコトハ恐懼ニ堪ヘス」[120]として進退伺を天皇に出したことであった（五月二六日）。昭和天皇はその扱いについて内大臣に下問し、牧野は珍田侍従長、河井侍従次長と相談の上、一木宮相と宮内省御用掛清水澄に憲法学上の意見を求めることとした[121]。一木も清水も総理大臣の進退伺に対する輔弼者は総理大臣その人以外にはありえないとし、首相がこのようなものを出すべきではないし（出すとすれば辞表でなければならないが、田中に辞意はないのだから辞表を出すわけにもいかない）、出されても処理に困るとの意見であったが、結局牧野、一木、珍田等の協議の末、その儀に及ばずと却下することに決定した。ただし、今後水野文相優諚問題で攻撃された時、田中が進退伺却下の事実を持ちだして自分を正当化するのに使うおそれが多分にあり、それでなくとも優諚問題で「累を皇室〔に及〕ぼす憂慮すべき事体を発生」している中、また進退伺のことが露顕すれば、さらに一層面倒なことになりかねないと、「此問題に付ては特に謹慎の心懸けを喚起し、絶対に外間の議題とならざる為め秘密の取扱を期待して、累を皇室に云々の御言葉を」天皇から、とくに田中に与えることも併せて決定した。五月二八日天皇は内大臣の助言に従い、田中の進退伺を却下した[122]。

顛末報告のため河井が興津に派遣されたが、進退伺のことは極秘とされたので、河井は郷里掛川に緊急の家務が生じたとの名目で帰郷し、東京に戻る途次たまたま西園寺を見舞ったかのごとく偽装するという手の込んだことをしている(123)。しかしその努力の甲斐もなく、数日のうちにはすべて新聞に洩れてしまった。西園寺その人も、河井が来る前にすでに松本剛吉から進退伺のことを知らされていた(124)。牧野が「秘密の取扱を期待して」いても、その効果はなかった。河井から事情を聞いた西園寺は、牧野の処置をおおむね是認したが、天皇が田中に与える言葉の内容に関し、「その儀に及ばず」だけで済まさず、この件を極秘にとどめておくため「累を皇室に云々」の言葉を付加えたことについては、何か意見を言ったようである(125)。おそらく西園寺としてはそこまでする必要はないと考えていたのではないだろうか。

進退伺の処理につき、牧野は西園寺に事後報告はしたが、事前にその意見を問うことはしなかった。これは出されたのが辞表ではなくて、進退伺であったから、元老に下問する必要はないと判断したためであろう（進退伺の輔弼者は総理大臣以外にないという解釈は、そういうことである）。優諚問題から進退伺までの一連の事件は時間的余裕のなかったせいもあって、西園寺の意見が事前に求められることはなく、すべて天皇と内大臣以下の側近連の間で処理されたのであるが、しかしこれらの問題は元来元老に下問を要する問題ではない。優諚問題では、天皇は内閣の奏請を容れたのであり、それに不審を抱いて内大臣に下問することなどしていない。元老の意志を問わなければならない局面がなかったし、進退伺については右に述べたように、そもそも元老に下問する筋合いのものではないと、牧野等は判断したのである。そしてその判断は間違ってはいない。

水野問題と並行して、上山台湾総督の更迭をめぐっても一騒動もちあがっていた。上山は一九二八年五月一四日に台湾で起こった久邇宮邦彦王襲撃事件の責任をとるため辞表を提出したが、田中は最初天皇に内奏した時には「此際、総督を辞任せしむるは、政治上将来に悪例を貽す所以なるを以て、辞任せしめず取計へり(126)」と辞表の却下ととれる奏請をして、天皇の了承を得た。ところが、そのことを上山に伝達せず、不審に思った上山から辞表のことを問われると、逆に自分には慰留の意志のない旨答えて、彼を辞任に追い込んだ。[127]辞表は却下されたものと思っていた昭和天皇は、六月一五日に田中があらためて上山の免官と後任に川村竹治を推薦する内奏を行ったので、珍田侍従長を田中のもとへやり、田中の意思を確認するとともにその説明を求めた。さらに牧野内大臣の意見を聞いた上で、[128]ようやく辞任を認めている。異例の事態というべきであろう。なお、上山更迭をめぐる一件は河井侍従次長から原田を通じて元老西園寺にも伝えられた。河井は原田に「西公の首相に対する態度に付、希望を開陳」[129]したが、田中の背信行為および天皇に対する上奏の前後矛盾につき西園寺から田中に注意してくれということであろう。

宇垣前陸相は、田中が最初このような事件で総督を交代させるのはよくないとして辞表却下の許可を得ておきながら、同じ事件を理由として再度上山の辞職の奏請をしたために、「お上のお咎を蒙りて退下、更に同日夕刻再参内理由の補足をして漸く御聴許を得た」との「噂」を日記に書き留め、「事実とすれば失体言語同断也」としているが、[130]天皇が裁可を下すのに、こういう手続きをとること自体が総理大臣に対する「叱責」に等しいといってよいだろう。久原入閣問題や水野文相優諚問題、さらにこの上山更迭問題は、田中内閣がもはや末期症状を呈すにいたったことを示すものだが、その過程で田中が天皇の権威を自己の正当化のために利用しようとしたことは、田中に対する昭和天皇とその側近達の不信感をさらにつのらせたにちがいない。[131]

『牧野日記』によれば、一九二八年六月二五日に岡本愛祐侍従から極秘の話として田中に対する昭和天皇の「御内意」（＝不信感）を聞かされている。その「御内意」とは「最近の事実を発表せば致命傷なり。又此儘推移して御大礼執行は云々」というものであった。「最近の事実を発表せば致命傷なり」の「最近の事実」とは、上山台湾総督の更迭をめぐる田中の「二枚舌」のことを指すのではないかと思われる。これを聞いた牧野は田中に対する昭和天皇の不信任表明かと思い、「実に容易ならざる事柄なるを以て、重て斯る場合あらば内大臣へ御下問《ママ》可被遊可然旨申上置くべし」と岡本に注意した。つまり、再度昭和天皇が田中に対する不信任を表明した場合には、内大臣に御下問遊ばされるよう侍従から申し上げよと注意したのである。これに対して岡本は天皇はそこまで深刻に御考えではないようだと答えた(132)。

柴田紳一は、作田高太郎『天皇と木戸』(一九四八年)に「かかる不都合な総理大臣に依りて即位の大典を挙げるのは不本意なり」と天皇が洩らしたとある記事を引いて、岡本が牧野に示した「御内意」はこういう意味ではないかと推測しているが(133)、それにまちがいはないと思う。内閣成立後一年余りにして、昭和天皇の田中に対する不信感は簡単にぬぐいようのないほどに深まっていたのであった。

なお、上山更迭の後、第五五議会で審議未了となった治安維持法の緊急勅令による改定が行われた。これについても昭和天皇は不満を感じていた。詳細は不明だが、牧野に対して、田中の説明に満足していないこと(なぜ次期議会をまたずにわざわざ法律を緊急勅令で制定しなければならないのか、その理由説明が納得いかないということであろう)、条件付で裁可することにしてはどうかと下問している(134)。また、緊急勅令を審議する枢密院本会議の前々日には珍田侍従長を倉富枢密院議長のもとに派遣して、「午前ニ議了セサレハ午後ニ及ヒテモ差支ナキ故十分ニ討議ヲ尽クスヘキ」旨の「御思召」を伝えさせてもいる(135)。六月二七日の枢密院本会議は反対論が沸騰したため、午後六時過ぎても議了せず、決定は翌日に持ち越されたが、昭和天皇は午前一〇時半の開会から、途中休憩をはさんで、最後まで臨席し続けた。というより、夜になっては天皇の警護が困難との理由で、六時過ぎで審議が中断されたのである。昭和天皇は倉富議長に「如何程遅クナリテモ差支ナシ、議事ヲ進行スヘキ」と命じた(136)。

もっとも、六月二九日に倉富が拝謁して、枢密院の議決を奏上し、緊急勅令による改定がやむをえぬものであることを説明した際には、「ハー左様カ(137)」と答えたのみであった。しかし、倉富の奏上後、牧野を召して再度

「治安法才可に臨み条件を附し度希望なり」と質問している。[138] 牧野は枢密院で議決した以上それは難しいと奉答したものと思われる。それを明確に裏付ける史料はないが、この問題に対する昭和天皇の考えは、枢密院で反対した久保田譲、松室致等の考えに共鳴するものがあったのではないか。つまり、共産党取締のため治安維持法の強化が必要なことは理解できるが、それを緊急勅令によって行う田中内閣の手法は憲法に抵触するのではないかとの疑念を有していたのだと思われる。

六、「聖旨」三ヶ条

目を中国大陸へ転じると、国共合作の破裂で一時停頓したが、一九二八年四月七日に北伐再開が宣言され、国民革命軍が山東省に進軍した。これに対して田中内閣はただちに再派兵を決定し、熊本の第六師団を山東に送った。五月三日日本軍と国民革命軍とは済南で衝突（済南事件）し、日本軍は中国軍を排除して済南を占領し、田中内閣はさらに第三師団を増派した。しかし、山東出兵と済南事件は上海、天津、漢口などの大都市で猛然たる排日、排日貨の運動を引き起こし、逆に日本の対中貿易に深刻な打撃となって跳ね返ってきた。それまで田中外交を支持していた日本の企業や商社が一転して武断外交に不満を示すほどに、その被害は甚大であった。済南事件後も、日本軍を迂回して国民革命軍の北上は続き、大軍が北京、天津方面に集結を完了した。五月末には張作霖軍の敗勢はもはや動かし難い状態となった。

田中内閣は南北双方に対し「満蒙治安維持声明」を通告し、さらに張作霖には東三省への撤退を勧告したが、形勢不利を悟った張作霖は六月三日北京をあとにし、京奉線の特別列車で根拠地瀋陽へと向かった。しかし、翌四日早朝、まもなく奉天駅到着というところで張作霖の乗った列車は爆破され、そのまま帰らぬ客となった。事件現場は南満州鉄道と京奉線の交差地点であり、満鉄の高架橋に爆弾を仕掛けたのは日本の軍人、犯行の首謀者は関東軍高級参謀河本大作大佐であった。

五月一八日の「満蒙治安維持声明」の解釈は田中首相兼外相と陸軍、とくに出先の関東軍とではじつは大きく異なっていた[139]。田中は張作霖が兵力を温存したまま東三省に帰還するのを強く望んでおり、原内閣以来の援張政策の基本線を大きく変更するつもりはなかった。長城線以南については蒋介石の南京政府の支配を容認せざるをえぬとしても、満州については従来通り張作霖政権と特殊な関係を取り結んで、日本の権益を維持しようと考えていたのである。田中の理解では「満蒙治安維持声明」も、張作霖への撤退勧告もその見地に立脚するもので、決して張作霖を敵視する意図はなかった。

ところが関東軍は田中とはちがい、張作霖政権についてより厳しい考えをもち、いまや日本の満州権益の保持・拡張にとり邪魔になりこそすれ、少しも利用価値をもたないと判断していた。張作霖軍敗走を好機ととらえて、東三省からその勢力を排除することを狙ったのである。関東軍の考える「満蒙治安維持」とは、張作霖軍を武装解除し、満州南部を事実上日本の軍事占領下におくことを意味していた。そのためには満鉄沿線外、とくに山海関方面への出動命令が関東軍に与えられなければならないが、張作霖が撤退勧告に従ったのを見た田中は、参謀総長がその命令を天皇に奏請することに最後まで同意しなかった。怒った河本等が、邪魔な張作霖を抹殺すると同時に、関東軍出動のきっかけをつくろうとして企んだのが、張作霖爆殺事件にほかならない。

もっとも、張作霖の殺害には成功したが、関東軍の満鉄沿線外への出動にはいたらず、河本の企図は結果的には失敗に終わった。しかし、この事件により田中の援張政策は受け皿を失うことになり、継続不可能となる。河本は偽装工作をほどこして、事件を国民革命軍のゲリラの仕業に見せかけたが、それを鵜呑みにして南方便衣隊の犯行と発表したのは日本側の官憲だけであった。中国側では早くから日本の犯行であることを察知していたらしく、張作霖の跡目を次いで東北政権の長となった張学良は不倶戴天の敵に心を許すことはなかった。

この張作霖暗殺事件を機に、その年の末にかけて田中外交は急速に行詰りを見せはじめる。まず、張作霖の撤退ときびすを接して国民革命軍が北京に入城し、南京の国民政府はここに南北統一の達成を宣言した。さらに、張学良との間で南北妥協交渉が進められ、張学良は日本の要求する「東三省自治」を婉曲に断り、三民主義の遵奉と国民政府への服従を申し入れた。張学良政権と国民政府の合流は日本の強い圧力で一時延期を余儀なくされたが、もはや中国統一の大勢から東三省を除外するのは不可能であった。一九二八年一二月二九日張学良は国旗変更を命じ、東北全土で国民政府の青天白日旗が翻った。また、張作霖が日本の圧力に屈して締結した満州鉄道建設協定の履行を意図的に遷延させる態度をとった。軍閥割拠の中国において東北の地方軍閥と特殊な関係を取り結び、日本の権益の維持・拡大をはかろうとしてきた原内閣以来の政策はここにその存続条件を失った。

中国の南北統一に成功した国民政府は、外交面でもいわゆる革命外交を推進し、一九二八年七月七日には不平等条約の改訂を宣言した。これにいち早くアメリカが反応し、関税自主権を認める新関税条約を締結、さらに一一月には国民政府を正式に承認した。続いてドイツ、イギリス、フランスがアメリカにならったので、済南事件のため国民政府との外交関係を取結べない日本のみが、条約問題、関税問題、政府承認問題のいずれにおいても他の列強に大きく立ち後れることになった。一九二八年末には対国民政府外交での日本の国際的孤立はもはや覆いようがなく、わずか一年半前に「外交刷新」を唱えて鳴り物入りで出発した田中外交が完全な行詰りに陥りつつあったのは、衆目の一致するところであった。翌二九年になって済南事件の解決交渉妥結（三月）、通商条約改訂についての原則合意と済南からの撤兵（五月）、国民政府の正式承認（六月）と新しい状況への対応措置がとられるが、済南事件の解決条件を見てもわかるように、日本側が最低の条件としてきた中国側の陳謝・責任者の処罰・損害賠償・将来の安全の保障のどれ一つとして貫徹されないままに、山東からの撤兵に応じており、田中外交の従来の基本線からすれば大幅な譲歩以外の何ものでもなかった。

ところで、張作霖爆殺事件後の日中関係に関し、牧野の日記の中に注目すべき記述が見られる。それによると、七月一九日の中国側の日中通商条約廃棄通告の直後、田中内閣はひそかに新たな軍事行動の可能性を昭和天皇に示唆した気配が濃厚である。七月二三日に田中は葉山で天皇に拝謁したが、その内容に関する断片的メモとおぼしきものが『牧野日記』に残されており、それには「出兵は、商船保護、張勧告は南方の条約廃棄の轍を踏まざる為めの手段。南満にては自衛上軍事的行動差支なし（自衛云々は不戦条約条約に明文あり、□□せず云々）、山東南潯鉄道占領（事前に御才可を仰ぐ事、可成く書面にて）[140]」と記されている。

河井侍従次長の日記には、田中拝謁の後、牧野が珍田侍従長と「重要事項を談話」し、さらに天皇に拝謁、退下後また侍従長と協議したとあるので[141]、右のメモはその「重要事項」の内容に関するものと考えてまちがいない。文中の「張勧告」とは一九二八年七月一九日に林久治郎奉天総領事が東三省保安司令張学良に通告した、国民政府の組織内に入り、青天白日旗を掲揚することは日本政府としては絶対に容認しえない旨の警告を指し、「商船保護」は「商権保護」のまちがいだと思われるが、このメモから、条約問題や南北妥協の成り行きによっては、南満州全般への出兵や膠済鉄道（青島・済南間）や南潯鉄道（南昌・九江間、日本の借款鉄道）の占領もありうるかもしれないことを、田中が上奏したのだと解してかまわないだろう。

翌七月二四日、珍田は牧野を鎌倉に訪ね、「重要事項に付協議し、其結果を上奏」した[142]。牧野と珍田は田中の上奏内容につき天皇の意向（＝「聖旨」）を田中に伝える必要ありと判断し、その了解を天皇に取りつけたのだと思われる。『河井日記』には「其事は二十六日侍従長帰京の上実行せらるる筈」とあり、牧野のメモにも「二六日　侍従長より首相へ聖旨、感じ薄きに付重て力説[143]」とあり、『河井日記』にも二六日に「侍従長は外務大臣官邸に外相を訪問し、要談を為す」[144]とあるので、珍田が内密に天皇の意向を田中首相兼外相に伝えたことはまちがいない。もっとも「聖旨」の具体的な内容はいずれにも記されていない。おそらく新たな軍事行動と日中戦争勃発の危険性に不安を覚えた天皇とその側近が、くれぐれも慎重を期すよう田中の注意を喚起したのではないかと思われる。七月二八日牧野は外務次官に就任したばかりの女婿吉田茂に会い、中国問題につき内談しているが、日記には「聖旨云々の件内話。元老御下問なき様決定得策内示」[145]と記されており、このことからも珍田が伝えた「聖旨」が中国問題に関するものであったことが裏付けられる。柴田紳一は、この「聖旨」とは「外交上重要の事件に付ては、行掛りを生ぜざる以前に予じめ御思召しを伺い出づる様、との御沙汰」[146]ではないかと推測している。[147]田中に慎重に行動するよう釘をさしたのだと解釈できよう。

吉田との内話のメモにある「元老御下問なき様決定得策内示」の解釈はむずかしい。天皇の「聖旨」を田中に示すにあたって、元老西園寺に相談しないことに決定したほうがよいとの意味なのか、あるいは日中関係が重大な局面を迎えているので、外交政策につき元老西園寺の意見を求めてはどうかとの意見に、それを避けるように決定したほうがよいという意味なのか、それとも南北妥協や通商条約廃棄への報復として新たに軍事行動の奏請が内閣からなされた場合、日中戦争の危険を冒すわけだから、天皇は慎重を期してすぐに裁可せず、ひとまず保留して元老に下問することも考えられるが、あえてそれはしないことに決定したほうが得策というのか、いくつかの解釈が成り立ちうる。今のところ、そのいずれとも決められないが、この時点で日中間の重大問題につき、元老に下問すべきかどうか側近の間で検討されたらしいことは、はっきりとつかむことができる。もっとも、この件で牧野が西園寺を排除しようとしたするのは早計であろう。というのは、吉田と話した翌々日の七月三〇日に牧野は御殿場の西園寺のもとに赴く一木宮内大臣に「伝言」を依頼しているからである。前後関係から言って、この「伝言」は七月二三日の田中の中国問題についての上奏とそれに対する昭和天皇の「聖旨」の伝達について元老に報告したものと解される。

牧野は田中内閣が安易に軍事的手段に訴えようとする傾向にあることに、前々から疑念を抱いていた。済南事件で第三師団の増派が決定された時も、先遣部隊の福田彦助第六師団長から「此上増兵の必要なしと申来りたるに拘はらず、第三次の出兵を挙行した」という内情を山本権兵衛から聞かされており、「此説果して間違なしとすれば内閣は軍隊を政策用に供すと云ふも弁解出来ざるべし」と日記に記した[148]。山本は田中内閣の不用意な態度、言論を指摘して、牧野に「此際西園寺公は元老先輩の唯一の継続者なれば、今日の如く国家実に重大の時機なれば、改まりたる態度にて特に書面を以て当局たる総理大臣へ注意し、済南事件に関する所見を開陳せられん事を希望す」と、西園寺から田中を戒めるよう求めた。牧野は原田を通じて山本の希望を西園寺に伝えたが[149]、田中外交によって日中関係が危機的局面に逢着すると、山本のように元老西園寺の奮起を望む者が出てくるのは、ある意味で当然とも言える。七月末の牧野メモにある「元老御下問」の記述はそういった状況と無縁ではない。

ところで、先ほどの葉山での「聖旨」とは別に、一九二八年八月にも「聖旨」が出されたことを、「牧野伸顕文書」中の「支那問題其他秘密書類」なる史料に基づいて、柴田紳一が明らかにしている。それによれば、「八月一四日ニ記ス」と記して、牧野は次のような三ヶ条の昭和天皇の言葉（＝「聖旨」）を自筆メモにして残している。

一、支那ノ有様モ行詰マツテ来タ大事ナ時テアル。満州ハ兎ニ角支那ノ領土テアルカラ南北統一シテモ差支ハナイテハナイカ（田中モ主義トシテハ之ヲ認メテ居ルノテアル）。若シ南ノ力カ侵入シテ我カ権益ヲ害スル事実ヲ生シタ時ハ臨機相当ノ処置ヲナシテ可然モノト思フ。石井〔菊次郎元外相〕（永井）ノ話ニ国際連盟モ九月ニハ開カルルコトニナツテ居ル。大国カ小国ヲ威圧スルコトハ伊太利カ希臘ニ対シタル先年ノ実例ノ起リタル時連盟総会ニ於テ非常ナ面倒ナ光景ヲ呈シタコトモアルノテアルカラ余程慎重ニ考ヘ伊太利ノ先例モ大ニ参照シナクテハナラント思フ。南乃方カ露西亜式ト云フケレトモ此レハ推測ニ過キル点モアルカ如シ。実際其為ストコロヲ見テ的確ノ判断ヲナスヘキモノト思フ

二、済南事件ノ交渉ニ付テハ区々タル地点ヲ争フハ日本カ大国ノ態度面目トシテハ面白クナイ。先方カ上海ヲ主張スルナラハ之ニ応シテモ宜シイト思フ。田中ハ済南事件カ落着シナケレハ撤兵ハ出来ヌト云ツテ居ルカ地点如キ小問題テ争ツテ談判ヲ遷延スル時ハ撤兵ハ何時実現出来ヌ《ママ》カ前途気遣ハシク甚タ心配テアル。故ニ可成早ク実行スルニハ談判ヲ開始シテ結着ヲ附ケルコトテアル

第一回ノ出兵ノ時、長引キハセヌカト云フコトヲ下問シタ時、田中ハ長クハナラヌ積タト云ツタカ、其後六月末カ七月始ニ第六師団派遣ノ時ニ更ニ長引クコトノ懸念ヲ注意シ第一回ノ時ノ言明ヲ押ヘテ改メテ下問シタカ、田中ハ派兵期間ノ長短ハ程度問題ナリト云ツテ居ツタ

三、条約改訂ノコトモ解釈ハ解釈トシテ別ニ談判ニ応スル方法ヲ講スルカ宜シイト思フ[150]

この「聖旨」の意味をはかるには、張作霖爆殺後も田中外交の方針が強硬な南北妥協阻止＝満蒙分離政策の継続にあったことを理解しておく必要がある。張学良政権に特使として派遣された林権助は、張学良に国民党政権への合流をやめるよう要求し、もし張学良が日本の意思に反して南方と妥協するなら、日本は既得権益擁護の為必要なる措置を執るつもりである、と脅迫した（八月八、九日）。その前日の八月七日に田中は昭和天皇に「不日東三省及南方政府に対し帝国の立場を闡明する覚書きを発表する」[151]つもりであり、いよいよ実行の際にはあらためて裁可を仰ぐと上奏したので、これを昭和天皇から聞かされた珍田が一木宮内大臣と相談のうえ、牧野に昭和天皇の「聖慮」を書面で田中に内告すべきかどうかを尋ねたという事情があったのである。その内告すべき「聖慮」が右の引用三ヶ条にほかならない[152]。

引用にみられる昭和天皇の考えは、田中内閣が進めつつある南北妥協阻止方針とは相容れない。済南事件の処理問題でも早く交渉をはじめて撤兵するべきだと考えている点で田中内閣の方針とは大きく異なっている。さらに、通商条約の廃棄問題についても柔軟に対応するよう求めている。これからみるかぎり、昭和天皇のよしとする対中国政策は、田中外交の路線でなく、幣原外交のそれに近いと判断できよう。

珍田から連絡を受けた牧野は、八月一二日に那須御用邸に伺候し、珍田から直接田中の上奏の模様について説明を受け、さらに「聖旨」三ヶ条を天皇から聞き取って東京に戻り、御殿場の西園寺のもとに赴いた[153]。西園寺に相談するとともに、西園寺を通じて「聖旨」三ヶ条を田中に伝えようとしたのである。牧野から「聖旨」の伝達を依頼された西園寺は吉田外務次官を御殿場に呼び寄せ、天皇および牧野等側近の心配を説明したうえで、吉田から田中に「聖旨」を伝えるよう命じた。その結果、右の「聖旨」三ヶ条は、「諸政根本に関わる事柄は予め天皇に奏上するように」との注意とともに吉田から田中に伝えられることになった。吉田はそれを田中に伝え、田中は拝承したことを牧野に報告している。このことは河井から昭和天皇にも報告された[154]。ここでも、牧野は内閣の方針と大きく異なる天皇の「聖旨」を田中に伝えるのに、元老の西園寺の手を借りている。このプロセスは最初に紹介した官僚人事問題の時とほとんど同じである点に注意すべきであろう。

田中は八月三〇日に天皇に拝謁し、「聖旨」三ヶ条に対して次のような釈明を行った。

(1) 中国問題は日本単独で解決するのではなく、英仏と歩調をあわせて協同して解決するつもりである。
(2) 対中政策は決して行詰りにあらず。
(3) 通商条約問題については、日本から急速に解決を迫るつもりはない。
(4) 東三省については商租問題が解決せぬうちは南北妥協を認めない。
(5) 山東鉄道に対する保障を得られない限り、山東からの撤兵を実行しない。

これに対して、昭和天皇はさらに牧野にはたしてこれでよいのか、下問した。(155) しかし、「牧野伸顕文書」に収められている「支那問題其他秘密書類」には八月三〇日以降の史料がなく、牧野が昭和天皇の下問にどのように答えたのかも含めて、その後事態の展開は不明である。

九月以降も河井の日記には、田中の対中政策に関する奏上に疑問を感じた天皇が内大臣に下問したり、内大臣、宮内大臣、侍従長、侍従次長等がその対策を協議したりする記事が続くが、肝心の『牧野日記』が一九二八年後半についてはほとんど記事を欠いていることもあって、残念ながらその下問の内容まではわからない。ただ、右に見た史料から、この時期、田中首相兼外相と昭和天皇の対中政策とは大きくかけちがっており、しかも田中は昭和天皇の「聖旨」を示されても、既定の方針を変えようせず、逆に天皇に内閣の方針を是認することを求めたのは明らかであろう。もっとも、張学良が八月一二日に南方との妥協を三ヶ月間延期すると回答したので、昭和天皇が心配した「東三省及南方政府に対し帝国の立場を闡明する覚書」が出される事態は起こらなかった。対中政策をめぐる天皇と内閣の考えの食い違いがそれ以上に深刻化せずにすんだのであった。

しかし、その年の末に張学良は日本の反対を押し切って南北妥協を実行し、国民党政権の傘下に入った。田中内閣は既定の方針である満蒙分離政策を維持するために、武力行使を含む強硬政策を発動させるのか、それとも張学良政権と国民党政府の妥協によって新たな段階に入った中国の統一を現実として受入れ、既定の方針を全面的に見直すのか、いずれを選択すべきか岐路に立たされることになった。もし、後者を選択すれば、それは南北妥協の容認、済南事件の早期解決による山東からの撤兵、南京事件、漢口事件、関税問題などの懸案を解決して国民政府を承認し、国民政府を相手に満蒙権益の保証を求めることになるわけであるから、昭和天皇が「聖旨」三ヶ条で示した方向性にそうものであるのはまちがいない。

しかし、閣内には既定の満蒙分離政策を堅持し、張学良政権および国民政府に強硬な施策を実行すべしとする声も強く、田中自身一九二九年一月七日の時点では、まだ既定の方針を堅持する旨の奏上を昭和天皇にしたくらいであったが[156]、しかし、天性のオポチュニストぶりを発揮して、一月末になると既定の政策を修正し、後者を選択することにしたのであった[157]。佐藤元英の言うとおり、「張学良の易幟以後、田中外相の対中国政策は一変した。満蒙分離政策により日本の権益を拡大擁護しようとする外交方針から転じて、むしろ国民政府との関係を漸次改善の方向へもっていこうとする外交にウエイトを傾けていった。それは国民政府の保証のもとに満州の権益を擁護しようとしたのである」[158]。この田中外交の「転換」において昭和天皇の「聖意」がどの程度の比重をもって作用したのかは、別途検討を要する問題であろうが、二月以降の田中は閣内の反対を押し切り、あるいはぐらかしながら、昭和天皇が好む対中政策へと軌道を修正していくのである。

もちろん、田中の方針転換は必ずしも既定の方針を是とする勢力から全面的に支持されたわけではない。張学良の南北妥協に対して、満蒙分離策に依拠した強硬外交を新たに発動させるべきだとする動きもあったのである。田中が実質的な方針転換を奏上したのとほぼ同じ頃に、そのような強硬政策の企図の存在を示す情報が、幣原喜重郎前外相をはじめとする複数のルートから牧野に対してもたらされた。幣原のそれは、議会閉会後に満州での鉄道建設と土地租借権問題の実力解決をはかるため、場合によっては一、二ヶ師団の兵力を派遣する計画を政府筋が密かにもくろんでいるというものであった[159]。この情報は、関東軍・奉天総領事館・満鉄の三者が「兵力ノ現実使用ヲ要スル最悪ノ場合ヲ想像」した「懸案鉄道建設強行案」を協議・立案していたのが漏れたものであり、もともとは林久治郎奉天総領事の立てた吉会線の工事強行計画に端を発していた[160]。一九二九年二月二一日に西園寺を訪問した牧野は、その種の情報を詳しく説明し、「其向きへ注意あり度く懇談」した。西園寺は「事体の容易ならざるを会得せられたるが如し」と、牧野は日記に記している[161]。このような情報や芳沢公使が進めていた日中交渉に対してその決裂を求める強硬論が新聞に報道されたりすると、天皇と側近が期待していた田中の政策転換に対する信頼が時には揺るがされもしたりしたが、しかし基本的には昭和天皇の望んだ方向へと、田中は対中政策を転換させていった。田中内閣の最末期には、強硬派を押さえながら、田中が昭和天皇の意を体して対中政策を修正していくという、今までにない構図が出現したが、しかしそれは、客観的には田中外交の失敗を自ら認めることにほかならなかった。

七、小選挙区制案と下問一ヶ条

田中内閣の行詰りは外交面だけではなかった。一九二九年はじめの第五六議会に、かねてからの政友会の公約である地租委譲を実現する両税委譲法案をはじめ、自作農創設維持法案、肥料管理法案、鉄道敷設法改正案、私設鉄道買収法案、宗教団体法案、治安維持法改正緊急勅令の承諾案、さらには床次の新党倶楽部（前年八月一日に床次は手勢三〇名を率いて民政党を脱党、新党倶楽部を組織した。これで与野党伯仲の一角が崩れた）と共同提案の小選挙区制案など、一連の重要法案が提出されたが、緊急勅令の承諾を除き、いずれもことごとく貴族院で握りつぶされ、審議未了に終わった。衆議院では新党倶楽部が両税委譲法案に反対したほかは政府支持にまわったので、何とか多数を制することができたが、水野文相優諚問題で反政府色を強めた貴族院は田中首相の責任を問う決議案を可決し、田中内閣の「鬼門」となった。貴族院がここまで反政府的であったのは珍しく、さすがに予算案の否決まではしなかったが、首相の問責決議や看板法案たる両税委譲法案の握りつぶしは、実質的な内閣不信任の表明にほかならない。それだけでも総辞職につながりかねない致命傷だが、田中は一向に平気であった。

第五五議会での再解散問題ほどではないが、この第五六議会においても、田中の対議会方針は昭和天皇の万全の支持を得られなかった。河井侍従次長が書き留めた、小選挙区制案をめぐる天皇と田中首相の問答の覚書によると[162]、一九二九年三月一六日に田中は内外政務について天皇に上奏したが[163]、政友会・新党倶楽部共同提案の小選挙区制案についてすこぶる熱心に説明し、同案を是非通過させたいので「若シ審議上ノ必要ヲ認メルニ於テハ会期延長ヲ奏請スルヤモ計リ難キ旨ヲ上奏シタ」。改定の理由として田中は、政局の安定のために必要であり、現行選挙法では小党分立の弊を免れず、二大政党制確立のためにも小選挙区制を導入しなければならない、また小選挙区制は日本の国情に最適の選挙制度である、という三点をあげた。これに対して昭和天皇はまず小選挙区制にすると「一流人物ノ落選ヲ見ルカ如キ虞ナキヤ」と疑問を呈した。人物識見ともにすぐれているが選挙に弱い政治家、無所属の政治家に不利ではないかというわけである。この下問に対し田中はただ「無シ」と答えるのみで、その理由は説明していない。続いて天皇は「投票ノ効果ヲ減殺スルノ結果無産党ノ如キモノノ代表ヲ阻ミ之ヲシテ竟ニ直接行動ヲ執ラシムルニ至ルノ虞ナキヤ」と下問した。田中は「都会ノ選挙区ニ於テハ多少ノ代表ヲ見ルニ至ルヘク斯カル憂ナシ」と答えている。天皇に上奏した三日後に田中は牧野にも小選挙区制案を説明したが、そこでは「此に依り無産党の進出を防し《ママ》将来の禍根を出来る丈除き置所存なる[164]」と述べているので、無産政党の議会進出について田中と昭和天皇はかなり異なる考え方をしていたことがわかる。田中は小選挙区制を導入して普選下の無産勢力の議会進出を阻止しようと考えたのに対して、昭和天皇はむしろある程度までは無産勢力の議会進出を容認するほうが体制の安定につながるとの考えの持ち主であった。そのことは「比例代表ノ制ヲ行フノ意ナキヤ」と最後に田中に質問したことからもうかがえる。もちろん、田中は「其ノ意志ナシ」と答えた。

田中はなお詳しいことは望月内相から説明させますと述べて退出したが、昭和天皇は「政府提出ノ重要法案タル両税委譲案ニ付テハ何等奏上スル所ナク、然ルニ議員ノ提出ニ係ル本案ニ付テ頗ル熱心ニシテ会期延長ノ奏請ヲモナサントスルカ如キ態度ニ奇異ノ御感[165]」を抱いたのであった。小選挙区制に抵抗を感じた昭和天皇は、政府提出法案でもない同法案のために議会の会期延長を許すのは納得がいかないと感じ、河井に命じて、もし田中がそれを理由に会期延長を要請してきたら如何にすればよいかを牧野に尋ねさせた。前年の再解散問題と類似のケースが今議会でも生じたのである。ただし、前回とは違い会期延長を拒否すべきであると確信をもって言えるほどの理由を、昭和天皇はもっていなかった。

牧野はこの昭和天皇の下問に対して、議会の会期がぎりぎり切迫し、微妙な判断を要する政機の刹那において、天皇が小選挙区制案の審議未了を理由とする会期延長に反対であることがあらわになれば、政治的対立に天皇が巻き込まれ甚だ恐れ多き次第となるので、事前に会期の延長申請をせずにすむよう、あるいは会期を延長するにしても、小選挙区制案を理由とせぬよう、田中に忠告するように取りはからいたい、と奉答した(166)。牧野は、一月に死亡した珍田捨巳に代わって新たに侍従長に就任した鈴木貫太郎に依頼して田中に会期延長の件に注意を喚起させた。田中は鈴木に、会期延長を天皇に奏請するかもしれないが、それは政府提出の自作農創設法案、肥料管理法案成立のためであって、小選挙区制案を理由とはしない、そのことは天皇に言上してもらってかまわないと告げたので(167)、この件は解決した。田中は自作農創設法案と肥料管理法案の成立をあきらめたので、結局第五六議会は会期を延長することなく終了したが、閉会式の前日に岡田海相が臨機に会期を延長する決定をなすことについて予め天皇の許可を得ておきたいと奏請した際には、昭和天皇はこれを認めている。ただし、「他の法案の為延長を要求することなきや」と岡田に質問し、田中の言にまちがいのないことを確認している(168)。

前節で扱った対中政策、それに今みた小選挙区制案に対するとらえ方から明らかなように、この時期の昭和天皇の個人的な政治的見解は政友会の保守的立場や田中外交の武断主義に比べると、はるかに「進歩的」であり、民政党の路線に近いものと評価できる。政治的見解がこれほど相違しておれば、田中の施策に疑問を感じたとしても、それは無理もないと言えるかもしれない。昭和天皇個人の政治的見解がこのようなものであったことは、田中内閣、浜口内閣期における昭和天皇の「政治関与」を論ずるにあたって、忘れてはならない点だと考える。

田中が牧野に小選挙区制案のことを話した時、議会閉会後に床次が望むなら拓務か外務で入閣させて、新党倶楽部との合同または連盟により与党で衆議院の過半をしめ、その力を背景に中国政策の新展開をはかりたいと、今後の政局運営についての抱負をも披露した。さらに床次の入閣には西園寺も賛成してくれたと語った[169]。また重要法案が貴族院で審議未了のまま会期を延長せずに議会が終わったあと、なぜ会期延長を奏請しなかったかを田中は昭和天皇に説明したが、それらの法案にはもともと欠陥があり、貴族院で種々議論が出るのも無理からぬことであるので、会期延長をせずに、成行きに任せた次第であると天皇を前にして平然と述べ、公約が実現できなかったことを恥じる気配も見せなかった。この話を鈴木侍従長および関屋宮内次官から聞いた牧野は耳を疑い、「其心得に於て総理の資格全然欠如し居るのみならず、恐れながら上を軽んじ奉るものと云ふも言葉なかるべし[170]」と、田中の総理失格ぶりを難じている。不戦条約問題でも枢密院に大幅に譲歩し、満身創痍になりながらもなんとか批准にこぎつけた田中は、内政・外交ともに救いようのない破綻、行詰りに逢着しながらも、「不死身首相」の異名にふさわしく、少しも動じなかった。

このような状況で、内閣の後見人と目されていた元老西園寺に行動を期待する声も一部に見られた。たとえば、「何とか自発的引責の方法なきや心配致呉れ」と、牧野に田中退陣の方法について考慮を求めた薩摩系の貴族院勅選議員山之内一次は、西園寺から田中に「可然申含める方適当ならん」と考え、一九二九年の四月に西園寺を往訪してその奮発を求めた。西園寺は「一々傾聴して来意を感謝し、考慮すべし」と答えたが、山之内が後継首班に推薦した牧野については内大臣に他に適当な人物が見つからぬとの理由で同意しなかった[171]。もっとも西園寺には、第二次大隈内閣の末期に山県有朋がやったような辞職勧告の動きをするつもりはなかったと思われる。それでも、この頃には西園寺の方も田中にはいいかげんうんざりしていたらしく、原田から田中の久原重用は目に余るものがあるので西園寺から田中に注意してくれと白川陸相から頼まれたとの話を聞くと、「釘のきかぬ所に釘するのは無駄な事で、矢鱈に打つものに非らず[172]」と洩らすほどであった。

結局、「不死身首相」を倒すことになるのは、野党でもなければ、貴族院でもなく、また枢密院や元老でもなかった。後述するように、昭和天皇の田中に対する不信任の表明が内閣総辞職の原因となったのである。昭和天皇は前年六月頃に一度、岡本侍従に軽く不信任の意を洩らしたことがあったが、一九二九年にはいると、田中の言には信がおけないと内大臣や侍従長にはっきり明言するようになった。二月二八日、天皇は河井侍従次長を牧野のもとに遣わして、二件にわたる下問をした[173]。一件目は、「総理よりの時々の言上に付兎角違変多」く、はなはだ困るというものであり、二番目は、済南事件の解決交渉につき、田中は決して決裂させないと何度も言うが、交渉経過を見ているととても安心できない、何とかしたいと思うがどうすればよいか、というものであった。

牧野は、鈴木侍従長や河井侍従次長と対策を協議し、二件目については、鈴木から田中に内密に天皇の心配を然るべく伝えることとし、最初の件は「事大体に渉り一層重大なれば西園寺とも相談」の上、あらためて奉答することに話はまとまった[174]。牧野は協議の結果を天皇に報告し、その承諾を得た。興津の西園寺のもとへは、これも二月に内大臣秘書官長になったばかりの岡部長景が、新任の挨拶を兼ねて派遣されることになった。牧野は岡部に、済南事件解決交渉の成り行きに天皇がいたく憂慮していること、さらに「総理が言上したることが度々変り、御不安を懐かせられ御不信任という程度ともいひ得べき位なるが、今更言上振を訂正さすことも一寸注意し難く、先づ日支交渉にても片付きたる上は、内外政務につき更に篤と総理の意見を確かめらるる様願ふ」との牧野の伝言を、あわせて伝えるように命じた[175]。

岡部は三月五日に西園寺を訪問し、牧野の伝言を伝えたが、「矢張同情を有して見て頂く様願はざるべからず」、「国務大臣が奏上するを窮窟《ママ》がらず御相談する位の心地にて願はざるべからず」というのが、西園寺の返答であった[176]。西園寺としては天皇は総理大臣に大政の統督を委ねているのであるから、あまり神経質にならぬよう、余裕をもって上奏を聞き、多少の食い違いや前後撞着には目をつぶってやってほしいと、言いたかったのであろう。西園寺の返答は、岡部を通じて牧野や鈴木、河井に伝えられ、牧野はそれを天皇にも報告したはずだが、側近および天皇のそれに対する反応は、残念ながら知ることができない。天皇とその側近は、おそらく西園寺の意見には満足しなかったと思われる。田中に対する不信の度合いが、すでに西園寺のそれをはるかに上回っていたからである。

八、満州某重大事件

話をもう一度、一九二八年六月の張作霖爆殺事件にもどすと、事件後、表面は「南方便衣隊の犯行」で片づけられていたが、いつまでも真相を隠しおおすことはできなかった。水面下のいろいろなルートを通じて、真偽とりまぜた情報が日本国内に伝えられた。そのもっとも早いものの一つに、工藤鉄三郎が事件関係者から聞き出して、小川平吉に伝えた極秘情報がある。小川のもとに残された史料から見るかぎり、工藤は事件の真相をほぼ正確につかんでいた[177]。小川がこれを知ったのが六月下旬で、彼は直ちに田中首相兼外相と白川陸相に連絡し、極秘に対策を協議したが、この時点では白川が容易に信用せず、しかも念のため密かに東京に召還して尋問した河本が容疑を一蹴したこともあって、いったんはそのまま放置されることになった。

また、後藤新平も独自のルートで得た情報をもとに、一九二八年六月二五日夜「張作霖暗殺は慥かに邦人なりとの確説を得たり、果して然らば実に容易ならざる影響を及ぼすべし、就ては事の顕はれざる前に適当の処置を講ずる必要あるべし、何分にも心配に堪へず、別に相談する人もなければ、夜中を顧みず国家の大事として来談したり」と、鎌倉の別邸にいた牧野内大臣のもとに駆け込んだ。[178] 牧野は「確証の有無如何を慥めたるに、唯間違なしとの事にて、具体の細話はなかりし」ため、この後藤の話を重視しなかったが、後藤は張作霖政権側の調査報告書の日本語訳文を入手しており、日本の犯行を裏付ける動かぬ証拠を中国側が握っていることをつかんでいたのである。[179]

いったん放置することを決めた後も噂は絶えなかったので、ついに田中は陸軍省、外務省、関東庁に内密に真相調査を行うことを命じた。[180] 一九二八年九月のことである。その一環として峯幸松憲兵司令官が奉天に派遣され、河本らの犯行であることを突き止めた。[181] ちなみに、東京裁判における田中隆吉の供述によると、河本が首謀者であることを記した峯少將の調査報告書は、非常持出し書類として陸軍省に保管され、田中は兵務局長時代にそれを読んだという。[182]

一〇月二三日に開かれた調査特別委員会でも、工藤が小川にもたらした情報の信憑性の高いことが裏付けられ、日本人の謀略であることはもはや動かしがたい事実となった。峯の報告は一〇月の陸軍特別大演習中に白川陸相から田中に伝えられ、田中をはじめ政府と陸軍の中枢部はほぼ正確な真相を知ることになる。

小川は八月一〇日に御殿場に西園寺を訪ね、自分の知る事件のあらましを告げた。[183] 西園寺は事件直後から「どうも怪しいぞ、人には言へぬが、どうも日本の陸軍あたりが元凶ぢやあるまいか」[184] と疑っていたが、八月にはおおむね真相を知るにいたったと見てよい。九月三日に矢田七太郎上海総領事から、一九一六年の宗社党事件時に日本人が企てた張作霖暗殺未遂事件の話を聞いているのも、[185] 何か思い当たる節があってのことだったのだろう。何時のことかは不明だが、「どうも日本の軍人らしい」と洩らした田中に、西園寺は次のように述べて、事件の真相究明と犯人が日本軍人であった場合にはその厳重処分を求め、さらに天皇にも上奏するよう強く指示した。

万一にもいよ〳〵日本の軍人であることが明かになつたなら、断然処罰して我が軍の綱紀を維持しなければならぬ。日本の陸軍の信用は勿論、国家の面目の上からいつても、立派に処罰してこそ、たとへ一時は支那に対する感情が悪くならうとも、それが国際的に信用を維持する所以である。かくしてこそ日本の陸軍に対する過去の不信用をも遡つて恢復することができる。日本の陸軍も、もうかういふ風に、綱紀を紊すやうな者があれば厳格に処罰せられるのだといふことが判れば、即ち支那や満洲で陸軍が今まで不信用なことをしたが、今日は既に時勢が変つて厳格なる軍紀の下にさういふことができないやうになつたといふことが判れば、支那自身に対しても非常にいゝ感じをロングランにおいてもたせることができる。また内に対しては、田中総理が軍部出身であるために軍部を抑へることができた、一面には政友会のやうな力強い政党であればこそ思ひきつてかういふことができた、といふので、政党としても、また田中自身としても、立派に国軍の綱紀を維持せしめたといふことが非常にいゝ影響を与えるのではないか。ぜひ思いきつてやれ。しかももし調べた結果事実日本の軍人であるといふことが判つたら、その瞬間に処罰しろ。(186)

西園寺は、張作霖爆殺事件を厳正に処理することにより、山東出兵以来国際的信用を完全に失った田中外交をたてなおし、中国との関係を思い切って転換するきっかけをつかむことができると述べ、さらに田中と政友会内閣の国内的立場もむしろそれにより強化されるであろうと、真相公表と犯人の厳正処罰、国軍の綱紀粛正とを田中に要求したのであった。西園寺はほぼ同じ趣旨のことを、一二月一一日に処分反対の立場から自分を説得に来た小川平吉に対しても語り(187)、さらに原田にも「これを軍紀によつて立派にただしてこそ陛下の面目も立ち、国際的信用も維持することができる。かくの如きことを闇から闇に葬ると、日本の陸軍の信用をますます失墜し、ひいては国家の面目を傷つけ、聖徳を蔽ふことになる。(中略)この事柄だけは西園寺も見逃すことはできぬ(188)」と、語った。

いっぽう、白川陸相から峯の報告を知らされた田中も、「犯行者を軍法会議に付し、以て軍紀を振粛せんとす、大元帥の陸軍に此の如き不都合の事あるは許す可らざるなり、且つ又かゝる重大事件を陛下に上奏せざるは聖明を蔽ひ奉るに等し、予は断乎として決心せり、必ず之を実行せんと欲す、西園寺公も賛成なり」[189]と、その決意のほどを小川に語った。しかし、田中を除く閣僚や陸軍首脳は田中の方針に同意しなかった。小川は、事が明らかになれば、排日の嵐はさらに激しくなって、日本は中国から完全な撤退を余儀なくされるであろうし、田中内閣の総辞職も避けられないと、その不可なることを田中および西園寺に説く一方で、白川陸相と組んで密かに田中の動きを封ずる工作をはじめた。一一月の即位大礼中に行われた陸軍首脳（元帥、閑院宮、陸軍大臣、参謀総長、教育総監）の協議では真相公表反対に決し、一二月二一日の閣議に田中がこの件をはかった時も、閣僚は小川同様、みな田中の方針（「真相公表と厳重処分」）に反対したのであった。西園寺の支援はあったが、田中は内閣で孤立し、陸軍も言うことをきかなかった。[190]

ところが、一二月二四日に田中は、張作霖爆死事件には日本軍人関与の疑いがあり、目下鋭意調査中である。もし事実ならば、法に照らして巌然たる処分を行うべく、詳細は調査終了後陸軍大臣より奏上すると、天皇に内奏してしまった。[191]この時田中は、調査の結果は内外に公表し、犯人は軍法会議にかけるとまで、はっきり口に出して昭和天皇に約束はしなかったようだが、牧野内大臣と珍田侍従長には「事実明確になり材料備はり、所謂調査結了せば、軍法会議を開設して大いに軍紀を糺し、内外に対し日本陸軍の名誉を回復すべし」と、「真相公表と厳重処分」で臨む決意であると語っており、[192]天皇への上奏もその趣旨にそってなされたのはまちがいない。当時陸軍次官であった阿部信行は、戦後の回想で「田中首相は（中略）犯人に就いては軍法に照らし厳重処分する積りであると内奏した」と述べ、それが軍法会議にかけることを意味していたと指摘している。[193]他にも田中は徳川家達貴族院議長にも同様の決心を語ったという[194]。閣僚と陸軍首脳の同意を得られる見込みのないまま天皇に上奏し、内大臣以下の側近に真相公表と厳重処分の方針を披瀝してしまったにもかかわらず、内閣と陸軍の一致した反対の前に田中は屈服し、自己の最初の方針を放棄せざるをえなくなる。その結果、田中は進退窮まる立場に追い込まれるのである。

田中の一二月内奏は、前日に上奏する旨手紙で西園寺に一報したほかは[195]、他の閣僚に何の断りもなしに行われた。話を聞いた閣僚達は驚き、かつその軽率さをなじったが、もはや手遅れで、結局一二月二八日の閣議で「軍法会議云々の議を取消して単に正式調査を進めて更に閣議に付すべき[196]」との申し合せがなされ、ひとまず事態は収拾される。このとりまとめをした小川の真意は、陸相から「正式調査の結果、日本軍人関与の証拠なし」との虚偽報告を閣議に出させ、それを承認することで、この事件をうやむやにしてしまおうというところにあった。あとから思えば、天皇とその側近に田中が自己の方針を明示しておきながら、この時閣議でそれを貫徹させることに失敗したことが、命取りのミスとなった。閣議後、白川陸相が「張作霖暗殺事件に関し調査を開始すべき旨内奏[197]」した。この時、昭和天皇は「国軍の軍紀は厳格に維持するやうに[198]」との言葉を白川に与えたと推測される[199]。

なお、白川陸相は拝謁後珍田侍従長に自己の内奏の趣旨を語るとともに、田中首相が前に牧野、珍田にその決心を語った時、二人がそれに賛成したかどうかを質問している[200]。珍田は話は聞いたけれども田中に同意した覚えはない、と返答したが、白川から二八日の閣議の模様を聞かされ、田中と他の閣僚との間に事件の処理をめぐってかなりの懸隔のあることを認識した。珍田の依頼により白川の話を牧野に伝えた河井は「其事件は甚重要なり。大臣は西公〔西園寺公望・元老〕と連絡を取るならん[201]」と日記に記している。

年をこして一月になると、焦点は議会での論戦に移り、事件の責任問題をめぐる野党の白熱した政府攻撃の模様が連日新聞紙上を賑わした。もっとも、民政党は事件の真相をうすうす知っていたが、それを暴露すれば日本の国際的立場を危うくすると考える点では、刑事処分反対派と同根であり、それゆえ事件現場が関東軍の警備担当区域内であった点をとらえて、内閣および陸相の警備上の手落ちについて責任を追及するにとどまった。田中は現在調査中であるとの一点張りで答弁を回避したが、調査終了後は結果を報告するとの言質を貴族院の答弁で与えざるをえなかった。

昭和天皇も張作霖事件にきわめて強い関心を抱いていた。内密の調査旅行から帰った峯憲兵司令官は、一九二八年一〇月の陸軍特別大演習に参加する天皇の警衛のために、御召列車に陪乗し岩手県に出張したが、昭和天皇は車中において峯をわざわざ呼びよせ、「管下の軍状」に就いて下問したのであった(202)。峯は憲兵の職務、組織、編制、人員数、訓練の状況、任務遂行上の心得などを奏上したが、天皇が警衛の憲兵司令官を呼んで下問するのは、異例のことだと思われる。『日本憲兵昭和史』やそれに先行する『日本之憲兵』『続・日本之憲兵』に掲載されている、明治一四年の憲兵創設から昭和一二年にいたる詳細な憲兵史年表を通覧してみても、天皇が憲兵司令官に軍状を下問したとの記事は、これ以外には見あたらない。同様に、陸軍特別大演習の際に憲兵司令官が警衛のため供奉する記事は、一九一七年以来毎年の恒例となっているが、その際に天皇がわざわざ下問のため呼寄せたとの記述も他にはない。前例のない行動を昭和天皇はとったのである。

なぜ昭和天皇がかかる異例の下問に及んだのかは、峯の奉答を聞き終わった奈良侍従武官長が次のような質問したことから判明する。奈良は「新聞テ見レハ司令官ハ満洲方面ニ行カレタ様テアルカ何ヲシニ行カレタカ又彼方ノ状況ニ就テ申シ上ケテハ如何テアルカ」と峯に尋ねたのである。昭和天皇がほんとうに知りたかったのは、こちらのほうだった。昭和天皇は峯が満州に出張したのを知っており、張作霖爆殺事件に関係ありと見て、峯自身から調査の内容を聞きだそうとしたのである。「軍状報告」はそのための口実にすぎない。

天皇を面前にしてかかる質問をうけた峯少将の心中は如何なるものだったか。陸軍大臣からは、調査の結果は極秘にすべしと命ぜられていたにちがいないが、さりとて大元帥陛下を欺き奉ってよいものだろうか。さぞかし返答に窮したことであろう。峯ははたして何と答えたのか。その全文を左に記す。

満洲ニ参リマシタノハ関東憲兵隊ノ業務視察ノ為メテアリマシテ奉天鉄嶺長春撫順ノ諸隊ヲ視テ参リマシタ丁度時局ノ関係上関東軍司令部ヲ始メ軍ノ大部分カ奉天附近ニ集中致シテ居リマシテ、憲兵モ頗ル繁劇ノ様ニ見受ケマシタカ何レモ熱心ニ忠実ニ勉勤ヲ致シテ居リマス

気候ハ参リマシ［タ］時ニハ余リ暑クモ余リ寒クモナク丁度ヨイ季節テ御座イマシタカ九月二四日急ニ寒クナリマシテ雪カ降リマシタ尤モ衛兵ノ如キハ其ノ数日前ヨリ冬服ヲ着テ居リマシタ斯様ニ内地ト較ヘマシテ気候ハ大分違フ様テ御座イマスカ衛生状態ハ各隊共ニ極メテ良好テアルトノコトテ御座イマス(203)

峯憲兵司令官は肝心の真相を話さなかった。天皇に嘘を吐いたのである。ただ峯のために一言しておくと、大元帥親率の軍隊とはいえ、憲兵司令官は親補職ではなく、陸軍大臣の隷下におかれていたから、陸軍大臣を差置いて直接天皇に報告する権限はなかったと言えよう。事件の真相と河本処分の方法を天皇に奏上するのは、憲兵司令官ではなく、陸軍大臣の職責に属すことがらであった。

このように事件に強い関心を寄せていた昭和天皇は、一九二九年に入って田中や白川に再三下問し、調査結果の報告を催促した。田中は三月中には調査は結了する見込みと答えている(204)。その結果報告は、議会終了後の三月二七日に白川陸相からなされた。白川は調査の結果、まちがいなく河本の犯行であることが判明したと述べ、処分の方針については、事件の「内容ヲ外部ニ暴露スルコトニナレバ、国家ニ不利ノ影響ヲ及ボスコト大ナル虞アルヲ以テ、此不利ヲ惹起セヌ様深ク考慮ヲ致シ充分軍紀ヲ正スコトニ取計(205)」らいたいと上奏した。

白川は含みのある言い方をしたので、河本処分の方針がいかなるものかこれでは判然としないが、すでにこの

時点で田中首相は閣僚と陸軍の一致した反対にであって、方針変更を余儀なくされており、行政処分ですませることに同意していた。三月二八日、上京中の林奉天総領事に田中外相は「関係者を厳重なる行政処分に付することに決定した。（中略）本日は多分白川陸相よりその旨上奏せられただろう」[206]と語り、四月三日には牧野内大臣に「満州重大事件に付ては調査も出来、村岡〔長太郎・関東軍〕司令官も出京したる処、其処置は陸軍部内にて始末する事に決定したり。（中略）右に付ては外国への影響等を考慮する必要ある事も指示し置けり」と説明し、さらにそのことは「已に陸相より申上済にて、自分拝謁の時も陸軍大臣より聞取りたりとの御言葉を拝した」と述べた。牧野は田中の説明が昨年一二月に聞いた内容とは「根本に相違あり。当時の事は忘れたる如き態度なり。今更乍ら呆然自失と云ふの外なし」と感じたが、すでに三月二七日の白川の報告上奏の時点で、政府は「表面は事実不明と発表して数名の関係者を行政処分に附し、曖昧裏に本件を始末し去る」ことにしたのだと受け取っていた。[207]

以上からわかるように、三月末の段階で、調査した結果犯人は不明であるとし、ただ警備に手落ちありとの名目で関係者を行政処分に付する方針でいくことにつき、内閣と陸軍の間に合意が成立していた。宇垣の日記では、三月二二日に田中から「満洲重大事件に関し軍部の意向を彼の欲する如く纏むべく希望せられたるも、諸事手遅れ軍部の意向確立の後なりしより余は体良く之を断り、爾後の経過は陸相と二回の会見によりて従来軍部の主張の如く取計ひ、結局首相は夫に屈服したるの形となれり。彼が軽挙に元老其他に広告したりし言質を如何に取繕ふか、一種の見物である」[208]とあることから考えると、田中は天皇への調査結果報告の前に、宇垣を通じて対陸軍工作を行おうとしたが、その協力が得られず、逆に軍部の主張する方針（「真相を発表するは国家の為め有害なるを以て、之れが訴追を進めず、別に守備の責任に関し、関係者の〔行政〕（永井）処分をなす」[209]）に同意をせざるをえぬ羽目となり、三月二七日の陸相内奏はその線にそってなされたものとみることができる。

田中はこの白川の上奏で昭和天皇にもそのことは十分通じたと解したようだが、後に見るようにそれは田中の思い違いであった[210]。また、田中としては四月三日の会見で牧野にも了解を求めたつもりだったろうが、かえって牧野の反感を増幅させただけに終わった。牧野に会った翌日の四月四日に田中は興津に西園寺を訪問している[211]。西園寺に何か言ったとすれば、この時であろう。なお、処分方針の変更のことは、原田熊雄が宇垣一成などから情報を聞き込んでおり、西園寺にも伝わっていたのはまちがいない[212]。もっとも、「この事件だけは西園寺の生きている間はあやふやには済まさせないぞ[213]」と意気込んでいた西園寺が、陸軍の綱紀粛正を期待していた当の田中の変心ぶりを知らされた時、それにどう反応したのか、はなはだ興味深いが、遺憾ながらそれを知る手がかりはない。

九、田中内閣の倒壊

一九二九年五月六日牧野内大臣が駿河台に西園寺を訪問した。牧野は極秘の話として、「陸相若しくは首相より本件を行政事務として内面的に処置し、然して一般には事実なしとして発表致度趣意を以て奏聞の場合には、責任を取るか云々の御反問を以て首相へ御答へ被遊度」との、極めて重大な意味をもつ「御思召」を昭和天皇が鈴木侍従長に洩らしたことを西園寺に語った[214]。つまり、昭和天皇は「行政処分と虚偽の調査結果公表」なる処置方針が上奏されたら、田中首相に対し「責任を取るか」と言いたいのだが、それでよいかと鈴木を通じて牧野に訊ねたのである。

この「御思召」は、河井侍従次長の日記の記述からすると[215]、四月三〇日に昭和天皇から洩らされたようであり、牧野は五月三日にそのことを鈴木から聞いている。同じ四月三〇日、鈴木から白川陸相が「満州某重大事件事実なしと発表したき旨奏上」すると聞いた奈良侍従武官長は急遽白川を訪問して、その不可なるを説き、上奏を思いとどまらせた[216]。このことからも、ほぼその頃に天皇の意志表示があったと考えてよい。牧野と鈴木は協議の末、西園寺に天皇の下問の趣旨を伝えて、その意見をたたくこととなった（牧野の西園寺訪問のことは鈴木から天皇に上奏された）。なお、牧野の西園寺訪問と同じ日に、鈴木侍従長は張作霖爆殺事件の後始末について相談に来た田中に「此問題はうっかり上奏すると飛んだことになるぞと警告を与へた[217]」。

昭和天皇が田中問責の可否を問う「御思召」を口にしたことにより、局面は河本等の処分問題から田中の問責問題へと大きく転換することになる。昭和天皇の真意がはたしていかなるものであったのか、右の発言内容だけではやや理解しにくいところがある。そのような処置ではとうてい納得できないから、認めるつもりはないと言いたいのか（もちろん天皇がこの処分を承知しなければ、内閣は総辞職せざるをえない）、それとも、処分そのものの是非についてはは問わぬが（つまり行政処分を認めるが）、そういう結末となれば、田中が嘘を吐いたことは明白なので、もはや輔弼者として自分は信用できないし、所期の方針（＝真相公表と厳重処分）を貫徹できなかった責任をとって辞職すべきであると言いたかったのか、あるいは後に鈴木侍従長に、「田中首相が自分で先づ発表したる後、『政治上余儀なく斯く発表致しました。前後異なりたる奏上を為し申訳なし。故に辞職を請ふ』と申出づるに於ては、『夫れは政治家として止むを得ざることならん。而るに先づ発表其のもの丶裁可を乞ひ、之を許可すること丶なれば、予は臣民に詐りを云はざるを得ざること丶なるべし[218]』」と語ったことから推測して、「行政処分と虚偽の調査結果公表」でいくならば、内閣が全責任を負ってことにあたるべきであり、内閣の責任軽減のため天皇たる自分に責任がかぶせられる（水野文相優諚問題のごとくに）のは断じて拒否するとの意味なのか、解釈次第でいずれとも解せる。ただいずれにせよ、昭和天皇が田中の事件処理に不満で、問責と不信任の意を何らかの形で表明したいと考えていたことだけは疑えない。

「御思召」を聞かされた西園寺は、「事の重大なるを十分諒得せられたる如く見受け」られたが、「右様の事実実現して御下問を拝する場合に於ては、御差止めを御願ひする理由は無之様思考す」と答えた。つまり、田中または白川が「本件を行政事務として内面的に処置し、然して一般には事実なしとして発表致度」と奏聞し、天皇が裁可を一時保留して、田中の責任を問うべきか否かを元老西園寺に下問した場合、そうしてはいけないと進言しなければならぬ理由はないと言ったのである。たとえ内閣総辞職となってもやむをえぬ、「此れは政治上有り勝ちの事にして左程心配の事にあらざるべき」(219)とも付言した。牧野は西園寺も天皇の不信任表明に同意したものと解したのだが、そう解釈するのも無理はないように思える。しかし、西園寺は、天皇が田中に不信任を表明する前にその是非を元老である自分に再度下問するものと想定して、右のように答えたのだが、牧野は必ずしもそうとは受け取らなかった。その後の事態の展開からすると、元老への下問なしに、天皇が直接不信任を表明してもよいと受け取ったのである。

同じ天皇の不信任表明であっても、この両者には大きなちがいがある。西園寺式であれば、天皇の不信任表明は元老の進言にしたがった行動になるから、その結果生じた事態に対する非難の矛先を元老に向かわせる余地が残される。しかし、牧野式だと誰の輔弼にもよらない、まさに天皇個人の直接の意志表明となってしまって、その責任は天皇自身が引き受けるほかない。そうでなければ、天皇の側近にいる誰かが、そのように言うよう密かに進言した結果、内閣が倒されたとの「側近の陰謀」論が蔓延するのは避けられない。

しかし牧野の話から西園寺がより憂慮したのは、天皇の不信任により内閣が引責辞任に追い込まれた場合、陸軍の軍紀粛正をいかに進めるべきかという問題であった。「大元帥陛下と軍隊の関係上、内閣引責後本件を如何に処置すべきや、此点は実に重大事柄なるを以て聖徳に累の及ばざる様善後の処置を予じめ考慮し置くべき必要あるべし」と述べ、然るべき処置の必要性を指摘した。これを聞いた牧野は、それはもっとものことで是非研究しておかねばならないが、内閣が交代すれば、後継内閣はまったく白紙の状態でこの件に臨むことになり、西園寺の憂慮する善後措置もかえってやりやすくなるだろう、いずれにせよ、その問題は新内閣に任されるだろうと答えた。[220]

　この両者の問答の解釈も簡単なようで、じつはむずかしい。素直に読めば、元老の進言により昭和天皇が田中に不信任を表明すれば、自動的に「行政処分と虚偽の調査結果公表」の奏請も却下されるとの前提のもとで二人は対話しており、引責辞任した田中内閣の後を引き受ける新内閣は当然厳正な処分を行うべきだが、その処分によって予想される陸軍と天皇の関係の悪化を防止するにはいったいどのような方策をとればよいのか、あらかじめ十分に考えておくべきだと西園寺が発言し、それに対して牧野が賛意を示しつつも、その問題は行きがかりをもたない新内閣の判断と処置にまかせればよいのでは、と答えたとの解釈になるであろう。[221] もちろん、この解釈に立つ場合、昭和天皇の問責発言を可とする西園寺および牧野（それに昭和天皇その人も）は、田中内閣の定めた「行政処分と虚偽の調査結果公表」に不満を抱いており、そのような不当な処分を阻止するため不信任の表明を決意したのだということになる。

　ところが、別様の解釈も不可能ではない。というのは、「行政処分と虚偽の調査結果公表」の奏請を受諾するかわりに、田中はその責任を負って辞任すべしであるとの意味の不信任を、天皇が（元老の進言にしたがって）表明し、内閣が総辞職するケースも考えられないわけではないからであり、実際にこのあと生じた事態はむしろこちらのケースに近いからである。先に述べたのが、内閣の「不当な処分を阻止するための不信任」とすれば、こちらは「不当な処分を容認するかわりの不信任」と言うべきか。現在のわれわれには理解しがたいかもしれないが、ある問題である事柄を実行するかわりに、その責任をとってやめるという出処進退も以前には皆無ではなかった。その代表例が、ポツダム宣言を受諾したあと総辞職した鈴木貫太郎内閣であろう。それまでの政策を完全にくつがえす重大決定をしておいて、すぐに辞めてしまったのだから、よく考えればまったく無責任な話と言うべきだが、当時も今もそれを無責任と非難する声は多くはない。ポツダム宣言受諾は満州某重大事件の十数年後のことで先例とはなりえないのであれば、第一章でふれた昭和天皇の結婚をめぐる宮中某重大事件をあげればよいだろう。婚約解消論者だった中村雄次郎は、強い反対に出会って婚約維持の声明を出さざるをえなくなると、自己の信念に反する政策を実行した責任をとって、声明を出すと同時に宮内大臣を辞職したのであった。それにならえば、真相隠蔽と行政処分を天皇が認めるかわりに、そういう重大決定を行った田中内閣は総辞職すべきであるという考え方も、十分成り立つわけである。

こちらの立場に立って、先の西園寺と牧野の問答を解釈しなおせば次のようになるだろう。昭和天皇は「行政処分と虚偽の調査結果公表」の奏請を受諾するかわりに、(元老の進言にしたがって) 責任をとることを田中に要求し、田中内閣は辞職する。そうすると、国益を守るためとは言え、本来ならば刑事処分の対象となる重大な軍規違反を天皇が目こぼししたことになるので、何らかの善後措置によって綱紀粛正をはからないと、悪しき先例を将来に残しかねない。そのことを憂慮して西園寺は牧野に、「大元帥陛下と軍隊の関係上、内閣引責後本件を如何に処置すべきや、此点は実に重大事柄なるを以て聖徳に累の及ばざる様善後の処置を予め考慮し置くべき必要あるべし」と述べたところ、牧野は、それはもっとものことで是非研究しておかねばならないが、内閣が交代すれば、後継内閣は全く白紙の状態でこの件に臨むことになり、不軍紀行為を目こぼしした田中内閣とちがって、過去の行き掛かりに拘束されないから、西園寺の憂慮する善後措置もかえってやりやすくなるだろう、いずれにせよ、その問題は新内閣に任されるだろうと答えた、と。

もちろん、牧野日記の記述からだけでは、どちらの解釈が妥当なのか、最終的な判定を下すのはむずかしい。

しかし、従来の研究ではまったく考慮されていなかった、「不当な処分を容認するかわりの不信任」という視点を導入すると、これ以降田中内閣の総辞職にいたるまでの事態の展開に対して、より整合的な解釈を与えることができるのである。ここでは、ともかく「不当な処分を容認するかわりの不信任」なる視点が可能であることを指摘するだけにとどめて、先に進むことにしたい。

牧野と話し合った五月六日の午後、西園寺は田中とも会見している[222]。用件は不戦条約問題、とくに全権であった内田康哉枢密顧問官の引責辞任についてだと新聞には報道されているが、前述のように、この日の朝田中は鈴木侍従長から警告を受けており、西園寺との会話でもおそらくそのことが話題になったのではないかと思われる。西園寺が田中に何を言ったのかは不明だが、あるいは田中は西園寺の言から宮中で何か問題になっているなと感じるところがあったのかもしれない。牧野に自分の立場を明らかにしておく必要ありと痛感したためであろう、田中は五月九日に牧野と鈴木に会って張作霖爆殺事件の処置方針につき再度の説明を行った。もちろん、田中には「行政処分と虚偽の調査結果公表」を実行するかわりに、その責任をとって内閣は総辞職するといった考えはまったくない。田中は牧野に、陸軍大臣から内密に「陸軍部内が事件に関係したる事実存在せず、（略）、但、警備上の点は責任を免がれざるに付此点に付ては行政処分に依り処置す」との報告があったと述べ、自分（田中）は、先に言上したことと今回奏聞の内容とが、事実において相違あるようでは、容易ならざる事態を引き起こすかもしれぬので、返す返すも慎重に考慮されたいと白川に注意しておいた、と弁解した[223]。

しかし牧野の方は、そもそも上奏に矛盾をきたすような根本原因を作ったのはほかでもない、田中本人なのに、自分はまったくの圏外に置いて、ひたすら陸軍大臣の責任であるかのような口ぶりで語るのは「異様の感なき能はず」、白川に注意したのも、おそらく陸軍の報告を「前後の間に余り懸隔なき様修正せしめ、自然自分の立場を改善せんとの底意ならん」と、田中の無責任ぶり、その心事の低劣さを示す話として受け取った。もっとも牧野にしても、根本が田中その人の方針変更にあることを知りながら、ただ話を「聞取りに止め置」くだけで、内大臣として田中に忠告してやるだけの親切心はもたなかった。相当に底意地悪いと言えよう。それほどまでに田中不信の念は強かったのであろうか。なお、田中から説明を聞いた後、牧野は西園寺を往訪し、参考までにその模様を伝えている。どのようなやりとりがあったのかはわからぬが、しばらくは成り行きを見守ることで一致した(224)。

田中の注意にもかかわらず、白川は既定方針を変えなかった。「調査の結果部内の者の之に干与したる事実を確認せず、但警備上の責任は行政処分に依り之を処置す(225)」との趣旨のまま正式報告を内閣に提出することとし、五月一三日には鈴木侍従長にその旨内告している(陸軍省の報告は五月二〇日付で田中に提出された(226))。陸軍は開き直って、公表問題の下駄を内閣側に預けたのだと解せよう。しかし、田中は関東長官からの報告が未提出であり、それが出揃うまで正式の報告提出は見合わせるよう白川に指示し、公表文案については内閣で起案して内大臣に一見を請うつもりであると答えた(227)。田中は時間稼ぎを狙うとともに、「行政処分と虚偽の調査報告公表」上奏の場合に予想される危険を未然に回避するため、上奏内容について事前に牧野の諒解をとりつける策に出ようとしたのである。

この話を鈴木から聞いた牧野内大臣は、ここできわめて重要な決断を下す。牧野は「事件の処置振りは暫く別問題として、前後の内奏相容れざる事ありては聖明を蔽ふ事となり、最高輔弼者として特に其責任を免れず、実に容易ならざる場面に瀕しつゝあるが如し。側近に居るものゝ看過するに忍びざるところなり」と述べ、さらに先日鈴木を通じて御下問のあった「御思召」に対し、「牧野は聖慮のあるところ御尤もと存上げ奉る次第なれば折を以て其趣を上聞に達せられ度」と侍従長に執奏を依頼したのである。もはや処分問題が焦点ではなく(「事件の処置振りは暫く別問題として」)、田中その人の責任問題こそが問われなければならぬと信じる牧野は、昭和天皇に対し「行政処分と虚偽の調査結果公表」の奏聞があった場合には、田中に向かって「責任を取るか」と反問されてもよろしいと奉答する決心をしたのである。鈴木もそれに賛成し、その日すなわち五月一四日から二一日までの間のいずれかの日に、それを上奏した(228)。内大臣と元老の支持を知らされた昭和天皇は、ますますその決意を固めたにちがいない。

白川から下駄を預けられた内閣側では、不戦条約批准問題の決着がつくまで、処分の最終結果を上奏するのを見合わせた(229)。そのため、以後一ヶ月ばかりは嵐の前の静けさが続くことになる。その間の出来事としては、次の三件が注目される。

まず、五月二二日に田中が西園寺を訪問して、意見を交換した。西園寺は「国務大臣より上奏したる内容に付前後矛盾する如き事ありては、容易ならざる事体を引起すべきに付、注意ありて然るべき」と田中に注意した。西園寺の注意には、たんに以前には河本真犯人と報告しておきながら、いざ公表にあたっては日本軍人の関与は見出されずとの、まったく正反対の上奏をすることの不可を説くだけにとどまらず、田中が真相の公表と厳重処分とを約束しながら、閣僚と軍部の反対に屈して、真相を隠蔽し、行政処分ですませようと変心したことへの注文も含まれている、と解すべきであろう。それに対して田中は「殆んど閣僚の全部が陸軍とグルになり非認の態度を取り居りて困却し居る」と答えた(230)。つまり、自分の力ではもはやどうにもならない、と西園寺の前で認めたわけである。西園寺は田中が自分の期待を裏切ったことを知らされたのであった。

第二に、窮地に立たされた内閣側では、調査結果の発表文案に工夫して矛盾を糊塗するのをあきらめ、三月二七日の内奏で白川陸相が「内容ヲ外部ニ暴露スルコトニナレバ、国家ニ不利ノ影響ヲ及ボスコト大ナル虞アルヲ以テ、此不利ヲ惹起セヌ様深ク考慮ヲ致シ充分軍紀ヲ正ス」ことにしたいと説明したことから、「行政処分と虚偽の調査結果公表」なる方針はすでに天皇の耳にも入っており、その内諾も得ていると都合よく解釈して、行政処分と調査結果の公表に際しては、あらためて天皇の裁可を仰ぐ形式を取らずに、「単に上聞する丈けの事に止めて公表すべし」との意見が有力となった。実際、鳩山一郎内閣書記官長の手許でそのための「上聞案」が準備されたのを確認できる[231]。この話を原田熊雄から聞かされた牧野は、「実に容易ならざる心懸けにして輔弼の重任にあるもの丶真意とは首肯する事能はず。軽輩の事務官級の小役人の提議ならんか」と、憤りをますますつのらせた。

第三は、天皇の関西行幸の帰途、帰京後には必ず事件の最終上奏があると覚悟した牧野が、「本件に付ては御沙汰を当局へ賜はりたる事も有之、極はめて慎重の御取扱を要する次第に付、前々より承知致居る事情等を為念言上」したことである[232]。牧野はここで一切の事情、とくに田中の変心ぶりを詳しく紹介し、輔弼者として失格であると率直に語ったにちがいない。前々から田中の言動に不信感を抱いていた昭和天皇が、一部始終を聞いたあと何を思ったかは想像に難くない。後年、昭和天皇は「田中は牧野内大臣、西園寺元老、鈴木侍従長に対してはこの事件に付ては、軍法会議を開いて責任者を徹底的に処罰する考だと云つたそうである」と回想しているが、その記憶はこの時の牧野の説明によるものと思われる[233]。

東京に戻った牧野は六月一三日駿河台に西園寺を訪問し、張作霖爆殺事件処分及び不戦条約批准の両問題について会談し、前者については天皇の下問があるやもしれぬと念を押した[234]。牧野が語った「天皇の下問」とは、今までの話の流れからすれば、当然内閣から事件処理の最終奏上があった際に元老西園寺に対してなされる下問であると解すべきなのだが（西園寺はそう解釈したにちがいない）、実際は後述するような意味での「下問」（田中が予想される内容とは異なる奏上をした時の「下問」）だったのかもしれない。前者であれば、牧野は昭和天皇には田中に直接問責発言しても可であるかのように受け取れる奏上をしておきながら、西園寺に対しては西園寺式に元老への下問があるかもしれない、と告げたことになる。あるいは、中園がそう解釈しているように、天皇の問責発言によって、田中内閣は総辞職するかもしれないので、牧野としては「後継首班選定の労を依頼した[235]」つもりだったのかもしれない。

さらに六月二五日にも再度西園寺を訪問する。この日牧野は、不戦条約はようやく六月二六日に枢密院通過の見込みがたったので、二七日には張作霖爆殺事件の処置について田中が最後の上奏をするとの内報を内閣から得ており、さらに田中からも上奏に先立ち相談したいことがあるとして、二六日の面会を求められていた。「愈々危機も迫りたる事とて、違算なき様考究、手筈する必要あり」と思い、鈴木侍従長、一木宮相とも協議の上、西園寺と最後の打ち合わせをなすべく、駿河台を訪れたのであった[236]。

牧野は、田中の奏上が「予想の如く聖明を蔽ひ奉る内容なるに於ては、兼て御思召通りの御言葉を被仰る、も止むを得ざるべく」と、「行政処分と虚偽の調査結果公表」の奏上があれば、かねての打ち合わせどおりに天皇は田中問責の発言を行い、その結果内閣総辞職となることも覚悟せねばならない、また奏上「内容予想に相違する場合」は天皇が保留して、あらためて元老に御下問があるかもしれないので、この点について最後の打ち合わせをしておきたいと語った。文字どおりにとれば、牧野は田中が「行政処分と虚偽の調査結果公表」を上奏した場合には、元老への下問なしにただちに天皇が田中を問責し、田中の上奏の内容が「行政処分と虚偽の調査結果公表」でなかった場合に、その処置についてあらためて西園寺に天皇が下問すると、そう考えていたことになる。牧野としては五月六日の時点ですでに天皇の問責可否の下問が元老になされたものとみなし、それに西園寺が「御差止めを御願ひする理由は無之様思考す」と奉答しているのであるから、あらためて下問の必要はなく、ただその想定とは異なる事態が生じた場合にのみあらためて元老の意見を聞かねばならないとの考えだったのだと思われるが、しかし、考えてみれば奇妙な話と言わざるをえない。牧野がまだこの時点でほんとうに「行政処分と虚偽の調査結果公表」に反対で、それを阻止するために天皇に問責発言を勧めたのであれば、それとは異なる上奏を田中がしたとすれば、むしろ歓迎すべきであろうはずだから、元老に下問することなく、天皇がただちに裁可するのが当然なように思われる。あるいは、この「内容予想に相違する場合」で、牧野は、田中が先手を打って、辞表を提出することを想定していたのであろうか。

ところが牧野の予期に相違して、西園寺は天皇の問責発言に異をとなえた。すなわち「明治天皇御時代より未だ曾て其例なく、総理大臣の進退に直接関係すべしとて反対の意向を主張」したのであった。五月六日の会談で西園寺の同意を得たものとばかり思い込んでいた牧野は「余りの意外に呆然自失の思をなし、驚愕を禁ずる能はず」と、あまりの意外さに色を失った。すでに昭和天皇にも奉答し、元老の賛成も確認済みと伝えていたのだから、今頃になって西園寺から反対されたのでは、呆然自失におちいるのも無理はない。牧野は自分の苦しい立場を説明して、西園寺に再考を求めたが、牧野を気の毒には思いつつも、西園寺はその考えを改めなかった。天皇の問責発言の可否およびそのタイミングについて、元老と内大臣の間に重大な意見の食い違いのあることが判明したのである。

西園寺の反対の理由は、言うまでもなく、天皇が田中に直接不信任を表明して内閣総辞職となれば、不答責であるはずの天皇を政治的責任の場にあらわに登場させることになり、その危険を怖れたからであった。いっぽう牧野の方は、田中内閣が内外にわたる失政の連続ですでに行詰まりに陥っているのは明白でありながら、野党も、貴族院も、枢密院も、司法部も内閣を倒すことができない現状では、「不死身首相」を退場させるにはもはや天皇の不信任表明しか手段は残されていないと考えており、しかも張作霖爆殺事件に関しては、田中は天皇に食言して恥じないばかりか、不明朗な処分の責任転嫁することすら憚らぬ有様で、「聖明を蔽ひ奉る事実歴々として」おり、天皇が自分を守るためにも不信任を表明するのはやむをえないことである、今日の状勢ではそれによって「累を皇室に及ぼす如き心配」は無用であり、むしろ「健全なる国論は難有く感佩する」にちがいないと、信じていたのであった。

なお、この時西園寺が天皇の問責発言に反対したからといって、それは必ずしも「行政処分と虚偽の調査結果公表」を黙って是認し、内閣の奏請に無条件で裁可を与えるべしとの考えに立っていたことを意味しない。佐藤元英はこれを西園寺の「厳罰主義」からの態度変更とみるが[237]、天皇の（元老への下問なしの）問責発言に否定的であることが、ただちに田中内閣の「行政処分と虚偽の調査結果公表」への無条件の支持を意味するとは限らない。それは牧野や昭和天皇の問責発言容認がただちに「厳罰主義」の堅持を意味しないのと同様である。田中の話で、西園寺はもはや彼の正当な処罰論（＝「厳罰主義」）が容易に実現されるべくもないのを痛感していたにちがいないが、だからといって西園寺がその初志を全面的に放棄してしまったと解するのは早計であろう。なぜなら先ほど指摘したように、上奏があった時、諾否を一時保留して天皇が元老に下問する道もまだ残されていたわけであり、それに西園寺が処分が適切でないとして奏請却下を奉答するか（その場合内閣としては、総辞職を余儀なくされるであろう）、あるいは内閣の処置はこの際はやむをえぬとして採納するが、その代わりに総理大臣は引責辞任するのが妥当なりと奉答するか、その二つの選択肢が想定できるからである。

前述のように、この西園寺式ならば、後継首班奏薦の場合と同じで、非憲法的存在たる元老が内閣を倒したとの非難を浴びるかもしれないが、牧野の元老への下問なしの問責方式に比べれば、天皇に直接の責任が及ぶ危険性ははるかに少ない。もっとも、西園寺の意がそこにあったのなら、牧野もそこまで反対するとは考えられないから、よく話し合えばお互いすぐに諒解に達したはずだとも考えられる。この仮説では、この日の二人の話し合いが最後まで交わることなく、平行線に終わったのがうまく説明できない難がある。ただ、すでに昭和天皇に問責発言然るべしとの奉答をしてしまっていた牧野としては、もはや引っ込みがつかなくなってしまっていたのかもしれない。西園寺がともかく一度鈴木侍従長にも会って「今一応君側の御模様を直聞して参考」にしたいと言ったので、その上でまた再協議ということになった。意見が食い違ったまま西園寺邸を辞去せざるをえなかった牧野は、「三十余年の交際なるが今日の如き不調を演じたるは未曾有の事なり」と記している。[238]

西園寺の方も牧野との協議が不調に終わったのを非常に心配し、一木宮相に天皇の問責発言の可否につき憲法学者としての意見を求めた。一木は牧野とほぼ同様な考えに立ち、「陛下が政府の信任を問はるるは常時に於ては好ましからざるは勿論なるが、政府が非立憲なる態度を採る今日の如き異常時には之又已むを得ざるべし」[239]と返事したが、西園寺もその危惧するところを繰り返し、なかなか納得しなかった。一木の説明にも一理あるのはわかったが、やはり西園寺としては「陛下の御行動により内閣を左右することとなるは恐懼に堪へず」との思いが脳裏を去らず、心配で心配でその夜は眠れなかったという。[240]西園寺はあくまでも、元老への下問後の問責に固執したのであった。

六月二六日、不戦条約批准案審議の枢密院本会議の終了後、約束どおり田中は牧野を訪れ、鈴木も同席の上で閣議で諒解された上奏内容を説明した。それは、内閣としては三月二七日に白川陸相が内奏し、すでに御聞済みになっている方針にもとづいて事件を処置をすることにしたというもので、「慎重ニ調査セシメタルモ、何等其ノ真相ヲ確ムベキ証跡ヲ得ズ。我軍部又ハ軍人ニ於テモ之ニ関与シタル証跡ヲ認メズ」[241]との陸相報告を基礎に調査結果を公表し、ただ警備上不行届の点は免れないので、関係者を行政処分に付する、とのほぼ予想通りの内容であった。

牧野は、「昨冬首相より非常の決心を以て根本的に（中略）軍紀を糺し、内外に対し帝国軍隊の名誉を回復致すべき旨を親しく言上した行掛りには一言も触るゝ事なく」、田中が知らぬ顔を決め込んでいるのに憤りを禁じえなかったが、それについては何も言わず、ただ「陛下の御許諾を願ふ積りか」とのみ質問した。田中は「左にあらず、単に上聞に達するまでなり」と明答した。[242]裁可を請わずに、政府の責任で最終処置を決行し、天皇には事前にお耳にいれておくにとどめたいと答えたわけだが、これもすでに原田から聞いていたことである。田中が去った後、牧野は「総べてが見得《ママ》過ぎるたる弥縫、作り事」だと感じ、一木もそれに同意した。さらに二人は、昨二五日に天皇が侍従長に洩らした「御不満の御気色、御言葉」から「彼是綜合観察するに、円満に落着する事は最早絶望ならん」との思いをあらたにしたのであった[243]。

二六日の夕刻鈴木侍従長が西園寺を訪ね、天皇の不満の程度を伝えるとともに、田中から聞いた明日の言上内容を内報した。二人の間でどのようなやりとりがなされたかは不明だが、鈴木が牧野に語ったところでは、西園寺は田中が牧野に説明した「言上内容を聞き、（中略）非常に安堵せられ、二十七日首相言上の事に付何等行掛りなく新たなる成行として考慮し得べしとて大に悦ばれたる趣」であったという[244]。また、「政府が其責任に於て処置することとならば、これ以上のことはなし[245]」と言ったともいう。昨晩心配のあまりまんじりともできなかった西園寺が悦んだのは、裁可を請わず、「単に上聞に達するまで」との田中の説明を鈴木から聞いて、「政府独断にて責任を以て発表する[246]」のだと理解したからであった。それならば、天皇に虚偽の公表と不当な処分の責任が及ぶこともなく、田中問責の必要もなくなったと思い、大いに安心したのであろう。あるいは、田中のほうから「政治上余儀なく斯く致します。前後異なりたる奏上を為し申訳なし。故に辞職を請ふ」と昭和天皇に引責辞任を申出て、その処置について元老である自分に下問があるかもしれぬと予想したのかもしれない。事件の結末としてはもとより西園寺の希望した結果ではないが、それよりも憂慮すべき天皇の直接行動を回避することが、この場合にはなによりも重要だった。西園寺は田中の説明をそう理解することで、明日の問責発言は不要である、と牧野に言いたかったにちがいない。

この時の西園寺について、私は西園寺が悦んだのは問責発言が不要になったと解釈したためだと理解し、西園寺は最後までそれに同意しなかったと考えるが、中園・粟屋はちがった解釈を下している。中園は牧野、一木が天皇の行為が合法である旨粘り強く説得した結果、「西園寺は、「政府が其責任に於て処置すること、ならば」との留保をつけて賛成した」と解釈し、西園寺は六月二六日の時点で異議を引っ込め、天皇の問責発言を是認する立場に転換した主張する。[247] 粟屋も「ともかく西園寺も再び天皇の直接介入に同意することになった」[248]として、中園の見解を支持している。また、伊藤之雄は西園寺はこの時立場を変えなかったが、六月二六日のやりとりで牧野は西園寺は同意したと錯覚し、西園寺も牧野が方針を変えたと誤解した結果、昭和天皇はやはり既定方針にしたがって、田中に直接問責発言をしたと解釈している。[249] 牧野と西園寺双方の誤解というファクターが新しいとはいえ、予定どおり問責発言がなされたとする点では中園・粟屋と同じである。しかしながら、はたしてそうであろうか。この違いは、翌日の昭和天皇の発言の性格をどう解釈するかにかかわってくる。中園・粟屋説および伊藤説では、元老・内大臣の一致した支持を確認できて大いに気を強くした昭和天皇が、その初心にしたがい田中に「責任を取るか」と問責発言をしたとの結論になるが、私の解釈ではそうはならない。

一夜明けて六月二七日、いよいよ問題の田中上奏の日を迎えた。宮中では内大臣、宮内大臣、侍従長が朝から会合し、西園寺訪問の報告を鈴木から聴取したあと、「首相拝謁の時、陛下より仰出さるることあらば如何にするやの問題に付、協議、決定」[250]した。その結果はただちに鈴木から上奏された。河井侍従次長が岡部内大臣秘書官長に直後に語ったところでは、「政府が重大事件につき発表案及処分案を御報告的に奏上することとならば、それにて問題は一段落となり、陛下よりは曩に奏上したる所と合致せざる点につき御指摘相成り、篤と考えるべき旨を以て厳然たる態度を採らるること」に定まったという。[251] おそらく西園寺の意見を考慮した結果であろうが、内閣が奏請から上聞へと態度を変更したのにあわせて、最初に予定していたような露骨な問責発言（「責任を取るか」）は見合わされることになったのである。そのかわりに、天皇は報告内容が前後矛盾していることを厳しく指摘し、さらにその処置の是非については判断を留保すると明言することで、田中に対する不快感を表わすことにしたのであった。

私は、西園寺が牧野・一木に説得されたのではなくて、牧野ら宮中側近のほうが西園寺の意見を容れて当初の方針を修正したのだと解釈する。ただし、牧野はすでに問責のことを上奏しているので、まったく方針を転換するわけにもいかない。そこで、上奏の矛盾を指摘し、厳然たる態度を示すというところに、落としどころを見いだしたのだと考える。後で見るように発揮された実質的効果としては、両者の間に大きな差異はない。しかし他方で、牧野らが元老の意に逆らってまで問責を強行しようとしたのではないことを確認しておくのは重要である。天皇に対して食言とならない範囲で、元老の意志にしたがうように、既定の方針を修正したのだと、私は考える。

これに対して中園論文では、この六月二七日一〇時からの側近首脳会議についてなんらの言及もなされておらず、その前日の側近会議（田中の牧野訪問前、鈴木の西園寺訪問前）で、「「聖断」による倒閣が「宮中側近」の合意として成立し」[252]、翌二七日の昭和天皇の田中叱責はこの合意の実行にほかならなかったと解釈されている。粟屋論文はただ史料を引用して紹介しているだけで、そこに積極的な主張は認められないが、しかし中園の解釈に疑問を呈していないことや、「天皇の田中叱責は、天皇・側近による田中内閣倒閣の意図の実現であり、天皇側非常手段による「勝利」であった」[253]と述べていることから、中園の解釈を支持していると解される。また、立憲君主制の理解において中園と粟屋とは対立する伊藤之雄も、六月二七日一〇時からの側近首脳会議で「既定の方針を再確認した」[254]としているので、この点に関しては中園、粟屋と同意見であるとみなせる。

この三人の解釈では、天皇と側近は、元老の反対にもかかわらず、あるいは元老をむりやり説得して、もしくは元老が賛成したと誤解して、確信犯的に、かつ計画的に、天皇の面と向かった不信任表明を発動させて田中内閣を倒閣に追い込んだことになる。中園・粟屋と同じ立場に立つ伊香俊哉の論文のタイトル「昭和天皇・宮中グループの田中内閣倒閣運動」（『歴史評論』一九九一年八月号）がそれを象徴していよう[255]。これはまた、田中内閣の倒壊を牧野等の側近の陰謀ととらえる当時の政友会筋や右翼の解釈の「再版」にほかならない。

またこの解釈のコロラリーとして、内大臣以下の宮中側近と元老との間の異質性の強調と宮中側近が元老の反対を押し切って自己の意思を貫徹しうるだけの自立性をそなえていたとの主張がこれに伴うことになる。中園の「元老と「宮中側近」の（中略）考え方（＝天皇観）（永井）は質的に変化を遂げたようである」「西園寺が最後の元老として側近の手綱を握っていたにもかかわらず、昭和天皇の政治志向と西園寺流の天皇観とに相違が生じ、結局西園寺の影響力が「宮中側近」に一歩譲ることを意味した」「元老と首相（政府）との合意体制が政局の中心であった大正期の政治体系を変革し、新たに天皇を中心とする政治体系を政局に登場させた」との一連の表現にそれはあらわれている[256]。右の中園の言説を下敷きに粟屋はこう言う。「元老西園寺は、（中略）天皇は、「親ラ政務ヲ御指揮アラセラルベカラズ」との「立憲君主」論を基本的立場としていた。しかし昭和天皇は、天皇機関説的な「立憲君主」の域にとどまらず、大権保持者として自己の意思を国政に反映することに執着した。この天皇の姿勢を宮中側近は基本的に支持した。ここに西園寺との齟齬が生じる原因があった。ともかく宮中の奥深く、即位とともに昭和天皇は政治的に活性化、能動化し、天皇制国家の中枢で、宮中側近の支援をえながら「政治的君主」の道を歩みはじめたのである[257]」、と。粟屋の理解にしたがえば、ほかならぬ「政党政治の最盛期」に天皇と宮中側近による「天皇政治」が出現したことになる[258]。

しかし、史料を厳密に検討してみると、「天皇政治」を志向する天皇・宮中側近が、それに反対する元老を押し切って、田中内閣の倒閣を計画的に実行したのではないことがわかる。少なくとも六月二七日の時点で一歩譲ったのは、元老ではなくて牧野以下の「宮中側近」のほうであった。そうでなければ、その後の過程が整合的に説明できない。

その後の経過を詳しくたどってみよう。まず二七日の一時半に田中が拝謁し、発表案および処分案を報告的に奏上した。この時に昭和天皇が示した態度は、午前中の側近会議で合意された線（「陛下よりは曩に奏上したる所と合致せざる点につき御指摘相成り、篤と考えるべき旨を以て厳然たる態度を採らるる」）にそうものであった。牧野が直後に天皇から直接聞かされたところでは、「上奏があつたが、夫れは前とは変はつて居ると云ひたるに、誠に恐懼致しますと二度程繰り返へし云ひ分けをせんとしたるに付、其必要なしと打切りた[259]」とあり、河井の日記でも「首相の奏上に対し何事をも言はぬと仰せられ、且、本件に付、陛下の御聞きになりたる廉は、今回奏上の分と相違あり、故に考ふるとの御趣旨を宣らせ給ひしが如し。首相は之に対し恐懼奏上せしも、其事は聴く必要なしと御拒絶ありしが如し[260]」となっている。また、岡部内大臣秘書官長が牧野から聞いたのも、右と大同小異である[261]。もう一方の当事者である田中の発言を書き留めた小川鉄道大臣の手記には、「曩きの上奏と矛盾する、深く考慮すると仰せられ、首相より此儀に付ては御説明申上ぐれば分明すべしと言上せるに、陛下には説明を聞く必要なしと仰せられ、且つ首相の朗読せる書面の留置を命ぜられ[262]」とあり、牧野および河井の記述と符合する。

これらもっとも信頼できる史料の中で、昭和天皇が田中に「責任を取るか」などと、露骨に問責発言したとするものはひとつもない。唯一、奈良侍従武官長の日記に「陛下より責任を取るにあらざれば許し難き意味の御沙汰ありし由[263]」とあるのが例外である。しかし、これは直接当事者（天皇または田中）から聞いたものではないので、『牧野日記』や小川手記に比べると、信頼性において劣ると言わざるをえない。六月二七日に既定の方針通り昭和天皇は問責発言をしたと主張する中園、粟屋、伊藤の誰一人として、『奈良日記』のような「責任を取るにあらざれば許し難し」といった発言がなされたとは認めていない[264]。にもかかわらず、中園、粟屋、伊藤は、既定の方針どおり問責発言・不信任表明が田中に対してなされたと主張しているのである。

なお、昭和天皇が恐懼弁解しようとした田中を押しとどめ、聞く必要なしと突っぱねたのは昭和天皇の個人プレーで、鈴木が上奏した側近連の進言には含まれていなかったと推測される。後年の回想で昭和天皇は「それでは前と話が違ふではないか、辞表を出してはどうかと強い語気で云つた」と述べているが[265]、内心その気持ちが強かったのは相違ないとしても、実際には「辞表を出してはどうか」とまでは口に出して言わなかったのがほんとうであろう[266]。

田中退出後、昭和天皇は態度を保留した処分案と公表案に対し如何に対応すべきかを、牧野に下問したが、牧野は陸軍大臣の行政処分の奏上を待った上で、判断を下されるようにと奉答した[267]。この時牧野が西園寺への下問のことを言わなかったのは言い忘れたのか、それともその時機ではないと考えていたのか、あるいは下問の必要なしと判断していたからなのか、たいへん興味深いところである。私の解釈に立てば、牧野は西園寺の意見にしたがって、天皇にとるべき態度（問責発言ではなく、上奏の前後の矛盾の指摘に止める）を助言したのであるから、この段階で西園寺に下問するよう進言する必要を感じなかったということになろう。

天皇から聞く耳もたぬと、叱責にも等しい手厳しい態度を示された田中は恐懼して退出し、居合わせた鈴木侍従長に懇々と弁明して、それを天皇に伝えてくれるよう依頼した。さらに上奏の前後矛盾を指摘されたのは白川の説明が不十分なためであると考え、鈴木にそれを洩らすとともに、自ら白川のもとに赴いて不満をぶちまけた。もしも、昭和天皇の発言が正面からの問責であったならば、いくら厚顔の田中でも天皇の真意はすぐに了解されたであろうから、こんな行動（白川のところへ怒鳴り込む）はとらなかったにちがいない。中園・粟屋説および伊藤説ではこの点の説明がつかない。田中はよっぽど鈍感な人間だということになる。だから、六月二七日の田中上奏の際には、昭和天皇は問責発言をしなかったとするのが妥当であろう。そしてそうである以上、牧野の最初の方針は途中で修正されたとみるほかないのである。

田中から怒鳴り込まれて驚いた白川は、その夜鈴木を訪問して事情を詳しく尋ねた。鈴木は、それは田中の誤解であって、天皇が不満に思っているのは陸軍の問題ではない。田中の前後に於ける態度の豹変ぶり、それも事前に一回もそのやむをえない事情を天皇に説明することなく、突然陸軍の問題として奏上したことにいたく御不興を感じられたのであると説明し、この件以外にも田中の総理としての言動に前後矛盾が多いことを例をあげて指摘した。さらに以前から天皇が田中に不信感を抱き続けていたこと、「満州問題は重大なる事件にて前後の事情余まり顕著なる杜撰さに叡慮の一端も洩れたる事なるべく、首相誤解ありとすれば之を解け置く可然」と、締めくくった。[268]すなわち、鈴木は昭和天皇の真意は田中問責と包括的不信任にあると白川に打ち明け、それを田中に通ずるよう言い含めたのである。

白川の話から田中が天皇の真意（田中に対する不信任）を理解せず、陸軍大臣の説明不足に上奏不首尾の原因があると誤解したままであると考えた鈴木は、翌二八日朝、その旨を天皇に報告するとともに、鈴木から田中に昭和天皇の真意を通ずるようにしたいと述べ、天皇の内諾を得た。[269]前夜すでに白川に依頼してしまっているのだから、たとえ事後であれ、天皇の承諾を得ておかないと鈴木としては困った立場に追い込まれたであろう。しかし、天皇の内諾を得たからには、もはや鈴木の個人的観測では済まされない上、是が非でも田中に天皇の意を知らしめて、責を引かさねばならない。その義務を鈴木は負ったことになる。天皇の内諾を得た後、鈴木は牧野、河井に白川との対談の模様を報告し、牧野とも相談の結果、田中を招いて天皇の真意を伝えることにした。昭和天皇は田中に対して面と向かって問責の言葉を発しはしなかったが、鈴木がそれを田中に伝えることに同意を与え、さらに牧野もそれを認めたのである。「宮中の倒閣劇」という言い方が成り立つとしても、それはこの局面になってからであろう。すなわち、鈴木が天皇の真意を田中に伝える必要があると判断し、天皇の内諾を得て、さらに牧野もそれを承諾した（西園寺へ相談することなく）ことにより、天皇と宮中側近は田中内閣の倒閣（田中の引責辞任）に踏み切ったことになる。中園・粟屋と伊藤はこの複雑な経過を無視しているか、そうでなければ軽視しているかのいずれかである。[270]

ほぼ同じ頃（六月二八日午前一一時二〇分）白川陸相が拝謁し、「張作霖爆死事件は之を摘発すること国家の為め不利と認むるに付き、其儘となし、別に守備区域の責任上村岡司令官以下の処分を奏請[271]」した。その内容は河本の停職、村岡長太郎関東軍司令官の予備役編入、斉藤恒関東軍参謀長、水町竹三独立守備隊司令官の待命であった。直後に牧野に洩らした言によると、昭和天皇は「陸軍大臣に付ては別に間然する点なし、故に直ちに裁可した」とあるが、白川は天皇が頷いたので「御裁可ありしものと信ぜしも、昨日首相の事もありしに付き、退下後侍従長に此旨を談じ、更に御裁可の有無を明にするまで処分を延期すべき旨を附加し」たという[272]。白川の方は直ちに裁可が得られたとは解釈しなかったのである。河井の日記にも「陛下は勅答遊ばされず[273]」とある。もしも元老への下問があるとすれば、この白川の処分奏請時以外には機会がないのだが、天皇も牧野も下問のことは考えなかったようである。すでに天皇の不信任を間接的に伝えることを決定していたので、あらためて元老に下問する必要はないと判断したのかもしれない。

昭和天皇が陸相の上奏に前後矛盾を感じなかったのは、陸相は「真相を明らかにすることは国家の不利益になるので、これを公表せず、ただ行政処分によって軍紀を粛正する」との方針でそれなりに一貫していたからであり、その奏請に「虚偽の調査結果公表」の部分が含まれていなかったためでもある。さらに、陸相の上奏を聞いた時には、すでに昭和天皇は鈴木を通じて自分の真意が田中に伝えられることを知っており、内閣の引責辞任があるものと考えて（つまり「不当な処分を容認するかわりの不信任」の立場に立って）、行政処分を受け容れたのであろう。

その後、鈴木は田中の参内を求め、昭和天皇の真意を伝えた。その日の午前中、白川の上奏前に白川からおおよその話を聞いていた田中はすでに内閣総辞職の覚悟を固めていたが、鈴木から詳しく話を聞き、天皇の信任を失ったことが今や明白となったので、遂に総辞職を決意した。また、処置方針変更のやむをえない事情を上奏しなかったことを遺憾に思うと述べ、さらに遺憾ながら自分の初志を変更せざるをえなかった事情を弁明し、その苦衷を語った。最後に陸軍側の行政処分の勅許を待って万事処理したいと述べ、勅許の有無を鈴木に問うた[274]。鈴木はその時点では確答せず、ただ御裁可になる模様と述べただけであったが、後に電話で御裁可ありと白川に通知した。これで「満洲事件の処置は終了[275]」した。

西園寺の反対により、最初想定されていたような面と向かっての問責発言は回避されたのだが、鈴木侍従長を通じて間接的にそれが田中首相に伝えられたため、結果としては五月の時点で牧野が考えていたように、天皇の不信任表明による内閣の総辞職という同様の結末に終わった。すでに白川の行政処分の奏上よりも前に、そのことは昭和天皇、牧野、鈴木の間で合意されており、また鈴木は田中の辞意を確認してから行政処分に対する天皇の裁可を内閣に伝えたのであった。結果から言えば、天皇とその側近は内閣の引責辞任と引き替えに、事件関係者の処分を行政処分ですませることに同意した、すなわち「不当な処分を容認するかわりの不信任」の立場で事件を処理したのだと解釈できよう。それにしても、内閣の処置方針のうち行政処分は実施されたにもかかわらず、「虚偽の調査結果公表」の方は遂に実現されることなく終わった。このことは、昭和天皇が何をいちばん忌避していたのかを示唆してくれるであろう。先にも紹介したが、「田中首相が自分で先づ発表したる後、『政治上余儀なく斯く発表致しました。前後異なりたる奏上を為し申訳なし。故に辞職を請ふ』と申出づるに於ては、『夫れは政治家として止むを得ざることならん。而るに先づ発表其のもの、裁可を乞ひ、之を許可すること、なれば、予は臣民に詐りを云はざるを得ざること、なるべし[276]』」と、昭和天皇が鈴木侍従長に語ったことからわかるように、昭和天皇はなによりもまず、「虚偽の調査結果公表」によって「臣民に詐りを云はざるを得ざること、なる」のを不快に感じたのである。

以上述べたような顛末において、西園寺が関与しえたのは六月二七日午前の内大臣、宮内大臣、侍従長会合までであった。ここまでは西園寺の意志にしたがって進行し、ともかくも一度は田中問責発言は回避されたのである（ここが私と中園・粟屋、伊藤との相違点）。鈴木は二七日夕刻に西園寺を訪問し、田中上奏の顛末を報告したが[277]、西園寺としては翌二八日に白川から行政処分の奏請があったところで、自分に下問があるものと予想していたようである。二八日午後、鈴木に総辞職の決意を披瀝した後、田中は西園寺を訪問して、宮中の顛末を述べ、辞職の決心を告げたが、西園寺は田中が決心を翻す意のないことを確かめると、「然らば最早致方もなし、予は今日陸相が参内せば明日は御召あるべしと予期し、自動車の用意など命じおきたるに、誠に残念なり、相互に種々話したきこともあるも、何れ後日に譲り、今日は何も言はざるべし[278]」と述べた。下問のため参内することを考えて、自動車の用意をしていたと言うのである。

ところが、白川が鈴木を訪問したあたりから事態の展開は、西園寺の手を放れ、予期せぬ方向へと進んでいく。二八日午前には西園寺の同意を求めることなく、天皇、牧野、鈴木の間で田中に天皇の真意を伝えることが決定され、さらに白川の行政処分奏上後も、元老への下問のことはついに提起されないままに終わった。結果論ではあるが、西園寺を排除したまま、昭和天皇、牧野内大臣、鈴木侍従長の手による「倒閣劇」が演じられたと見てかまわないであろう。昭和天皇と牧野は一度は西園寺の意見に従ったが、天皇の不信任表明による田中内閣の引責辞任という最初の計画は、一部手直しをされつつも、実現したのである。

この最後の局面、とくに自分に下問のなかったことに西園寺は強い不満を抱いた。岡部内大臣秘書官長に「御下問に奉答して自分より間接に総理に勧告する途もありたるに、過日の行方はまづかりしが此様なことは度々ありては大変にて、今度のことは侍従長が御言葉を其儘総理に内話したる訳にて（中略）、内府、侍従長等の人物はあれ位のものなるべし[279]」と語り、小川平吉にも「君も知れる如く自分も度々毒殺されたり[280]」と述べている。また、原嘉道法相は西園寺が「是ハ陰謀ヨリ来リタルコトナリ、自分（公）等モ屢々此ノ如キコトニ遇ヒタリ[281]」と田中に語ったとの話を田中の口から聞いている。五月以来の経緯を知る西園寺としてはそう考えても不思議ではないであろう。もっとも、牧野の日記を見る限りでは、西園寺が牧野に面とむかってこの件について苦言を呈した気配はない。岡部や原田を通じて間接的に西園寺が不満に思っていることは伝わっていたと推測されるが、そのような記事も見えない。また、西園寺は鈴木が田中に天皇の真意を伝えたのは、天皇の内諾も得た上で、牧野とも相談済みだったとは知らなかったようで、鈴木が馬鹿正直に天皇の言葉を田中に話してしまったのだと解していたようでもある。(282)

ところで、もしも仮に白川の行政処分の奏請の際に元老に下問がなされたとして、はたして西園寺はいかなる奉答をしたであろうか。可能性としては三つの選択肢が想定できる。まず第一は、西園寺がその宿志たる国際的信用の回復と国軍の軍紀粛正を実現するため、行政処分の奏請を不可とし、事件をうやむやにせず、厳重処分を命ずるよう天皇に進言する場合である。当然この場合、内閣は総辞職に追い込まれる（=「不当な処分を阻止するための不信任」）。第二は、その内容には不満でも、ともかくも内閣が責任を以て決定した結果であるので、やむをえない処置として行政処分を承認し、その代わりに内閣はしかるべき時に引責辞任すべしという奉答である（=「不当な処分を容認するかわりの不信任」）。第三は、内閣の処置を全面的に容認し、かつその責任も問わないで、この際すべて不問に付すとの選択である。西園寺がこのうちどれを選択したのかは難しい問題だが、第二のケースがもっとも可能性が高く、次が第一で、第三はいちばんありそうにもない選択だと考える。(283)

昭和天皇の不信任の意を鈴木から示され、ただちに総辞職を決意した田中であったが、辞表の提出は七月一日の河本等の行政処分の発令を待って行われた。通例の辞表では病気を理由とするのが常であったが、西園寺の示唆を受けた小川平吉の発案で張作霖爆殺事件の処置に辞職の理由があると明記することになり、「満州問題に関連して輔弼の責任に顧み恐懼措く能はず」との一句を入れるとの閣議決定がなされた。田中は辞表提出前に文案を西園寺に示し、その諒解を得た上で七月二日昭和天皇に辞表を提出した(284)。ここに田中内閣は終焉をむかえたのである。

おわりに

本来ならば、『牧野日記』や『河井日記』などに代表される昭和天皇死後に公開された新史料（以下「新史料」と略す）によって、田中内閣時代の政治史について従来の認識がどのような変容をせまられることになったのか、きちんとした考察を行わなければならないところだが、新たに判明した事実関係の確認をするだけでかなりの紙幅を費してしまった。現在の私の力量ではさらに議論を展開するのは、正直言って困難である。ここでは能力相応に、一九二七年六月二七日の田中拝謁の際に「昭和天皇はいったい田中義一の何を叱責したのか」という、古くから論じられてきた問題に限定して、はたして「新史料」の登場はどのような認識の変化をもたらしたのか、その点を確認するにとどめておきたい。

「新史料」が知られる以前は、この問題については大きく分けて次の三つの見解があった（本書第六章を参照のこと）。

（1）昭和天皇は行政処分という軽い処分に不満だったので田中を叱責した。

この説の弱点は、それを裏づける信頼できる史料の乏しかったことと、昭和天皇が田中の上奏には厳しい態度で臨んだのに、白川陸相の行政処分を求める上奏にはほとんど何も言わず、裁可した事実をうまく説明できない点にある。ほんとうに昭和天皇が軽い処分に怒っていたのであれば、心ならずも真相公表と厳罰論をひっこめざるをえなかった田中を叱責しておきながら、陸相の行政処分の奏請を許したのはまったく理屈にあわない。不可解な行動というほかないが、そのためもあって、この説に対しては次のような有力な異説が従来から存在していた。

（2）前後矛盾する上奏を田中が行ったから田中を叱責したのであって（「二枚舌」「食言」への叱責）、田中内閣が決めた軽い処分そのものに反対だったのではない。

「新史料」により、昭和天皇が田中に投げかけた言葉が「前の上奏と矛盾する」であったとほぼ断定できるので、この説の正しいことが史料的にも証明されたと言える。ただ、厳密に言えば、その「前後矛盾」の中味をどう理解するかにより、この説はさらに次の二説に分かれる。ひとつは「事件の真相につき前後矛盾する報告をした」ととる場合（「二枚舌」のA）で、最初は日本軍人が犯人らしいと上奏しておきながら、あとでその事実はなかったと虚偽の報告をしたために怒ったとするものである。ふたつ目は「（事件の真相についてではなく）事件の処置方法について前後矛盾する上奏をした」とするもので（「二枚舌」のB）、最初は調査の結果真犯人が判明すれば真相を明らかにして、厳重に処分すると上奏しておきながら、陸軍の反対で行政処分と虚偽の報告発表に変更し、しかもその変更のやむをえないことをきちんと説明しなかったために、昭和天皇が怒ったとする説である。本章の分析からわかるように、「新史料」は「二枚舌B説」のほうがより妥当性の高いことを示している。[285]

なお、この「二枚舌B説」のバリエーションとして、田中が「虚偽の調査報告公表」の責任を天皇に転嫁しようとしたため叱責したという説（3）も以前からなされてきたが、これも「新史料」によって支持されたとみてよいであろう。なぜなら、田中内閣は「虚偽の調査報告公表」を準備をしていたにもかかわらず、結果的には発表されることがなかったからである。この（3）は、田中内閣の処置方針を「行政処分」（＝軽い処分）と「虚偽の調査報告公表」の二つに分割し、昭和天皇が不満を抱いて田中を叱責したのは後者に対してであって、前者ではないとする。その意味で（1）への批判であるとともに、田中を厳しく叱責するいっぽうで、なぜ白川の処分上奏の方はすんなりと容認したのかという前記の疑問（＝「田中叱責の謎」）に、いちおう納得のいく解答を与えたと言えよう。ただし、本来は一体のものであるはずの「行政処分と虚偽の調査報告公表」を簡単に二つに切り離してよいのか、そもそも切り離せるのかという疑問は残るのであるが。

ところで「新史料」の示すところにしたがい「二枚舌B説」を採るとすると、最初田中が「厳重処分と真相公表」の処置方針でのぞむと昭和天皇に上奏しておきながら、内閣と軍部の合意を得ることができずに、「行政処分と虚偽の調査報告公表」に方針を転換したことが、上奏の「前後の矛盾」の内容にほかならないことになる。ところがよく考えると、この主張の内には、昭和天皇は「行政処分と虚偽の調査報告公表」に不満を感じていたとの、（1）とほぼ同じ命題が含まれているのを認めざるをえない。なぜなら「行政処分と虚偽の調査報告公表」そのものに不満がなければ、田中がそれを上奏した時に「前後矛盾する」とは感じなかっただろうし、仮に感じたとしても、田中を叱責するまでにはいたらなかったと考えられるからである。

しかも、「新史料」は「陸相若しくは首相より本件を行政事務として内面的に処置し、然して一般には事実なしとして発表致度趣意を以て奏聞の場合には、責任を取るか云々の御反問を以て首相へ御答へ被遊度御思召」という昭和天皇の肉声を明らかにした。つまり、昭和天皇は「行政処分と虚偽の調査報告公表」はそれだけで十分問責に値すると考えていたことが史料によって裏付けられたのだ。だとすれば、「二枚舌B説」は決して（1）を否定するものではなくて、むしろそれを内包するものであると、（2）の説そのものを修正しなければいけないことになる。また、その当然の結果として、前記「田中叱責の謎」を解けない難問として再び抱え込むことになるわけである。

このアポリアを従来の議論の範囲内で回避しようとすれば、前記の（3）を併用して、昭和天皇は「行政処分と虚偽の調査報告公表」の双方に対して同じように不満を感じたのではなくて、前者（行政処分）はそれを容認できる程度の不満ですんだが、後者（虚偽の調査報告公表）についてはそうではなかった、と解釈するほかない。しかし、それでも、先ほど指摘した「行政処分」と「虚偽の調査報告公表」とをそんなに都合よく切り離せるのか、との疑問が残るのは避けられない。

この「田中叱責の謎」を矛盾なく解きうる仮説として本章で新たに導入したのが、「不当な処分を容認するかわりの不信任（＝問責）」という解釈である。「田中叱責の謎」が謎として成立するのは、昭和天皇が「行政処分と虚偽の調査報告公表」という田中内閣の処置方針に不満をもち田中を叱責しておきながら、陸軍の行政処分を容認したのは不可解な行動であるとわれわれが考えるからにほかならない。しかし、不当・不十分な処置方針であるけれども、内閣が引責辞任するのであれば、それを容認してもよい、あるいは容認せざるをえないとの考えにもとづいて、当事者（昭和天皇と側近そして田中内閣）が行動していたのであれば、そもそも「田中叱責の謎」なるものが成立しないわけである。われわれにはいかに不可解な矛盾にみえても、彼らにはとってはそうではないからである。

この仮説が多くの支持を得られるかどうか、今の私には何とも言えないが、これにしたがえば、「昭和天皇は田中の何を叱責したのか」という問題にたいする私の現時点での解答は次のようになる（ただし、（3）の立場を加味してあることを断っておく）。

昭和天皇は「行政処分と虚偽の調査報告公表」という田中内閣の処置方針に不満であった。それを認めるかわりに内閣は引責辞任すべきであると考えていた。しかし、元老と側近の助言により、田中に面と向かって問責発言するのを控えたために、田中に上奏の前後矛盾を指摘して不快感を表明する（田中叱責）にとどめた。しかし、天皇の真意が不信任にあることを知った田中が辞意を申し出たので、それとひきかえに処分を容認した。ただし、昭和天皇が認めたのは「行政処分」のほうだけで、「虚偽の調査報告公表」には承認が与えられなかった。これは臣民に偽りを言うことになるとして昭和天皇がその公表を忌避したためであった。[286]

以上は、古くからある問題に対して「新史料」から明らかになった事実をもとに新たな解答を試みたものだが、問題に接近する際の視角は従来どおりのそれをほぼそのまま踏襲している。その点では新しいと言える面は少ない。「新史料」が可能にした新しい視角にもとづいて、本当の意味で新しいと評価できるのは今述べたのとは別の説である。それは前記した（1）から（3）とはレベルのちがうところに成り立っている。一口で言えば、張作霖爆殺事件の処分問題が、昭和天皇が田中内閣に不信任を表明するにいたった唯一無二の原因ではなくて、その根はもっと深刻であり、田中叱責あるいは問責は、内閣成立以来積もり積もった田中に対する不信・不満が頂点に達して爆発したものだと解する説である（4）。このような解釈は「新史料」以前にはほとんどなかったので、まったく新しい議論だと言わねばならない。その代表例は中園・粟屋および伊藤の研究であって、安田の研究や私の旧稿もこれに属すると言ってよい。

このような新しい視点に立つ研究が登場しえたのは、言うまでもなく、「新史料」の解析によって、田中内閣成立以来、昭和天皇が内閣の施政に対して不信・不満を頻繁に側近に洩らし、元老や内大臣に何度も下問していたこと、またその昭和天皇の「聖意」を体した側近連中が、元老その他のルートを通じて、田中総理大臣に昭和天皇の不満の意を通じさせるとともに、天皇が不満を抱かずにすむよう、田中が施政に十分配慮するように求め続けた事実が明らかになったからである。張作霖爆殺問題は氷山の一角にすぎなかった。昭和天皇の怒りが、突発的に生じたのではなくて、その背景に内閣成立以来の田中の輔弼ぶりへの不信の累積のあったこと、言い換えれば、張作霖爆殺事件の処理をめぐる昭和天皇の田中叱責あるいは問責の背景と由来を明らかにした点に、「新史料」以降の新しい議論の特徴がある。

先ほど私が（4）は（1）から（3）までとはレベルがちがうと言ったのは、そういう意味であって、（4）そのものは（1）から（3）までの諸説とは十分両立可能である。なぜなら、昭和天皇が不信感を抱き続けてきた田中の施政方針の集大成と言うべきものが張作霖爆殺事件の処理だからである。しかし、これを逆に言えば、（4）の論点を提示しただけでは、古くからある「田中叱責の謎」の解決とはなりえないことを意味する。

すでに見たように、（4）の立場に立つ論者の多くは、張作霖爆殺事件の処理をめぐる昭和天皇の田中叱責あるいは問責にいたるまでの背景と由来を明らかにすることによって、それが張作霖爆殺問題だけに限定されない包括的な不信任の表明であり、田中内閣の実質的な罷免あるいは倒閣運動と呼ぶべきものであったとの主張を展開している。このような主張が出てくるのは容易に理解できるが、しかしながら実際問題としては、昭和天皇の田中叱責あるいは問責行動について、このような由来と背景を強調する説明がなされると、それが「新史料」に裏打ちされた説得力をもつがゆえに、逆に昭和天皇の行動を不可解なものとみる認識を成立させがたくし、「田中叱責の謎」を無視ないし軽視する結果をもたらさずにはおかなかった。

（4）の立場を代表する中園・粟屋と伊藤とでは、「政党政治期」の政治体制がイギリス型の立憲君主制であったのかどうかという問題、および立憲君主というもののあり方について、大きく意見が食い違っていることは、すでに指摘しておいた。伊藤は「政党政治期」の日本の政治制度はイギリスに類似した立憲君主制であると規定するが[287]、粟屋や中園はそうは考えない。イギリス的な「二大政党制」に類似した政権交代ルール＝「憲政の常道」が定着しつつも、同時に天皇が能動的な大権君主として行動することが許される体制であったとみているのであって、政治体制の理論的な理解としては、伊藤によって批判されている増田知子や安田浩の見解に近い立場に立っていると解してかまわないだろう。増田は「君主専制主義」と「立憲主義」の接合としての立憲君主制という大きな把握のもとで、その展開の一段階として大権政治と政党内閣制が共存する「政党政治期」という理解を提示しており[288]、安田はは天皇が「君主の自己拘束」にもとづいて「受動的君主」であることをビルトインされた近代的専制君主制としてとらえ、「政党政治期」を「天皇の親政の名目化」がもっとも進んだ時代としてとらえている[289]。つまり、君主権が強大な立憲君主制（昔風の表現で言えば「外見的立憲制」）とみなしている。もちろん、私も伊藤のイギリス型立憲君主制論には反対である[290]。

しかしながら、このようなちがいはあっても、昭和天皇の田中叱責なり問責が立憲君主の範疇に収まらない行為であると評価する点では、すべての論者が一致している。中園は、少なくとも即位後の昭和天皇は「君臨すれども統治せず」という「機関説的」な立憲君主ではなかったとし[291]、粟屋もこれを全面的に支持して、「昭和天皇は、天皇機関説的な「立憲君主」の域にとどまらず、大権保持者として自己の意思を国政に反映させることに執着した[292]」と述べている。もちろん、田中叱責はそのような「天皇親政」の実行にほかならないとされるのである。伊藤のほうも「田中義一首相の上奏に対する昭和天皇の反応は、明治・大正両天皇にない強い政治関与であり、きわめて異常なものであった」「昭和天皇の政治関与の姿勢は、張作霖爆殺事件で突然生じたものでなく、一九二七年四月に田中内閣が成立して以来、（中略）牧野内大臣ら宮中側近の助言を得て展開していたものであった[293]」として、この時期の昭和天皇の「異常な政治関与」が日本でも定着しつつあったイギリス型の立憲君主制を動揺させ、混迷に追い込んだと論じている。

中園は、「天皇が単に事件処理の不手際から田中を問責したと見るのではなく、天皇の田中内閣に対する全体的な不信任表明と理解した方がよいのではないか」「天皇の叱責は、（略）既に不満の限界を感じていた天皇が、国際的にも重大な爆殺事件の杜撰な処理によってその限界を越え怒りを爆発させたと見た方が妥当であろう[294]」と述べるが、ではなぜその「杜撰な処理」に「怒りを爆発させた」昭和天皇が行政処分を承認したのかという問題（＝「田中叱責の謎」）については、これをまったく問題としてとりあげることをしない。そもそも白川が行政処分を上奏したことすら論文には出てこないのである。

栗屋も中園の言を支持して「たんに張作霖爆殺事件についての田中の上奏の不一致に天皇が怒ったというだけでなく、田中の輔弼ぶり全体に対する天皇の不信任よるものだった」と（4）の立場に立つことを明らかにした上で、昭和天皇が白川の行政処分の上奏を裁可したことについては、「天皇も側近も、真相の公表と厳正な処分により、事件の根本的解決をはかる途をとらなかった。天皇・側近たちの主な関心は田中首相打倒に移り、事件の徹底的解決はうやむやにされた」と昭和天皇と側近のとった容認措置を非難するだけで、[295] 誰しもが当然抱くであろう疑問、すなわち昭和天皇や側近がそもそも「事件の徹底的解決をうやむやにする」つもりであったのなら、まさに「事件の徹底的解決をうやむやにする」処置方針を上奏した田中を、なぜ、いかなる根拠があって「問責できるのか」という疑問については、知らん顔をきめこんでいる。栗屋の想定では昭和天皇の言動は「不可解」どころではなく、もはや「理不尽」とすら言わざるをえないが、栗屋が描き出そうとしている「しゃにむに倒閣工作を進める天皇とその側近」というイメージのなかで「田中叱責の謎」も、それと気づかれないままに、埋没させられてしまっているのである。

中園、栗屋においては、天皇と側近による計画的な倒閣運動というイメージが強調されるあまり、本来はちがう平面に位置するはずの（4）の説が（1）から（3）と同じレベルの議論、すなわち（1）から（3）を否定するものという色彩を帯びてこざるをえない。「彼ら（天皇と側近）（永井）は倒閣を果たすべく、機会を待っていた」[296] という中園の表現からもそれは看取できるが、一層明瞭にそれを示すのが、中園と栗屋が重要な先行研究として言及している伊香「昭和天皇・宮中グループの田中内閣倒閣運動」である。

伊香は、「以上の内奏・上奏の経過を単純化すれば、調査したら河本が主犯であることが判明したが、さらによくよく調査したらそれは誤りで日本軍人の関与はないのが事実であったので、警備上の責任の点から河本を行政処分にします、という経過であったことになる」[297]と、田中一二月上奏から六月上奏にいたる経過をまとめ、そこには昭和天皇が指摘したような「前後矛盾」などどこにも存在しない（田中は嘘を吐いたのではない）と結論した。つまり（2）の「二枚舌A説」は「新史料」によって否定されたとしたのである。伊香は（1）の説も否定しているので、（2）の説に反して上奏の「前後矛盾」（＝「二枚舌」）が昭和天皇の田中叱責の理由として成り立たないとなれば、他に真の理由がなければならない。「最高輔弼者としての資質」問題、すなわち田中は首相失格だと天皇およびその側近から認定されていたことこそが田中叱責の隠された理由であると伊香は考え、根拠薄弱な張作霖爆殺問題はたんなる引金にすぎなかったと推論したのであった。つまり伊香は（4）説に立って（2）説を否定したのである。もちろん、上奏の「前後矛盾」など存在しないとの伊香の認定は、粟屋の発見にかかる「上聞案」（本書第五章参照）の誤読の上に組み立てられた一個の謬論にすぎないので、この「二枚舌A説」への批判も成り立たないのだが、先ほど述べた（4）説が実際にどのように機能しているかを示す点では、伊香の論文は象徴的である。

伊藤はさすがに「田中叱責の謎」にそれなりの配慮をしている。伊藤は「天皇や牧野内大臣、西園寺は張作霖爆殺事件に関係した日本軍人を軍法会議にかけて処罰することを期待していた」[298]と述べているので、それに反する処理方針を上奏した総理大臣を問責しておきながら、陸軍大臣の行政処分の奏請を裁可した昭和天皇の行動は、矛盾していると言わざるをえない。そこで伊藤は、六月二七日の夜に鈴木が白川に田中の上奏が不首尾に終わったのは「陸軍の問題にあらず」云々と語ったことを史料的根拠として、「天皇や宮中側近は、田中首相（内閣）と陸軍を同時に批判する形になることを避け、田中首相（内閣）の辞任で収めようとしたのである」と、陸軍を敵にまわさないために、行政処分を裁可したと解せる判断を下している。[299]

もともと伊藤は、いかにそれが法と正義に反していたとしても、内閣はもとより陸軍・与党が一致して支持し、野党の民政党ですら反対しない処理方針を、「天皇が君主としての誇りと正義感から、宮中側近の支持のみを背景に、正面から否定する強い政治関与をすることは、君主制の運用という点で、大きな問題を生じさせた[300]」と評価しているので、天皇は黙って「行政処分と虚偽の調査報告公表」を認めるべきだったという立場である[301]。しかしながら、陸軍を敵にまわしたくないので、行政処分を容認したのであれば、昭和天皇とその側近連中も結局は田中と同じ穴のムジナにすぎないと主張していることになる。昭和天皇は自ら「厳罰論」を放棄することで、「君主としての誇りと正義感」をも棄てたにかかわらず、同じことをした田中には問責の言葉を浴びせかけたのだから、これはやはりどう考えても理不尽と言わざるをえまい。伊藤の陸軍への配慮説をとっても、「田中叱責の謎」はあくまでも残るのである。これを回避するには、（3）の説を採用して、じつは昭和天皇は「行政処分」には反対ではなかったと、自説を修正するか、そうでなければ、伊香説ばりに、そんな理不尽をしても平気なのは、何が何でも田中を辞めさせたかったからだという説をとるか、そのいずれかであろう。後者をとれば、伊藤の（4）説は実際には（1）から（3）説と同じ平面で、それらへの否定説として機能することになるのである。

私自身はすでに述べたように、（4）説の支持者の一人であって、それを否定するものではない。ただ、昭和天皇の田中叱責が計画的な問責あるいは倒閣策動であったと強調するあまり、（4）説を（1）から（3）説と同じ平面の議論としてしまう傾向に異を唱えているだけである。その傾向に陥るのを回避するには、「田中叱責の謎」を「謎」として認め、それに解答を与える必要があると考える。そして今のところ、「不当な処分を容認するかわりの不信任（引責辞任）」という説以外に、うまい解答を見いだせない。これを併用してはじめて、「新史料」で可能となった新しい視角である（4）説が正しい位置を学説史のなかに占めることができると信じている。あるいは、読者の中には、中園・粟屋説および伊藤説と私の主張との間にどれほどのちがいがあるのか、細かいことに目くじらを立てる奴だと受け取る向きもあるかもしれないが、「不当な処分を容認するかわりに内閣の総辞職を求めた」のと「内閣を総辞職させるのが目的であって、処分問題はその口実にすぎない」あるいは「内閣を総辞職させるために不当な処分を容認した」とでは、やはり主客の関係において大きなちがいがある、と私は考えている。

附、倉富枢密院議長と元老西園寺の対話

倉富枢密院議長は在任中、ほぼ年に一度の割合で元老西園寺を訪問するのが常であった。倉富の日記のおかげで、元老と枢密院議長二人だけの会話で西園寺が何を語ったのか詳しく知ることができる。西園寺の談話史料としては一級のものと思われるので、田中内閣時代の二回の訪問（一九二八年一〇月二〇日と翌二九年六月二〇日）について、その内容を紹介しておきたい。

話題は大きく政治関係と皇室関係に分かれるが、まず政治関係から紹介する。二八年一〇月の会見では最初に不戦条約のことが話題になった(302)。不戦条約とはその年の八月にパリで調印された（全権代表は内田康哉）「戦争放棄に関する条約」のことだが、その第一条に「国家の政策の手段としての戦争を抛棄することを其の各自の人民の名に於て厳粛に宣言す」とあり、「人民の名に於て（in the name of people）」なる字句が天皇主権を唱う憲法に矛盾し、国体と相容れぬおそれありとして朴烈問題と同様、国体擁護問題と化したのである。調印前に外務省は字句の削除を提案国のアメリカに申し入れていたのだが、その同意を得られず、やむなく「in the name of people」は「国民の為に」と同意義なりとの解釈で調印を決行した経緯があり、政府および外務省ははじめは憲法になんら矛盾しないとの見解を保持していた。しかし、翌年の第五六議会で野党民政党が政府攻撃の材料にこれを用い、また諮詢をうけた枢密院でも批准拒否の議論がまきおこった。結局、枢密院の批准拒否をおそれた内閣側が屈服し、「人民の名に於て」の部分は日本国に限り適用しないとの留保宣言を付して批准されたのである。

この条約については枢密院でも必ず問題となるにちがいないと倉富が言うと、西園寺は「此ノ問題ハ憲法論ヤ其他ノ理屈ハ自分ニハ分カラサルモ、単ニ政治論トシテハ之ヲ批准セラレサル様ノコトニナリテハ大変ナリ。現在ノ米国ノ我儘ハ彼ノ通リナル故、御批准ナキ様ノコトアリテハ困ルコトニナルヘシ」と答え、アメリカとの外交関係を考慮すれば、是非とも批准せねばならないとした。倉富もこれに同意し、台湾銀行救済や治安維持法改正の緊急勅令については枢密院非難の世論が沸騰し、ことに治安維持法の場合には枢密院内でも長時間の議論の末、多数の反対者を出してようやく可決したほどであったが、しかしどちらも国内問題だったので、枢密院としても「実ハ安心シテ遂行スルコトカ出来タ」。しかし不戦条約は外国相手の国際問題であり、国内問題のようにはいかないと応じた。西園寺は「結構ナリ、若シ政府ノ手落カアリテ之ヲ責ムルハ別論ナレトモ、其ノ為御批准ナキコトハ困ルヘシ」と、もう一度批准の必要性を強調している。

倉富や副議長の平沼騏一郎は、彼らの国体論や憲法観からすれば、問題の字句は明らかに憲法違反だとの判断を有していた。しかし、批准を拒否した場合の国際的立場の困難さと田中内閣が総辞職に追い込まれる危険性とを考量して、田中が伊東巳代治から示唆された留保宣言つきの批准という妥協案を受け容れることになるが[303]、西園寺の意向もそれなりの影響を与えたのではないかと思われる。

次いで話は共産党問題に移り、倉富の方から、今のところ共産党の活動に従事したり、共鳴するのは若い学生がほとんどで、それも新しい学説に興味を感じて運動に入る者が多く、幸いなことに下層民の大多数が困窮のあまり共産主義に向かうような傾向は見られない、と報告すると、西園寺は共産党の取締が「根ヲ芟リ、葉ヲ尽クスマデ徹底的ニ圧滅セムト欲スルハ考エモノナラン。自分等（西園寺）モ仏国滞在中ニハ種々ノ書籍ヲ研究セリ。然シ之ヲ実行セントスル様ノ考ハ起サ、リシナリ。現在ニテモ書生カ書籍ヲ研究スル丈ノコトハ必シモ深ク之ヲ咎ムルニハ及ハサルへク、多数団結シテ実行セントスル様ノコトニ至レハ勿論厳ニ之ヲ糾治セサルヘカラス」と述べ、思想取締の行き過ぎに難色を示した。京都大学の河上肇はじめマルクス主義系の大学教師が次々と辞職を余儀なくされている時期であることを思うと、西園寺の自由主義思想がよくあらわれているといえよう。さらに「近頃右傾団体ナルモノ跋扈シ居ルカ、彼等ハ動モスレハ暴力ニ訴へ、其害ハ左傾団体ヨリモ甚シ」と、右翼団体の暴力性を問題にし、その取締の必要を説いているのは注目に値する。なお、治安維持法の緊急勅令による改悪問題については、すでに過ぎたことでもあり、西園寺は何の言及もしていない。

皇室関係の話題としては、西園寺の方から切り出した話題が二件あり、一つは節子皇太后と裕仁天皇の関係、もう一つは皇族間の関係がうまくいっていないのではないかというものであった。西園寺は、皇太后は敬神の念強く、天皇に対してもたんに賢所の祭典を親祭するだけでは不十分で、真実神を敬わなければ必ず神罰あるべしと常々語っておられるようだが、そういうことが度重なると、皇太后と天皇の母子関係に悪影響を及ぼしかねないので十分注意を要すると指摘し、また東久邇宮から自分（西園寺）に会見したいとの申し出があったので、こちらから訪問するつもりで宗秩寮に通知したところ、皇族同士は互いに猜疑心が強いため、他の皇族に会わずに、東久邇宮だけを訪問するとあとが面倒なことになるとして近衛文麿邸で会うよう宗秩寮から勧められた。自分としては皇族と隠れて会う理由をもたないので、ついに会見の話はそのままになってしまったと語り、皇族間の融和が足らないのではないかと心配している。

他に倉富の方から皇室関係でやはり二件の話があった。一件目は天皇の輔導に関することで、まず倉富は、昭和天皇が専門の生物学について往々にして臣下の答えられぬ質問をすることがあり、それが天皇の叡明ぶりを示す逸話として、側近奉仕者から広まり、また地方行幸で地方官に謁見した時も同様のことがあったと聞いているが、こういったことは天皇の叡明ぶりを称賛するようでいて、じつは天皇を小にする嫌いがあり、のぞましくない。万一天皇が自分は賢いというような考えを起こすようなことになっては、天皇の為にもならないし、臣下としても面目を失うことになって面白くない。側近の者はこの点よく考えるべきだと語った。これに対して西園寺は、こう答えている。

夫レハ側近ノ考ヘ違ヒナリ、明治天皇モ御年若キ時ニハ多少御自慢遊ハサル様ノコトアリ。今日ハ大久保（利通）ヲヤリ込メテヤリタリ抔、仰セラルル様ノコトモアリタルカ、大久保ハ全ク平気ニテ居リタリ。是ハ或ハ此ノ如クシテ明治天皇ヲ鼓舞スル様ノ考ナリシヤモ斗ラレス。明治天皇モ後ニハ全ク左様ナルコトナキ様ニナリタリ。今上天皇ニハ余リ御自慢ト云フ様ナル御考ハナシ、秩父宮殿下ニハ多少其御模様アルナラン。左様ノコトハ側近者ノ注意スヘキ所ナリ。

天皇陛下ノ生物学ヲ研究遊ハサルコトニ付テハ、相当考慮ノ末決シタルモノナリ。文学ト云フテモ惰弱ニ流レタマフ恐レアリ。和歌ノミ御作リ遊ハサレテモ面白カラス、又カルタ遊ヒノ様ナルコト面白カラス、生物学ナレハ別ニ害モナキコトナリ。是モ真ノ御楽ノ為ニナサル積リニテ其コトヲ決シタル訳ナリ。只今ノ処ハ、真ノ動物ノ形ニ付テノ御研究丈ニテ未タ哲学的ノ理論マテニハ御進ミ遊サレ居ラス[304]。

倉富が西園寺の意見を聞こうとしたもう一件は、天皇と皇后の寝室のことであった。新天皇の即位と皇居への移住にともない、昭和天皇の意向にあわせて奥向きの建物の改築が行われた。明治天皇、大正天皇とはちがって新天皇は皇后と寝室を共同にするように改めた。そのために皇后が病気になると、天皇の方が別の寝室に居を移すことになったが、これでは天皇の地位が軽んじられたも同様であり、しかも天皇は剣璽の間から隔てられ、はなはだ不都合である。これについて西園寺は何か聞いていないか、と倉富は訊ねた。新天皇が進めつつあった宮廷生活の改革に、倉富は保守派の見地からつねづね疑問を抱いており、それに協力する一木宮相、関屋次官以下の責任を問題にしようとしたのである。これに対して西園寺はその話は全く聞いていないと答え、事実を調べてみるということで、二人の会話は終わった。

この寝室の件については一〇月二二日に珍田侍従長と河井侍従次長が西園寺を訪問した際に、倉富の言を引いて西園寺が質問している。(305) 一九二九年六月二〇日の訪問の折りに西園寺が倉富に説明したところによると、河井が西園寺に答えた趣旨は、平常は天皇、皇后は共殿されるが、どちらかが病気になった時に病者を別の寝室に移せば、健康な方が病原菌の消毒不十分な状態で、そのままもとの寝室で休まれることになり、衛生上の観点からして好ましくないとの医師の注意があり、それにしたがってそのように措置したのである。また剣璽の間との距離は新しい建物の方が寝室にも近く、別に問題にはならないというものであった。(306) 西園寺はそれで納得したようだが、倉富にはなお承伏しがたいものがあったようである。

二九年六月の会見でも、最初に話題になったのはやはり不戦条約であった。ちょうど西園寺訪問の前々日、枢密院の精査委員会で政府上奏の批准書案と留保宣言文が審議され、原案が可決されたばかりであった（枢密院本会議は六月二六日）。倉富は、批准を拒否すべしとの意見もあるが、それでは国際上憂慮すべき結果となり、かといって枢密院としては憲法問題も軽視するわけにもいかず、はなはだ苦慮したが、今回精査委員会で決定した案ならば外務当局も外国政府もまず異議は唱えないだろうし、憲法問題も差し支えないと思うと報告した。西園寺は「自分ハ、初ハ此問題ハ格別問題ナキモノト思ヒ居リタルモ其後世論カ非常ニ喧シクナリタル故、是ハ迂闊ニハ云ヒ難シト思ヒ、一切口ヲ箝ミ、何コトモ云ハサルコトニナセリ」と述べている。このことから、彼が「人民ノ名ニ於テ」を憲法違反などとは考えていなかったこと、しかし、ことが国体問題化したので、そのことを公言するのを憚っていたことがわかる。

不戦条約問題についてはそれだけで、次に倉富は親王の枢密院列席問題を持ち出した。明治二一年に丁年以上の親王に枢密院列席の権を与える旨の御沙汰が出されたが、その後中絶したまま実施されておらず、それを復活させたいというのが倉富の案であった。倉富がこのことを言い出したそもそものきっかけは、秩父宮が日米協会主催のリンカーン記念会で行った英語のスピーチであった。秩父宮は、有名なリンカーンの「人民の、人民による、人民のための」なる一節や聖書の文句を引用し、さらに不幸にして不安なる東洋の現状につき日本は米国の援助を期待していると演説したのだが、皇族がそのようなことを口にすべきではないと考える倉富が、憂慮のあまり秩父宮に諫言し、老人の言うことにもたまには耳を傾けるべきであると、枢密院への列席を勧めたところ、秩父宮が、宮内省が許すならば自分も高松宮も喜んで出席するだろうと答えた経緯がそれ以前にあった[307]。

内閣からの奏請で、天皇が裁可に迷う、あるいは裁可しがたいと感じる案件があれば、それを枢密院に諮問し、その助言にしたがって可否を決定すれば、天皇の万機親裁と不答責がうまく調和されると信じる倉富は[308]、天皇の最高顧問府としての枢密院の権威を高めるとともに、皇族の政治教育に資する良案として、親王の列席を望んだのである。もっとも倉富からその案を聞かされた一木宮内大臣は、親王が政治に関わるのは宜しからずと枢密院出席には反対し、宮内省としては益少なくして害多しとの結論を下さざるをえないとしたので、倉富は親王出席の実現をあきらめなければならなかった[309]。しかし、その考えを完全に放棄するつもりのない倉富は、それについて元老がどう考えているのか、その意向を打診してみたのである。

西園寺の意見は一木のそれとほぼ同様であり、「第一、親王方カ政治ニ関係セラルルコトカ好マシカラス。其上親王方カ出席セラルルコトニナリタラハ、他ヨリ親王方ニ種々ノコトヲ申込ミ、自己ノ希望ヲ達スル為ニ、親王方ヲ誘フモノアルヘシ」と反対した。倉富は、軍事参議官会議に皇族が出席し、出兵の可否など政治に関わる問題も審議している例があると反論したが、西園寺は、皇族は軍務に服すのが最も利益あると自分は考えており、「国民カ国家ニ対スル観念カ薄クナル如キコトナキ様、皇族カ躬ヲ以テ範ヲ示サルルコト最モ必要ナリ」と答えて、それ以上は取り合わなかった。

その後の二人の会話はほとんど皇室・皇族問題に終始するが、そのなかで重要と思われるもののみを紹介しておく。まず、倉富は昭和天皇が舅の久邇宮邦彦王の喪に服し、弔問したことをとりあげ、皇室令の規定によるとはいえ、天皇位の重さに鑑みれば、少し御振舞いが軽々しく過ぎたのではないだろうかと述べた。西園寺のほうは、秩父宮や高松宮の天皇に対する態度を問題にし、「平素御弟親王方ノ御行動カ単ニ御兄弟ト云フ方ノ御振合ニテ、君臣ト云フ方ノ御振合ハ欠ケテハ居ラサルヤ」と応じている。皇位継承順位第一、第二位に位置する二人の親王、とくに第一位の秩父宮の兄天皇に対する心構えについては西園寺が常々心配するところであった。前々年の一〇月の倉富との会見の際にも西園寺は、「御兄弟ノ宮様方ハ陰ニナリ陽ニナリテ天皇陛下ヲ衷心ヨリ御助ナサルヘカラス。此ノコトハ今後宮様方御輔導ノ最モ必要ナルコトト思フ。(中略) 殊ニ秩父宮抔ハ、万一ノ場合ニハ皇統モ御継キナサルヘキ方ナル故、誠実ニ天皇陛下ヲ御助ケナサルル必要アリ」と、同様のことを語っている。[310]

さらに倉富が東久邇宮稔彦王のことにふれたところ(倉富は東久邇宮家の宮務監督および宮内省御用掛として長らく顧問格の地位を占めていた)、西園寺は東久邇宮との会見の模様、とくに宮が駿河台の西園寺邸を訪問したことを披露し、宮から、欧州大戦時ドイツでは皇帝ヴィルヘルム二世が自分の重臣からドイツ国家を救うためには皇帝の退位が必要であると進言され、やむなく退位したことがあったが、「仮リニ日本ニ此ノ如キ事情アリトシタラハ、日本臣民ハ天皇ノ退位ヲ求ムルコトヲ得ルモノナリヤ。又之ヲ求ムルコトカ可ナルモノナリヤ（中略）、此ノ点ニ関スル意見ヲ聴キ度」との質問があり、それに対し西園寺が「日本ニテハ天皇ト国トヲ分離シテ考ヘルコトハ出来サルヘク、夫レ故日本国ノ存スル為ニ御退位ヲ願フト云フ様ナルコトハ出来スト思フ」と答えたことを物語った。さらに西園寺は、東久邇宮は「ヨキ所ニ着眼セラレタルモノト思フ。是レカ根本問題ナル故、何コトモ其根本ヲ主トシテ為サルレハ間違ナシト思フ」と倉富に語っている。

皇室と国家の関係についての元老西園寺の基本的な考えがここにはよくあらわれている。対話相手の倉富や平沼などの国体論者とは多くの点で異なりつつも、こと天皇家の安泰と永続とを願う一点においては、西園寺は決して彼等にひけを取らなかった。と同時に、普通の国体論者なら考えるだに不敬なりとして、眉をしかめかねない質問をした東久邇宮を誉めたのは、西園寺が天皇制護持ためには危機的状況に柔軟に対応できることが肝要であり、平素から何が根本問題なのか、その心構えを養っておく必要があると考えていたことを物語っていよう。この質問をした東久邇宮が、その十数年後にポツダム宣言受諾後の内閣を組織するのは偶然とはいえ、はなはだ興味深いことである。

最後に西園寺は、五月一四日に天皇に拝謁し、皇后懐妊の祝詞を述べるとともに、皇子とくに親王が誕生すれば、その御養育には特別の注意を要する旨言上した、と倉富に語り、従来皇子・皇女の養育は臣下に命ぜられてきたが、昭和天皇と良子皇后はその慣例を改め、御手許で養育することになった。しかし、はたしてそれでよいのかどうか。先日牧野や一木にも現状は満足できるかどうか問うてみたが、いずれも満足しておらぬようであった、と倉富の意見を尋ねている。倉富は以前のやり方のほうがよいように思うと答え、西園寺もそれに同意したが、しかしその実行ははなはだ困難で、はたして実行できるかどうかわからぬと、旧方式への復帰は実際問題としては困難であるとの意向を示した(311)。その話で、二人の会見は終わっている。

倉富が長年宮内省に勤務し、しかも牧野、一木、関屋など宮内省首脳部のやり方に批判的であったこともあって、枢密院議長と元老の会話の大半は皇室関連の話題で占められた。皇室の秘事にもわたる、かなり突っ込んだ話が交わされていたのがわかるが、それから類推すれば、元老と宮内大臣はもちろん、元老と内大臣（牧野の日記は倉富のそれに比べると、はるかに省略が多い）、元老と総理大臣の対話も同様の水準で行われていたとの推測も成り立とう。

注

（1）増田知子『天皇制と国家』青木書店、一九九九年。安田浩『天皇の政治史』青木書店、一九九八年。伊藤之雄「原敬内閣と立憲君主制」『法学論叢』一四三－四・五・六、一四四－一、一九九八年。同「立憲君主制の形成と展開」伊藤之雄、川田稔編著『環太平洋の国際秩序の模索と日本』山川出版社、一九九九年。同「田中義一内閣と立憲君主制の混迷」『法学論叢』一四八－三・四、二〇〇一年、同「浜口雄幸内閣と立憲君主制の動揺」『法学論叢』一四九－六、一五〇－一・二・四・六、二〇〇一年～二〇〇二年。同『日本の歴史22　政党政治と天皇』講談社、二〇〇二年。

（2）伊香俊哉「昭和天皇・宮中グループの田中内閣倒閣運動」『歴史評論』四九六、一九九一年。中園裕「政党内閣期における昭和天皇の側近の政治的行動と役割」『日本史研究』三八二、一九九四年。粟屋憲太郎『十五年戦争期の政治と社会』大月書店、一九九五年。

（3）柴田紳一「田中義一内閣の対中国政策と昭和天皇」『昭和期の皇室と政治外交』原書房、一九九五年。佐藤元英「張作霖爆殺事件に関する上奏問題」『近代日本の外交と軍事』吉川弘文館、二〇〇〇年。

（4）『牧野日記』四五頁。

（5）右同書、八九頁。

（6）右同書、一四三頁。

(7) 右同書、二一七頁。
(8) 護憲三派内閣成立後、摂政は牧野に「高橋は能く出でたり」と感心の言葉を洩らしている(右同書、一四〇頁)。
(9) 右同書、二三六頁。
(10) 増田前掲書、一四五頁。
(11) 『河井日記』一、一二六頁。
(12) 『松本日誌』五六七頁。
(13) 右同書、五三〇頁。
(14) 右同書、五四二頁。
(15) 小川平吉文書研究会編『小川平吉関係文書1』みすず書房、一九七三年、六一三頁。
(16) 「西園寺公談話筆記(大正十五年十一月十五日)」『河井日記』六、二三四頁。
(17) 『松本日誌』五五七、五五八頁。
(18) 右同書、五六一頁。
(19) 河井は一一月一七日に西園寺訪問の要旨を牧野に報告している(『河井日記』一、四八頁)。なお、河井にとって西園寺の意見は「予の意見と一致する所多きが如く感じ」られるものであった(右同書一、四七頁)。
(20) 『松本日誌』五一八頁。
(21) 『河井日記』一、一二六頁。
(22) 『松本日誌』五六七頁。
(23) 『河井日記』一、一二七頁。
(24) 右同書六、二三三頁。
(25) 右同書五、六〇頁。
(26) 村井「政党内閣制の慣行、その形成と西園寺公望」八三～八五頁。
(27) 「昭和二年四月内閣ノ更迭ニ関スル件」『河井日記』六、二三一頁。
(28) 『牧野日記』八五頁。

(29)右同書、二三九頁。
(30)右同書、一三六頁。
(31)『牧野日記』は一九二六年一二月一七日分から翌二七年六月一四日分まで欠落している。そのため、大正天皇の死から若槻内閣の倒壊、田中内閣の成立にいたる牧野の動きを、日記から知ることはできない。しかし、田中に大命降下の際の昭和天皇の言葉が牧野の知らぬうちに発せられたとは考えにくい。内大臣の進言にもとづくものと考えるのが妥当である。
(32)『松本日誌』五六八頁。
(33)右同書、五七〇頁。
(34)田中が記した閣僚銓衡のためのメモによれば、外務大臣には井上準之助が想定されていた(高倉徹一編著『田中義一伝記』下、田中義一伝記刊行会、一九六〇年、五六七頁)。なお、このメモには田や平沼の名前はあがっていない。
(35)『松本日誌』五五七頁。
(36)若槻礼次郎『古風庵回顧録』読売新聞社、一九五〇年、三三一頁。
(37)『田中義一伝記』下、六五三、六五四頁。なお、田中内閣の対中国政策については佐藤元英『昭和初期対中国政策の研究』原書房、一九九二年が、外務省外交記録にもとづいて詳しく分析している。
(38)「事務官更迭ニ関スル御宸念ニ就テ」「牧野伸顕文書」書類の部、三三二。『牧野日記』二七三頁に「本件に付ては、後日の参考のため経過を岡本〔愛祐・内大臣秘書官〕へ内話し、記録に残す様取計らひ置たり」とあるので、この覚え書きは牧野の命で岡本が作成したものであることがわかる。
(39)『牧野日記』二六八頁。
(40)ちなみに、事務次官の異動は次のようであった。内務次官川崎卓吉→安河内麻吉、大蔵次官田昌→黒田英雄、司法次官林頼三郎→小原直、文部次官松浦鎮次郎→粟屋謙。
(41)『牧野日記』二六八頁。
(42)右同。
(43)前掲「事務官更迭ニ関スル御宸念ニ就テ」。
(44)松尾尊兊「政友会と民政党」『岩波講座日本歴史』19、岩波書店、一九七一年、八六頁。

(45)『牧野日記』二六九頁。
(46)右同書、二七〇頁。
(47)右同書、二七二頁。
(48)右同書、二七三頁。
(49)前掲「事務官更迭ニ関スル御宸念ニ就テ」。『河井日記』一、一六五、一七〇頁。
(50)『松本日誌』五七五頁。
(51)牧野伸顕宛西園寺公望書簡（昭和二年七月一七日付）「牧野伸顕文書」書簡の部、四四二一-二八（『西園寺公望伝』別巻一、二四八頁）。
(52)前掲「事務官更迭ニ関スル御宸念ニ就テ」。
(53)『牧野日記』二七九頁。
(54)右同書、二八二頁。
(55)右同書、二八四頁。
(56)前掲「事務官更迭ニ関スル御宸念ニ就テ」。
(57)『松本日誌』五七四頁。
(58)『小川平吉関係文書1』二五二頁。
(59)『河井日記』二、八四頁。
(60)『牧野日記』二八七頁。
(61)右同書、二八四頁。
(62)右同書、三二五頁。
(63)『河井日記』二、一八〇頁。
(64)右同書二、一六二頁。
(65)右同書二、一六五頁。
(66)右同書二、一五七、一五九頁。

(67)右同書二、一八二頁。
(68)右同書二、一八四頁。
(69)『大阪朝日新聞』一九二八年一〇月二四日付。
(70)『河井日記』二、二二四頁。
(71)右同書三、一四頁。
(72)文官任用令改正問題は、田中内閣と昭和天皇との間で生じた意見の疎隔のなかでも重要なものと、天皇自身によって認識されていた。なぜなら、翌一九二九年に珍田捨巳にかわって侍従長になった鈴木貫太郎に対して「重要事項を（略）内話すべき」ことを、昭和天皇が河井侍従次長に命じたが、河井が鈴木に話した五項目の中に、「文官任用令改正問題」が含まれているからである。なお、他の四項目は、上山問題、満州某重大事件、田中内閣人事問題、予算案の概要であった（『河井日記』三、一六、二一頁）。
(73)前掲「事務官更迭ニ関スル御宸念ニ就テ」。
(74)小泉三申筆記・木村毅編『西園寺公望自伝』講談社、一九四九年、一七四、一七五頁。
(75)『牧野日記』二七四頁。
(76)右同書、二七五頁。なお、近衛の牧野宛書簡（昭和二年七月一〇日付）には、西園寺は「御話の事は十分注意可致」と言ったとある（「牧野伸顕文書」書簡の部、二二四－一）。
(77)『松本日誌』五七五頁。
(78)『大阪朝日新聞』一九二七年七月一八日付。
(79)『牧野日記』二七四頁。
(80)以上は、『牧野日記』二四三、二四四頁。若槻と床次の間の「政権盥回し」の約束を「大権私議」とみなす牧野は、もちろん、辞職する首相が自分の後継に他の政党の党首を推薦することを認めていないわけである。
(81)右同書、二四五、二四六頁。なお、中園前掲論文は、この牧野の一九二六年三月九日の発言を第五二議会（一九二六年一二月四日召集）中のこととしているが（三九頁）、もちろん誤りである。さらに中園はこの発言をもって、翌二七年一月二〇日の三党首妥協に対して「「宮中側近」からの強い働きかけがあった」ことの証拠としているが、それは論理の飛躍というものである。三党首妥協の筋書きを書き、お膳立てをした松本剛吉の「妥協顛末」には、中園の言う「宮中側近」（内大臣、宮内大臣、侍従長、宮内次官、侍従次長、内大臣秘書官長）は誰一人として登場しない（『松本日誌』五五〇～五五四頁）。逆に「宮中側近」の河井の日記に三党首妥協のことがはじめて出てくるのは一月二一日、すなわち妥協が成立した後である（『河井日記』一、八二頁）。そもそも牧野と仲の悪い松本が政友会を守るための策略である「三党首妥協」の話を牧野にもっていくはずはないし、牧野が松本にこんな重大な秘密の仕事をやらせるはずもない。「宮中側近」は三党首妥協にはまず無関係と考えてよい。

(82)『河井日記』一、二〇八頁。

(83)右同書二、二一三頁。

(84)『松本日誌』五七九頁。

(85)『河井日記』二、六四頁。なお、昭和天皇は田中が提出した開院式の勅語案が気に入らなかったらしく、牧野の意見を聞いたうえで、その修正を命じている（『牧野日記』三〇〇、三〇一頁）。

(86)『牧野日記』三〇二頁。

(87)右同書、三〇三頁。

(88)右同書、三〇八、三〇九頁。伊藤前掲「田中義一内閣と立憲君主制の混迷」は、この時田中は「山東への出兵費等の予算が否決されるか、内閣不信任案が可決されたら解散したい」と奏請し、昭和天皇は「予算否決の場合の解散の許可を与えたが、内閣不信任案の場合は別であると、許可を与えなかった」と解釈しているが（二〇三頁）、この解釈は成り立たない。昭和天皇は、田中の奏請は「予算否決の場合には解散をしたい」であると受け取って、それに同意したのであって、内閣不信任案による解散については、奏請がなかったものと考えて、可否のいずれとも述べなかったのである。「不信任の方は同一のも〔の〕を再びするのであるから、予算の場合とは違ふと思ふ」は、解散には本来反対である自分が、なぜ今回の田中の解散奏請に許可を与えたのかを牧野に説明したものであって、田中にそう語ったと解すべきではない。

つまり、首相の解散奏請にそのまま同意したにすぎないのであって、昭和天皇が拒否ないし保留したとは言えない。河井が田中のもとに派遣されて天皇の真意を伝え、内閣不信任案による解散については反対であると、昭和天皇の意向が首相に示された時点ではじめて内閣の施政に対する政治関与が発生したと言うべきなのである。だから、昭和天皇が「法的に自らの有する衆議院の解散権を首相の意思にのみ委ねるわけでないことを明確に示し、自らの判断にもとづいて行使したことを意味する」と伊藤が述べているのは、事実誤認にもとづく結論と言わざるをえない。また、その昭和天皇の判断に、牧野が「誠に御尤もの御思召と申上」げたのは、解散に同意したことに対して支持を与えたのであり、首相の奏請に保留なり拒否をしたことに「誠に御尤も」と言ったわけではない。首相の奏請を天皇が拒否なり保留したわけではないので、元老西園寺にこの件をはかる必要などまったくない。それを昭和天皇の政治関与に消極的な西園寺を牧野が排除したかのように言う伊藤の解釈はいささか強引であろう。

(89)『牧野日記』三〇九頁。
(90) 粟屋前掲書、二一〇頁。
(91)『牧野日記』二九九頁。
(92) 前掲「西園寺公談話筆記」『河井日記』六、二三三頁。
(93)『松本日誌』五八五頁。
(94)『大阪朝日新聞』一九二八年四月八日付。
(95)『松本日誌』五八四、五八五頁。
(96) 久原房之助翁伝記編纂会編『久原房之助』日本鉱業、一九七〇年、三六五頁。
(97)『牧野日記』二九六頁。
(98) 右同書、二九九頁。
(99) 右同書、三〇〇頁。
(100) 右同書、三〇四、三〇六頁。『河井日記』二、七一頁。
(101)『牧野日記』三〇七頁。
(102) 右同書、二九八、三〇七、三一一、三一五頁。
(103) 右同書、三〇九、三一〇頁。
(104)『松本日誌』五九二頁。
(105)『牧野日記』三一〇頁。

(106)『松本日誌』五九二頁。
(107)『牧野日記』三一七頁。
(108)右同書、三〇九、三一四頁。
(109)『松本日誌』五九三頁。
(110)『大阪朝日新聞』一九二八年五月一四日付。
(111)『河井日記』二、八一頁。
(112)『牧野日記』三一四、三一六頁。
(113)『田中義一伝記』下、八六九頁。
(114)『河井日記』二、八七頁。
(115)『牧野日記』三一七頁。
(116)『大阪朝日新聞』一九二八年五月二四日付。
(117)『田中義一伝記』下、八七〇頁。
(118)『河井日記』二、八八頁。
(119)「倉富日記」昭和三年五月三〇日条。
(120)右同、昭和三年五月二八日条。この日倉富は田中から直接、極秘の話として進展伺とその却下の件を聞いている。
(121)『牧野日記』三一八頁。以降の記述も同様。
(122)右同書、三一九頁。
(123)『河井日記』二、九一、九二頁。
(124)『松本日誌』五九四頁。なお、翌年の議会で貴族院が水野優諚問題について田中問責を決議した際に、田中は自分の進退伺が「其儀に及ばずとして却下された」ことをリークし、新聞に掲載された。河井はそのことを新聞記者から聞いて情報源が田中であったことをつきとめている（『河井日記』三、二二頁）。
(125)『牧野日記』三一九頁。
(126)『河井日記』二、八七頁。

(127)『田中義一伝記』下、八七七頁。田中は最初の辞表奉呈の時、上山に辞表却下を奏請するとは言わず、今取り扱うのは政治上まずいので、暫く保留し、この件を処理する時はあらためて打ち合わせるので、それまでは秘密にしてくれと言ったようである(『河井日記』二、一〇三頁)。
(128)『牧野日記』三三一頁。『河井日記』二、一〇三頁。
(129)『河井日記』二、一〇四頁。
(130)宇垣一成『宇垣一成日記Ⅰ』みすず書房、一九六八年、六六六頁。
(131)天皇とその側近の間で、上山問題が重視されていたことは、注(72)で紹介した、新任の鈴木貫太郎侍従長に河井侍従次長が内話した「重要事項」五項目にこれが含まれていたことからもわかるであろう(『河井日記』二、一二一頁)。
(132)『牧野日記』三三二頁。
(133)柴田前掲書、一〇頁。
(134)『牧野日記』三三一頁。
(135)「倉富日記」昭和三年六月二五日条。
(136)右同、昭和三年六月二七日条。
(137)右同、昭和三年六月二九日条。
(138)『牧野日記』三三三頁。『河井日記』二、一一一頁。この時の牧野の奉答は、日記では「目下枢府御諮詢中の事もあり、重ねて奉伺るべき言上」となっているが、すでに枢密院では議了し、枢密院議長がその結果を奏上しているのだから、この牧野の答えはピントはずれも甚だしい。たぶん、昭和天皇が同様の下問した六月一五日の記事が紛れ込んでしまったのではないかと考えられる。ただし、六月二九日の枢密院議長奏上のあと、天皇が牧野を召んだのはまちがいない。
(139)佐藤前掲『昭和初期対中国政策の研究』第六章。
(140)『牧野日記』三三三頁。
(141)『河井日記』二、一二七頁。
(142)右同書、一二八頁。
(143)『牧野日記』三三三頁。

(144)『河井日記』二、一三〇頁。
(145)『牧野日記』三二三頁。
(146) 右同書、五二三頁。
(147) 柴田前掲書、二八、二九頁。
(148)『牧野日記』三一二頁。
(149) 右同書、三一三頁。
(150) 柴田前掲書、一八頁。「覚え　八月一四日ニ記ス」「支那問題其他秘密書類」「牧野伸顕文書」書類の部、四六〇。引用にあたっては、句読点を補い、一部カナを改めた。
(151) 柴田前掲書、一七頁。牧野宛珍田書簡（一九二八年八月九日付）「支那問題其他秘密書類」。別の牧野宛珍田書簡（一九二八年八月九日付）でも、八月七日の田中奏上に対する昭和天皇の疑問点が牧野に報告されている。
(152) 河井の日記の八月二〇日条に、「外交上の三問」と題して、文言および項目の順序はちがっているが、牧野がメモした昭和天皇の「聖旨」三ヶ条とほぼ同内容のものが掲載されている（『河井日記』二、一四五頁）。
(153) 右同書二、一三九、一四〇頁。
(154) 柴田前掲書、二〇、二一頁。河井宛牧野書簡控（一九二八年八月二一日付）、牧野宛河井書簡（一九二八年八月二三日付）「支那問題其他秘密書類」。『河井日記』二、一四四頁。なお、河井が牧野から西園寺訪問と西園寺が田中に「聖旨」伝達を引き受けたことを手紙で知らされたのは八月一九日であり、翌二〇日に天皇にそれを奏上したのであった。
(155) 柴田前掲書、二一～二三頁。牧野宛河井書簡（一九二八年八月三〇日付）「支那問題其他秘密書類」。
(156) 田中は天皇に対し、床次から内閣の対中方針を緩和する事、撤兵をできるだけ早めに断行することを政策協定として求められたが、「政府の方針は既定通り動かす事出来ず、今更之を変更する事能はず、撤兵の事も此儘之を実行する事を得ざる旨、きっぱりと拒絶した」と報告し、また排日運動に対しても、「今後排日行為益々劇甚とならば強硬の対策を講ずべき」つもりであると奏上したのであった（『牧野日記』三二九頁）。
(157) 二月一日天皇に拝謁した田中は、まだ内閣に正式にははかっていないが、自分としては「対支問題に付ては結局芳沢交渉の形行に顧み賠償、陳謝等の点は譲歩し、済南問題に付ても根本に付緩和し、此際出来る丈案件解決の趣旨を以て臨み度」

と天皇に奏上し、昭和天皇から「可成早く結了する様に」と激励された（『牧野日記』三三六頁）。
(158) 佐藤前掲『近代日本の外交と軍事』二五八頁。
(159)『牧野日記』二三九頁。
(160) 佐藤前掲『近代日本の外交と軍事』二五四〜二五六頁。芳井研一「対中国政策の転換と議会」『日本議会史録3』第一法規出版、一九九〇年、六二頁。
(161)『牧野日記』三四一頁。なお、西園寺が牧野から聞いたのと同じ内容の情報を原田もメモに残している（『西園寺公と政局』別巻、七四頁）。情報源は明記されていないが、たぶん外務省高官の誰かだと思われる。牧野から話を聞いた西園寺が、原田に命じて詳しい情報を集めさせたのではないかと推測される。
(162)「河井次長覚書」「牧野伸顕文書」C－九四。
(163)『河井日記』三、四五頁。
(164)『牧野日記』三四七頁。
(165) 前掲「河井次長覚書」。
(166)『牧野日記』三四八頁。
(167) 右同書、三四九頁。『河井日記』三、四八頁。
(168)『河井日記』三、五〇頁。
(169)『牧野日記』三四七頁。
(170) 右同書、三五二頁。
(171) 右同書、三四八、三五二頁。
(172)『西園寺公と政局』別巻、三四一頁。
(173)『牧野日記』三四三頁。
(174) 右同書、三四三、三四四頁。『河井日記』三、三七頁。
(175)『岡部日記』六〇頁。
(176) 右同書、六一、六二頁。

(177)『小川平吉関係文書1』六二七頁、『小川平吉関係文書2』五二九、五三〇頁。
(178)『牧野日記』三二二頁。
(179)「張作霖爆死事件京奉線炸裂の経過」『後藤新平文書』「在野時代（二）」一二一―一二七。内容から判断して、これは張作霖政権側が作成した警察の調査報告書の日本語訳と思われる。
　南方便衣兵の仕業に偽装するため日本側が雇った三人の中国人のうち王祥一人が事前に逃亡したため、殺害されずに生き残り、中国側の警察が王を尋問し、王が現場に残された二人の中国人の死体を自分と一緒に雇われた趙と劉であると同定したため、中国側は日本の犯行と断定したのであった。この史料については、永井和「後藤新平はどうして張作霖爆殺事件が日本人の仕業だと知ったのか」『史』七九、一九九二年を参照されたい。
(180)田中内閣が行った極秘調査とその結果については、佐藤前掲『昭和初期対中国政策の研究』三一七～三一九頁に詳しい。
(181)『田中義一伝記』下、一〇二八頁。
(182)『極東国際軍事裁判速記録』第一巻、雄松堂書店、一九六八年、二七七頁。
(183)『小川平吉関係文書Ⅰ』六二八頁。小川の手記では七月あるいは八月下旬となっているが、新聞報道では小川が御殿場の別荘に西園寺を訪ねたのは、八月一〇日であった。
(184)『西園寺公と政局』一、三頁。
(185)右同書一、一一頁。同上、別巻、五七、三四〇頁。
(186)右同書一、四頁。
(187)『小川平吉関係文書1』六二六、六二九頁。
(188)『西園寺公と政局』一、六頁。
(189)『小川平吉関係文書1』、六二八頁。
(190)右同書、六二六〇、六二六二頁。
(191)『田中義一伝記』下、一〇三〇頁、『河井日記』二、二二二頁。
(192)『牧野日記』三五〇頁。
(193)柴田紳一「阿部信行述『政治外交と軍部』の紹介」『国学院大学図書館紀要』八、一九九六年。

(194)『牧野日記』三三六頁。
(195)『西園寺公と政局』一、六頁。
(196)『小川平吉関係文書1』二六三頁。
(197)『奈良日記』三、九六頁。『河井日記』二、二二四頁。
(198)『西園寺公と政局』一、五頁。
(199)一二月二四日に田中が「張作霖事件の顚末に付、概要を上奏」し、「事件の詳細は陸軍大臣より上奏すべきを申上」げたので(『河井日記』二、二三二頁)、翌日内大臣、宮内大臣、侍従長、侍従武官長が会合し、「張作霖事件に付陸相上奏の際、陛下の御言葉に関し密議す。其結果は内大臣より上奏す」と河井日記にあるので、本文のように推論した。
(200)『牧野日記』三三六、三三七頁。
(201)『河井日記』二、二二四頁。同上、第三巻、二頁。
(202)憲兵司令部編『日本憲兵昭和史』原書房復刻版、一九七八年、原著は一九三九年刊。『河井日記』二、一七二頁。
(203)右同書、七〇八頁。
(204)『牧野日記』三三六、三四三頁。
(205)粟屋前掲書、四一頁。永井和「張作霖爆殺事件と田中義一首相の上奏」『日本歴史』五一〇、一九九〇年(本書第五章)。佐藤前掲『近代日本の外交と軍事』一〇六、一〇七頁。NHK取材班・臼井勝美『張学良の昭和史最後の証言』角川書店、一九九一年、六一、六二頁。
(206)林久治郎『満州事変と奉天総領事――林久治郎遺稿』原書房、一九七八年、六四頁。
(207)『牧野日記』三五一、三五二頁。
(208)『宇垣一成日記Ⅰ』七一二頁。
(209)『小川平吉関係文書1』六三〇頁。
(210)岡部長景の日記には、三月三〇日の拝謁の際に、田中が昭和天皇に「満洲重大事件の解決(当初の考とは変り)行政処分による責任者処罰位に止むべき旨」奏上したとの話を、河井侍従次長から聞いたとの記事が記されている(『岡部日記』八〇頁)。田中がほんとうに三月三〇日にそのような奏上を行ったかどうかは、この後の事態の展開を考えると非常に重要なポイントである。なぜなら、ここで田中が天皇に処分方針の転換のことをきちんと説明していたのであれば、六月になって田中が事件の処理について最終報告をした際に、「それでは前と話がちがうではないか」と田中を叱責した昭和天皇の言動がまったく理不尽なものになってしまうからである。しかし、私は以下に述べる理由で、この岡部の記述は河井の話を正確に伝えておらず（田中自身はそのつもりで奏上したのであったかもしれないが）、三月三〇日の奏上では田中はそれほど明確に処分方針の転換を昭和天皇に説明したのではない、少なくとも昭和天皇はそうは受け取らなかったと考えている。

まず、岡部にその話を伝えた河井の日記では三月三〇日の田中の上奏事項は次のようになっていて、「満洲某重大事件」を含んでいない。「四時三十分首相拝謁す。済南事件解決の内容、貴族院の形勢観、政府案の不通過なりしものに対する感想、不戦条約の件、其の他に付、奏上す」（『河井日記』三、五三頁）。『岡部日記』の当該箇所（河井と会った四月二日条）にあげられている一〜四までは、『河井日記』にある「済南事件解決の内容、貴族院の形勢観、政府案の不通過なりしものに対する感想、不戦条約の件」にピッタリ符合する。しかし、五の「満洲重大事件の解決（当初の考とは変り）行政処分による責任者処罰位に止むべき旨」は『河井日記』にはない。

河井は三月二七日と二八日の両日にわたって牧野内大臣と会っており、牧野から「満州事件善後処置に付、重要なる内話」を聞かされている（『河井日記』三、五一、五二頁）。『牧野日記』を参照すると、この内話が田中が方針を変更し、「満洲重大事件の解決（当初の考とは変り）行政処分による責任者処罰位に止むべき」ことにしたという話を含むものであることがわかる。まず、牧野はその話を三月二七日に原田熊雄から聞かされており（原田の情報の出所は宇垣一成）、同日の『岡部日記』には原田から「結局外部に対しては取調の結果犯人不明なるが責任上村岡司令官其他二、三の人を処罰をすることとして結末を付くることとなりたる由」との話を聞いたとあるので（『岡部日記』七四頁）、牧野が原田から聞いたのは「表面は事実不明と発表して数名の関係者を行政処分に附し、曖昧裏に本件を始末し去る」（『牧野日記』三五一頁）ことに内閣と陸軍の方針が変わったというものであったと理解してまちがいない。

原田からそれを聞かされ、白川陸相が二七日午前に奏上すると知った牧野は、心配のあまり皇居に出頭し、陸相の奏上内容を確かめようとした。しかし、その日のうちには情報がつかめず、翌二八日に天皇に拝謁した鈴木侍従長から、天皇は陸相の内奏と田中の昨年一二月の奏上とに食い違いがあるとは思っていないのを知らされ、胸をなでおろすいっぽう、田中の変心は「言語同断」であり、このことが知れわたっては累は天皇にも及びかねないと大いに憂慮したのだった。河井が牧野から一部始終を聞かされたのはまちがいない。さらに、河井自身三月三一日に原田と会っているので、原田から直接話を聞いたはずである。なお、河井の用件は三月二七日の白川内奏とそれに対する天皇の反応を原田に伝えることにあり、原田はその情報を得て、興津にいる西園寺のもとに戻り、元老に報告したのもと思われる。ところで、昭和天皇が白川の内奏に対して「此度は別に矛盾なし」と考えたのは、白川が犯人は河本であると、事件の真相をきちんと報告したからであり、しかも前年一二月二八日の上奏では調査を始めるとだけ述べて、処分の方針については何も言質を与えなかったからである。また、白川の内奏した処分方針が「内容ヲ外部ニ暴露スルコトニナレバ、国家ニ不利ノ影響ヲ及ボスコト大ナル虞アルヲ以テ、此不利ヲ惹起セヌ様深ク考慮ヲ致シ充分軍紀ヲ正スコトニ」というやや抽象的な内容であり、これまた抽象的な田中の一二月上奏の内容と矛盾するとは昭和天皇が受け取らなかったこと、あるいは仮に処分の方針がちがうと思っても、白川の場合はなぜそうせざるをえないのかを、それなりに説明したからだと思われる。

河井は四月二日に岡部に会うが、これは三月三〇日の田中の上奏内容を岡部に伝え、岡部から牧野に報告することを期待してのことであった。その際に、河井が牧野や原田から聞いたことを、田中の「言語同断ぶり」の証左として岡部に内話し、それを岡部が奏上内容と混同して日記に記したのではないだろうか。その傍証として、『牧野日記』の四月三日条の次の記事をあげることができる。この日牧野は田中から「満州重大問題に付いては調査も出来、(中略)其処置は陸軍部内にて始末する事に決定したり。(中略)右に付ては外国への影響等を考慮する必要ある事も(陸相に)(永井)指示し置けり」と聞かされた。この時はじめて牧野は、田中自身の口から転換後の新方針を聞かされるのである。その内容は三月二七日の白川陸相の内奏とほぼ同じである。牧野は田中に「それは陛下へ言上したるか」と反問した。もちろん田中が言上したとすれば、それは三月三〇日の拝謁時以外にはありえない。それに対し、田中は「已に陸相より申上済にて、自分拝謁の時も陸軍大臣より聞取りたりとの御言葉を拝したり」と返事する。田中は言葉を濁しているが、この言明から察するに、三月三〇日の拝謁の際には、自分から昭和天皇に処分と調査結果の公表について新方針を奏上しなかったのだと思われる。ただ、満州事件についてては白川からも聞いたとの「御言葉」があり、それで田中は昭和天皇もそれに賛成したと自分に都合よく解釈して引き下がったのではないだろうか。つまり、狡い田中は三月三〇日には岡部が河井から聞いた話として日記に書いているほどにははっきりしたことを昭和天皇に言わなかったのではないか、と考えるのである。

(211)『大阪朝日新聞』一九二九年四月五日付(夕刊)。

(212)『西園寺公と政局』一、八頁。『岡部日記』七四頁。
(213)『西園寺公と政局』一、一〇頁。
(214)『牧野日記』三五九頁。
(215)五月一日鈴木侍従長は河井に「重要事務に付、内話」し、五月三日に鈴木が牧野の参内を求め、「去月三十日以来の要務に付、内大臣に報告し協議の結果、聖上に奏上」した（『河井日記』三、七二、七四頁）。以上の記述から、四月三〇日に昭和天皇が問責の可否につき鈴木に下問し、鈴木と牧野が相談のうえ、西園寺に相談することになったのだと推測される。
(216)『奈良日記』三、一二五頁。
(217)『岡部日記』一〇九頁。
(218)本庄繁『本庄日記』原書房、一九六七年、一六一頁。
(219)『牧野日記』三五九頁。
(220)右同。
(221)この解釈をもっともはっきりと打ち出しているのは、升味準之輔『昭和天皇とその時代』山川出版社、一九九八年、一〇三頁である。
(222)『河井日記』三、七六頁。
(223)『牧野日記』三六〇頁。
(224)右同書、三六一頁。
(225)右同書、三六二頁。
(226)佐藤前掲『昭和初期対中国政策の研究』三四三頁。
(227)『牧野日記』三六三頁。
(228)右同書、三六五頁。『河井日記』三、八四頁。
(229)『小川平吉関係文書1』六三〇頁。
(230)『牧野日記』三六六頁。『河井日記』三、八五頁。
(231)『牧野日記』三六六頁。田中内閣が用意した「上聞案」については、粟屋憲太郎『東京裁判論』大月書店、一九八九年、二

三六、二三七頁。ＮＨＫ取材班・臼井前掲書、六三頁を参照のこと。その冒頭には「曩キニ陸軍大臣ヨリ委細ノ事情ヲ内奏致シ、且ツ重大ナル影響ヲ他ニ及ボサヾル趣旨ヲ以テ行政処分ニ依リ軍紀ヲ匡ス旨上奏済ノコトト承知致シテ居リマス」とあり、すでに白川の三月内奏で「行政処分」の伺済みとの立場に立っていることがわかる（本書第五章参照）。

(232)『牧野日記』三七二頁。

(233)寺崎英成、マリコ・テラサキ・ミラー編著『昭和天皇独白録』文藝春秋社、一九九一年、二二二頁。木下道雄『側近日誌』文藝春秋社、一九九〇年、二一三頁。

(234)『牧野日記』三七三頁。

(235)中園前掲論文、五二頁。

(236)右同書、三七四頁。

(237)佐藤前掲『近代日本の外交と軍事』一〇九頁。

(238)『牧野日記』三七五頁。

(239)『岡部日記』一四一頁。

(240)右同。『小川平吉関係文書1』六三四頁。

(241)粟屋前掲『東京裁判論』二三六頁。

(242)『牧野日記』三七六頁。

(243)右同書、三七七頁。

(244)右同。

(245)『岡部日記』一四一頁。

(246)『小川平吉関係文書1』六三四頁。

(247)中園前掲論文、五三頁。

(248)粟屋前掲『十五年戦争期の政治と社会』五〇頁。

(249)伊藤前掲論文、二二四、二六一頁。

(250)『河井日記』三、一一〇頁。

(251)『岡部日記』一四一頁。
(252) 中園前掲論文、五三頁。
(253) 粟屋前掲書、五六頁。
(254) 伊藤前掲論文、二二五頁。
(255)「倒閣運動」という表現が不適切である点については、安田の批判がある。安田前掲書、二〇七頁。
(256) 中園前掲論文、五五、五八、五九頁。
(257) 粟屋前掲書、五五頁。
(258) ただし、本章の「はじめに」でも述べたように、即位後の昭和天皇が政治的に「活性化」したとの粟屋の指摘そのものには、私も同意する。また、天皇の「政治関与」に関し、元老西園寺と昭和天皇・牧野内大臣等の間に考え方のちがいがあったことについても同様である。ただし、私は増田と同じように（増田前掲書、一三五、一四五頁）、西園寺は天皇の「親政」を元老による後継首班の奏薦という「紙一重」にまで縮小させて「大権政治」を守ろうとしたのに対して、昭和天皇や牧野は天皇の納得のいく施政を内閣に求めることができるし、しなければならないとする実質的親政容認論であったと考えている。
(259)『牧野日記』三七七頁。
(260)『河井日記』三、一一〇頁。
(261)『岡部日記』一四二頁。
(262)『小川平吉関係文書1』六三一頁。
(263)『奈良日記』三、一四〇頁。
(264) 中園前掲論文、五六頁。粟屋前掲書、五〇頁。伊藤前掲論文、二二五頁。奈良日記にもとづいて、実際に問責の発言（「辞表を出してはどうか」）があったとするのは、佐藤元英『近代日本の外交と軍事』である（一一四頁）。
(265)『昭和天皇独白録』二二頁。『側近日誌』二一三頁。
(266) 昭和天皇が「辞表を出してはどうか」と言ったとは考えられない点については、江口圭一『日本帝国主義研究』青木書店、一九九八年、四一〇頁を参照されたい。また、安田前掲書も、昭和天皇は直接的に不信任を表明する言葉は発しなかったと解釈している（二〇七頁）。
(267)『牧野日記』三七七頁。
(268)右同書、三七七、三七八頁。
(269)『河井日記』三、一一一頁。
(270)中園前掲論文は、六月二七日の田中上奏以前で分析を終えている（五四頁）。粟屋前掲書は、『河井日記』の該当部分を引用紹介するだけで、六月二七日田中叱責後の田中の白川訪問およびその夜の鈴木・白川会見から翌日の鈴木・田中会見にいたる過程については何の分析も加えていない（五一、五二頁）。伊藤前掲論文は、田中の白川訪問についてはまったくふれておらず、二七日夜に鈴木が白川にした説明を、陸軍を敵にまわさないために天皇・側近がとったマヌーバーだと説明している。また、二八日午後の田中・鈴木会見を、鈴木が天皇の真意を伝えるために田中を招いたと明記している『河井日記』の記述を無視して、辞表奉呈に反対する小川や久原の勧めにしたがって、田中の方から会見を求めたものと解釈している（二二五、二二六頁）。このように、既定の方針にしたがって二七日に昭和天皇は田中を問責したとの自説に都合の悪い史料は目に入らないようになっているのである。
(271)『小川平吉関係文書1』六三二頁。『河井日記』三、一一一頁。
(272)『牧野日記』三七八頁。『小川平吉関係文書1』六三一頁。
(273)『河井日記』三、一一一頁。
(274)右同。
(275)『小川平吉関係文書1』六三一、六三二頁。
(276)『本庄日記』一六一頁。
(277)『河井日記』三、一一〇頁。
(278)『小川平吉関係文書1』六三三頁。
(279)『岡部日記』一四六頁。
(280)『小川平吉関係文書1』六三四頁。
(281)「倉富日記」昭和四年七月九日条。

(282)『岡部日記』一四六頁。『小川平吉関係文書1』六三四頁。

(283)升味前掲書は、白川陸相の処分上奏の翌日、天皇からのお召があれば、西園寺は「そこで田中を慰留するつもりだったのであろうか」と（一一〇頁）、本文に示した第三の選択肢を西園寺がとろうとしたかもしれないと推測しているが、しかし、西園寺が岡部に「御下問に奉答して自分より間接に総理に勧告する途もありたるに、過日の行方はまづかりし」（『岡部日記』一四六頁）と語ったことから判断して、田中に引責辞任の勧告をすることはあっても、「慰留」（これは当然ながら内閣の処分の是認を含む）をしたとは考えられない。

(284)『小川平吉関係文書1』六三六、六三七頁。

(285)この点については、佐藤前掲書『近代日本の外交と軍事』一一三頁でも確認されている。

(286)本文に提示した解釈は、旧稿（本書六章所収）で私が採った立場を修正している。旧稿では（1）の説を完全に否定していたが、本書を執筆するにあたり再検討した結果、やはり昭和天皇が田中内閣の処置方針に不満を抱いたことは否定できないと考えるようになったからである。その結果、「田中叱責の謎」と正面から向き合わざるをえなくなり、たどりついた結論が「不当な処分を容認するかわりの不信任（問責）」という仮説であった。今のところ、この仮説は「新史料」とは矛盾しないと、自分では考えている。

(287)伊藤前掲論文、一九〇、一九一頁。

(288)増田前掲書、二三～二七頁。

(289)安田前掲書、一九五、二七三、二七五頁。

(290)伊藤前掲論文は、私が本書第六、七章で展開しているような「受動的君主」と「能動的君主」の区別論に対して、「イギリスの立憲君主は政党内閣や慣例に拘束される「受動的君主」であり、時には、主に調停者としてであるが、自らの意志で政治に関与する「能動的君主」である以上、日本の君主制を理解するために、右のような概念を持ち出すことはあまり意味があるようには思えない」と批判を加えている（一九一頁）。私は、伊藤のように日本の君主制をイギリス型立憲君主制と同じものだと誤解する人が出てくるのを防止するために、「輔弼親裁構造」とか「受動的君主」「能動的君主」の区別などを提唱したのだが、そのことは伊藤からはまったく理解されなかったようである。「イギリス型の立憲君主制においても、一般の理解とは異なって、君主は「能動的」でありうるし、現に「能動的」であった」と主張する点に伊藤の新しさがあるとすれば、「専制君主権あるいは君主制の強い立憲君主制においても、一般の理解とは異なって、君主は「受動的」でありうるし、現に「受動的」であった」と主張する点にこそ、私の真意があったのだ。君主が「能動的」であるか、「受動的」であるか、そのこと自体は専制君主制か、（イギリス型）立憲君主制かを判別する第一義の基準とはなりえない。

伊藤は、「君臨すれども統治せず」と言われるイギリスの国王が「能動的君主」として「政治関与」した実例として、一八八六年にヴィクトリア女王がアイルランド自治法案に反対して、議会の演説でもそれを公言し、野党のリーダーにも反対するよう積極的に働きかけた例をあげている（伊藤之雄「山県系官僚閥と天皇・元老・宮中」『法学論叢』一四〇－一・二、一九九六年、一五四頁。伊藤前掲『政党政治と天皇』一七九頁）。しかし、紹介者の意図に反して、この例ほどイギリス国王と明治憲法下の天皇がかけはなれた存在であったことをよく示すものはない。そもそも、天皇が特定の法案に関して議会で反対の意志を表明するなどということがありえようとは誰も考えない。King in Parliament なる考え方は日本にはなかったし、現在においても存在しない。さらに、明治天皇が政府の重要法案に自分は反対であると公然と公衆の前で表明すれば、ただそれだけでその法案はもちろんただちに廃案になるだろうし、内閣も即刻総辞職をしたにちがいない。天皇の意思はそれほどに重いのである。ところが、イギリスでは女王が反対しただけでは、法案は撤回されもしないし、内閣が総辞職することもない（第三次グラッドストン内閣の総辞職は議会および総選挙での敗北による）。女王が内閣に公然と反対（＝政治関与）できるかわりに、内閣も女王の意志にしたがわなかったからといって、それだけを理由に責められることもなければ、辞職に追い込まれるわけでもない。言わば、イギリス国王の言葉はそれほどに軽いのである。一口に政治関与と言っても、君主の発揮しうる影響力の重みが日本とイギリスではまったくちがう。日本の天皇の発する言葉はきわめて重い。なぜなら天皇は神格化されていたから。であるがゆえに、天皇は軽々しく政治関与できない（絶対的であるがゆえに、自己拘束を求められる）存在なのである。これに対してイギリス国王の言葉は軽い。重要ではあるが無視することもできる。それゆえ、イギリス国王はかえって容易に政治に口出しできるのである。政治の場で占めている特権的地位が天皇は他のアクターに比べて隔絶しているのに対して、イギリス国王は他の政治的アクターと比べて相対的に優越した存在にすぎない。この差異はそう簡単に無視できるものではないはずだ。

(291) 中園前掲論文、四四頁。

(292) 粟屋前掲書、五五頁。

(293) 伊藤前掲論文、二五九、二六〇頁。
(294) 中園前掲論文、五七頁。
(295) 粟屋前掲書、五六、五七頁。
(296) 中園前掲論文、五七頁。
(297) 伊香前掲論文、一一〜一二頁。
(298) 伊藤前掲論文、二二六頁。
(299) 伊藤前掲『政党政治と天皇』一六頁。伊藤前掲論文、二二六頁。
(300) 伊藤前掲論文、二五九頁。
(301) 伊藤の議論は、この時昭和天皇が、それがいかに法と正義に反することであったとしても、おとなしく内閣の方針を嘉納するべきであったのに、それをせずに異常な政治介入を行ってしまったことが、陸軍や枢密院や右翼、政友会に天皇と側近に対する不信感を植え付け、それがために満州事変の際に、昭和天皇と側近が中立的な調停者として事態を収拾することを不可能にさせてしまった、という議論の展開になっている（伊藤前掲論文、二五九、二六〇頁）。
従来は、粟屋の議論がそうであるように、この時昭和天皇が「行政処分」を容認して、事態をうやむやにしてしまったことが、満州事変における陸軍の越軌行為を助長させたのであり、昭和天皇はあくまでも厳重処分を行うよう内閣や陸軍を指導すべきだったといった議論がなされてきた（第六章でとりあげる大江志乃夫もその一人）。これと比べると、伊藤の説がいかに異質なものであるのか、よく理解できよう。
(302) 「倉富日記」昭和三年一〇月二〇日条。
(303) 増田前掲書、一二〇、一二二頁。
(304) 「倉富日記」昭和三年一〇月二〇日条。
(305) 『河井日記』二、一八二頁。
(306) 「倉富日記」昭和四年六月二〇日条。
(307) 右同、昭和四年二月二〇日条、四月二三日条。
(308) 増田前掲書、一二六頁。

（309）「倉富日記」昭和四年四月二四、三〇日条。
（310）右同、昭和二年一〇月五日条。
（311）一九二九年五月四日の西園寺と河井侍従次長との会見においても、皇子養育のことが話題になった（『河井日記』三、七四頁）。

第五章

張作霖爆殺事件と田中義一首相の上奏

——粟屋憲太郎氏の所見への疑問——

【前注】同名の初出論文（『日本歴史』五一〇、一九九〇年所収）の誤記・誤植を訂正し、文献注の表記法を変え、さらに若干の補筆および削除を行ったほかは、ほぼそのままのかたちで掲載した。〔　〕内は、本書収録にあたって付け加えた注記である。なお、初出論文とほぼ同時期に粟屋氏の史料解釈に疑問を呈した論文に佐藤元英「二つの日記が解いた張作霖爆殺事件の謎」『中央公論』一九九〇年一一月号がある。また、私の批判に対して、粟屋憲太郎氏は『昭和初期の天皇と宮中　侍従次長河井弥八日記』第三巻（岩波書店、一九九三年）の「解説」で自説の誤りを認め、前説を撤回されたこと、および文中の史料のうち「上奏案」は、原本の封筒表書の「上奏案」の「奏」の字が墨で抹消され、「聞」の字が書き加えられているので、「上奏案」でなく「上聞案」が正しいことを付記しておきたい。

はじめに

このたび「牧野伸顕日記」が公開され、今秋には刊行される運びとなった。宮内大臣・内大臣として昭和天皇の側近に仕え、政治の機務に通じていた人物の手になるリアルタイムの記録が公表されることの意義は大きい。その史料価値は『木戸幸一日記』に匹敵し、また『西園寺公と政局』の史料批判にも大いに役立つにちがいない。

その一部が今回「牧野伸顕日記〈抄〉」として『中央公論』八月号に掲載されたが、これにより、張作霖爆殺事件の処置をめぐって田中義一内閣が総辞職に追込まれていく経緯が、従来よりもさらに一層明白になった。史料的には、小川平吉（当時鉄相）の日記と手記公表以来の重要事件と評価できよう。さらに同誌九月号には侍従武官長奈良武次陸軍大将の日記が抄録・紹介された。これらの新史料により、この問題をめぐって存在していた史実解釈の相違や意見対立にも、新しい展開が生じるものと思われる。たとえば細かい事だが、田中首相が昭和天皇から叱責された二九年六月の問題の上奏の日付に関しても、従来から二七日説と二八日説の両説があったが、右の両日記により二七日説の正しいことが確実となった。(1)

ところで、最近張作霖爆殺事件および満州某重大事件に関する公刊史料や文献をいくつかまとめて読む機会があった。その際に、立教大学の粟屋憲太郎氏が、アメリカ国立公文書館所蔵の東京裁判史料に収められていた鳩山一郎（田中内閣の内閣書記官長）の極東裁判国際検察局への提出書類の中から見つけられた「厳秘　内奏写」と「上奏案」〔「上聞案」〕と題する二つの史料に特に興味を惹かれた。(2)というのは、史料に対する粟屋氏の解釈が私には間違っているように思えたからである。

従来からの理解では、田中は、張作霖爆殺事件につき少なくとも前後二回天皇に上奏し、最初の上奏では日本軍人の犯行であること、および軍紀を正すため厳格な処分を行うことを奏上しておきながら、二度目には調査の結果爆殺事件への日本人の関与はみとめられず、ただ満鉄の警備責任につき関係者を行政処分に付する旨の奏上をしたため、天皇から前後の矛盾を衝かれるとともに、その不興をかって辞職したということになっている。(3)今回の「牧野日記」をみても、大筋においては上の理解で間違いないようだが、さらに踏込んで「昭和天皇はいったい田中義一の何を叱責したのか」という、事件の核心ともいうべき疑問に厳密に答えるためには、既存の史料とこれとを突き合せて、さらに詳しく検討しなおす必要がある。

粟屋氏は自分の発見した二史料をもって、この田中の二度の上奏の「控え」および「案文」と解釈したのだが、それまでは問題の上奏の正確な内容は不明であり、いずれも一定時間経過後の回想や伝聞にもとづく記録によって推測するほかなかった。そのためもあって、昭和天皇がなぜそれほどまでに激しく怒ったのかとの疑問にも、十分説得的な解答が与えられていたとはいえなかった。

粟屋氏発見の二史料がたしかに田中首相の上奏の写しであれば、これは重大な発見にちがいなく、秦郁彦氏のように「実は筆者も、天皇がなぜこれほど怒ったのか、やや計りかねていたのであるが、鳩山文書に含まれていた上奏案の全文を読んで、無理もないと納得した」[4]人が出てきても、少しも不思議ではないといえよう。

しかし、粟屋氏の発見した二史料は、はたして本当に田中の上奏の写しなのだろうか。私にはそうは思えないのである。そこで、粟屋氏の説に対する疑問と私自身の解釈を披瀝して、読者の判断を仰ぐことにしたい。

一、「内奏写」と「上奏案」〔「上聞案」〕

まず、問題の両史料を左に全文掲載する。いずれの史料も粟屋氏の著書から引用し、句読点、濁点などは粟屋氏のものをそのまま採用した。本来ならば、原史料を確認すべきなのだろうが、ここでは左に引用する粟屋氏紹介のテキストを直接の検討対象とする。[5]

〔史料A〕

厳秘

内奏写

曩ニ上聞ニ達セシ奉天ニ於ケル爆破事件ハ其後内密ニ取調ヲ続行セシ結果、矢張関東軍参謀河本大佐ガ単独ノ発意ニテ、其計画ノ下ニ少数ノ人員ヲ使用シテ行ヒシモノニシテ、洵ニ恐懼ニ堪ヘズ。

就テハ軍ノ規律ヲ正ス為、処分ヲ致度存スルモ今後此事件ノ扱ヒ上、其内容ヲ外部ニ暴露スルコトニナレバ、国家ニ不利ノ影響ヲ及ボスコト大ナル虞アルヲ以テ、此不利ヲ惹起セヌ様深ク考慮ヲ致シ充分軍紀ヲ正スコトニ取計度存ズ。

右ノ取扱方ハ陸軍ノ将来ニモ関係スル重大事項ニ付、参謀総長、教育総監ト内議ヲ遂ゲ、且ツ元帥方ノ御意見モ承リシ処、孰レモ同意ナルヲ以テ

此議上聞ニ達ス

右内奏終ルヤ御下問アリ

直ニ奉答シ置ケリ

〔史料B〕

上奏案〔初め上奏案と書かれ、「奏」の字が「聞」の字に修正されている〕

昨年六月四日発生致シマシタ所ノ張作霖乗用車爆破事件ニ就キマシテハ、曩キニ陸軍大臣ヨリ委細ノ事情ヲ内奏致シ、且ツ重大ナル影響ヲ他ニ及ボサヾル趣旨ヲ以テ行政処分ニ依リ軍紀ヲ匡ス旨上奏済ノコトト承知致シテ居リマスガ、此頃陸軍大臣ヨリ右ノ趣旨ニ基ク処置トシテ一応私ニ対シ、『事件発生地ガ関東軍ノ守備地域ニ属スル関係上、爾来慎重ニ調査セシメタルモ、何等其ノ真相ヲ確ムベキ証跡ヲ得ズ。我軍部又ハ軍人ニ於テモ之ニ関与シタル証跡ヲ認メズ』トノ旨ノ報告ガアリマシタ。此ノ報告ニ対シ念ノ為、私ヨリ陸

軍大臣ニ向テ、該事件発生地タル南満洲鉄道ト京奉鉄道トノ交叉点ハ、其ノ当時諸般ノ情勢ニ鑑ミ守備上最モ留意ヲ要スル筈ナルニ、該地点ニ支那国憲兵ノ警戒配置ニ就クヲ許容シタルハ如何ナル事情ニ依ルモノナルヤ、其ノ経過、理由及職責者ニ付、報告ヲ得タキ旨ヲ照会致シマシタ所、之ニ対シ陸軍大臣ヨリ回答ガ御座イマシタ。其ノ回答ニ依リマスト、昨年六月三日午後、関東軍参謀河本大佐ガ其ノ専断ヲ以テ支那側ノ交渉ニ応ジ、該鉄道交叉点ニ於ケル陸橋下ニ支那国憲兵ノ配置ヲ許容シタルモノデアルコトデ御座イマシテ、此点ニ就キマシテハ、其ノ責任ヲ明ニセネバナラヌコトト存ジテ居リマス。直接保護スベキ満鉄線路ヲ破壊セラレタル点ニ就キマシテハ、当時、直接保護ノ責任ヲ有シアリシ者ニ対シ夫々懲罰処分ヲ行ハレタ様ニ承知シテ居リマス。

尚ホ、本件ニ就キマシテハ他面、関東長官ヨリモ報告ガ御座イマシタガ、其ノ要点ヲ申シマスルト、此ノ事件ニ就キ疑ヤ風説ノ存スル各方面ヲ厳重慎重ニ調査致シマシタガ、支那人ノ側ニモ在留邦人ノ側ニモ何等証跡ヲ得ズトノコトデ御座リマス。

以上申上ゲマシタ通リノ次第デ御座イマスカラ、之ニ基キマシテ最モ適当ト信ズル処置ヲ致サウト考ヘテ居リマス〔資料原本は陸軍の用箋に記されている。右引用一二行目の「直接」の前に「尚ホ軍ガ」が語句があり、そこから「承知シテ居リマス」まで抹消線が引かれている（佐藤元英『昭和初期対中国政策の研究』原書房、一九九二年、三四九頁）〕

読めばわかるように、「内奏写」は、張作霖爆殺事件の真相の報告と善後措置に関する内奏の控えであり、いっぽう「上奏案」は張作霖爆殺事件の最終的処理ともいうべき政府発表について上奏するために用意された案文と考えられる。

粟屋氏によれば、どちらの文書にも日付はなく、また上奏者が誰であるかを直接に示す文言や添付史料は存在しないという。先ほど述べたように、発見者の粟屋氏は内容から判断して、A、Bいずれもその上奏者は田中義一首相その人であると判断し、「内奏写」のほうは一九二八年一二月二四日に田中が昭和天皇にたいして行った最初の内奏（以下一二月内奏と呼ぶ）の写し、史料Bは田中が昭和天皇から激しく叱責された一九二九年六月二七日の問題の上奏（以下六月上奏と呼ぶ）の案文であり、実際に上奏されたものと内容的にはほぼ同一であるとの、推定を下している。(6)

しかし、この粟屋氏の判断には再検討の余地がある。結論から先に言えば、史料A「内奏写」は、田中首相のではなくて、白川義則陸相の内奏の写しとみるべきだというのが、私の考えである。

長くなるので省略するが、今まで明らかにされた史料や新聞記事から判断して、田中が二八年一二月二四日に張作霖爆殺事件に関して何か決定的なことを内奏したのは確かだと思われる。しかし、史料Aをその一二月内奏の写しとみる粟屋氏の考えには同意できない。なぜなら後で詳しく説明するように、史料Aのような文面をもつ上奏を田中首相がするなどということは、論理的にいってありえないからである。

また、史料B「上奏案」〔「上聞案」〕については、その内容から判断して、私もこちらはたしかに田中の六月上奏のため用意された案文にちがいないと思うが、実際に天皇の面前で田中が朗読し、叱責された上奏文の文面そのままかといわれると、若干躊躇せざるをえない。なぜなら、尻切れとんぼで終っている感じを、この案文は読む者に与えるからである。しかも、上奏文にしてはやや不自然な体裁をしている。

第一に、田中が天皇の了解を得たいと思っている肝心のことがら、すなわち文中にいう「最モ適当ト信ズル処置」が何であるのか、この「上奏案」〔「上聞案」〕には記述されていない。そのため中途半端な感じがするのである。

正式な上奏文には特有の様式があり、年月日と上奏者の氏名が記されるのはもちろんのこと、天皇の承諾を求めたり、裁可を仰いだりする際には、漢文調のものであれば、たいていは「謹テ奏ス」や「謹テ裁可ヲ仰ク」などの決り文句で終り、史料Bように天皇の面前で朗読されることを想定した場合でも、書出しを「謹みて上奏致します」ではじめ、裁可を仰ぐ場合には「謹みて御裁可を仰ぎたいと存じます」と結ぶのが一般的である。ところが、史料Bにはそれらがない。

このことは、史料Bが、たしかに田中の上奏文の原案だとしても、上奏文そのものの忠実な控えではないことを物語るものと解釈できるが、あるいは、上奏の前日に田中が上奏内容の控えを牧野内大臣に読み聞かせた時、「陛下の御許諾を願ふ積りか」との牧野の質問に対し、田中は「単に上聞に達するまでなり」[7]と答えたことから推すと、史料Bは天皇の裁可なり許諾を求める上奏ではなくて、たんなる報告であったため、書出しや結文が整っていないとも考えられる。

ところで、本稿が主として検討の対象とするのは史料Aのほうである。なぜなら、私の考えと粟屋氏の比定とがまったく異なるからである。史料Aの上奏者をXとすると、X＝田中首相が粟屋説、X＝白川陸相が永井説ということになるが、粟屋説は、先述のように秦郁彦氏によっても支持されており、昨年出版された江口圭一『大系日本の歴史14』や大江志乃夫『張作霖爆殺』でもそのまま踏襲されているから[8]、いまや定説として定着しつつあるといえよう。しかし、残念ながら粟屋説は間違っているのである。

二、粟屋説批判1

史料Aは、その内容からみて三つの部分に分けられる。第一の部分は、事件の真相にふれた冒頭部で、ここで河本の犯行であることがはっきりと述べられている。第二は、処分方法にふれた真中の文章で、具体的な措置は言及されていないが、「其内容ヲ外部ニ暴露スルコトニナレバ、国家ニ不利ノ影響ヲ及ボスコト大ナル虞アルヲ以テ、此不利ヲ惹起セヌ様深ク考慮ヲ致シ充分軍紀ヲ正スコトニ取計度」という、処分の基本方向のようなものは提示されている。この処分の基本方向が、参謀総長、教育総監、元帥など陸軍最高首脳との内議を経て、その同意を得たものであることを確認した部分が最後に来て、問題の内奏は終っている。

私が「上奏者Xはじつは陸相ではないか」との疑問を抱くきっかけとなったのは、最後の部分すなわち先の引用の「参謀総長、教育総監ト内議ヲ遂ゲ、且ツ元帥方ノ御意見モ承リシ処、孰レモ同意ナルヲ以テ」のところに「陸軍大臣」の語が含まれていないことに気づいたからであった。冒頭部分で事件の真相を報告すれば、当然次は関係者の処分が問題となる。どのような処分をするかはまさに「陸軍ノ将来ニモ関係スル重大事項」であったから、参謀総長以下の陸軍最高首脳が鳩首協議するのはあたりまえといえるが、にもかかわらず、「陸軍大臣」の語句がそこにないのである。これは、じつに不思議なことではないだろうか。

陸軍省官制に「陸軍大臣は陸軍軍政を管理し陸軍軍人軍属を統督す」とあり、陸軍の人事や軍紀維持、さらに軍事司法などに関わる事務はすべて陸軍大臣の管轄であった。だとすれば、処分の基本線を内奏するにあたっては、その職責からして当然陸軍大臣も陸軍最高首脳の協議に加わっていなければおかしい。しかるに、「陸軍ノ将来ニモ関係スル重大事項」との認識が一方に示されていながら、職責上もっとも関係の深い陸軍大臣の名がそこにあがっていないのである。まことにもって奇妙というほかない。

すぐわかるように、この矛盾を合理的に説明できる唯一の方法は、Xがほかならぬ陸軍大臣その人であると解釈する場合である。史料Aが作成される時に筆記の手違いで、本来は存在していた「陸軍大臣」の語句が欠落したとも考えられるが、「内奏写」という文書の性格からして、その可能性は極めて小さいとみてよかろう。また、粟屋氏が論文発表の際に原史料から転記ミスをした可能性も考えられないわけではないが、それならば、ズボラをしたため、大恥をかくはめになった私の馬鹿さかげんを笑えばすむことである。

Xが陸軍大臣であれば、「参謀総長、教育総監ト内議ヲ遂ゲ、且ツ元帥方ノ御意見モ承」ったのは、みな陸軍大臣が主体の行為であるから、天皇を面前にしての報告において、彼が自分に言及しないのは自然であって、陸軍大臣の語がそこにないのは当り前である。上奏者が陸軍大臣と考えると、この点はすべてうまく説明がつく。いうまでもなく、Xが陸軍大臣である限り、史料Aの上奏者を田中首相とする粟屋氏の比定は成立しえない。

粟屋説批判としては、以上でほぼ決定的だとは思うが、読者の中には疑り深い方もいるだろうから、念には念をいれて帰謬法による証明を付加えておこう。

今仮に、Xは田中首相であると仮定する。そうすると、処分の基本線を参謀総長、教育総監、元帥に提示し、彼らと協議してその内意を確かめたのは、田中首相ということになる。もちろんこの場合、その行為は、田中首相の単独行動ではなくて、陸軍大臣も同意の上、陸軍大臣を含む内閣の代表者としての資格で行われたものと解釈すべきであり、陸軍の巨頭連の同意を得た田中は、内閣の代表として天皇にその内容を報告したと理解すべきであろう。

なぜなら、もしそうでないと、田中首相は陸相の同意もなしに、処分の基本線に関して参謀総長、教育総監、元帥と協議して、その方向性を決定したことになり、陸相でないにもかかわらず、それと同様の権限を行使した結果になるからである。そんな協議に参謀総長や教育総監や元帥が簡単に応じるはずのないことは、戦前における軍部と内閣の関係を少しでも勉強したことがあるなら、すぐわかるはずである。

だとすれば、陸軍大臣を含む内閣全体によりまず処分の基本線の案が承認され、それを踏まえて内閣と参謀総長、教育総監、元帥等の陸軍巨頭との間に協議が行われ（内閣側を代表して実際に交渉したのは陸相だったかもしれない）、その同意を得たあとで、その結果を田中が内閣（と陸軍）を代表して天皇に奏上したのがこの「内奏」であり、陸軍大臣は内閣の一員であるとの位置づけから、他の閣僚が言及されないのと同様、文中であらためて言及されることがなかったのだと解釈する外に、陸軍大臣の語がそこに登場しない理由を納得的に説明する方途はない。

しかし、残念ながらこの解釈は成立しえない。なぜかといえば、まず第一には田中の一二月内奏は内閣と陸軍首脳の双方の了解に基づくものどころか、閣議にはかることすらなしに行われた、まったくの独断プレーだったからである。この問題に関して最も信頼できる史料の一つである小川平吉の手記によれば、閣僚は田中の一二月内奏についてはなにも知らされておらず、たんに事後報告をうけたのみであった。「首相の此態度は多数閣僚を驚倒せしめたり。みな私に顰蹙して曰く、首相には天魔が魅入りたりと(9)」と小川は記している。また原田熊雄はそのメモに、「首相が閣僚と相談なしに元老と相談して上奏せしことはけしからむ(10)」との中橋徳五郎商相の言を筆記している。

また、史料Aが田中の一二月内奏の写しだとすると、この文面からして、田中はともかくも、この一二月内奏の時点では処分の基本線に関し、陸軍首脳連の同意を得ていたことになるが、小川平吉の日記の二八年一一月二八日条には、白川陸相から「奉天事件、元帥上原及閑院宮殿下并に陸軍三頭共に発表反対と決せる旨報告あり。上奏の事も同様反対也(11)」とあって、陸軍と田中の間の方針の不一致を伝えている。この不一致が一二月の内奏までに解消したなどとは誰も信じないだろう。もしそうならば、それから数ヶ月も立たないうちに、陸軍の強い反対をうけて天皇に内奏した処分方針を実行できなくなるようなことが、どうしておこりえようか。

第二に、戦前の「統帥権独立」制度の下では、軍人の進退に関わる人事事項は統帥権の作用を受けるものとされ、文官の高級官僚人事とは手続的にも別扱いの慣行になっていた。たとえば、将校などの平戦時の職務の命免や転役は帷幄上奏事項とされ(12)、またその任官・進級についても、正式の辞令は内閣から出されるにしても、その前に陸軍大臣が直接天皇に「内奏」し、その裁可を得ておくのが慣例であった。所管の軍人の人事に関しては、陸軍大臣には（海軍大臣も）慣行的に、他の各省大臣とは異なる独特の権限が認められていたのである。

このような慣例の下では、処分の基本線を内閣が決定しようにも、処分には必ず人事事項が伴うから、陸相の同意が得られることが何よりも重要である。この場合制度的にいえば、陸相の同意は二重の意味の同意とみるべきで、内閣の一員にしてかつまた軍政担当の主任大臣としての同意と、陸軍軍人の人事に関して特殊な権限を有する帷幄機関としての同意の、この両面からの同意でなければならない。この意味での陸相の同意が得られてはじめて、処分の基本線を内閣で協議・内定し、それについて陸軍首脳との交渉が可能となるのである。

だから、先に田中が内閣と陸軍とを代表して内奏云々といったのは厳密には誤りで、かりにXが田中だとしても、その内奏は内閣を代表してのものにとどまり、制度的には必ずそれとは別個に、陸軍大臣が陸軍の代表として帷幄上奏する慣行であったように思われる。そのことは、実際に行われた河本らに対する行政処分の上奏が、田中首相の六月上奏とは別に、白川陸相からの帷幄上奏により行われたことからも裏付けられよう(13)。

そうであるならば、陸軍大臣の同意は他の国務大臣の同意とは同列に扱えるものではなく、陸相の同意を得ていることを田中は天皇に対して明示的に示す必要があったはずである。そうしなければ、田中は必ずや天皇から「陸軍大臣の意見はどうか」と、手続上の不備がないか確かめる下問をうけたにちがいない。言換えれば、Xが田中であるならば、史料Aには必ず「陸軍大臣」の語句が含まれていなければおかしいのであり、この面からしてもXを田中首相と考えることはできない。

以上どこからみても、Xを田中首相とする仮定は矛盾に突き当る。それゆえXは田中義一ではありえないのである。

三、粟屋説批判2

史料Aが田中首相の上奏ではないと私が考える第二の理由は、史料Aに示されている処分の方向性が、従来田中の上奏の内容として伝えられてきたものと、おおきく食違っている事実に求められる。そのことを明らかにするために、公刊されている史料の中から、比較的信頼度の高いものをいくつかあげてみよう。

〔田中首相の一二月内奏の内容を伝える史料〕

1　小川平吉が直後に田中から直接聞いた内容

「張氏爆殺が河本大佐等の所為なること並びに之れが措置は厳重に講究し、大元帥陛下の統率せらるゝ、陸軍の軍紀を粛正すべき旨を陛下に上奏し、尚ほ本件に付ては国際関係其他重要なる関係あるを以て慎重に研究すべき旨を付加せりといふ[14]」

2　一九三三年六月に本庄繁侍従武官長が鈴木貫太郎侍従長から直接聞いたもの

「田中総理は河本関東軍参謀と張作霖爆死事件なる世論に付真相を申上げ、強く軍紀を紏すべきを奏上し、白川陸軍大臣も亦実状を申述べたり[15]。」

3　一九四六年三月に木下道雄侍従次長が昭和天皇から直接聞いたもの

「田中内閣のとき張作霖爆死事件あり。主犯河本大佐に関し、首相はこれを処罰すべき旨を上奏し、かつ西園寺元老、牧野内府には軍法会議に附するとまで言明した。[16]」

4

鈴木貫太郎侍従長の戦後の回想

「田中総理大臣から張作霖を殺したのは日本の陸軍の将校がやったので、これに対して厳格な処置を軍法会議に付さなければなりませんということを上奏している。[17]」

5

岡田啓介海相の戦後の回想

「田中はその意［西園寺の］を体し、これほどの事件を陛下に奏上しないのはいけない、と思い参内して陛下に、事件の犯行者は日本軍人らしいこと、犯人は軍法会議に付する方針である旨を申し上げた。[18]」

6

原田熊雄の得た情報

「総理も已むなく陛下の御前に出て、『張作霖爆破事件については、どうも我が帝国の陸軍の者の中に多少その元凶たる嫌疑があるやうに思ひますので、目下陸軍大臣をして調査させてをります。調査の後、陸軍大臣より委細申上げさせます。』といふことを陛下に申上げた。

その後陸軍大臣は参内して陛下にこの事件の大体を御説明申上げ、なほ十分調査のうえ言上すべきやう申上げたところ、陛下には『国軍の軍紀は厳格に維持するやうに。』とのお言葉があつた。[19]」

※なお、『西園寺公と政局』第一巻の別の箇所には、一二月二四日に田中が事件について上奏をおこなったこと、及び西園寺の命で原田がその上奏の内容を珍田侍従長に聞きにいったが、結局よくわからなかったという記述がみられる。

7

高倉徹一執筆『田中義一伝記』より

「十二月二十四日午後二時首相は宮中に参内して拝謁の上『作霖横死事件には遺憾ながら帝国軍人関係せるものあるものの如く、目下鋭意調査中なるを以て若し事実なりせば法に照らして儼然たる処分を行なうべく、

詳細は調査終了次第陸相より奏上する』旨を申上げて退下し[20]」た。（ただし、出典は明記されていない）

右のいくつかの引用からもわかるように、田中の一二月内奏の内容は史料により区々である。しかし総合してみると、①河本の名を出したかどうかは別として、少なくとも日本軍人の犯行の疑いありと、はっきり述べたことは確実と思われる。さらに、②もし、真実日本軍人の犯行であると判明すれば、軍紀粛正のため〈厳然たる処分〉をするつもりだとも言ったにちがいない。②に関しては、右の諸史料中の「之が措置は厳重に講究」（1）、「強く軍紀を糺すべき」（2）、「これを処罰すべき」（3）、「厳格な処置を軍法会議に付（す）」（4）、「犯人は軍法会議に付する」（5）、「法に照らして儼然たる処分」（6）といった表現からみてそう思える。

たとえ田中が実際には「軍法会議云々」の言を用いなかったとしても、この場合〈厳然たる処分〉がたんなる行政処分にとどまるものでないことは、前後の状況からして明らかであろう。小川平吉の手記と日記は、その頃田中が事件の真相公表と関係者の司法処分を主張していたことを伝えているが[21]、そのことも傍証となろう。

ところが、史料Aを見ると、たしかに河本の名が挙っており、事件の真相が報告されている。その点では既存の史料に基づく一二月内奏の内容と一致するようにみえる。しかし、冒頭に「曩ニ上聞ニ達セシ奉天ニ於ケル爆破事件ハ其後内密ニ取調ヲ続行セシ結果」とあることからすると、史料A以前にも張作霖爆殺事件に関し内奏が行われ、かつ史料Aは事件に関するその後の調査結果の報告と解するのが自然である。

粟屋説が正しければ、この文面からして当然、田中は一二月以前にも事件に関し内奏し、そのあと内密に調査を行い、一二月までに一応の結論を得たのでなければならない。「この『内奏写』で明らかになったことは、すでにこの内奏（中略）前にも、田中は天皇に事件の報告をしていることである[22]」とあるように、粟屋氏もそのことは認めている。

しかしながら、一二月内奏よりも前に田中が内奏したことを伝える史料は、他に存在しないのである。そのような内奏が行われたとすれば、問題にならないはずはないのだが、いずれの史料も沈黙を守っている。それどころか、小川日記によれば、一二月八日の時点でもなお田中と小川が上奏の是非をめぐって議論しているくらいだから[23]、それ以前に内奏が行われたとは考えがたい。やはり田中の上奏は一二月内奏がはじめてだったと解すべきである。当然、史料Aも田中の一二月内奏の写しではありえない。

ついでにいえば、「正式調査を進めて更に閣議に付すべき」旨の申し合わせが了解されたのは、一二月内奏のあとの一二月二八日の閣議であった[24]。史料Aによれば、既に天皇に正式報告できるまでに真相調査が進んでいたはずだが、小川手記では逆に一二月内奏後に正式調査が始るのである。辻褄があわない。

しかし、何よりも重要なのは、肝心かなめの処分の基本線に関して、史料Aのどこを探しても、伝えられるような〈厳然たる処分〉を意味する言葉をみいだすことができないという事実である。

なるほど、「充分軍紀ヲ正スコトニ取計度」とはあるが、それはあくまでも「国家ニ不利ノ影響ヲ及ボスコト」のない範囲で行うとされている。しかも、爆殺事件の「内容ヲ外部ニ暴露スルコトニナレバ、国家ニ不利ノ影響ヲ及ボスコト大ナル虞ア」りときては、真相公表はすべきでないといっているにひとしい。処分方針に関しては、伝えられる田中の一二月内奏の内容と史料Aの主張との間には、かなりの懸隔があるといわねばならない。

じつは粟屋氏自身もこのことは認めていて、『内奏写』では、真相公表は避けながら、内々に軍法会議で河本らを処分する方針とうけとれる[25]」と述べている。しかし、真相を秘密にしたままで、はたして〈厳然たる処分〉ができるだろうか。史料Aの文中には「軍法会議」なる言葉自体どこにも見あたらないのだから、上の粟屋氏の推測には根拠があまりないのだが、それにしても軍法会議に付して処分することと真相を秘密にすることとは、粟屋氏の考えるように、はたして両立するものだろうか。たとえ軍法会議で河本等が無罪になったとしても、いかなる容疑で起訴されたかまでは隠しおおせないだろうから、絶対に両立不可能とはいえないにしても、かなり困難なことはたしかである。

史料Aに盛られている処分方針は、伝えられるような〈厳然たる処分〉を意味するものではなくて、もっと曖昧なものである。真相の暴露に反対している点からすれば、むしろ史料Bの冒頭にみられる「重大ナル影響ヲ他ニ及ボサヾル趣旨ヲ以テ行政処分ニ依リ軍紀ヲ匡ス」という方針、すなわち真相はこれを公表せず、河本らをたんなる行政処分に付することで決着をつけた、現実に行われた方式により近いとさえいえよう。

このような内容の上奏をもって〈厳然たる処分〉を約束したものとは、とうてい理解できない。むしろ逆に、軽い処分でおさめるための伏線をはろうとしているとみたほうがよい。処分方針の方向性においては、史料Aは、伝えられる田中の方針（真相の公表と軍法会議）よりも、田中に反対した他の閣僚や陸軍の方針（真相の公表を避け、他の名目による軽い処分）のほうにより近いと、私は考える。粟屋氏は、史料Aの内容は、小川平吉手記の記述とも「符合する」として、右に掲げた引用1を自説を裏付ける傍証に用いているのだが[26]、私には両者の関係はまったく逆にみえる。

もしも、田中の一二月内奏がほんとうに史料A程度の内容だったのならば、その半年後になって、閣僚と陸軍の反対により虚偽の真相発表と行政処分による決着を報告せざるを得なくなったとしても、別に天皇から前後矛盾すると叱責されるいわれはなかったはずである。なぜなら、国家に不利を惹起せぬ様深く考慮した結果、虚偽の真相発表と行政処分にせざるを得なかったのだといえば、それですむことだからである（もっとも、昭和天皇がそれに同意するかどうか、とくに「臣民に詐りを云はざるを得ざること」[27]になる虚偽の真相発表に承諾を与えるかどうかは、また別問題である）。たとえば、「張作霖爆死事件は之を摘発すること国家の為め不利と認むるに付き、其儘となし、別に守備区域の責任上村岡司令官以下の処分を奏請する」[28]といった内容の上奏ならば、史料

Aの言明とは前後矛盾しないはずである。ちなみに、これは田中の六月上奏の翌日に白川陸相から上奏された行政処分の奏請文の概要である。

史料Aでは〈河本が真犯人〉とあり、史料Bには〈我軍部又ハ軍人ニ於テモ之ニ関与シタル証跡ヲ認メズ〉と一八〇度ちがう記述がされているため、これが例の矛盾を指摘された田中の上奏かと、早呑込みするのも無理はないが、よくよく考えれば、昭和天皇が怒った上奏の前後矛盾とは、そんなレヴェルの問題ではないことがわかるはずである。

田中の一二月内奏の正確な内容は不明だが、私なりの推測を示すと、〈日本軍人の犯行の疑いが濃く、放置できぬので真相を調査したい。その結果日本軍人の犯行とわかれば、真相を内外に公表し、厳格な処分によって軍紀を十分に正したい〉といったところになろうか。真相がたしかに天皇に報告されたことは史料Aにより明らかだから、田中が史料Bのような趣旨の六月上奏を行った時、昭和天皇は「曩の上奏と矛盾する」と指摘したのである。

真相が内奏された時点で、田中としては、最初の方針どおり真相公表と軍法会議に万難を排して邁進するか（そうなれば、閣内不一致で総辞職となるのは目に見えている）、それとも先の内奏は自分の不明の致すところであるとして前言を潔く撤回するか（当時の感覚からすれば、当然その際には辞表を天皇に提出すべきであろう）、そのいずれかしかなかったと思われるが、それを内閣延命のため、史料Bのような中途半端な弁明で乗切ろうしたために、昭和天皇のうっ積されていた不信感の爆発を招いたのである。(29)

もしも、田中の一二月内奏が史料Aのような内容のものであれば、田中にはまだ逃道があったわけで、絶体絶命の窮地に追込まれたとはいえない。私が推測したようなことを言ったから、後で抜差しならぬハメに陥ったのである。この方面からしても、史料Aをもって田中の一二月内奏の「写」とみる粟屋説には賛成できない。

四、三月二七日の陸相内奏

私は若い頃には本格派推理小説の愛好者だったので、粟屋説を批判するのに、粟屋ホームズが使いたくても使えなかった史料を用いるのはアン・フェアだと考え、註で一箇所ふれたのを除き、二節、三節では意識的に「牧野日記」や「奈良日記」に言及するのを避けてきた。厳密に言えば、前期引用3の木下道雄の「側近日誌」もそうだが、こちらは粟屋氏が初出論文を著書に収録する際につけた自注で言及していることでもあるし、別にかまわないだろう。

「牧野日記」「奈良日記」を使わなくても粟屋説批判は十分可能であり、事実私が二節、三節で述べた結論に到達したのは、両日記のことを知る前であった。しかし、せっかくの新史料、これを利用しない手はない。そこで両日記から得られる知見を少しばかり補足しておくことにしたい。

まず、二節、三節で述べた主張を補強する材料を紹介する。前掲「牧野伸顕日記〈抄〉」の五月二六日条には、牧野が原田熊雄から聞いた内話として「陸相は今日行詰まりの原因は最初首相が陸軍に断はりなしに単独にて事件に関する決心を内奏したるにありとの怨言を洩らした」とある（三六二頁〔『牧野日記』三六五頁〕、傍点永井）。もし、原田の情報がほんとうなら、これだけで史料Aが田中の一二月内奏の写しではありえないと断定できる。「陸軍に断はりなし」と「参謀総長、教育総監ト内議ヲ遂ゲ、且ツ元帥方ノ御意見モ承リシ処」とが、両立するはずないからである。

「牧野伸顕日記〈抄〉」には田中の一二月内奏の内容に関するリアルタイムの情報は含まれていないが、半年後の六月二六日条に「昨冬首相より非常の決心を以て根本的に（中略）軍紀を紏し、内外に対し帝国軍隊の名誉を回復致すべき旨を親しく言上した」とある（三六五頁〔『牧野日記』三七六頁〕）。つまり、田中が〈厳重な処分〉を約束していたことを示す史料がまた一つ増えたのである。[30]

もっとも、三月二八日条に「推測に依れば、西公及珍田伯、小生等へ首相決心の次第を縷々時余に渉り披瀝したる程、手続等の細目に関しては申上げざり［し］ものならん」（三五五頁〔『牧野日記』三五〇頁〕）とあることから、牧野といえども一二月内奏の内容を正確に把握していたのではなかったようである。ただし、牧野の記述によれば、一二月内奏とほぼ同じ頃に、田中は牧野と珍田侍従長に「事実明確になり材料備はり、所謂調査結了せば、軍法会議を開設して大に軍紀を紏し、内外に対し日本陸軍の名誉を回復すべしと非常の決心を述べ、又為めに一時は支那に於ても反感あらんも終には日本政府の公明正大なるを認め、感情改善の動機ともならん」との言質を与えていた（三五五頁〔『牧野日記』三五〇―三五一頁〕）。田中はだから、牧野に対しても食言したことになる。

牧野が不快に思うのは、ある意味では当然で、田中の言動に対する不信感が日記のいたるところに見て取れる。

五月はじめに、牧野は鈴木侍従長を通じて、陸相または首相より「行政事務として内面的に処置し、然して一般には事実なしとして発表致度趣意を以て」奏聞の場合には、「責任を取るか」と首相に反問してよいかとの昭和天皇のごく内密の下問をうけたが（三五九頁〔『牧野日記』三五九頁〕）、内奏が前後矛盾するようなことになれば、「聖明を蔽ふ事となり、最高輔弼者として特に其責任を免れず」と判断した牧野は、西園寺とも相談の上、五月一四日には「聖慮のあるところ御尤もと存上げ奉る」との返答を鈴木に伝えた（三六一頁〔『牧野日記』三六三頁〕）。さらに、関西行幸の帰途の六月八日には、長門艦上で昭和天皇に対し、事件につき「前々より承知致居る事情を為念言上」している（三六三頁〔『牧野日記』三七二頁〕）。田中内閣の運命は、この段階でほぼ定ったといえよう。

栗屋氏が、史料Aをもって田中のものと決めてかかり、陸軍大臣の内奏である可能性に少しも思いいたらなかったのは、ひとつには帷幄上奏などの戦前軍事制度について専門的知識を有していなかったからだと思われるが（かくいう私も数年前に粟屋氏の初出論文を読んだときには、少しも変だとは思わなかった）、ほかにも田中の処分方針に反対し、事件を闇から闇へと葬りさろうとした当の陸軍大臣が、河本の名前を出して真相を報告をするはずがないとの思いこみなり固定観念が、冷静な検討の目を曇らせたのだとも考えられる。

しかし、虚心坦懐に史料を読んでおれば、陸相から真相が報告されていても不思議のないことに気がついたはずである。先に引用した1から7の範囲でも、2には「白川陸軍大臣も亦実状を申述べたり」とあり、6にも「その後陸軍大臣は参内して陛下にこの事件の大体を御説明申上げ、なほ十分調査のうえ言上すべきやう申上げた」とあるではないか。さらに、ほかならぬ史料Bにも「曩キニ陸軍大臣ヨリ委細ノ事情ヲ内奏致シ」との記述がみられる。

真相公表、厳重処分という田中の方針に終始反対し続けた小川平吉でさえ、「陛下に対し奉りて何等隠蔽の要なし、赤裸々に上奏する可なり、事実を事実として上奏するは可なり、但だ之れが措置に至りては内外に重大の関係あり、慎重考慮して善断すべき旨を上奏せば可なり[31]」と田中に言ってるくらいだから、陸軍大臣が天皇に真相報告しても少しもおかしくはない。いや、田中が一二月内奏をした以上、監督責任者である陸軍大臣が何も報告しなかったら、それこそが変であろう。『西園寺公と政局』には、三月末に宇垣一成から得た情報として、陸相は「陛下には事実をすべて申上げて、世間にはこれを絶対に秘してをつた[32]」とあることから判断すると、史料Aの陸軍大臣の内奏は、上に引用したような小川平吉の考えと同様の発想でなされたものといえよう。

次に問題となるのは、陸相の内奏がそれでは何時の段階で行われたかである。「奈良日記」によると白川陸相は、二八年の一二月二八日午後二時半に「拝謁張作霖暗殺事件ニ関シ調査ヲ開始スヘキ旨内奏」し、翌年三月二七日午前一一時にも「拝謁人事内奏且ツ満州某重大事件取調結果奏上[33]」とある。その後六月二八日に行政処分の上奏がなされるまでは、奈良武官長と陸相間に相談はあっても、陸相が事件について内奏したとの記事はみえない。四月三〇日条に、鈴木侍従長から白川が「満州某重大事件事実ナシト発表シタキ旨奏上スルヤノ話」を聞いたので、奈良が白川を訪問して「其ノ不可ナルヘキ」を話し、上奏を思いとどまらせたとの記述がみられるのみである。

このことから判断して、史料Aはこの三月二七日の白川陸相の内奏の写しだと私は考える。[34] 二八年一二月に調査開始の内奏をし、三月にその結果を報告したという「奈良日記」の記述は、先述の「曩ニ上聞ニ達セシ奉天ニ於ケル爆破事件ハ其後内密ニ取調ヲ続行セシ結果」とある史料Aの冒頭の一句と見事に符合する。それに、陸相が「満州某重大事件事実ナシト発表シタキ旨奏上」しようとして、奈良から再考を促されたとの四月三〇日条の記述は、すでにそれ以前にほんとうの真相報告がなされたことを裏から証明するものといえるからである。

念のため、これを「牧野伸顕日記〈抄〉」の記述と突き合せてみよう。まずたしかに、一二月二八日に陸相が拝謁内奏したことが確認できる（三四三頁〔『牧野日記』三一六頁〕）。さらに、その後一月と二月の二度にわたり、他の用事で拝謁した陸相に、昭和天皇が事件の調査の進展如何について下問したとの記事が出てくるが、そのいずれにも陸相は未だ調査中なりと奉答したこと（三四七、三五二頁〔『牧野日記』三三三、三四三頁〕）、そして問題の三月二七日条に、原田が宇垣から聞いた話として「陸相は午前中拝謁して重大事件決定の議を内奏した」とあり（三五五頁〔『牧野日記』三五〇頁〕）、それに続けて「昨年暮重大事件に付首相より言上したる趣旨と陸相より今日奏聞の内容と差異なきや否や[35]」につき牧野がすこぶる心配し、翌二八日に侍従長から「此度は別に矛盾無し」との昭和天皇の言を聞いて「大いに安心せり」とある（同上〔『牧野日記』三五〇頁〕）ことなどからして、この三月二七日にはじめて調査結果と処分の方針が報告されたと断定してまずまちがいはない。

残念ながら「奈良日記」にも「牧野日記」にも、この時の陸相内奏の具体的内容は記されていない。しかし、先述したように「奈良日記」には、三月二七日以降六月二八日までの間に事件につき陸相が内奏したとの記述はなく、「牧野日記」もこの点では同様である。だから、三月二七日以降にもう一度内奏があったとは考えられない。既にみたように、史料Aが陸相の調査結果と処分方針の内奏の写しであることは動かすことのできない事実であり、しかも、その内容は小川手記の伝える六月二八日の陸相上奏のそれとは似ても似つかぬものである。だとすれば史料Aは、まさにこの三月二七日の陸相内奏の写しと考えるほかないではないか。

最後に、「牧野日記」から得られる知見によれば、史料Aと史料Bでは上奏主体がちがっているのに、なぜ両者が一緒になって鳩山の手許に残されていたのかという疑問に答えることができる。

「牧野日記」によると、問題の六月二七日の（虚偽の真相発表と行政処分の）上奏が不首尾に終ったあと、田中は鈴木侍従長に「陸相よりの言上不十分なりし為め陛下の御納得を得ざりしを遺憾とする」と洩らし、同じことを白川にも言ったらしい。言換えれば、陸軍大臣が以前に内奏した処分方針と今回の自分の上奏とは矛盾するものではなく、陸相がその内奏の趣旨を天皇によく説明していたなら、天皇から叱責をうけなくてすんだはずだと田中が考えていたことを、これは意味している(36)。

いっぽう、史料Bの冒頭には「曩キニ陸軍大臣ヨリ委細ノ事情ヲ内奏致シ、且ツ重大ナル影響ヲ他ニ及ボサヾル趣旨ヲ以テ行政処分ニ依リ軍紀ヲ匡ス旨上奏済ノコトヽ承知致シテ居リマス」とある。すなわち、史料Bにも、先行する陸軍大臣の内奏で示された処理方針に基づいて、これが作成されたことが暗示されているのである。

田中の六月上奏及びその原案とみられる史料Bのそのいずれも、それ以前になされた陸相の内奏を前提とし、そこで奏上された処分の方向性の延長線上に自らを位置づけていた。ところが、六月上奏以前の陸相の内奏といえば、右に述べたように三月二七日のそれしかないのである。史料Aがその写しであることは既に論証したとおりだから、史料Bの冒頭で言及されている陸相の「内奏」「上奏」とは、じつはほかならぬ史料Aを指していると考えるべきであろう。要するに、史料Bの材料として史料Aが使われたのであり、そのため両者が一対となって残されたわけである。おそらく重要参考資料として陸相から鳩山内閣書記官長に「内奏写」が提供されたのであろう。

おわりに

栗屋氏発見の「内奏写」は田中の一二月上奏ではなくて、二九年三月二七日に行われた調査の報告と今後の処分方針に関する白川陸相の内奏の写しであること。白川陸相は、河本の名を挙げて事件の真相を報告するとともに、真相暴露は国家に不利益をもたらすおそれがあるので、十分慎重に関係者の処分を行いたい旨述べたこと。さらに田中の六月上奏はこの陸相内奏の延長線上に行われたのだが、田中の食言癖に強い不信感を抱く昭和天皇とその側近は、あくまでも田中の責任を追及してやまなかったこと。これが、小論で新たに明らかにしえた事柄である。

栗屋説は誤りだとしても、その史料発見がなければ、三月二七日の陸相内奏の内容を知るのは不可能だったろうから、その功績は正当に評価されるべきであろう。

最後に、昭和天皇は、田中の無責任には激怒したが、行政処分に付する措置そのものには、内心はともかく、君主としては決して反対でなかったことを、あらためて確認したうえで、小論を終りにしたい。というのは、六月二八日すなわち田中の再度の説明を聴くのを拒否したその日に、昭和天皇は牧野に「陸軍大臣より行政処分関係人事の申出あり、陸軍大臣に付ては別に間然する点なし、故に直ちに裁可したり」(37)と述べているからである。

注

（1）「牧野伸顕日記〈抄〉」『中央公論』一九九〇年八月号、三六六頁〔『牧野日記』三七七頁〕。「奈良武次侍従武官長日記〈抄〉」『中央公論』同年九月号、三三〇頁〔『奈良日記』三、一四〇頁〕。なお、「奈良日記」は、既にその一部が、波多野勝・黒沢文貴「満州事変前後の『奈良武次日記』」『太平洋戦争への道　新装版』第一巻付録、一九八七年、朝日新聞社、で紹介済みである。

（2）粟屋憲太郎「張作霖爆殺の真相と鳩山一郎の嘘」『中央公論』一九八二年九月号、のち粟屋憲太郎『東京裁判論』（大月書店、一九八九年）に収録。

（3）昭和天皇死去後に公表された木下道雄元侍従次長の日記によると、昭和天皇はこの時田中に「それでは話がちがう、辞表を出したらよい」とまで言ったそうだが（木下道雄「側近日誌」『文藝春秋』一九八九年四月号、三二八頁〔木下道雄『側近日誌』文藝春秋、一九九〇年、一七〇頁〕）、「牧野伸顕日記〈抄〉」にはそれを裏付ける記述はない。いっぽう、「奈良日記〈抄〉」には、「責任ヲ取ルニアラサレハ許シ難キ意味ノ御沙汰アリシ由」とある（前掲誌三三〇頁〔『奈良日記』三、一四〇頁〕）。

（4）秦郁彦「『オラが総理』を更迭した青年君主の『熟慮』」『プレジデント』一九八五年五月号、八八頁。

（5）粟屋『東京裁判』二三二～二三三、二三六～二三七頁。

（6）右同書、二三二、二三六頁。

（7）「牧野伸顕日記〈抄〉」三六五頁〔『牧野日記』三七六頁〕。

（8）江口圭一『大系日本の歴史14』一七四頁、一九八九年、小学館。大江志乃夫『張作霖爆殺』三〇頁、一九八九年、中央公論社。大江氏の著書は、張作霖爆殺事件をめぐる昭和天皇の統帥権運用の誤りを批判した「新解釈」で注目を浴びたが、江口氏が書評で指摘しているように（『赤旗』一九八九年一一月二七日付）、これは陸軍大臣と参謀総長の権限区分に関する誤解（直接には一九一三年の「省部業務担任規定」の第五条第二項の誤解）に基づくとんでもない「珍解釈」にすぎぬ〔本書第六章参照〕。

（9）小川平吉文書研究会編『小川平吉関係文書1』六二九頁、一九七三年、みすず書房。

（10）原田熊雄述『西園寺公と政局』別巻、岩波書店、六七頁、一九五〇年。〔なお、東京裁判での岡田啓介海相の検察側供述書には田中・白川・岡田の三者会議で、田中が「直チニ参内シ陛下ニ此ノ事ニ就テ奏上スル事ニ意見ノ一致ヲ見タ」とあり（『極東国際軍事裁判速記録』一、雄松堂書店、一九六八年、二五七頁）、田中の一二月内奏は独断専行でなかったかのように言われているが、他の史料と突きあわせてみると、岡田の証言は信用しにくい。〕

(11)『小川平吉関係文書1』二六〇頁。
(12) 吉野作造『二重政府と帷幄上奏』文化生活研究会出版部、一九二一年、八五頁。
(13)『小川平吉関係文書1』六三一頁。
(14) 右同書、六二九頁。
(15) 本庄繁『本庄日記』原書房、一九六七年、一六〇頁。
(16) 前掲「側近日誌」三三八頁〔前掲『側近日誌』一七〇頁〕。
(17) 鈴木一編『鈴木貫太郎自伝』時事通信社、一九六八年、二五四頁。
(18) 岡田啓介述『岡田啓介回顧録』毎日新聞社、一九五〇年、三八頁。
(19)『西園寺公と政局』第一巻、四、七頁。
(20) 高倉徹一執筆『田中義一伝』下、原書房復刻版、一九八一年、一〇三〇頁、原著は一九五八年。
(21)『小川平吉関係文書1』二六一、二六二、六二八頁。
(22) 粟屋前掲書、二三三頁。
(23)『小川平吉関係文書1』二六二頁。
(24) 右同書、二六三頁。ただし『大阪朝日新聞』『大阪毎日新聞』では閣議は二六日となっている。
(25) 粟屋前掲書、二三三頁。
(26) 右同書、二三三頁。
(27)『本庄日記』一六一頁。
(28)『小川平吉関係文書1』六三二頁。
(29) 張作霖爆死事件での変説が明らかになる以前から、昭和天皇は田中の言動に不信感を募らせていた。二九年二月二八日昭和天皇は「総理より時々の言上に付兎角違変多」いが、どうすればよいかと、牧野に下問し、これを聞いた牧野は「昨年以来一貫したる御軫念にて、実に恐懼に堪へざる次第」と書留めている（『牧野伸顕日記〈抄〉』三五二頁〔『牧野日記』三四三頁〕）。

（30）田中は二月初めに拝謁の際、「一狂人の仕事に対し内閣が責任を取る理由なき事を」奏上した（右同書、三四八頁〔『牧野日記』三三七頁〕）が、これでは日本軍人の犯行であることを天皇に保証したも同然である。

（31）『小川平吉関係文書1』二六二頁。

（32）『西園寺公と政局』第一巻、九頁。

（33）「奈良武次侍従武官長日記〈抄〉」三二五頁〔『奈良日記』三、一一八頁〕。

（34）『大阪朝日新聞』三月二八日付夕刊には、二七日午前九時に白川が田中を訪問、村岡関東軍司令官からの詳細な調査報告書を説明、事件の取扱いを協議したとの記事がみられ、また同紙三月三〇日付夕刊には村岡、白川が「それぞれ参内、聖上陛下に拝謁一切の経過を奏上」とあり、『時事新報』三月二九日付にも「警備の任に在った軍人数名を行政処分とするに止める事に決定し白川陸相は二七日午後一時師団長会議に於ける拝謁に際しこの旨奏上した」とある。ただし、同紙三月三〇日付や『大阪毎日新聞』同日付によると、白川は奏上したのは噂にとどまると、事実を否定している。なお、「奈良日記」に「人事内奏且ツ」（前掲書、三二五頁〔『奈良日記』三、一一八頁〕）とあることから、この三月二七日の内奏が陸相の帷幄上奏であったことが確認できる。

（35）三月二七日に牧野は、原田が宇垣から得た情報を聞き、「昨年来珍田伯と同席にて首相より直接其決心を聞取りたるところと根本に付大差あるを以て、事容易ならずと直感」、直ちに参内した。彼が聞いた陸軍の処理方針とは「表面は事実不明と発表して数名の関係者を行政処分に附し、曖昧裏に本件を始末し去る」ものと推測される（『牧野伸顕日記〈抄〉』三五五頁〔『牧野日記』三五〇、三五一頁〕）。

（36）当時奉天総領事の林久治郎は、三月二八日に田中から「関係者を厳重なる行政処分に付することに決定した。（中略）本日は多分白川陸相よりその旨上奏せられただろう」と聞かされた（林『満州事変と奉天総領事』原書房、一九七八年、六四頁）。田中は陸相の上奏を行政処分の方針の奏上と理解していたのである。

（37）右同書、三六六頁〔『牧野日記』三七八頁〕。

第六章

昭和天皇は統帥権の運用を誤ったか

——大江志乃夫著『張作霖爆殺』を評す——

【前注】同名の初出論文（『立命館史学』一一、一九九〇年所収）の誤記・誤植を訂正し、若干の補筆を行ったほかは、そのままのかたちで掲載した。〔　〕内は、本書収録にあたり、新たに付け加えた注記である。

はじめに

周知のように、田中義一内閣を総辞職においこんだのは、田中に対する昭和天皇の面と向っての不信任の表明であった。従来の理解では、田中は、張作霖爆殺事件につき少なくとも前後二回天皇に上奏し、最初の上奏では日本軍人の犯行であること、および軍紀を正すため厳格な処分を行うことを奏上しておきながら、他の閣僚と陸軍の強い反対に出会って、途中で態度を変え、二度目には、調査の結果日本人の関与はみとめられないが、満鉄の警備責任を問う名目で関係者を行政処分に付する旨の奏上をしたため、天皇から前後の矛盾を衝かれ、その不興をかって辞職したということになっている。

天皇の一言が直接に内閣倒壊をもたらした点で、この事件は戦前の憲政史上稀にみる出来事と評されているが、一言の重みを知った昭和天皇は、二・二六事件と終戦時を例外として、これ以後「立憲君主としての矩」を決して超えようとしなかったとの、一種の「伝説」が生まれ、昭和天皇死去の際にも広く流布されたのは記憶に新しい。しかし最近、昭和天皇の田中叱責は実は筋違いの怒りであって、責められるべきは田中ではなくて、「統帥権の運用を誤った」昭和天皇その人であるとする「新見解」が提起された。ここで取上げる大江志乃夫『張作霖爆殺』（中公新書、一九八九年―以下本書と略す。また、（　）内の頁数はすべてこの本の頁数である）がそれである。

大江は次のように言う。「張作霖爆殺事件は、国務としてではなく、統帥権の問題として処理されなければならない事件であった」（一五三頁）。戦前の統帥権独立制度の下では、河本等犯人の処分は、総理大臣たる田中の権限の及ばぬ領域に属し、それゆえ適切な処分がなされるかどうかは、ひとえに大元帥たる昭和天皇の軍隊統帥ぶり如何にかかっていた。ところが、昭和天皇はこの時統帥権の運用を誤り（「ボタンのかけちがえ」）、「陸軍にたいして統帥権者としてなすべきことをしなかった」。かくて陸軍の不法は免責され、「このような前例を天皇がつくったことによって、軍部の独走にたいする最初の歯止めがはずされた」（一八一頁）ことが、満州事変以後の一五年戦争を招く結果となった。その意味では、なすべきことをしなかった昭和天皇の責任はきわめて大きい、と。

これはなかなか刺激的な議論である。従来からも、張作霖爆殺事件がうやむやにされ、軽い処分で済まされたことが、柳条湖事件の謀略を生んだとの指摘は縷々なされてきた。また、昭和天皇がその処分を容認したのをとらえて、その責任を厳しく問う論者も少なくない。たとえば、井上清『天皇の戦争責任』（現代評論社、一九七五年）や田中伸尚『ドキュメント昭和天皇1』（緑風出版、一九八四年）などがそうである。大江の著書もこの系列に属するが、ただ井上や田中と違い、昭和天皇の統帥権運用の「誤り」を具体的に指摘し、かつ田中叱責はまったくの筋違いであると明言したところに、大江の議論の新しさがある。

さらにいえば、美濃部学説を戦後的に展開した家永三郎の明治憲法解釈を土台にしている点でも、大江の議論は井上のそれと異なっている〔この点については、家永三郎から正確ではないとの批判が出された。本書第七章四八〇、四八六頁を参照されたい―永井〕。本書は、じつは大江による昭和天皇の戦争責任追及作業の一環をなすものであり、その面から言えば、同じ著者の「序説・天皇の戦争責任論[1]」と併読されるべき性格をもつが、そこで詳しく展開されている戦争責任追及の理論は、ひとくちで言えば、美濃部＝家永流の憲法解釈の枠組を前提に、戦前の統治体制を明治憲法と軍人勅諭と教育勅語を法源とする「三元体制」と規定したうえで、昭和天皇の法的有責性を証明せんとするものと、要約できる。

すなわち、統帥を国務大臣輔弼の範囲外におく戦前の統帥権独立制度は、明治憲法の条文に明確な法的根拠をもっておらず、軍人勅諭をその法源としている点で、一種の違憲制度あるいは超憲法的制度とみるべきものであり、それゆえ当然の理屈として大元帥の統帥行為も、天皇無答責を規定した明治憲法第三条の適用を受けることができない。その権限行使については、天皇は他のいかなる国家機関にも自己の責任を転嫁できず、自ら責任を負わなければならない。「憲法外の、あるいは超憲法的な天皇の権限行使については、憲法上の輔弼責任機関は存在しないし、君主無答責の論理は適用できない[2]」。これが大江の昭和天皇有責論の筋道である。

これは、明治憲法を最大限立憲主義的に解釈した上で、その土俵の上で天皇の戦争責任を問わんとする方法といえよう。国務大臣の輔弼の下に行われた天皇の行為は、明治憲法により免責されうるとしても、統帥権は国務大臣輔弼の枠外にあるがゆえに、大元帥としての天皇の責任は免責されずに残るというわけだから、いわば、戦前軍部が主張していた「統帥権の独立」の主張を逆手にとって、昭和天皇の戦争責任を追及するものといえよう。はからずも軍部は、後世に責任追及の武器を遺したわけである。

しかしはなはだ残念なことだが、本書で展開されている大江の「新見解」は、じつはいくつかの誤った認識の上に組立てられた、一箇の謬論にすぎない。私は別に昭和天皇を擁護したり、その戦争責任を否定するつもりはないが、誤った事実認識を基にしていたのでは、せっかくの戦争責任論もだいなしである。これでは批判された昭和天皇も泉下でさぞかし苦笑しているにちがいあるまい。

もっとも、大江の戦争責任論の前提となっている明治憲法解釈についても、私ははなはだ懐疑的である。大江の理論は、明治憲法に照らして昭和天皇に戦争責任なしとする現在の政府見解（「憲法に定められた輔弼機関またはそれと同等の機関の決定を立憲君主として名目的に裁可しただけであるから、昭和天皇は憲法第三条により無答責である」）や、自分は一貫して機関説的な立憲君主として振舞ったと強弁した昭和天皇の自己弁護にたいする反論としては、それなりに政治的効用をもつのかもしれないが、同じ土俵で勝負しようとするあまり、明治憲法をほとんど極限まで立憲主義的に解釈せざるをえなくなって、かえってアジア的デスポティズムの近代的転生形態の一種ともいうべき戦前天皇制の「輔弼親裁構造」の実像を歪めてしまうおそれがあると、[3] 考えるからである。たとえば、この解釈では「輔弼」という概念を、きわめて特殊な意味（実質的に議会主義的な「責任輔弼制」の意味）においてしか用えなくなるが、[4] 私などは、天皇制をとらえるには、それはたいへん不便だと思うのである。

大江の「三元体制論」にしても、ひとつには、美濃部＝家永流の憲法解釈を前提に採用しつつも、昔とった杵づかの講座派流の絶対主義論を大江が捨てきれないための産物と推測されるが、じつは右の「歪み」を是正するために必然的に導入せざるをえなかったのだともいえよう。ちなみに、「三元体制論」だと皇室典範を頂点とする皇室法の世界は、どこに位置づけられるのだろうか。

とはいえ、憲法論議をやるのが本稿の主意ではない。あくまでも、大江の事実認識の誤りを正すことが主目的なので、これについては主題に必要な限りで言及することにして、本題に入って行きたい。

一、「統帥権運用の誤り」はあったのか

まず最初の疑問点は、はたして大江の主張するように、昭和天皇は「統帥権者としての自覚に欠け、その制度上の手続を怠った」といえるかどうか、である。

昭和天皇の「統帥権運用の誤り」を指摘した大江の「新見解」の核心部分を示すと、ほぼ次のような命題となる。

「田中首相の最初の上奏をうけたとき、天皇は何をさておいても統帥権者たる資格において、参謀総長に事件の真相解明のための調査を命じなければならなかったのである。この統帥命令なしには、陸相は司法捜査権を発動できないし、ましてや首相が事件の処分について関与する余地はまったく生じない。天皇は、天皇としてとるべき手続き上の、最初のボタンをかけちがえたのである」（一六〇～一六一頁）。

要するに、参謀総長に真相究明の命令を出さなかったことが「統帥権運用の誤り」とされているわけだが、この核になるのは、読めばわかるように、「大元帥の参謀総長への真相調査の統帥命令がなければ、陸相は司法捜査権を発動できない」との主張である。しかし、これはなんというか、とんでもない「珍解釈」というほかない代物である。

だいたい、陸軍大臣の権限はそんなに小さくはない。陸軍省官制によれば、「陸軍大臣は陸軍軍政を管理し陸軍軍人軍属を統督す」る責任を有し（第一条）、また陸軍軍法会議法は、陸軍大臣は陸軍軍法会議の「公訴及捜査を指揮監督」し（第六五条）、しかも陸軍将官の犯罪を審理する高等軍法会議の長官でもあると規定している（第

一〇条)。陸軍の軍事警察権、軍事司法の捜査指揮権は陸相の管轄下にあり、参謀総長の管掌事項ではなかった。このことは大江自身も認めている(一五五、一六〇頁)。

植民地にある関東軍といえどもその例外ではない。なぜなら、関東軍司令部条例第二条に、関東軍司令官は「軍政及人事に関しては陸軍大臣、作戦及動員計画に関しては参謀総長、教育に関しては教育総監の区処を承く」と明記され、「関東軍軍法会議に関する法律」は陸軍軍法会議法の関東州への適用を認めていたからである。関東軍軍人の犯罪行為に対して、司法捜査権を発動し、あるいは関東軍軍法会議の長官である関東軍司令官に司法捜査上の指示を与えることは、まったく陸軍大臣の職権に属することであって、大江が主張するがごとく「天皇が参謀総長に事件の調査を命じ、参謀総長がこの命令を関東軍司令官に伝宣するとともに陸軍大臣に通牒することによって、はじめて」(一六〇頁)可能となるような性質のものではなかった。

この解釈のおかしいことは、戦前の陸軍の制度をかじったものにはすぐわかるから、「著者(=大江)の主張を完全に立証するためには『関東軍司令部条例』の検討も必要であると思われる。同条例には関東軍司令官は『軍政及人事に関しては陸軍大臣、作戦及動員計画に関しては参謀総長』の『区処』(指図)を『承く』(うく)と明記されており、張作霖爆殺事件の真相調査や処分は前者に属すると解されるからである」(5)と、すでに江口圭一によって指摘ずみである。

大江は、その「新解釈」の根拠を一九一三年の「省部業務担任規定」の第五条第二項に求めた。これには「朝鮮、満州駐剳及び清国駐屯軍隊の任務、配置、行動及交代」は参謀総長が起案し、「陸軍大臣に協議の上参謀総長允裁を仰ぎ之を伝宣す」るとあり、これをもって陸軍大臣のもつ「軍人軍属統督権」や「陸軍司法の捜査指揮権」は関東軍軍人には直接には及ぼしえず、参謀総長伝宣の統帥命令をまってはじめて行使できるものであると、解釈したのである。前述の「天皇が参謀総長に事件の調査を命じ、参謀総長がこの命令を関東軍司令官に伝宣するとともに陸軍大臣に通牒することによって、はじめて」陸軍大臣は司法処分を前提とする捜査を行い得るとの「珍説」は、かかる拡大解釈に基づいている。

しかし、「省部業務担任規定」の「朝鮮、満州駐剳及び清国駐屯軍隊の任務、配置、行動及交代」を「朝鮮、満州駐剳及び清国駐屯軍隊に関する一切の命令・指示」と拡大解釈するのは無理である。「省部業務担任規定」なるものの歴史的経緯からみて、ここで規定されている「参謀総長の主管業務」の範囲は、これらの軍隊に対する純統帥事項（軍令事項）に限定されているのであって、軍政・人事事項は含まれていないとみるのが妥当な解釈である。大江の言うがごとく「関東軍に関する事項は参謀総長の主管業務に属し、陸軍大臣の権限外であった」（一五七頁）のならば、陸軍大臣は「朝鮮、満州駐剳及び清国駐屯軍隊」にたいして、事実上まったく何の権限も持たないことになり、それこそ現実の参謀本部もなしえなかった「統帥権の濫用・超拡大解釈」というほかない。

陸軍大臣は、関東軍の軍政・人事に関して区処権を有し、この区処権により真相調査や処分は十分可能だったのであり、制度上は参謀総長の伝宣する統帥命令を前提としなくとも、その職権により司法処分を前提とする捜査を行うことができたはずである。昭和天皇が真相調査を命じるとしたら、その相手は参謀総長ではなくて、陸軍大臣でなければならない。田中首相から上奏をうけた昭和天皇が、参謀総長に真相調査を命じなかったとしても、決して大江が非難するような、「統帥権者としての自覚に欠け、その制度上の手続をおこたった」（一六五頁）とはいえないのである。

反対に大江の言うように、司法調査の含みをもたせて、昭和天皇が参謀総長に真相調査を命じたとしたら、制度上はそちらのほうがおかしいのであって、陸軍大臣の職権を無視し、軍政と軍令の別を侵す結果となり、それこそが「統帥権者としての自覚に欠ける」行為と言わねばならない。こんな命令をうけたら参謀総長はさぞかし困ったことだろう。

ついでにいうと、大江の資料の読み方ははなはだ杜撰というか、自説に都合の良いことしか目に入らないようになっている。本書一八五頁には、「関東軍司令官は、関東軍司令部条例という法令の範囲内で満州における日本の主権下にある土地に駐留し、満鉄の保護、関東州の防備にあたる職責をもつものであり、作戦および動員計画については参謀総長の区処をうけることにさだめられている」と、関東軍司令部条例の内容が紹介されているにもかかわらず、江口が指摘した同条例の肝心かなめの箇所、すなわち陸軍大臣の軍政・人事にかんする区処権を定めた部分は、なぜか素通りなのである。自説に都合よく資料を解釈する傾向は誰にだってあるが、大江の恣意的操作はちょっと度がすぎよう。労作『日露戦争の軍事史的研究』から多くを学んだ一後学者としては、まったく遺憾千万というほかない。

二、事件の処置はどのようになされたのか

大江の「新解釈」が、じつはとんでもない「珍解釈」であることがわかったが、念のため真相調査と処分の手続が実際にはどのように行われたのかを確認しておこう。

まず、河本の犯行の疑いが否定できなくなった九月段階で、田中首相兼外相は陸軍省、外務省、関東庁の関係当局に内密に真相調査を行うことを命じた。その一環として峯憲兵司令官が奉天に派遣され、その調査の結果河本らの犯行であることが確認されるにいたった（一二三〜一二五頁）。峯の報告は、(6) 一〇月の大演習中に白川義則陸相から田中に伝えられ、真相を知った田中は「犯行者を軍法会議に付し、以て軍紀を振粛せんとす（…）、かゝる

重大事件を陛下に上奏せざるは聖明を蔽ひ奉るに等し、予は断乎として決心せり、必ず之を実行せんと欲す」[7]と、その決意の程を小川平吉鉄相に語った。

しかし、副首相格をもって任ずる小川鉄相はこの田中の方針に反対であった。小川は、田中及びその背後にありと彼が目した元老西園寺にその不可を説く一方で、白川陸相と組んで「奉天事件暴露阻止」のため、密かに田中の動きを封ずる工作をはじめた。小川が必要と考えたのは、①軍部の意見を暴露反対に一致させること、②事件の処置を田中の手に委ねず、「閣議に諮る手順を執る」[8]こと、この二つだった。

前者に関してはもとより陸軍に異存のあるはずなく、一一月の即位大典中に行われた陸軍首脳の協議で、小川の狙いどおりに「元帥上原及閑院宮殿下并に陸軍三頭共に発表反対と決」[9]した。後者についても、小川、白川が結束して、「之れが進行は必らず閣議に提出決定の上にせんことを望む旨を熱心力説」[10]した結果、一二月半ばに田中の同意を得ることができた。

閣議でこの件がとりあげられたのは、小川の日記によれば一二月二一日の閣議が最初のようである。[11]閣僚は小川同様、皆田中の方針（＝「真相公表と厳重処分」）に反対であり、原嘉道法相、望月圭介内相など「法と秩序」を擁護せねばならぬはずの大臣が、かえって最も激しく異論を唱えた。閣議は容易にまとまらず、田中は内閣で孤立した。

ところが、議会開会を直後に控えて焦りを感じたのか、一二月二四日議会成立の報告のため参内したおりに、田中は、張作霖爆死事件には日本軍人関与の疑いがあり、目下鋭意調査中である。もし事実ならば、法に照らして厳然たる処分を行う旨、天皇に内奏してしまったのである（三〇頁）。さらに田中は牧野伸顕内大臣と珍田捨巳侍従長にも、「事実明確になり材料備はり、所謂調査結了せば、軍法会議を開設して大いに軍紀を紏し、内外に対し日本陸軍の名誉を回復すべしと非常の決心を述べ[12]」た。

この一二月内奏は事前に他の閣僚と相談することなく行われたようであり[13]、「首相の此の態度は多数閣僚を驚倒せしめ[14]」、事態は一時紛糾するが、小川の斡旋により一二月二八日の閣議で「軍法会議云々の議を取消して単に正式調査を進めて更に閣議に付すべき」との申し合せがなされ、その場はひとまず収拾された[15]。小川の真意は、陸相から「正式調査の結果、日本軍人関与の証拠なし」との虚偽報告を閣議に出させ、それを承認することで、この事件をうやむやにしてしまおうというものだった。あとから思えば、天皇とその側近に田中が自己の方針を明示しておきながら、この時閣議でそれを貫徹させることに失敗したことが、命取りのミスとなるのである。

奈良武次侍従武官長の日記によると、一二月二八日に白川陸相は天皇にたいし、「張作霖暗殺事件ニ関シ調査ヲ開始スヘキ旨内奏[16]」した。これは、上述の閣議申し合せを踏まえての措置と考えられるが、首相の上奏のすぐ後に、責任者である陸軍大臣が自ら調査開始を申出たのであるから、昭和天皇としてはその調査報告を待てばよいわけで、なすべきことをしなかったと非難されるいわれはない。

年をこして一月になると、焦点は議会に移り、事件の責任問題をめぐる野党の白熱した政府攻撃の模様が、連日新聞紙上を賑わした。昭和天皇は事件の成行きにきわめて強い関心を抱いていたようで、白川陸相が一月と二月に他の用事で拝謁した際に、調査の進展如何について下問し、報告を催促した。そのいずれに対しても白川は未だ調査中なりと奉答した[17]。また、同様の下問が田中に対しも少なくとも二度なされている[18]。関心のほどがうかがえよう。田中は三月中には調査は結了する見込みと答えた。

その結果報告は、議会終了後の三月二七日午前一一時に白川陸相からなされた[19]。白川は、「河本大佐ガ単独ノ発意ニテ、其計画ノ下ニ少数ノ人員ヲ使用シテ行ヒシモノニシテ、洵ニ恐懼ニ堪ヘズ。就テハ軍ノ規律ヲ正ス為、処分ヲ致度存スルモ今後此事件ノ扱ヒ上、其内容ヲ外部ニ暴露スルコトニナレバ、国家ニ不利ノ影響ヲ及ボスコト大ナル虞アルヲ以テ、此不利ヲ惹起セヌ様深ク考慮ヲ致シ充分軍紀ヲ正スコトニ取計度存ズ[20]」と述べた。これに対して昭和天皇が何ごとか下問したのは確かだが、その発言内容は記録されていない。『西園寺公と政局』が伝える「国軍の軍紀は厳格に維持するやうに[21]」との発言は、あるいはこのときのものかもしれない。

田中の一二月内奏と白川のそれとが大きく食違いはしないかと心配した珍田侍従長に、昭和天皇は「此度は別に矛盾なし」と洩らしたが[22]、上の陸相内奏の文言を検討してみると、そこに見られる方針は、やはり田中の一二月内奏とは、その方向性においてかなりニュアンスを異にするといわねばならない。「行政処分」なる言葉を白川は用いなかったけれども、左に掲げるいくつかの史料を傍証とすれば、実質内容的にはその含みをもたせての、ないしはそれにむけての伏線となる奏聞だったとみてよいように思われる。

ア　三月二八日、上京中の林久治郎奉天総領事に田中首相は「関係者を厳重なる行政処分に付することに決定した。(…) 本日は多分白川陸相よりその旨上奏せられただろう[23]」と語った（傍点永井、以下同じ）。

イ　岡村寧次参謀本部戦史課長は、三月三一日にやはり上京中の村岡長太郎関東軍司令官から「発表せざるも当事者は行政処分に決定せり」と聞かされた（本書四六頁）。

ウ　三月二八日の日記に、牧野内大臣は「表面は事実不明と発表して数名の関係者を行政処分に附し、曖昧裏に本件を始末し去ると云ふは驚愕の至りなり[24]」と記した。

エ　四月三日、田中は牧野に「満州重大事件に付ては調査も出来、村岡司令官も出京したる処、其処置は陸軍部内にて始末する事に決定したり。(…) 已に陸相より申上済」と語り、それを聞いた牧野は昨冬田中から決心の程を聞いたときと「根本に相違あり[25]」と感じた。

オ　どこまで信用できるかは疑問だが、当時の新聞に「田中首相は責任の帰属に就いて種々考慮した結果、閣僚一般の同意をも得て、事件当時の警備の任に在つた軍人数名を行政処分とするに止める事に決定し、白川陸相は二十七日午後一時師団長会議に於ける拝謁に際しこの旨奏上した[26]」との記事がみられる。

宇垣一成日記の三月下旬の項に、三月二二日に田中から「満洲重大事件に関し軍部の意向を彼の欲する如く纏むべく希望せられたるも、諸事手遅れ軍部の意向確立の後なりしより余は体良く之を断り、爾後の経過は陸相と二回の会見によりて従来軍部の主張の如く取計ひ、結局首相は夫に屈服したるの形となれり。彼が軽挙に元老其他に広告したりし言質を如何に取繕ふか、一種の見物である」(27)とあることから考えると、田中は天皇への調査結果報告の前に、宇垣を通じて対陸軍工作を行うとしたが、その協力が得られず、逆に軍部の主張する方針(「真相を発表するは国家の為め有害なるを以て、之が訴追を進めず、別に守備の責任に関し、関係者の「行政」処分をなす」(28))に同意をせざるをえぬ羽目となり、三月二七日の陸相内奏はその線にそってなされたものとみることができよう。

新聞報道によると、白川は二七日の上奏前に田中と会って協議しており、上奏後に開かれた閣議では、白川との協議内容を田中が報告したあと、今後の方針が話合われ、問題の解決を急がず、慎重にとりおこなうことで意見の一致をみたとあるので(29)、右の軍部の方針は閣議でも協議され、了解されたものと思われる。小川の手記に、議会後、「本件は陸軍の行政に関するを以て、軍部の責任として白川陸相に於て充分に調査決行すべし」(30)と閣議決定されたとあるのは、この時のものではなかろうか。

三月末の段階で、関係者を行政処分にする点で大体の方向性は定まったと思われるが、そうすると、残された問題は、その処分の時期及び程度と、調査結果の公表をどうするかの二つとなる。そのうち後者については、四月初め頃の新聞報道に、できれば調査結果の公表を避けたいとの政府の意向が報じられているが(31)、議会で首相、陸相が与えた言質を考慮すると、まったく頬かむりで済ませるわけにもいかず、さりとて真相公表はもとより不可能で、政府はディレンマにおちいった。調査結果の公表がどうしても必要だとすると、結局「日本人の関与したる証跡を認めず」との「虚偽の真相公表」で押通すほか手はない。閣議申し合せで、調査決行を任された白川陸相は、案の定「虚偽の真相公表」を実行しようとするが、そこで思わぬ障害に出会うのである。

四月三〇日に白川が「満州某重大事件事実ナシト発表シタキ旨奏上」するとの話を聞いた奈良武官長は急遽陸相を訪問し、その不可なるを説いて再考を促し[32]、上奏を思いとどまらせた。奈良がこのような行動をしたのは、ひとつには白川が右のような上奏をすれば、田中の前年一二月の上奏と明らかに矛盾することになるからであり、第二には、すでに三月二七日に白川自身河本の犯行を報告していたから、「満州某重大事件事実ナシト発表シタキ旨奏上」すれば、天皇に対し虚偽の公表の責任を負わせることになると、奈良が判断したからだと思われる。

いや、側近に侍る者として、そのような奏上がなされた場合に、昭和天皇がどのような反応を示すか予測のついたことが、奈良をして白川の上奏を抑し止めさせたのだと言うべきかもしれない。なぜなら、五月初めに、「陸相若しくは首相より本件を行政事務として内面的に処置し、然して一般には事実なしとして発表致度趣意を以て奏聞の場合には、責任を取るか云々の反問を以て首相へ御答へ被遊度御思召[33]」であることが、鈴木貫太郎侍従長から牧野内大臣に伝えられているからである。すなわち、いつからそう考えるようになったかは知らぬが、昭和天皇は、「行政処分と虚偽の真相公表」なる処置方針が上奏されたら、田中首相に対し「責任をとれ」と言うつもりだったのである。

昭和天皇の真意はどこにあったのか。右の発言内容だけでは、そのような処置では自分はとうてい納得できないから、内閣は辞職すべきであると言いたいのか、それとも、処分そのものの是非については問わぬが、そういう結末となれば、田中が嘘を吐いたことは明白なので、もはや輔弼者として自分は信用できない、田中は責任をとって辞職すべきであると言いたかったのか、そのどちらとも決めかねるが、実際に昭和天皇がとった言動から推測すれば、後者だった確率が高いように思われる。

なお、この昭和天皇の「御思召」に対し、牧野内大臣は、元老西園寺とも相談の上、「聖慮のあるところ御尤もと存上げ奉る」[34]との意見を鈴木侍従長経由で奉答した。内大臣と元老の支持を確認できた昭和天皇は、ますますその決意を固めたにちがいない。

虚偽の公表の承諾を直接に仰ぐことの難しさを奈良から教えられた白川は、「猫の首に鈴をつける」役回りを内閣＝田中に押しつける戦術に転換した。五月一三日、事態の成行きに痺れをきらした貴族院議員有志との会見において、白川陸相は、調査は大体終了したので近々首相に報告するつもりである。「その上にて首相においては相当の処置をとられることと信ずる」[35]と語り、そのあと「調査の結果部内の者の之に干与したる事実を確認せず、但警備上の責任は行政処分により之を処置す」との趣旨の正式報告を田中に提出した。[36]白川は公表問題の御鉢を内閣に廻したのである。

下駄を預けられた内閣側では種々意見が出たようが、結局調査結果の公表は内閣の責任で行うことになり、五月末までに「満洲事件調査の結果、日本人の関係せる証跡を認めず、但し守備権抛棄に対しては当局の責任を問ひ、それぞれ処分せる」旨の発表文案が作成され、田中はそれを上奏前に牧野に見せる積りであった。[37]ただ、天皇の関西行幸と不戦条約問題が重なったため、満州某重大事件の決着は延び延びとなり、ようやく六月二六日になって、閣議決定を経た発表文案および上奏案を田中が牧野に示し、[38]次いで六月二七日にそれを上奏した。この上奏の際に昭和天皇はかねての考えを実行に移し、怒りを爆発させたのである。

翌二八日、事前に「張作霖爆死事件は之を摘発すること国家の為め不利と認むるに付き、其儘となし、別に守備区域の責任上村岡司令官以下の処分を奏請」[39]する旨閣議で報告したあと、白川陸相は参内拝謁し、帷幄上奏により天皇の裁可を仰いだ。直後に牧野に洩らした言によると、昭和天皇は「陸軍大臣に付ては別に間然する点なし、故に直ちに裁可した」[40]。これで「満州事件の処置は終了」[41]したが、田中はその後、鈴木侍従長からの連絡で参内し、拝謁してもう一度事情説明を行いたい旨希望したが、鈴木から昭和天皇の拒絶の意志を伝えられ、辞職を決心したのであった。

以上の経緯から明らかなように、張作霖爆殺事件の処置は、職責上その責任者たる陸軍大臣が直接の処理担当者となったが、陸軍だけで処理されたのではない。たえず内閣と協議・交渉がなされ、内閣と陸軍の両者合意の上で決定・処理されたのである。田中と陸軍及び他の閣僚との間には、処置方針をめぐって重大な対立があったけれども、その対立は協議・交渉が重ねられるうちに、田中が譲歩・屈服することで、ともかくも解消されたのであった。逆に言えば、他の閣僚や陸軍の合意が得られる見込みのはっきりしないうちに、「真相の公表と厳重な処分」を上奏してしまったことが、あるいは天皇に対する約束を実現できなかった政治力のなさが、田中の致命傷となったわけである。内閣や天皇との関係において陸軍を代表したのはあくまでも陸相であり、参謀総長は陸軍首脳の一人として陸相との部内協議に与ったことはあっても、事件の処置について制度上の責任者として関与した事実はみいだせない。

大江は「天皇が制度上とるべき手続きはただひとつ、関東軍を管轄する鈴木参謀総長を呼び職権による事件の真相調査とその調査結果の報告を命ずることであった」（一五九頁）というが、該当する時期の「奈良日記」や「牧野日記」に出てくる参謀総長の上奏を見ても、その内容は、中国関係であれば、全般的な中国状況の説明か、山東出兵・満州派遣部隊の減員・撤兵問題や支那駐屯軍・関東軍の交代問題（「省部業務担任規定」の「朝鮮、満州駐剳及び清国駐屯軍隊の任務、配置、行動及交代」！）などであって、張作霖爆殺事件に関するものはまったく見あたらない。

昭和天皇以下、侍従武官長、陸相、参謀総長の御歴々が全員健忘症にかかっていたのでなければ、もともと参謀総長には、大江が思いこんでいるような権限がなかったと解すべきであろう。大江の言うような「守られなかった統帥権の手続き」（一五七頁）などはじめから存在しなかったのである。

満州事変との関連からみて、もしも「統帥権の運用を誤った」として昭和天皇が指弾されるとすれば、参謀総長に真相究明の命令を出さなかったことではなくて、陸相の行政処分の帷幄上奏を裁可したことが、問題にされなければならない。

もっと厳しい処分が正当であると、昭和天皇がほんとうに考えていたのであれば、異例の処置ではあるけれども、その裁可を保留して、陸相と内閣に再検討を促すことも、決して不可能ではなかったはずである。実際にも、田中の求める虚偽の真相公表には裁可を与えなかったではないか。あるいは、三月二七日の陸相報告の段階で、もっとはっきりと犯人が軍法会議に付されることを強く望むとの意志表示をする手だてもあろう。また明治天皇風に、鈴木侍従長や奈良武官長に内意を含ませて、首相や陸相にごく内密に伝えさせることもできたはずである。

しかし、その天皇の内意を知った上で、内閣と軍部がなおも一致して、あくまでも国家の利益のためにはこの処分方針でなければならないと主張した場合には、どうなるであろうか。この時昭和天皇は、責任ある輔弼者が一致して自分の意にそまぬ、あるいは法と正義にかなわぬ決定の裁可を求めてきた時には、主権者として如何にすべきかという難問に直面することになるわけだ。

こういう言い方をすると、昭和天皇の戦争責任を擁護する言辞と受取られかねないが、それでもやはり、戦前天皇制の大権行使の慣習的実際からすれば、国家的重大事について内閣と軍部が一致して下した決定を、再三にわたって拒否することは、明治天皇ですら容易になしえなかったものであることは[42]、言っておかねばならないだろう。

逆に、昭和天皇が陸軍と内閣の言い分に同意して、政治上の必要からすれば、真相を公表せず、行政処分に止めることもやむを得ないと考えていたのであれば、どうだろう。積極的か、消極的かはともかくとして、この場合だと、昭和天皇も田中や白川と同じ「確信犯」になるわけだから、なすべきことをしなかったとの非難はややピント外れのおもむきがある。その政治判断の誤りこそが問題にされるべきであろう。先述の井上や田中は、まさにこの角度から昭和天皇の責任を追及したわけだが、本書での大江の責任追及の論法がそういうものでないことは、先に指摘したとおりである。

三、事件の処置は統帥か国務か

大江ともあろう人が、どうしてこんな「珍解釈」におちいってしまったのか。専門家とは思えぬ史料の誤読・曲解をものして平気でいられるのは、なぜなのか。だれしも疑問に思うところであろう。たんに仕事のやり方が杜撰でいい加減だから、では説明がつかない。まさにそのとおりで、かかる「珍解釈」が生み出されざるをえぬ、論理的必然性がそこには存在するのである。

まず間違いの素は、「張作霖爆殺事件は、国務としてではなく、統帥権の問題として処理されなければならない事件であった」（一五三頁）という思い込みである。「国務ではなく、統帥の問題」としたから、事件の処置は参謀総長の管掌事項と解釈され、関東軍のことはすべて総長の管轄でなければならず、天皇が総長に真相調査を命じなかったのは、「統帥権運用の誤り」であったとの結論に行着いたのである。

しかし、現実の処置は、本章第二節で詳しく述べたように、陸軍と内閣が協議の上、内閣と陸軍の両者合意で決定されたのであった。しかも、陸軍側の責任者は軍政を担当する陸軍大臣であって、軍令を管掌する参謀総長ではなかった。たしかに、真相調査の報告も行政処分の奏請も、いずれも陸相が帷幄上奏したのだが、その場合でも閣議での了解や内閣と陸軍の協議が踏まえられており、決して陸軍の独断専行ではなかった。小川の言を容れて、小川と共に田中に対してこの件の閣議提出を働きかけたのが白川陸相であった事実は、小川、田中はもちろん、白川でさえ、この件を「統帥の問題」などとは考えていなかったことを示すものである。

もし、大江の主張が正しく、「国務でなくて、統帥の問題」であれば、陸軍側の同意もないのに、最初の上奏で、軍紀を正すため厳格な処分を行うと奏上した田中首相の行為そのものが、統帥権干犯のおそれありとして問題にならなかったのは、どうしてか。また、田中は四月三日、牧野に「本件に付輔弼の責任は固より陸軍大臣に有るも、其処置をするに当りては宮殿下、元帥等を始め能く部内を纏めたる上着手する様、陸相へ申含め置きたり[43]」(傍点永井)と語っているが、大江の解釈にしたがえば、この田中の発言は統帥権のなんたるかを解せぬ妄言であり、田中内閣の全閣僚は、軍令と軍政の区別もつかぬでくの坊ばかりだった、ということになるだろう。

処分の奏請が陸相の帷幄上奏で行われたのは、軍人の進退に関わる事項は、軍政事項ではあるが、統帥権の作用を受ける領域とされ、所管の軍人の人事に関しては、陸軍大臣・海軍大臣に慣行的に他の各省大臣と異なる特別の権限(人事内奏権)が認められていたためであって、事件の処置が、純然たる「統帥の問題」だったからではない。

この問題に私なりの解答を与えるとすれば、「張作霖爆殺事件の処置は、理論的には統帥権の問題ではなくて、国務の問題にほかならなかったが、ただ軍人の進退に関わるがゆえに、実際には純然たる国務とはならず、統帥の作用をうける国務・統帥の混交事項として取扱われた。ただし、人事と軍紀維持に関わる問題であるため、管轄権は陸軍大臣にあり、参謀本部などの純統帥府が公式に関与できる余地は、ロンドン会議の時の兵力量決定の問題に比べれば、はるかに少なかった」ということになろうか。

このように、大江の「珍解釈」の源は、「国務ではなく、統帥の問題である」と誤解したことに求められるが、さらにいえば、この誤解もまた一種の論理的強制の産物といわねばならない。なぜなら、この誤解は、先にふれた大江の昭和天皇の戦争責任論が必然的に呼びおこしたものだからである。

統帥事項は国務大臣の輔弼の範囲外におかれているがゆえに、大元帥のなす統帥行為については、憲法の天皇無答責規定の適用を要求できない、それに関しては昭和天皇の法的責任を問うことが可能である。これが、大江の戦争責任論の基本原理であった。だから、もしも張作霖爆殺事件の処置が「統帥ではなく、国務だ」となれば、天皇無答責の適用をうける国務大臣輔弼の範囲内におさまってしまい、大江の論法では、それに関して昭和天皇の責任を追及できなくなる。それではこまるから、是が非でも「国務ではなく、統帥」でなければならぬのである。この論理的強制が、大江をして強引な史料解釈に走らせた究極の動因といってよいかと思う。

今私が明らかにしたように、正しくは「国務と統帥の混交事項」なのであり、しかも内閣と陸軍の両方が一致して決定した「行政処分と虚偽の真相公表」なる結論を、田中首相が内閣を代表して、白川陸相が陸軍を代表して、それぞれ天皇に正式に上奏したのであった。だから、昭和天皇がそれに裁可を与えたとしても、それは国務大臣の輔弼および軍部大臣の輔翼（統帥権の作用を受ける軍政事項に関して軍部大臣が行う輔弼を一般の国務大臣のそれと区別するため、この語を用いる）にしたがったことになるわけだから、大江の理論からすれば、憲法第三条により天皇の責任を云々はできないはずである。つまり、下手をすると、少なくとも張作霖爆殺事件に関しては、大江の責任追及の論理は、その意図に反して、昭和天皇の免責論に転化しかねないのである。

もちろん、軍部大臣に他の各省大臣にはない特権を与えている統帥権の独立そのものが違憲であるから、「国務と統帥の混交事項」のうちの統帥の部分、すなわち軍部大臣の輔翼にかかわる行政処分の裁可については、あくまでも憲法第三条の適用外であるとの反論も形式的には可能である。しかし、上に述べたような処分決定の経過からわかるように、張作霖爆殺事件の処置は両者が重畳しあっており、行政処分の決定にしても、内閣の了解と同意を踏まえたうえで行われ、かつ陸相の上奏に先だって、田中首相から内閣がそれに同意している旨の上奏がなされているのであるから、その反論は実質的には意味をなさないといえよう。

現実には、行政処分は裁可されたが、「虚偽の真相公表」のほうは拒否されたのであった。結果だけをとり上げれば、昭和天皇は、軍部大臣の輔翼にはしたがったが、国務大臣の輔弼には全面的にはしたがわなかったわけである。大江の議論からすれば、憲法第三条の存在するかぎり、たとえそれが法と正義にかなわぬことであっても、天皇たるものは国務大臣の輔弼には無条件にしたがうべきなのだから、昭和天皇の行動を問題にするなら、「統帥権の運用を誤った」と評価するよりは、やはりそれは「立憲君主としてあるまじき行為」であり、昭和天皇は内閣の奏請を容れて「虚偽の真相公表」にも裁可を与えるべきだった、とすべきところであろう。

少し話が矛盾するようだが、大江の論理を徹底すれば、国務大臣の輔弼による天皇の大権行使であっても、じつは憲法第三条の無答責規定の適用ができなくなることを、言換えれば、昭和天皇の大権行使の一切が、第三条の適用外とならざるをえない点を、指摘しておきたい。

その理由は簡単である。大江の論法からすると、憲法上天皇の大権行使はすべて国務大臣の輔弼によらねばならぬが、周知のように、総理大臣の任命は、初期内閣時代を除いてつねに元老なり内大臣の奏薦により行われ、国務大臣の輔弼によることはなかった。元老や内大臣は憲法上の国務大臣ではないから、大江の論法からすれば、歴代の内閣総理大臣はその大半が違憲的ないしは超憲法的手続によって任命されたことになる。もちろん、このような手続で任命された総理大臣の奏薦により任命された、各省大臣の存在も憲法上の根拠をもちえない。

違憲ないし超憲法的行為が合憲行為の源泉となりうるとの命題を承認しない限り――この命題を承認すれば、統帥権の独立も合憲となって、大江の戦争責任追及の原理は崩壊する――、かかる一連の違憲ないし超憲法的行為により成立した内閣の輔弼を得て行われる天皇の大権行使も、やはり違憲行為というほかない。超憲法的法源に根拠を有する大元帥の統帥権行使を、憲法第三条の適用外とみる大江の論理に忠実にしたがえば、当然こちらにも天皇無答責の原則を適用してはいけないはずである。すなわち、国務であれ、統帥であれ、天皇の大権行使はすべて憲法第三条の適用対象外となる。

国務大臣の輔弼の対象となる範囲に限っては天皇無答責を容認する大江の議論は、それゆえ論理的に徹底していないといわれてもしかたがなかろう。大江の戦争責任論の論理的帰結からすれば、戦前の制度の下では、違憲行為が遍在していたのであって、憲法は憲法でなかったというべきなのである。

美濃部達吉は、日本憲法と大日本帝国憲法（明治憲法）とを区別し、日本憲法の法源は①大日本帝国憲法、②皇室典範以下の皇室法、③内閣官制のような国の法令、④不文憲法（国家と神社・神宮の関係等）の四つであるとした。[44]なぜかといえば、「［明治］憲法は其の規定極めて簡単にして、重要なる憲法的規律にして其の規定に漏れたるもの甚多し」と、いわば明治憲法の欠陥ともいうべきものをよく認識していたからである。

明治憲法の優越性は支持しても、明治憲法だけでは日本の国制を矛盾なしに説明できないことを、美濃部は承知していたわけであり、憲法条文の字面だけを見て、違憲論をふりまわす、大江のような論者が出てくるのをあるいは見越していたのかもしれない。ただ、東京帝国大学教授にしてあくまでも立憲主義者であった美濃部は、日本憲法と明治憲法を区別した上で、日本憲法の法源を上の四つに求めたのであった。こうすれば、明治憲法の条文からすれば違憲に見えることも、日本憲法の観点から合憲でありうるとの逃道が可能になり、明治憲法第七六条第一項はその主張を支えてくれるであろう。

大江の憲法的制度と超憲法的制度の「三元体制論」は、右の②を無視し、かつ勅令などの下位法は憲法と同列の法源たりえずとして③を棄却したうえで、[45]④のみを軍人勅諭と教育勅語に置換えて、美濃部の説を換骨奪胎したものといえようが、戦前の国制の理解としては、美濃部に対して本質的優位を主張することが、はたしてできるだろうか。

四、昭和天皇は田中の何を叱責したのか

次に指摘したいのは、「昭和天皇はいったい田中義一の何を叱責したのか」という、ある意味ではこの事件の核心ともいうべき問題に対する、大江の解釈への疑問である。

「天皇は、張作霖爆殺事件では、首謀者の河本高級参謀とその監督責任者である村岡関東軍司令官に対する行政処分という軽い処分につよい不満をしめした」（一八三頁）という主張や、「天皇はなぜ筋ちがいの怒りを田中首相にぶっつけたのであろうか」（一六四頁）、「叱責する相手がまったくちがっていた」（一六一頁）との記述から推測すると、昭和天皇は厳正な処分をのぞんでおり、真相がうやむやにされ、軍法会議による厳重処分から行政処分という軽度のものへ変更されたことに怒りをおぼえて田中を叱責したと、大江は理解しているように思われるが、はたしてほんとうにそうなのだろうか。言換えれば、昭和天皇は軽い処分に不満だったから、田中を叱責したのだろうか。

もしほんとうにそうであるなら、たしかに、こころならずも真相公表と厳罰論をひっこめざるをえなかった田中を叱責しておいて、陸相の行政処分の奏請を「直ちに裁可した」昭和天皇の行動は理屈にあわない。大江ならずとも、「天皇は統帥権者としての自覚をもっていなかったのではないか」（一五九頁）と疑いたくもなる。しかし、それはあくまでも「軽い処分に不満だったから田中を叱責した」との前提が正しければのことであって、それが間違っておれば、話はまた別である。

「昭和天皇は軽い処分に不満だったから、田中を叱責した」との説には、以前から井上清や松尾尊兊によって

反論が出されている。井上や松尾は、昭和天皇が行政処分を裁可した事実そのものと、本書一五一頁にも引用されている本庄繁の「至秘鈔」にある昭和天皇自身が鈴木侍従長に語った言葉、「田中首相が自分で先づ『虚偽の政府公表を』（永井）発表したる後、『政治上余儀なく斯く発表致しました。前後異なりたる奏上を為し申訳なし。故に辞職を請ふ』と申し出づるに於ては、『夫れは政治家として止むを得ざることならん。而るに先づ発表其もの、裁可を乞ひ、之を許可すること、なれば、予は臣民に詐りを云はざるを得ざること、なるべし』[46]」から、「天皇は田中の二枚舌に怒ったので、事件の公表と厳正な処罰を望んでいたのではない[47]」（松尾）、「たんにうその発表の責任が裕仁に帰する結果になるようなことを、田中が上奏したのを怒ったのである[48]」（井上）としたが、これら重要な異説の存在をまったく無視して、大江は議論を展開している。

いっぽう別のところでは、田中がはじめに真相調査の上、関係者を厳罰に処すると約束しておきながら、それに反する結論を奏上したので、「天皇は、田中首相がウソをついたと考え、田中首相に明白な不信任の意を表明した」（二一二頁）と、前記のものとは違う解釈が述べられている。「軽い処分に不満だったから田中を叱責した」という解釈と、「田中がウソを吐いたから、不信任を表明した」という説では、その間にかなりの懸隔があると思うが、このアバウトさが、大江の魅力なのかもしれない。しかしはっきりさせておくと、前者ならば田中叱責は大江の言うように筋違いと評価できるかもしれないが、後者ならばそれは無理である。

なぜなら、「ウソを吐いたから」叱責されるとすれば、該当者は田中以外にはいないからである。田中の上奏が前後矛盾しているのはまぎれもない事実である。しかし、もう一方の陸相のほうは、田中のように真相を公表し、厳重処分をするなどとは一度も上奏していないのだから、少なくともこの件に関しては、天皇からウソを吐いたとして叱責されるいわれはない。その限りでは、昭和天皇の田中への怒りは決して筋違いではない。

「昭和天皇は軽い処分に不満だったから田中を叱責した」という理解は、広く流布されているわりには史料的根拠が薄弱で、一種の「伝説」と考えたほうがよいかもしれない。管見の限りではあるが、それを裏付ける確実な史料はほとんどみあたらない。それに近いのは「単に行政処分で終らせたといふことは、帝国の陸軍の綱紀を維持する所以ではないといふことを御軫念になり」[49]との『西園寺公と政局』の記述や、岡田啓介（当時海相）の極東裁判提出の供述書中の「陛下ガ彼（田中）ニ今コソ陸軍ニ対シテ強硬ナル懲戒処分ヲ取ルベキ時デアリ、且陛下モ充分ナル措置ガ取ラレルコトヲ期待スルト仰セラレタ」にもかかわらず、「陛下ノ御希望通リニ処罰シ得ナカッタ為田中内閣ハ総辞職シタ」[50]くらいのものだろうか。しかし、いずれも原田熊雄なり岡田なりの願望・推測による部分が多いと思われるので、それほど信頼できるものではない。

「小川手記」「牧野日記」「奈良日記」あるいは昭和天皇自身の発言を記した本庄繁の「至秘鈔」や木下道雄の「側近日誌」[51]には、それに類する記述はみられない。さらに『岡田啓介回顧録』にも『鈴木貫太郎自伝』にも出てこない。「牧野日記」からわかる昭和天皇自身の言動は、「行政処分と虚偽の真相公表」の上奏があったら、田中に「責任を取るか」と反問するつもりであったこと、田中の上奏には「前とは変はつている」として裁可を与えず[52]、またその説明を聞くことを拒否し、辞表を出させたこと――その結果、「行政処分と虚偽の真相公表」のうち後者は実行されなかった――、いっぽう、陸相の行政処分の上奏については「陸軍大臣に付ては別に間然する点なし、故に直ちに裁可した」こと、などである。

これらのことから判断する限り、やはり軽い処分に不満であったから田中を叱責したと考えるよりも、松尾や井上説のように、「田中の二枚舌」及び「虚偽の真相発表」の責任を負わされるのを怒ったとみるほうが、昭和天皇の言動をより納得的に説明できるであろう。行政処分は裁可し、虚偽の真相公表は裁可を拒否した事実から逆算すれば、昭和天皇は調査結果を公表せずに、ただ行政処分により事件に決着をつけることをよしとしていたのかもしれない。いずれにせよ、約束を破った田中は、その責任をとって辞表を出すべきにもかかわらず、平然と前後矛盾する上奏をして恥じない。また議会等で真相を公表すると約束した手前、虚偽の真相公表をせざるをえなくなったが、それに対する責任を自分に押しつけようとしている。これではもはや輔弼者として田中を信用できない。これが昭和天皇の怒りの中味ではなかったかと推測される[53]。

昭和天皇自身の見解ではないが、牧野が「責任を取るか云々」の昭和天皇の「御思召」について、「聖慮のあるところ御尤も」との奉答をする決意を固めた際に、「事件の処置振りは暫く別問題として、前後の内奏相容れざる事ありては聖明を蔽ふ事となり、最高輔弼者として特に責任を免がれず[54]」（傍点永井）と日記に記していることや、上奏の不首尾は陸相の事前説明が不十分だったからと田中から詰められたため、心配して六月二七日夜鈴木侍従長を訪ねた白川陸相に、「陸軍の問題にあらず、本件に関する田中の前後に於ける態度の豹変、其れに付是迄一回も止むを得ざる事情を上聞したる事さへなく」「余まり顕著なる杜撰さに叡慮の一端も洩れたる事なるべく[55]」（傍点永井）と、鈴木が説明していることなどは、宮中サイドの見方を示すものとしてひとつの傍証たりえよう。

なお、「奈良日記」六月二八日条には、「首相ハ［「責任ヲ取ルニアラサレハ許シ難キ意味ノ御沙汰」を］（永井）解セサリシカ或ハ解セサル風ヲ装フテカ白河［川］陸相ニ勧メ責任者処分ノ件ヲ内奏セシメタルタメ逆鱗ニ触レ事頗ル面倒ニ立至レリ[56]」とあり、読みようによっては、処分内奏をした白川も天皇から叱責された様に受取れる。もしそうだとすれば、昭和天皇が軽い処分に不満で、田中と白川を共に叱責したと解釈することもできるが、私はそうは考えない。昨日の上奏の際の天皇の態度の意味を田中が正しく理解しておれば、白川の上奏に先立って、田中自身の辞表提出がなければならぬはずなのに、「解セサリシカ或ハ解セサル風ヲ装フテ」白川に処分の上奏をさせた田中の態度が「逆鱗ニ触レ」たのであって、白川が叱責されたのではないと、私はこの部分を解釈する。その根拠は、「小川手記」「牧野日記」「奈良日記」のいずれもが、陸相の処分上奏は問題なく裁可されたと伝えていることによる。

もちろん、昭和天皇とて、面と向って問われれば、厳重な処分こそ「法と正義」にかなった処置だと答えたに違いない。また、行政処分で済ませることに、わりきれなさを内心強く感じていたのかもしれない。そのわだかまりが、期待をみごとに裏切ってくれた田中に対して八つ当り的に爆発し、田中に対する怒りが倍増したという推測も可能である。しかし、仮にその推測が正しかったとしても、だからといって「軽い処分に不満だったから田中を叱責した(57)」とはいえないだろう。

大江の議論の核心部についての批判は、上に述べたとおりである。しかし、それ以外にもまだ多くの誤りや、独断が本書には含まれている。そのうちのいくつかを以下に指摘しておく。

第一にあげたいのは、田中が叱責された問題の上奏の日時である。大江は、六月二七日上奏説は成立しがたいとして、六月二八日説を採用している（一一五頁）が、これは誤りである。六月二八日説の出所は、『田中義一伝記』と思われるが、同書の記述はもっぱら当時の新聞記事を典拠にし、史料批判がきちんとなされているわけではない。六月二七日の上奏を伝える新聞記事も存在するが、それは無視されている。

「小川手記」「牧野日記」「奈良日記」などの根本史料は、いずれも二八日ではなく、二七日に上奏が行われたとしているから、やはり二七日説を採用すべきであろう。二八日には田中は参内はしたが、鈴木侍従長を通じて拝謁を拒否されており、天皇には会っていない。

大江自身は、二七日説を退けるにあたって、六月二七日午後四時に田中が白川に対し「河本関東軍参謀以下を軍法会議に付し断罪すべし」と要求した、と伝える六月二八日付の『国民新聞』の記事を根拠に用いている（一一五頁）。つまり処分の方法につき、二七日午後四時になっても、田中と白川の間にはまだ合意が成立しておらず、最終結論には達していなかったと解釈して、二七日上奏はありえないと大江は判断したのである。

しかし、『国民新聞』の記事にある午後四時からの田中・白川の協議は、田中の上奏後に行われたと見るべきである。なぜなら、田中の二七日の上奏は「牧野日記」によれば、午後一時半に、『大阪朝日新聞』六月二八日付夕刊によれば、午後一時二〇分に行われたからである。『国民新聞』の記事は、仮に事実だとしても、天皇から上奏内容が前後矛盾すると指摘された田中が、その矛盾を解消しようとして、急遽白川に対して軍法会議での断罪を要求したことを示すものと解釈すべきであろう。

田中が天皇に叱られて、再度態度を翻したのであって、大江が考えるように「最後まで陸軍に全面屈服しようとしなかった」（一一五頁）ことをしめすものではない。一旦は田中も同意した結論を、明日最終上奏という土壇場に及んで、今更変えてくれといわれれば、白川でなくとも嫌気がさすはずである。田中の軍法会議要求が「陸相の進退問題を惹起する」（前掲『国民新聞』）のは当然であろう。

これと関連して、大江は、田中の「真相公表と厳重処分」から「行政処分と虚偽の真相公表」への変説・屈服は、「白川陸相が辞職という決定的な切札をちらつかせた」（一二二頁）からだったとするが、史料的にはその根拠は薄弱である。大江が挙げているのは、前述の『国民新聞』の記事のみにすぎないが、これは今指摘したように、田中が「行政処分と虚偽の真相公表」の上奏をした後のことだから、陸相が辞職の脅しを以て田中に「行政処分と虚偽の真相公表」の承認を迫ったという大江説の正しさを証明するものではない。なぜなら、田中の同意・譲歩はすでにそれ以前に成立していたからである。

管見の限りでは、田中と白川が処分方針をめぐって対立し、険悪な関係にあるとの記述はあっても、陸相の辞職の脅しをうけて田中が譲歩したとする史料はみあたらない。新聞紙上に陸相辞職のことが大きな活字で出てくるのは、いずれも六月二七日の上奏後である。それどころか、四月初め頃の記事には、「閣僚中には白川陸相の勇退を希望し、（…）詰め腹を切らせんとの下心もあるが、白川陸相は（…）此事件では断じて引責する理由を認めない」「若し政府の希望どおり白川陸相が詰め腹を切る破目でもなれば、単独辞職などせず、一蓮托生主義をとり、内閣総辞職まで引きずるものと見られている」[58]と、まったく逆の観測記事すら見られる。大江の「辞職による脅し」説は、話としては面白くても、史料的には支持しがたい。

もし、万難を排しても「真相公表と厳重処分」を貫徹する覚悟が、田中に具わっていたのであれば、陸相が「行政処分と虚偽の真相公表」にあくまで固執し、田中の意志にしたがおうとしない場合、陸相の辞意表明は田中にとってはむしろ好都合ではなかろうか。なぜなら、白川の辞表をそのまま奏請し、かつ田中の方針に同意する現役将官から後任を選んで新陸相に奏薦すればよいからである。もし、現役将官中に人物が得られなければ、予備・後備の将官の中に求めるか、あるいは陸軍大将の田中自身が陸相を兼任する選択もありえた。その場合、必要とあらば、第二次伊藤内閣の大山陸相や西郷海相、第二次松方内閣の高島陸相の先例にならって、天皇に現役復帰を奏請することもできたはずである。

もちろんこの方法を採用すれば、後継陸相候補者は陸軍部内から推薦をうけて選ぶとの長年の慣例を破るわけだから、田中内閣と陸軍との関係悪化は決定的となる。しかし、張作霖爆殺事件の処置をめぐって陸軍と一戦を交える覚悟が田中に具わっており、かつ天皇のサポートが得られるのであれば、軍部大臣現役武官制もこの時には機能しておらず、しかも陸軍大臣は「文官職であ」り、「その任免は（…）統帥大権とはまったく関係がない」（二四一頁）と、大江がいうのだから、たいへん強引なやり方とはいえても、この選択は制度的には十分可能であったはずだ。

だから、陸相の辞任の脅しは、もしそれがほんとうにあったとしても、この段階では大江が言うほどの威力をもたなかったと理解すべきであろう。「陸相が辞職すれば、内閣は総辞職に追いこまれる」（一二二頁）との命題が無条件で成立するのは、後継候補の部内推薦慣習と現役武官制とが組合わされた時であって、田中内閣の時にはあてはまらない。閣内不一致で総辞職となるのは、逆にあくまでも自説に固執する陸相が一蓮托生主義にでて、自分は単独辞職するつもりはないと、つっぱねたときのほうであろう。

大江は、第二次西園寺内閣の先例を引合いに出しているが、あれは、大江が思い込んでいるように、上原陸相が帷幄上奏により辞表を単独上奏したために倒れたのでは決してない。陸軍が上原の後継者を推薦しなかった（＝陸軍のストライキ）ため、現役武官制により後任を得られずに総辞職せざるを得なかった、というのが実状である。もしも大江の言うとおりであったら、あらためて一九三六年に現役武官制を復活する必要など、少しもなかったはずだ。

第三に、数年前に粟屋憲太郎により「厳秘内奏写」と「上奏案」〔正確には「上聞案」〕と題する新史料が発見・紹介され[59]、本書でも利用されている。そのうちの「内奏写」につき、これを一二月二四日の田中首相の上奏の写しとする粟屋の比定を、大江はそのまま支持している（三〇頁）が、しかし、私の見るところ、文面から判断して「内奏写」は、田中ではなくて、三月二七日の白川陸相の内奏の写しと考えるべきである[60]。

張作霖爆殺事件とは関係ないが、本書にも出てくるので最後に一言しておきたい。その持論たる内閣官制第七条の「改竄説」を、大江は本書でも展開している（一三八～一三九頁）。しかし、別のところで明らかにしておいたように、残念ながらこの「改竄説」は成立しえない。興味のある方は拙稿「内閣官制と帷幄上奏――初期内閣における軍事勅令制定の実態――」[61]を参照されたい。

おわりに

本書に対する疑問を数々述べてきたが、核心となる「新解釈」の誤りをはじめとして、事実誤認や史料の誤読が多数含まれていることが、これで明らかになったと思う。それでなくとも、「牧野日記」や「奈良日記」の公開により、本書の叙述のかなりの部分が早晩書直しを要する運命にあるといえよう。

しかし、本書で大江の言いたかったことはそのような細かい事実関係の如何ではなくて、要するに次のようなことだったと思われる。

すなわち、戦前の統帥権独立制の下では、軍部を抑えることできたのは統帥権保持者たる天皇しかいなかったのだから、「昭和天皇が立憲君主的な国政の運営をめざすのであれば、天皇の手中にあって議会はもちろん政府でさえも指一本ふれることのできなくなった統帥権の手綱を、天皇自身がしっかりと引きしぼることによってのみ、それは可能であった」（一八一頁）。にもかかわらず、張作霖爆殺事件で昭和天皇は軍部を免責し、田中を叱責して辞職に追込むことで、自ら「その手綱をゆるめる契機」をつくったのだ、と。

張作霖爆殺事件の処置が「統帥か国務か」という問題や、「統帥権の運用を誤ったか否か」というそれをひとまず考慮の外におけば、この考え方そのものは必ずしも納得できないものではない。すでに同じことが、ねず・まさしにより主張されているし[62]、昭和天皇を擁護する点で大江やねずとは正反対の立場に立つため、出てくる結論は違っているけれども、途中までの議論としてはほとんど同型の考察が重光葵によりおこなわれている[63]。その点では、大江の独創とは言えないが、昭和天皇の戦争責任を云々する際に、これが核心に位置する問題であることはたしかである。

大江の要求は、戦後の我々からみればもっともな意見にみえる。昭和天皇擁護のための「立憲君主論」に政治的に対抗するための議論という枠組をこえて、それなりの説得力をもつといえよう。ただし、大江の要求どおりに行動するためには、昭和天皇は、戦前天皇制に許された君主の行動パターンを、大幅に逸脱しなければならなかったこと、言換えれば、戦前の制度はそのような天皇の振舞いを困難にする一種の「欠陥制度」にほかならなかったことは、指摘しておかねばなるまい。

「輔弼親裁構造」の下では、君主は基本的には「受動的君主」であることを要請される。政治を有能な臣下に運用させるとともに、君主に失政の責任が及ばぬ（失政があれば、臣下に責任をとらせる）ようにして、王朝を長続きさせるには、長い目でみてこちらのほうがベターなのである。ところが、大江は、統帥に関しては、天皇は憲法上責任を転嫁しうる輔弼者をもたぬから、統帥事項を軍部委せにせず、軍の行動が立憲制度と国際協調に違反しないかどうかを常に厳重に監視し、上奏内容が不満足であれば裁可を拒否し、さらに必要とあれば帷幄機関の上奏をまたず、大元帥自ら命令を発すべきだったと主張するわけだから、昭和天皇に対し「受動的君主」の殻を破って、「能動的君主」たれとを要求しているに等しい。

明治天皇がそうであったような、統治機構最頂点の厚いヴェールに隠されたところで、輔弼諸機関の対立の最終的調停者、決裁者ないし助言者としての役割以上のものを、大江は要求しているのである。大江から曲解だと抗議されるのを承知で敢て言えば、その要求の水準だけを取出せば、保守反動主義者から右翼過激派にいたる天皇親政論者と相通じるものがあるといわねばならない。

ただ、普通の天皇親政論者と決定的に違うのは、天皇に内閣と立憲制度の擁護者として振舞うことを要求する、部分的あるいは自己否定的天皇親政論者であることと、国務の領域では「立憲君主」として国務大臣の輔弼に無条件でしたがう、まったくの「受動的君主」でなければならぬとしながら、統帥の領域では「能動的君主」として行動すべしとする点で、一種の政治的「二重人格」を天皇に要求していることであろう。

部分的であれ親政度が不足していたことを以て、昭和天皇の戦争責任を追及しようというのだから、さすがに大江は凡百の立憲君主制論者たちとはできがちがう。しかし、上に述べたような部分的親政が実際に実行されれば、形式制度的には存在していても、「統帥権の独立」は実質的に無化されたも同然といえよう。軍部と天皇との間に、すさまじい確執が生じるに違いないが、大江の要求するように、昭和天皇がそれを押えきるだけの実力を有する「革命的君主」たりえたならば、参謀本部条例や軍令部条例、内閣官制や陸軍省官制、海軍省官制を改正して、「統帥権独立」そのものを廃止することさえできたあろう。そうなれば、大江が前提としている問題そのものが消失するはずだから、昭和天皇に「親政」を要求するのであるならば、当然そこまで要求すべきではないだろうか。

重光は言う。

もし天皇がこの権限［統帥大権］（永井）を行使して統帥部即ち軍部（この場合は陸軍）に対して張作霖爆殺の責任を明らかにすべきことを厳命すれば、問題は極めて直截に解決が出来たかも知れぬ。しかし、天皇がかくの如く大権を直接行使せられることは、日本の従来の伝統に反することであった。（…）天皇は、もっとも忠実にその通りに行動せられた。即ち親らその意思を積極的に命令されることはなかった。（…）軍部を取り締るために主権者は軍部に命令せずして、軍部の進言をまって行動するという矛盾に逢着するわけで、これが為に軍部の取締りは不可能となった。(64)

重光は、「立憲君主」として行動した昭和天皇に戦争責任なしと言いたいわけだが、核心に存在する矛盾が何であるかは、よく認識していた。ただし、彼の立場からすれば、この矛盾はほとんど解決不可能に等しかったはずである。大江は、それに対して「主権者として軍部に命令すべきだった」と主張し、そうしなかったがゆえに責められるべきだと言うわけである。しかし、私には、どちらも天皇制の「輔弼親裁構造」の本質を外して議論しているとしか思えない。

重光の指摘した矛盾は、近代天皇制の「輔弼親裁構造」の基本的矛盾であり、ある一定の条件の下では、戦争の自己展開を防止することをまったく不可能にする。だからといって、昭和天皇に責任がないということにはならないし、だいいち、憲法があるからといって、「輔弼親裁構造」の下での天皇を単純に「立憲君主」といってよいのかどうか、それがまず問題である。

もともと「輔弼親裁構造」は君主の絶対的無責任・無答責を前提とし、またそれを保障する制度であった(65)。その論理の円環のなかでは、そもそも君主の法的・政治的責任を問うことそれそのものが不可能なのである。法を超える存在たる君主の責任は、「外側」から、超法的に問われるのが、歴史的現実であった。ただ日本の場合、「万世一系」イデオロギーがこれに組合わされたことにより、儒教的な「天命」思想に基づく「革命」（君主・王朝への超法的問責）の契機が封止あるいは弱化されたことは指摘しておかねばならないだろう。いや、長期にわたる一種の「二重君主制」のもと、王朝の存続と引換に「完全受動的君主」として天皇・朝廷が、いわば政治的零度に喜んで甘んじてきた歴史的背景ゆえに、幕末から明治維新にかけては、逆に「万世一系」イデオロギーそのものが、「王政復古」を正当化する政治教義として、幕府権力に対する「革命」の言説にさえなったのである。

このような歴史的経緯は、戦前の制度全体をして一種の「無責任の体系」と化さずにはおかなかった。重光が指摘している矛盾がまさにそれなのである。それゆえ、「受動的君主」を「立憲君主」と置換して、その責任を問わないことは、無意識の内に「輔弼親裁構造」の前提たる「君主絶対無責任」の論理の円環内に身を置くことを意味するにほかならない。いっぽう、大江のように「積極的能動的君主」たれと、立憲主義的天皇親政論を唱えることも、それが無意識の内に戦前天皇制における天皇の「受動的君主」性を頭から排除している点では、「輔弼親裁構造」の把握に失敗しているというほかない。私にはどちらも受入れられないゆえんである。

注

（1）大江志乃夫「序説・天皇の戦争責任論」『科学と思想』七〇、一九八八年。

「美濃部学説を戦後的に展開した家永三郎の明治憲法解釈を土台にしている」との私の評言には、昭和天皇免責論を粉砕するため、戦術的に美濃部＝家永的解釈を援用しているだけで、自分の本意ではない、自分はあくまでも絶対君主制論者であるとの異論が、大江のほうから出されるかもしれない。しかし、大江の責任追及論が、「修正絶対君主制論者」を自認し、穂積八束、上杉慎吉の憲法解釈こそ正統だとする岡部牧夫から、「あまりにもまわりくどい、しかも混乱した議論」と評されているのは（岡部「明治憲法と昭和天皇」『歴史評論』四七四、一九八九年、のち岡部『出処進退について』みすず書房、一九八九年所収）、その戦術の採用と無関係ではないだろう。

（2）大江前掲論文三七六頁。

（3）私もかつては近代天皇制＝絶対主義説を信じていたが、かなり前に放棄してしまった。絶対主義説をとらない理由は、①それが前提としているマルクス主義の「世界史の理論」（社会構成体史論）に否定的である。②当然それに基づく国家類型＝国家形態の分類図式にも否定的。③アジアと西欧では、「近代」への入り方が異なるので、前近代国家の近代国家への転生過程を同律に論じることはできない、梅棹忠夫の生態史観ばりに、日本はアジアでなくて、ヨーロッパだと考えない限り、西欧の過程から抽象化された図式をそのまま適用することはできない。④前近代国家のあり方もアジアと西欧では大きく異なり、アジア的デスポティズムが長い歴史的伝統を有し、全面的かつ高度な発展をみせたアジアとそうでないヨーロッパでは同律に論じられない、といったものである。なお、近代天皇制をアジア的デスポティズムの近代的形態とみる理論については、さしあたり滝村隆一「北一輝・吉野作造と近代天皇制国家」『アジア的国家と革命』（三一書房、一九七八年）が参考になろう。

（4）大江の議論にしたがえば、「輔弼」とは明治憲法第五五条に定める国務大臣の「輔弼」、すなわち大江のいう「責任輔弼」にのみ限定されることになる。逆に、統帥府による軍務輔弼（輔翼と言換えても実質は同じ）や内大臣の「常侍輔弼」は「輔弼」（少なくとも「責任輔弼」）からは除外される。

しかも、ここでいう「責任輔弼」とは、実質的には「君主は名目的存在にすぎず、君主に代り、国民（直接的には議会）に責任を負う機関（国務大臣＝内閣）が国政を運用する」制度を含意するものであり、たんに「君主の政務を補佐し、あるいは君主の委任の範囲で政務をとり、失敗があれば、君主に対して責任をとる（君主に代り失政の責任を負う）」ことを意味する概念としては使われていない。いや、そのような用い方をしてはならないのである。

私は、「輔弼」概念のかかる使い方には反対である。その理由は本文でも述べたように、近代天皇制の「輔弼親裁構造」を見えにくくする（もっといえば、アジア的デスポティズムの政治構造そのものが見えにくくなる）からであり、かつ議院内閣制的な立憲君主制以外での「輔弼」という用語使用が事実上不可能になってしまうからである。たとえば、太政官制の太政大臣が「輔弼者」でないとなれば、たいへん不便ではなかろうか。あるいは、統帥府の軍務輔弼（輔翼）が「輔弼」でないならば、あれはいったい何というべきなのか。

（5）『赤旗』一九八九年一一月二七日付。

（6）極東国際軍事裁判の法廷における田中隆吉の供述によると、河本が事件の首謀者であることをつきとめた峯少將の調査報告書は、非常持出し書類として陸軍省に保管され、田中は兵務局長時代の一九四二年一月にそれを読んだという（『極東国際軍事裁判速記録』第一巻、雄松堂書店、一九六八年、二七七頁）。

（7）小川平吉関係文書研究会編『小川平吉関係文書1』みすず書房、一九七三年、六二八頁。

（8）右同書、二五九頁。なお、大江は、事件の関係者の処分権はもっぱら陸相に属し、首相といえどもその決定をくつがえす権限はもたないので、田中にできたのは内閣官制第五条の規定に基づいて閣議にかけるのがせいいっぱいだったと、読みようによっては閣議提出に積極的なのは田中で、白川は反対だったと受取れる書き方をしているが（一五五頁）、本文に記したように、実状は田中に反対する白川や小川が田中を説いて、閣議にかけることを決めたのである。

（9）右同書、二六〇頁。

（10）右同書、二六二頁。ただし、松本剛吉が一二月二八日に井戸川辰三中将から聞いたところでは、上原は軍法会議に賛成で、陸軍元帥会でもそのように取決めたという（『大正デモクラシー期の政治　松本剛吉政治日誌』岩波書店、一九五九年、六一二頁）。上原が即位大典前までは軍法会議に賛成だったことは、小川平吉の日記からも確認できるが（『小川平吉関係文書1』二五九頁）、井戸川がその情報を何時仕入れたものか不明なので、一二月の時点で上原がなおも同じ見解を有していたと断定はできない。なお、上原の軍法会議論の真意については、大江の解釈が示唆的である（本書一〇四頁）。ただし、松本が井戸川でなく、上原から直接聞いたとする大江の記述は何かの間違いだろう。

(11)『小川平吉関係文書1』二六二頁。
(12)「牧野伸顕日記（抄）」『中央公論』一九九〇年八月号、三五五頁（『牧野日記』三五〇頁）（以下「牧野日記」と略す）。
(13)原田熊雄のメモに、「首相が閣僚と相談なしに元老と相談して上奏せしことはけしからむ」との中橋徳五郎商相の言が残されている（原田熊雄述『西園寺公と政局』別巻、岩波書店、一九五〇年、六七頁）。
(14)『小川平吉関係文書1』六二九頁。
(15)右同書、二六二頁。小川の日記では、閣議は一二月二八日となっているが、当時の新聞には二六日閣議開催の記事はあるが、二八日のそれは確認できない。あるいは小川の記憶違いかもしれない。
(16)「奈良武次侍従武官長日記（抄）」『中央公論』一九九〇年九月号、三三五頁（『奈良日記』三、九六頁）（以下「奈良日記」と略す）。なお、その一部は、既に波多野勝・黒沢文貴「満州事変前後の『奈良武次日記』」（『太平洋戦争への道　新装版』第一巻付録、朝日新聞社、一九八七年）により、紹介ずみである。
なお、大江は「張作霖爆殺事件の全経過をつうじて、奈良武官長の名は文献に登場しない」（一六二頁）とか、「奈良武官長が記録をのこしていない」（一六四頁）とか書いているが、それは嘘で、上述のように奈良はきちんと日記を遺している。大江が児島襄『天皇』（文藝春秋社、一九七四年）を読んでおれば、それに気づいたはずなのだが。
(17)「牧野日記」三四七、三五二頁（『牧野日記』三三三、三四三頁）。
(18)右同書、三四八、三五六頁（『牧野日記』三三七、三五二頁）。
(19)「奈良日記」三三五頁（『奈良日記』三、一一八頁）、「牧野日記」三五五頁（『牧野日記』三五〇頁）。
(20)粟屋憲太郎「張作霖爆殺の真相と鳩山一郎の嘘」『中央公論』一九八二年九月号（粟屋『東京裁判論』大月書店、一九八九年所収）。これについては、拙稿「張作霖爆殺事件と田中義一首相の上奏」（『日本歴史』五一〇、一九九〇年）（永井本書第五章）を参照されたい。なお、この陸相の三月上奏については、高倉徹一執筆『田中義一伝記』下（原書房復刻版、一九八一年、原著は一九五八年）の記述がほとんどそのまま引用されているが（一一一頁）、同書の推測は日時及び内容ともに外れており、訂正されねばならない。
(21)『西園寺公と政局』第一巻、五頁。
(22)「牧野日記」三五五頁（『牧野日記』三五〇頁）。

(23) 林久治郎『満州事変と奉天総領事―林久治郎遺稿』原書房、一九七八年、六四頁。
(24)「牧野日記」三五五頁（『牧野日記』三五一頁）。
(25) 右同書、三五六頁（『牧野日記』三五二頁）。
(26)『時事新報』一九二九年三月二九日付。『時事新報』ほど断定的ではないが、同様の推測記事が、『大阪朝日新聞』一九二九年三月三〇日付夕刊にもみられる。
(27)『宇垣一成日記Ⅰ』みすず書房、一九六八年、七一二頁。
(28)『小川平吉関係文書1』六三〇頁。
(29)『大阪朝日新聞』三月二八日付夕刊、同朝刊。
(30)『小川平吉関係文書1』六三〇頁。ただし、小川の手記では、三月末の閣議申し合せの段階でも、田中はまだ訴追の意志を有していたかのような書きぶりになっている。
(31)『大阪朝日新聞』四月三日付夕刊、同朝刊。
(32)「奈良日記」三二五頁（『奈良日記』三、一二五頁）。
(33)「牧野日記」三五九頁（『牧野日記』三五九頁）。
(34) 右同書、三六一頁（『牧野日記』三六三頁）。ただし、土壇場の六月二五日になって、西園寺は、昭和天皇が「責任を取るか」と田中に反問するのは、「明治天皇御時代より未だ曾て其例なく、総理大臣の進退に直接関係すべしとて反対の意向を主張」し、牧野を大慌てさせた（同上三六四頁（『牧野日記』三七四頁））。
(35)『大阪朝日新聞』五月一四日付夕刊、同朝刊。
(36)「牧野日記」三六〇頁（『牧野日記』三六二頁）。
(37)『小川平吉関係文書1』六三一頁。
(38) 右同書、六三二頁。「牧野日記」三六五頁（『牧野日記』三七六頁）。
(39)『小川平吉関係文書1』六三二頁。
(40)「牧野日記」三六六頁（『牧野日記』三七八頁）。
(41)『小川平吉関係文書1』六三二頁。

(42) 鈴木正幸「近代日本君主制の一考察」『日本史研究』三二六(一九八九年)は、日清戦争の際、明治天皇が最初「今回の戦争は朕素より、不本意なり」として、伊勢神宮その他への宣戦の奉告を拒否したが、土方宮相の諫言により後に思い直した例を引き、「国家意思としての天皇意思が絶対なさねばならない事に関しては現身の天皇は、自己の個人的意思に反しても結局受け入れざるを得ないのであって、(…)顕教的世界との関係において重大な意味をもつ問題に関しては、現身の天皇は、国家意思(天皇位天皇の意思)に大体従ってきた」とし(一五三頁)、さらに明治天皇と昭和天皇を比較して、「昭和天皇の方が国家意思に反する私的意思を強く主張することに抑制的であったと思われる」と述べている(一五四頁)。
なお、本文で指摘したことから、「終戦の聖断」のことを想起する読者もいるかもしれぬが、あの時はポツダム宣言の受諾をめぐって、内閣と軍部(統帥府)との意見が最後まで一致せず、いずれをとるかを天皇の選択に仰いだのであり、内閣と軍部が一致した上奏を天皇が拒否するケースとは異なる。
(43)「牧野日記」三五六頁(『牧野日記』三五一頁)。
(44) 美濃部達吉『憲法撮要』有斐閣、一九三二年、一一六頁。
(45) 美濃部の③を採用しないと、明治憲法の条文には内閣も内閣総理大臣も語句としてはどこにも存在しないから、憲法は完全な国務大臣個別輔弼主義・個別責任主義をとっているとの解釈が可能である。そうすると、参謀本部条例や内閣官制にしか法的根拠をもたない統帥権独立と同様、内閣官制により規定されているだけの、機務奏宣権を有する内閣総理大臣の存在も、憲法そのものに根拠を有さぬ「違憲」制度ということになりかねない。
(46) 本庄繁『本庄日記』原書房、一九六七年、一六〇頁。
(47) 松尾尊兊「政友会と民政党」『岩波講座日本歴史』19、岩波書店、一九七六年、一一二頁。
(48) 井上清『天皇の戦争責任』現代評論社、一九七五年、六八頁。
(49)『西園寺公と政局』第一巻、一一頁。
(50)『極東国際軍事裁判速記録』第一巻、二五六~七頁。
(51) 木下道雄「側近日誌」『文藝春秋』一九八九年四月号、三二八頁〔前掲木下道雄『側近日誌』一七〇頁。しかし、『側近日誌』に収録されている昭和天皇の戦後の回想を木下がまとめた「聖談拝聴録原稿」には「朕はよって首相田中義一に事の真相の調査を命じ、もし事件が日本人の手によって行われたるものならば、厳重処罰すべきことを厳命せり」とあって(同書、二一三頁）、昭和天皇が厳重処分を積極的に望んでいたとされている。しかし、「聖談拝聴録」のもとになった昭和天皇の回想の談話筆記であるいわゆる「昭和天皇独白録」（寺崎英成著・マリコ・テラサキ・ミラー編『昭和天皇独白録』文藝春秋、一九九一年、二二頁）にもまた木下自身の日記にも、昭和天皇が厳重処分を田中に命じたとの記述はでてこない）。

(52) 六月二七日の問題の上奏の際に、昭和天皇が田中首相に面と向って何を言ったかについては、史料により二とおりの流れがある。一つは、「前の上奏と矛盾する」「説明を聞く必要なし」と言ったとするもので、「牧野日記」「小川手記」「至秘鈔」『西園寺公と政局』『岡田啓介回顧録』などがこれに属する。他の一つは、さらに進んで辞職を命じたというもので、今のところ「奈良日記」（「責任ヲ取ルニアラサレハ許シ難キ意味ノ御沙汰アリシ由」前掲書三三〇頁〔『奈良日記』三、一四〇頁〕）と木下「側近日誌」（「それでは話がちがう、辞表を出したらよい」前掲書二二八頁〔前掲『側近日誌』一七〇頁〕）の二つである。

　上奏は侍立者なしに行われたから、真相は昭和天皇と田中首相のみぞ知るわけだが、史料批判の常道から言えば、天皇サイド（「牧野日記」）と田中サイド（「小川手記」）の両方が一致する前者のほうをとるべきであろう。もっとも、実際に口に出したかどうかは別として、昭和天皇が田中に「責任ヲ取ルカ」と詰問する意志を有していたことは「牧野日記」より明かだから、それが間接的に鈴木侍従長あたりから田中に伝えられたとしても、実質的には同じことであろう。

(53) 昭和天皇の怒りが爆発した背景に、前々から、たぶん水野文相の「優諚問題」が一つの契機となったにちがいないが、田中の言動に不信感を募らせていた下地のあったのを忘れてはなるまい。二九年二月二八日、昭和天皇は「総理より時々の言上に付兎角違変多」いが、どうすればよいかと、牧野に下問し、これを聞いた牧野は「昨年以来一貫したる御軫念にて、実に恐懼に堪へざる次第」と書留めている（「牧野日記」三五二頁〔『牧野日記』三四三頁〕）。

(54) 「牧野日記」三六一頁〔『牧野日記』三六三頁〕。なお参考までに付言しておくと、牧野自身は田中の当初の処置方針（「真相公表と厳重処分」）におおむね賛成だったようである。

(55) 右同書、三六六頁〔『牧野日記』三七七、三七八頁〕。

(56) 「奈良日記」三三〇頁〔『奈良日記』三、一四〇頁〕。

(57) 手近にあるいくつかの著作や論文が、田中叱責の理由をどう解釈しているか調べてみた。

A　軽い処分が不満で叱責したとする説。

B　上奏の前後矛盾（田中の食言）を理由とする説。
C　処分への不満が理由ではなく、食言のみが理由とする説。
D　A、Bを併記する説。
の四つが見られたが、多数派はA、Bであり、Cは少数（Dも少ない）。歴史家の著作ではBが多く、AないしDは、主に昭和天皇擁護・顕彰の見地から書かれている著作に多い。たとえば児島襄『天皇』や、それを下敷きにしたと思われる猪木正道『天皇陛下』（一九八六年、TBSブリタニカ）などがそうである。おもしろいことに、大江の本書や藤原彰「天皇の戦争指導」『科学と思想』七一（一九八九年）のように、昭和天皇追及派の中にも同意見のものがみられる。思わぬところで呉越同舟というべきか。
(58)『読売新聞』一九二九年四月一日付夕刊。
(59)前掲粟屋論文〔永井本書第五章参照〕。
(60)拙稿「張作霖爆殺事件と田中義一首相の上奏」〔永井本書第五章〕。
(61)『富山大学教養部研究紀要』二二－二、一九八九年。
(62)ねず・まさし『大日本帝国の崩壊　天皇昭和紀上』至誠堂、一九六一年。ねずは次のように述べている。「陸軍の方針に賛成しないといいながら、結果において、それをみとめたことは、自分の手で、自分の首をしめるような行為といえよう。（…）断固たる態度をつづける以外に陸軍を抑えることはできない。このような優柔不断な態度が後年満州事変をうみ、上海事変をうみ、支那事変をうみ、太平洋戦争をうみださせる源となったといってよい」（一〇〇頁）。
(63)重光葵『昭和の動乱』上、中央公論社、一九五二年、三八～三九頁。
(64)右同書、三九頁。
(65)「輔弼親裁構造」に内在する君主の絶対的無責任・無答責性を逆手にとって、明治憲法下で、議会政治ないし政党内閣制を定着させようとしたのが美濃部学説だといえよう。美濃部は、天皇の無答責を規定した憲法第三条と国務大臣の輔弼責任を規定した第五五条を不可分の関係とみなし、「天皇が無責任でいられるのは制限君主制においてだけだと主張した」（増田知子「明治立憲制と天皇」『社会科学研究』（東大社研）四一－四、一九八九年、七七頁）のである。

第七章

「輔弼」をめぐる論争

——家永三郎・永井和往復書簡——

【前注】この文章は故家永三郎氏と私の共同著作物であるので、明らかな誤記・誤植を訂正したほかは、手を加えずに同名の初出論文（『立命館文学』五二一、一九九一年所収）のまま収録した。ただし、文中の言及箇所を示すページ数、行数は本書の該当箇所を指すように変更した。〔　〕内は本書収録にさいして加えた補注である。

はじめに

ここに公開するのは、私（永井）と家永三郎氏との間に交わされた往復書簡である。まずはじめに、書簡の往復がなされるようになった経緯を簡単に説明しておく。

そもそものきっかけは、永井がその論文（「内閣官制と帷幄上奏――初期内閣における軍事勅令制定の実態――」『富山大学教養部紀要』第二二巻二号〔永井『近代日本の軍部と政治』思文閣出版、一九九三年、所収〕を家永氏に進呈したことにある。その論文で永井は、家永氏の主張する内閣官制第七条の条文改竄説は成立ちがたいと批判したのだが、それに対して出された返書が本文収録の家永第一書簡である。その中で家永氏がその論文「天皇大権行使の法史学的一考察」を検討するよう永井に勧めたところ、永井は該論文への批判的意見を書送った（永井第一書簡）。ここから第一回目の論争がはじまったのである。

「天皇大権行使の法史学的一考察」をめぐって行なわれた第一回目の論争は、永井が家永第三書簡に答えなかったために、自然に打切られた。しかし、その一年半後に永井が再びその「昭和天皇は統帥権の運用を誤ったか——大江志乃夫著『張作霖爆殺』を評す——」(本書第六章)を家永氏に贈呈したのを機に、論争が再開されることになった。副題からわかるように、この永井論文は大江氏の著書への批判であったが、そこに「大江説は美濃部=家永流の明治憲法理解を前提としている」と述べられていたこと、また本文収録の永井第一書簡や第二書簡で展開した「輔弼」をめぐる議論が含まれていたために、家永氏の再批判を招いたのである(詳しくは家永第四書簡を参照)。これに永井が応えたのが第二回目の論争である。

学問的な内容とはいえ、元来は私信であるものをあえて公開することにしたのは、論じられているテーマ及びその議論の中身からして多少なりとも学界に裨益するところがあるのではないかと判断したからである。表題にもあるように、論争の中心部分は、戦前天皇制における「輔弼」概念の理解をめぐる対立にあるが、それは明治憲法と統帥権独立制度との関連、すなわち「統帥権独立制度は合憲か、違憲か」という問題に密接につながっており、ひいては昭和天皇の戦争責任論の論じ方にまで及ぶ性格のものであった。各々の主張のいずれがそれらに対する決定的解答たりうるかは、読者の判断にゆだねたいが、私たちの議論を公けにすることが、問題の理解をよりいっそう深める一助となると信じている。

公表にあたっては、往復書簡という性格を考慮して、もとの書簡をなるべく原文のまま掲載する方針としたが、もともとが公開を前提にせずに書かれた私信であるため、原文には叙述内容に厳密性を欠く場合が間々あり、また部分的には公開する必要のない表現も含まれている。そこで公表に際しては、文意の変更にならぬよう、必要最小限の範囲でそれらの箇所に削除、訂正を施し、かつ必要な場合には注記を加えたことを明らかにしておきたい(注はすべて後から加えたものであり、またそれぞれの書簡のページや行を指示する際のページ数、行数の数値はすべて本書のページ数、行数のそれに修正した）。

最後に、私の往復書簡公開の申出を、しかもそれを故三浦圭一教授の追悼記念号に連名で掲載することを、快く承諾された家永氏にたいしてあらためて謝意を表したい。この論争を通じて家永氏から学んだことは多いが、とくにその確固とした信念と真摯な学問的情熱に接することができたのは何よりも大きな喜びであった。

なお、本章に内容的に関連するものとして、やはり家永氏との私信を公開した蓮沼啓介「帝国憲法の崩壊過程と昭和天皇の戦争責任をめぐる家永三郎氏との往復書簡——84・10・29より同年12・14まで——」『神戸法学雑誌』四〇巻二号を紹介しておきたい。（永井記）

一、第一回目の論争

1　家永第一書簡

玉稿「内閣官制と帷幄上奏」ありがたく拝受、あつくお礼申し上げます。

内閣官制の原本に官報で公布されたものにある九字がない、とは驚きました。それが官報に正誤されているとは気づきませんでした。一言もありません。私も公布された法令に誤記誤植があり、それがどのように処置された、あるいはされることになっているのか、については早くから知っていましたが、内閣官制の問題の九字がそれに該当するとは夢想だにできませんでした。単なる誤記誤植ではなくて条文の内容を左右する重大な文字ですから、官報がそれらを脱落させることがあろうとは考えられなかったためです。

私が知っていたのは、大日本帝国憲法の発布の勅語中に「明治十四年十月十二日」とすべきところを「十月十四日」と誤っていたという件で、尾佐竹猛『日本憲政史大綱　下巻』七九九～八〇〇ページにその経緯が記されています。これは官報のまちがいではなく、原本のまちがいですから、内閣官制のケースよりいっそう重大で、伊藤博文・井上毅らの責任にかかわり、明治天皇の宥免の意志で、これまた官報の正誤手続きで結着がついたそうです。次に現在でも官報公布の法令に誤植のあることが間々あって、そのときどうするかということを解説した文章を『書斎の窓』で読んだことがあるのをはっきり記憶しており、そのバックナンバーをたしかに保存しているはずですが、どうしても今見当らず、そのタイトルや所載号ナンバーを記せないのは残念です。

次に帷幄上奏が慣行化していった事実のたんねんな御論証にも敬服いたしました。他面、明治時代に統帥権の独立は憲法違反であり、憲法十一条にも国務大臣の輔弼が及ぶという学説の存在したことを、拙稿「天皇大権行使の法史学的一考察」（一九八一年勁草書房発行　磯野誠一教授退官記念論集『社会変動と法――法学と歴史学の接点――』初出、補訂して拙著『刀差す身の情なさ』一九八五年中央大学出版部刊再録）に述べておきましたことを一筆いたします。

先は右御礼まで一筆かくのごとくでございます。今後も拙稿のまちがいを御発見になりましたときは、御遠慮なく御指摘下さって、御示教いただきたくお願い申しあげます。

一九八九年四月二十八日

家永三郎

永井　和様

2　永井第一書簡

拝復　この度は早速御丁寧な御返事をいただき厚く御礼申し上げます。御高名な先生に拙ない論考を読んでいただいたうえ、御高評を賜り、大いに恐縮しております。官報に誤植があった場合、その正誤手続きがどの様にして行われるのかは、私も実はよく存じませんが、官報に正誤が掲載されるまでは、誤植の法文がそのまま効力を有するということを、法令の実務書で読んだ記憶が微かに残っています。このようなことは、わかっているようで、実際にどうであったを調べようとすると、なかなかむつかしい事柄のようです。

先生から御教示いただいた御論文「天皇大権行使の法史学的一考察」は、私も前々から存じ上げておりました。同封致しましたのは、それを読んだときに感じたことをまとめた一文です。その一部を、東京大学の伊藤隆教授が個人的に主宰されている「近代日本研究通信」（これは研究者間の情報交換のための掲示板的ニュース・レターです）に掲載しただけで、全体としては未発表のものです。

ずいぶん生意気なことを書いておりまして、あるいは御気分を害されるやもしれませんが、先生からお手紙を頂戴致しましたのも何かのご縁と思い、非礼をもかえりみず、同封させていただきました。どうか、若い者の戯言だとお思いになって、御打ち捨て下さるよう御願い申し上げます。

取り急ぎ、御礼申し上げます。

敬具

一九八九年五月八日

永井　和

家永三郎先生

家永三郎の「両総長は輔弼機関にあらず」との所説について（永井　和）

一九八七・一〇・一四

家永三郎『戦争責任』（一九八五年）の、「両総長の天皇に対する地位は、軍司令官と軍参謀長、艦隊司令官と艦隊参謀長との関係と同一であって、天皇を補佐はするが、国務大臣のように「輔弼」の責を負うものではない。」「つまり、軍に関しては、天皇は輔弼者として代わって責任を負う機関をもたぬ専制君主であることを免れなかったのである。」という記述を読んだとき、「アレ、アレ」という感じがした。というのは私は明治憲法下の天皇制の統治組織は「多元的輔弼体制」とでもいうべき性格をもち、天皇の統帥大権の行使にあたっても、両統帥部の長が輔弼責任を有していたと理解しているからである。とっさに思ったのは、たしか美濃部達吉は『憲法撮要』では両統帥部は輔弼機関であると書いていたはずだか、どうなってたのかな、ということであった。

そこで、家永自身がこの問題を「厳密な形で論じた」と述べている「天皇大権行使の法史学的一考察」（一九七六年執筆）を読んでみた。その結果、家永の上の主張は、「輔弼」という言葉のかなり限定的な解釈の上に組み立てられていることを知ったのである。私は憲法学の素人だが、「輔弼」という言葉を家永のような意味合いで使用することには、やや無理があるような気がするのだが、如何であろうか。

家永は、「輔弼」なる語が明治憲法中には第五五条のみに使用されていること、およびこの第五五条の解釈としては、国務大臣は「上命下服の義務を伴わない独立の職責であり」、しかも「君主無答責による専制化の危険を防止するために国民に対して責任を負う機関」であるとの「立憲主義的解釈」が正しい、との二つの理由から、「輔弼」なる権能は（皇室大権や祭祀大権の行使などの場合を除き）、国務大臣に固有のものであると判断する。参謀本部条例や軍令部条例、さらに侍従武官官制には「輔弼」なる語は用いられていないうえ、これらは「憲法上の機関でもなく、もちろん国民に責任を負うものではない」、また「軍人勅諭」に明らかなように、大元帥の幕僚長たる者は大元帥の命令に絶対服従の義務を有しているのだから、参謀総長や軍令部長、侍従武官長を「多くの憲法学者が「輔弼機関」と呼んでいるのは、輔弼という語の法律上の厳密な定義を忘れた不用意な流用であり、誤った用法とされねばならない」というわけである。

「輔弼」の意味をこのように規定したうえで、「憲法上の輔弼機関である国務大臣の輔弼範囲の外に統帥大権をおいている統帥権の独立は違憲である」、「諮詢機関である枢密院は輔弼機関ではない」、「内大臣の国務に関する天皇輔弼は違憲」といった愉快な命題を家永は次々と出してくるのだが、しかし「国務大臣以外には輔弼機関は存在しない。それに反することはすべて違憲である。」という主張は、制度の実際から言えば、現実から遊離したものといわねばならないだろう。

家永は明治憲法をもって「国民に責任を負う国務大臣のみが天皇の大権行使を輔弼する権能をもつと定めた」「立憲主義的憲法」であると解釈し、この高みからこれにあわない現実の制度をすべて違憲とした。この解釈は、統帥機関の輔弼機関であることを憲法以前の慣習として認めていた、いや認めざるを得なかった彼の先輩、美濃部や佐々木惣一をその徹底性において凌駕しているとはいえ、これでは戦前の政治はかなりの部分が「違憲行為」によって支えられ、運用されていたことになる。それ自身、自ら定めた憲法に不断に違反することによってのみ成立している国家、これは、しかし背理ではないだろうか。

何故このようなことになるのかといえば、それは家永が「輔弼」の意味を「立憲主義的に」きわめて狭く定義したことに原因がある。実際の天皇制権力の構成と運用は、家永が考えるような「立憲主義的」原理に則っていたのではない。それは一種の「番頭政治」であり、滝村隆一の表現を借りれば、「名目的ディスポティズム」の「側近政治体制」だったのである。だから、憲法に明記されていなかったとしても、参謀総長や軍令部長は、美濃部や佐々木が認めざるを得なかったように、これもひとつの「輔弼機関」にほかならなかった。ただし、その「輔弼」のありかたはもちろん「国民に対して責任を負う」「立憲主義的」なものではなくて、ただディスポットたる天皇のみに責任を有していたのである。

家永のこの論文は、裕仁天皇が一九七五年におこなった「私は立憲国の君主として憲法に忠実に従ったがゆえに開戦を回避できなかった」という「弁解」にたいして、統帥大権は立憲制の枠を越えており、そこでは大元帥としての天皇は、原理的にいって「立憲君主たりえるはずはない」と批判することによって、天皇の戦争責任を法的に明らかにすることを目的とするものであった(1)。しかし、天皇の行動はその主張するがごとく「合憲」だったのではなくて、明治憲法に照らしてみても「違憲」であったということを強調しようとするあまりに、やや踏み外しをしてしまったといわねばならない。

家永の論文には、天皇が藤田尚徳侍従長に語った「内治にしろ外交にしろ、憲法上の責任者が慎重に審議をつくしてある方策をたて、これを規定に遵って提出して裁可を請われた場合には、私はそれが意に満ちても、意に満たなくても、よろしいと裁可する以外に執るべき道はない。」という言葉が引用されている。この言葉には、統帥部をもって「憲法上の責任者」とみなしている点で間違っており、そこに天皇の詐術があるわけだが、その点を除けば、真実をついたものとみてよいのである。「憲法上の責任者」を「制度によって定められた正規の輔弼者」という言葉に置き換えれば、天皇制のもとでの「輔弼」と「大権行使」の関係は、その大筋においては、ほぼこのようなものだったはずである。私が一種の「番頭政治」と考えるゆえんである。これを「立憲君主制」と呼ぶところに裕仁天皇のおおいなる詐術があるのだが、明治憲法に含まれている、いや含まざるをえなかった立憲主義の要素を逆手にとって「天皇の開戦責任」を問い、さらに「違憲論」で一刀両断にする家永の論も、それなりにおもしろいとはいえ、「敵」の本質が見抜けていない点で、裕仁天皇の詐術にひっかかっていると言わねばならないだろう。

最後に細かいことをひとつ。家永は、統帥部の長が輔弼者でないことを示すひとつの事実として「国務に関する詔勅には輔弼した国務大臣が副署するのに対し、参謀総長・軍令部総長は上奏允裁を経た統帥命令を「奉勅伝宣」するにすぎない重要な相違」をあげているのだが、「臨参命」や「大陸命」などの統帥命令には必ず参謀総長が署名しており、これは一種の副署と考えられる。この署名のあることによって輔弼責任の所在を明らかにしているのである。大元帥以外の軍司令官等が出す命令には、軍司令官が署名するだけで、参謀長が署名することはない（もしかしたらここはまちがっているかもしれない）のだから、大元帥のだす統帥命令は下級の司令官のそれとはちがっているのである。

また、一般勅令とは異なる手続きで上奏裁可され、国務大臣たる陸海軍大臣が副署して公布された軍令、例えば参謀本部条例のようなものは、家永の解釈ではどういう扱いになるのか。総長起案で大臣と協議の上、帷幄上奏により成立して公布された場合、大臣の副署があるのだから、国務大臣の「輔弼」を得た変種の勅令（これは統帥権立法だから、家永流に言えば、「違憲立法」であり、軍部大臣は輔弼責任者として「違憲立法」に副署したことになる）と認めるのか、それともこの軍令に限り、軍部大臣は国務大臣として「輔弼」したのではなくて、大元帥の軍政幕僚長として「奉勅伝宣」したことになるのか（この場合の「副署」はいったいいかなる意味をもつのか）、うまく説明できないはずである。

また、太政官制時代には、詔勅や太政官布告等には、太政大臣ないし左右大臣が奉勅の対署を行っていたが、太政大臣、左右大臣は言うまでもなく、天皇の輔弼者であった。「大陸命」「大海令」の参謀総長、軍令部長の署名は、この太政官時代の奉勅対署のそれと同系統のものであり、奉勅の宮内省達や皇室令への宮内大臣の副署と同じ性質のものであるというべきである。これらも輔弼者の副署にちがいないのであり、国務大臣のそれと異なるのは、統帥機関や宮内大臣の輔弼は憲法に明確な規定がないという点である。

家永自身に対してではないが、家永の所説に依拠した黒羽清隆の言に対して、由井正臣が批判をしている。（由井の書評「黒羽清隆著『十五年戦争史序説』／『日中15年戦争』」『歴史評論』三七七）

ただし、由井は、「統帥部の補佐が、国務大臣の輔弼と異なり、単なる天皇命令の伝達者に過ぎないことは、従来もしばしば指摘されてきた（例えば、藤原彰「近代天皇制の変質と軍部」『日本史研究』一五〇・一五一合併号、のち『天皇制と軍隊』に収録、を参照）」と述べているように、統帥部は「輔弼機関ではない」という主張を認めている。

由井の批判は、次の点に向けられている。黒羽は家永の説にしたがって、「満州事変」から日中戦争にかけての対外武力発動が、もっぱら国務大臣の輔弼によらずに、「専制大元帥」の機能として行なわれたと主張しているが、それはおかしいというのである。由井は「これらの戦争が「開戦ノ大権」が行使されることなく開始されたことはあきらかであるが、しかし、国務大臣の輔弼による国務とはまったく無関係に開始されたものでもないし、展開されたものでもない」、出兵には閣議決定による経費支出の支弁が伴わなければならず、それがなければ天皇は出兵の大命を裁可しないのが慣例であった。この点を考えても「満州事変、日中戦争を単なる天皇の統帥命令によって拡大したとするのは問題を単純化しすぎることになるだろう。」

しかし、家永的前提を認めた上で、由井の指摘するような事実を承認すれば、「満州事変」から日中戦争にかけての対外武力発動に対する天皇の責任を免責することになりかねない。

要するに、問題は、「国務大臣の輔弼」は立憲君主制であって、それに基づいて行なわれる天皇の大権行使について「立憲君主」たる天皇は政治的に免責されるという前提が間違っているのである。はたして戦前の天皇制は「立憲君主制」といえるのだろうか。大正デモクラシーの人々や、美濃部は、自分達の政治イデオロギーを正当化するため、必死になって明治憲法に含まれていた「立憲君主制」の部分にしがみつき、それを梃子に憲法の解釈改憲を行なおうとしていたのである。その気持ちは大いにくむべきであるが、其の論理をそのまま戦後の現在に引き継いでしまうと、かえってことの本質をみえなくさせるおそれがある。また天皇の「私は立憲君主として行動した」という強弁に対して、有効に反論し得ない。反論しようとすれば、どうしても家永的発想に立たないといけないのである。

3　家永第二書簡

永井　和様

一九八九年五月一三日

家永三郎

長大となりそうなので、異例の用紙によることをあらかじめおゆるし願います。

三月八日付のお手紙と一〇月一四日付の拙著への御批判、ともにありがたく拝誦いたしました。研究者として自分の研究成果が黙殺されるほど淋しい思いをさせられることはないので、賛成論でも反対論――それがどのようにきびしい批判であろうとも――でも、反應に接したときは何ともいえずうれしいものです（ただし、感情的、あるいは思想的立場の相違からの罵詈讒謗はもちろん別です）から、貴君の御批評は、私見への正面からの批判が皆無であった状況のなかで、はじめての本格的批判であり、たいへんうれしく存じました。卑見がほとんど反應を呼ばなかったのは、方法論上で、拙稿が事実の認識を主目的とする歴史学と、規範の射程、適用を主目的とする法解釈学との、双方にまたがっており、概して歴史学研究者は法解釈学に軽蔑ないし無関心の態度をとり、他面現行法の解釈を主要任務とする法律学者は、すでに現行法でなくなった明治憲法の解釈にほとんど目を向けず、また、明治憲法が現行実定法であった時期にその解釈をおこなってきた人たちが大部分世を去り、明治憲法の法解釈学的アプローチが、歴史学・法律学の両分野で姿を消したにちかい状況にあるためと思います。次に貴見に対し、順次私の反論を申しあげます。

(一) P．四五四、三〜五行「しかし「国務大臣以外に輔弼機関は存在しない。それに反することはすべて違憲である。」という主張は、制度の実際から言えば、現実から遊離したものといわねばならないだろう。」

「制度の実際」といわれますが、「制度の運用の実際」のほうが正確ではないでしょうか。憲法適否を論ずるに当って、「制度」とは成文憲法を指すはずで、下級法令または法令によらない権力の行使は「運用」に属し、「制度」そのものではないからです。次に「現実から遊離したもの」をマイナス表現としてお使いですが、憲法とは規範であり規範は現実を規制するものであって、「現実」によって規範を解釈するのは逆立ちです。もっとも「事実の規範力」という問題がありますけれど、最高法規としての憲法に関するかぎり、「現実」によって憲法の規定をまげることは少くとも「違憲」の評価を免れないと解するのが正当と思います。

現に自衛隊・駐留米軍がどれほど重い「現実」であろうとも、それが日本国憲法前文・第九条に違反することは、強弁によらないかぎり反論の余地のないところで、「現実から遊離」していようとも、私は自衛隊・日米軍事同盟の違憲性の主張を放棄することはできません。明治憲法についても、ほぼ同様で、この点がすぐ次のイシューに深くつながっています。

(二) 四五四ページ九〜一一行「これでは戦前の政治はかなりの部分が「違憲行為」によって支えられ、運用されていたことになる。それ自身、自ら定めた憲法に不断に違反することによってのみ成立している国家、これは、しかし背理ではなかろうか。」

右の文中「かなりの部分」がどの程度を指すか明白でないので、そこは留保しますが、「戦前の政治は……自ら定めた憲法に不断に違反することによってのみ成立している国家」という命題は、まさしく事実を正確に示しています。したがって「背理」とは思いません。日本国憲法下の「政治」をごらんなさい。「かなりの部分が「違憲行為」によって支えられ、運用されてい」るではありませんか。最高裁判所によって違憲の判断を受けた国会選挙区の定数を見ただけでも、国政の最高機関が違憲の法律により選出された議員によって構成されているのです。さきにあげた自衛隊・日米軍事同盟はもっとも重大な「違憲」現象ですが、占領終了後、日本国は一貫して違憲の戦力を保持し続けて今日にいたっているのです。いわゆる杉本判決により違憲と判断された教科書検定が、戦後世代の全国民の教育の主要教材とされています。一度は最高裁でさえ違憲の疑いがあるとされた公務員公共企業体の労働基本権制限が、最高裁の構成を政治的に変えることにより逆転合憲（一票差）となり、今日まで「合憲」とされていますが、研究者として「合憲」判例を支持することはできません。一々例示しませんが、拙著『歴史のなかの憲法』に具体的に列挙しています。明治憲法国家についても同じことが言えるわけで、少しも「背理」ではないと思います。

(三)　四五四ページ一三〜一四行「実際の天皇制権力の構成と運用は、家永が考えるような「立憲主義的」原則に則っていたのではない。」

私は明治憲法を一義的に立憲君主制と考えているわけではありません。そのことは、右引拙著『歴史のなかの憲法』第四章第一節一「天皇」の項で具体的に述べております。私は「立憲国の君主として」行動したという昭和天皇の主張を前提とし、具体的には「憲法上の責任者が慎重に審議をつくして、ある方策をたて、これを規定に遵って提出して裁可を請われた場合には、私はそれが意に満ちても、意に満たなくても、よろしいと裁可する以外に執るべき道はない」、そうでなければ「天皇が、憲法を破壊するものである。」という、立憲君主制が日本の憲法の定めるところであるという主張を前提としております。したがって、私は、この前提に立って憲法適否を論じたのです。

ただし、統帥権違憲論は、そこから外れた超越的批判となりますが、その点は「法律の専門家でない天皇にその違法性の認識を求めるのは、期待可能性のない難事を強いるものと言うことはできるかもしれぬ。たゞ客観的に……」と特記して、その点について天皇発言の批判をはずしているつもりです。

しかし、一般的に法というものは、その成立の歴史的条件のなかで、とくに力関係に左右され、妥協も交えて制定されるのですから、必ずしも唯一の原理で全体が整合性を貫いているわけでなく、異分子を含有したり矛盾をはらんでいたりするのが常例で、明治憲法もまたその例にもれるものでなく、明治憲法に立憲君主制的側面がなかったとまでは言えません。明治憲法が君権中心主義であることは否定できませんけれど、憲法制定の枢密院会議の席上で伊藤博文が「抑憲法ヲ創設スルノ精神ハ、第一君権ヲ制限シ、第二臣民ノ権利ヲ保護スルニアリ。」、これらを欠くときには「憲法ヲ設クルノ必要ナシ」と明言しているとおり、立憲君主憲法としての側面は、立法者の意図の中にすでに含まれていましたから、昭和天皇が牧野伸顕や西園寺公望の影響下にそのような方向にしたがって立憲君主的にその権能を行使するようにつとめていたことも認めねばなりません。たゞ「裁可する以外に執るべき道はない」というのは、憲法解釈としても正しくなく、事実にも反することは、私の例証したとおりです。その事例は、拙著よりも井上清『天皇の戦争責任』や田中伸尚『ドキュメント昭和天皇』(今日まで五巻刊行)にいっそうよく実証されています。また、統帥権独立違憲論は、私がはじめて言い出した珍説ではなく、とくに明治時代に井上密・藤村守美の著書に主張されていることであり、佐々木惣一は憲法違反としたうえで、慣習法によって合憲となったというきわめて苦しいコジツケをしていて、無条件の合憲論ではありません。

(四)四五五ページ一〇行〜一一行「「憲法上の責任者」を「制度によって定められた正規の輔弼者という言葉に置き換えれば、」」

どうしてそういう「置き換え」が可能になるのですか? 昭和天皇が「憲法上の責任者」と明言し、かつ「私は常に憲法に従って行動してきました」と胸を張って言い、どこまでも「憲法」に拘泥している以上、「制度によって定められた」と置き換えたのでは、天皇発言をストレートに反論することが困難となります。「正規の輔弼者」のうちに参謀総長・軍令部長（総長）を加えることに私は依然として反対を固持しますが、その理由は次の問題で明らかにいたしましょう。

(五) 四五五ページ一九行目～四五六ページ四行目「「臨参命」や「大陸命」などの統帥命令には必ず参謀総長が署名しており、これは一種の副署と考えられる。この署名のあることによって輔弼責任の所在を明らかにしているのである。大元帥以外の軍司令官等が出す命令には、軍司令官が署名するだけで、参謀長が署名することはないのだから、大元帥のだす統帥命令は下級の司令官のそれとはちがっているのである。」

「副署」とは「親署」に対する言葉で、国務詔書には天皇の親署があり、それに国務大臣が「副署」して「輔弼責任」を明らかにするのです。大陸命にも大海令にも天皇の親署はなく、参謀総長・軍令部総長は「奉勅伝宣」者として署名しているのであって、「輔弼責任」の所在を明らかにしているのではありません。すべて文書には発信人と受信人との名があるのが原則で（無くても判明する場合には省略する場合もあります）、参謀総長・軍令部総長の署名は発信人としての署名にすぎません。「大元帥以外の軍司令官等が出す命令には、軍司令官が署名するだけで、参謀長が署名することはない」のは、あたりまえです。それは軍司令官自身の命令ですから、参謀長の署名の必要がないので、奉勅命令とは違います。

しかし、軍司令官に限らず、さらに下級の指揮官でも、上官の命令に基いて部下に発する命令には、「奉勅」に代わる「依命」というような「伝宣」に準ずることが書かれているはずです（「はず」というのは、今調べる余裕がないからです）。現代でも、官庁の長官でない、部下が長官の命令によって発する公文書には「命に依り」と、ちょうど「奉勅」と同じカテゴリーの文言を必ず入れています。命令発信者が命令者を「輔弼」するから署名するのではありません。

(六) 四五六ページ五行目～一一行「一般勅令とは異なる手続きで上奏裁可され、国務大臣たる陸海軍大臣が副署して公布された軍令、例えば参謀本部条例のようなものは、家永の解釈ではどういう扱いになるのか。(中略)うまく説明できないはずである。」

「軍令」は統帥権立法ですから、統帥権の独立を前提としなければ合憲の法令とすることはできず、統帥権立法であるとすれば、副署は国務大臣としてでなく軍令機関としてであり、これは法令であって個別的な統帥命令ではありませんから、もちろん「奉勅伝宣」の必要はなく、大元帥としての天皇の親署があるはずです(ここでも軍令について親署の有無を調査する余裕がないので「はず」と書きました)。

なお、軍令によって参謀本部のような国家機関を設けることの違憲性は美濃部達吉が明白に喝破しており、私がこれに付加する余地はありません。

「実際ニ於テハ爾後軍令ノ名ヲ以テ発セラルルモノハ、其内容ニ於テ決シテ単ニ軍令権ニ基ク命令ニ止マラズ、軍ノ編制及其他国務ニ関スル多クノ規定ヲ包含シ、甚シキハ軍令ヲ以テ勅令ヲ廃止・変更セルモノアリ。殊ニ陸軍ニ付テハ最モ甚シク、啻ニ参謀本部、教育総監部、軍司令部、陸軍ノ各種学校等国ノ重要ナル機関ガ軍令ヲ以テ設立セラレタルノミナラズ、聯隊区司令部ノ如キ徴兵及召集ノ事務ヲ職務トシ、随ツテ直接ニ行政庁及国民トノ交渉ヲ有スル機関ニ至ル迄、軍令ヲ以テ其組織権限及管轄区域ヲ定メルニ至レルハ国法ヲ無視スルコト余リニ甚シト謂フベシ。(中略)従来ノ多クノ軍令ニ於テ勅令ヲ廃止変更シ、軍ノ編制ヲ定メ、国民ニ対シテ職務ヲ行フベキ機関ノ組織権限ヲ定メタルガ如キ、凡テ其効力極メテ疑ハシキモノト言ハザルベカラズ。」(『憲法撮要』昭和六年版五七一～二ページ)。

(七) 四五六ページ一二行～一五行「太政官時代には、(中略)「大陸命」「大海令」の参謀総長、軍令部長の署名は、この太政官時代の奉勅対署のそれと同系統のものであり、奉勅の宮内省達や皇室令への宮内大臣の副署と同じ性質のものであるというべきである。」

専制政治時代の太政官の文書と憲法成立以後の文書とを同じ法理で扱うのは暴論と申すほかありません。私が強調したように、憲法で定められている「輔弼」は特別の意味をもつのであって、日常用語ではありません。私は太政官時代の文書については正確な知識がありませんので、貴稿にいう「奉勅対署」の実態について論ずる力がありませんけれど、少くともそれは憲法政治下の「輔弼」の責任を明示するための「副署」とは根本的に性質が違うと考えねばなりません。そもそも専制政体下には「責任」という観念はなく、すべては無制限の君主権が責任を負わない独裁権を行使するのです。もし太政官時代の「奉勅対署」と憲法政体下の参謀総長・軍令部長の署名とが同じ性質のものであるということになれば、そのことはまさに私が主張する統帥権の独立を前提とするかぎり、天皇は統帥権の行使について専制君主でしかありえない、という命題を裏づけることになるのではありませんか。

（八）四五六ページ一五〜一六行「……国務大臣のそれと異なるのは、統帥機関や宮内大臣の輔弼は憲法に明確な規定がないという点である。」

憲法に統帥機関の副署について規定のないのは、それが輔弼機関でないからです。宮内大臣は違います。皇室自治が憲法上確立し（七四条）、皇室典範を頂点とする皇室令立法が、憲法を頂点とする国務立法と対等の規範力をもっていた明治憲法体制下で、宮内大臣は、内大臣とならんで、皇室令によって輔弼の権限（ただし皇室事務に限り、国務に及ばないという前提があると解すべきです）を与えられていたのですから、これは国務大臣の輔弼と所管を異にする適法な権限ですし、そもそも宮中の官吏であり国の官吏でない宮内大臣について憲法の規定に出てくることのないのは自明です。

（九）四五七ページ一五行〜一七行「大正デモクラシーの人々や、美濃部は、自分達の政治イデオロギーを正当化するため、必死になって明治憲法に含まれていた「立憲君主制」の部分にしがみつき、それを挺子に憲法の解釈改憲を行なおうとしていたのである。」

美濃部の憲法解釈を「解釈改憲」とするのは法解釈の本質を正確に理解しないものと思います。法解釈は、一方で法の基本理念との整合性を失わず、他方で成文法の明文のコトバの正常な意義に反するものでないかぎり、法の解釈による改正ということはできず、しばしば複数の解釈が並立する場合を生じます。美濃部らが、(三)に述べたとおり、立法者意志の表明と認められる伊藤博文さえ明言していた立憲君主制的側面を解釈の主軸にすえて憲法解釈を展開したことを「解釈改憲」などと呼ぶのはたいへんな見当違いであると私は思います。むしろ「憲法ノ制定廃止ハ一ニ皆皇位主権ノ自由専断ニ出ヅルコトヲ得ルモノトス」「議会ノ否認スル所ヲ更ニ命令ノ形式ニ於テ裁可実施スルコトヲ妨ゲザル場合多シ。議会ハ立法ヲ(中略)阻礙スルノ権能アルコトナシ」とまで明言していた、美濃部と正面から対立する天皇主権無限界説を唱えていた穂積八束(拙著『日本近代憲法思想史研究』第二編第二章第二節)のほうこそ、条文の明白なコトバの意味をも無視した「解釈改憲」の名にふさわしいのではありませんか。

穂積の場合は、学者でしたから、それをそのまま実行に移してはいませんが、実行したのは、大正デモクラシー学派ではなくて、警察・検察・軍などの国家機関でした。「日本国民ハ法律ニ依ルニ非スシテ逮捕監禁審問処罰ヲ受クルコトナシ」の憲法明文を無視して、刑事訴訟法の規定に反する逮捕監禁審問(実質的には多くの拷問を含む)処罰を公然とおこなっていた警察・検事局等、統帥権の範囲外である、官制大権(第十条)として国務大臣の輔弼を必要とする参謀本部等の軍官庁を軍令により設立していた軍(〔六〕所引『憲法撮要』)等こそ「解釈改憲」の明白な実行ではありませんか。

一九四一年八月一六日の政府大本営連絡会議の席上、閣議にかけるのは不可であるとの主張が軍側からなされ、外務大臣が「他ノ大臣モ国務大臣ナリ。之ニ諮ルガ不適ナリヤ」と反論したのに対し、「憲法論カラハ然ラン」

「アナタハ憲法論ヲ無視セラルルカ」「理論上ヨリ云ヘバ其通リナルモ、機密ノ洩レルト云フコトヲ実際問題トシテ考ヘナケレバナラズ」という応酬がおこなわれているのをみても、軍が意識的に憲法を無視し運用によって改憲同然の事実を強行していたこと（拙著『太平洋戦争』第二版、五七ページ）がわかります。

そのほか、憲法の明文に反する権力行使のかずかずの具体的事実を拙著『歴史のなかの憲法』で詳細に例示しておきました。「解釈改憲」を国家権力側に求めることなく、美濃部らに付するのは、主客顚倒と私は考えます。

（十）何といっても最大の「解釈改憲」、私の立場からいえば憲法違反は、どのように拡大解釈しても統帥権の圏外にあり国務大臣の専管輔弼事項である宣戦講和大権の行使について参謀総長・軍令部総長の同意を必要としたことで、私の論文の最重要点のひとつですが、不思議なことに、これまで法律学者・歴史学者の誰からも黙殺され、賛否いずれの意見もなく、貴稿においても言及されていません。この件をどのようにお考えになりますか。できればお聞かせください。

（十一）『戦争責任』および「天皇大権行使の法史学的一考察」において、私は、昭和天皇の「強弁」（貴稿四五七ページ終から一行目）に対し、致命的打撃を加えたつもりですし、その前提とする諸問題についても決してまちがっていないと確信していますので、上記縷々と私見を開陳しました。

ワープロの実に読みやすい御書信に対し、読みにくい小さな汚い悪筆で長々と書きつらね、さぞ通読にご苦労なさったであろうと申しわけなく存じますが、高齢の私には、軟筆の小文字でないと長時間執筆できない生理的制約がありますので、何とぞ御海容ください。大正生まれの機械に弱い世代の一人のため、まだワープロ使用にふみ切る能力がありません。

家永三郎先生

拝復　五月一三日付の長文のお手紙ありがたく拝読させて頂きました。先生のいまなおみずみずしい学問的情熱と厳格な御姿勢にふれることができ、身の引き締まる思いがしました。拙論のいたらぬ点を多々御指摘いただき、今後いっそう勉学に努めなければならないと決意をあらたにいたしております。ただ、御批判にたいしては、私なりの考えもありますので、いくつかの点につき、もう一度愚見を申し述べさせて頂きます。

玉稿「天皇大権行使の法史学的一考察」は昭和天皇の戦争責任を回避する発言への批判を目的に書かれたものであり、「立憲君主制が日本の憲法の定めるところであるという」「昭和天皇の主張」を前提にして、昭和天皇の行為について憲法の適否を論じたと、おっしゃってられますので（お手紙の（三））、まず最初にこの問題について、私の考えを明らかにしておくべきかと考えます。ちょうど先生の御批判を頂く少し前に、前回の手紙でふれました『近代日本研究通信』の第一一号に一文を寄せましたので、そのまま引用させて頂きます。

一、第一回目の論争

昭和天皇の死後、その歴史的評価とくに戦争責任の問題をめぐって多くの論議がなされましたが、新聞紙上を見ていると、私がこうなるのではないかと心配していた傾向がやっぱりあらわれてきていました。それは『通信』六号で若干指摘しておいたことなのですが、戦前の天皇制の政治システムの本質をどう理解するかという問題です。ここで詳しく議論を展開するだけの余裕はありませんので、私の考えを簡単に述べておくにとどめます。

私は昭和天皇には戦争責任（少なくとも政治上の責任）はあると考えます。天皇は国の元首にして統治権の総攬者であり、さらに陸海軍の最高司令官でもあり、その命令とその名により戦争が戦われたのだから、当然その責任はまぬかれないはずです。もし、戦争に勝利しておれば、明治天皇がそうであったように、昭和天皇も希代の大君主として称えられ、戦争の勝利は当然彼の功績とされたことでしょう。勝った時は功績を称えられ、負けたときには責任がないなどというのは理屈としてはとおらないはずです。

明治憲法は国務大臣輔弼責任制をとっており、それゆえ天皇には戦争責任はないのだという議論は、明治憲法体系が「無責任の体系」であることを、意識的・無意識的に置き去りにしているものといわざるをえません。明治憲法は、天皇制の永続化をはかるため、天皇がいかなる場合にも政治的責任を負わないようにという見地で構成されていたことは、周知の事実です。ですから、明治憲法を議論の前提とする限り、天皇の責任は問えません。しかし、このことは、天皇に責任がないことを意味するのではなくて、責任ある人物の責任をとうことが出来ない明治憲法の欠陥（「無責任の体系」）を意味するものとして解釈すべきことがらのはずです。明治憲法的な「無責任」とイギリス流立憲君主制における「君主の政治責任なし＝君臨すれども統治せず」との区別ははっきりさせておくべきでしょう。

それから、念の為にいっておきますと、「天皇は国の元首にして統治権の総攬者であり、さらに陸海軍の最高司令官でもあり、その命令とその名により戦争が戦われたのだから、当然その責任はまぬかれないはず」という私の判断は、天皇個人が能動的君主としてふるまったか、それとも受動的存在にすぎなかったかという議論とは、無関係に成立します。昭和天皇個人は、君主としてかなり能動的だったところが見られますが、天皇制の政治システムは、原則的には「天皇＝受動的君主」という前提の下に組立てられています（「輔弼体制」）。天皇制の永続という観点からすれば、天皇があまりに能動的であってはかえってまずいのであって、普段は受動的、そしてここぞという時に能動性を発揮できる人物が「理想的な天皇」なのです。

だから、私はたとえ天皇がまったくの受動的な存在だったとしても、彼が明治憲法に保障されているその地位において、統治をおこない、その結果戦争が選択されたなら、その政治責任はまぬかれないと、考えます。この場合、戦争に失敗したときは、天皇は責任を負う必要はない、悪いのは天皇を正しく補佐しなかった臣下（「輔弼の臣」）であるとして、天皇を免責するのが、「明治憲法の精神」であり「万世一系」を支えてきたシステムなのです。昭和天皇の戦争責任を強調しようとして、彼が如何に能動的君主であったかを証明しようとする試みは、昭和天皇（個人）論としては意味があっても、システムとしての「無責任の体系」をかえって見えにくくするおそれがあります。自由意志に基づく能動的行為者でなければ、その個人の行為の責任をとえないという議論は、もちろん正しい議論ですが、天皇制のような東洋的な複雑な政治システムにおける「君主の政治責任」といった難しい問題に適用するには、あまりにも西洋的ないし近代的論理であると、私は思います。中国風の「天命論」「易姓革命論」のほうがかえって、ことの本質に迫り得ているかもしれない。

明治憲法の論理の枠の中で天皇の責任を問う方法もないわけではありません。『通信』六号で言及した家永三郎氏の方法がそれです。(2) 統帥権は国務大臣の輔弼の枠外にあり、それゆえ、国務大臣の輔弼の下に行われた天皇の行為は免責されるが、大元帥としての天皇の責任は残るという論法がそれです。美濃部流の機関説的憲法解釈の現代版といってよいかと思いますが、これは戦前軍部が主張していた「統帥権の独立」の主張を逆手にとって、天皇の戦争責任を追求しようとするものですから、いわば、敵の武器を逆に利用する方法といえましょう。軍部ははからずも、家永氏に天皇を追及する武器を残してしまったわけです。ただ、家永流の解釈だとどのような難点が出てこざるを得ないかは、『通信』六号ですでに指摘してありますので、ここではこれ以上はふれません。

文章を短くするために、肝心の先生の「統帥権独立違憲説」には言及しておりませんが、これを読んで頂ければわかりますように、昭和天皇の発言を前提としてそれを批判するものとしては、先生の御批判が有効性をもつ論法であることは、私自身も認めておるところであります。いま考えますと、私が引っかかったのは「「立憲君主制が日本の憲法の定めるところであるという」昭和天皇の主張」を前提として先生が論をたてておられる点と、それから「輔弼」という言葉の使い方であったと申せますが、前者の点で先生を批判するのはある意味では筋違いであって、批判すべきは「立憲君主制が日本の憲法の定めるところであるという」主張をもって自己の戦争責任を隠そうとした昭和天皇のほうであったというべきでありましょう。私自身は、前回お送りしました拙文に昭和天皇への批判を含ませておいたつもりですが、そうは受け取られなかったのかもしれません。

今度頂いたお手紙でも、「私は明治憲法を一義的に立憲君主制と考えているわけではありません」とありますので、私がひっかかりを覚えた最初の点については、私の誤解であり、問題とすべきは「輔弼」という語の使用法だけに限るべきかもしれません。ただ、問題をはっきりさせておくために、少しだけ考えを述べさせて頂きます。

先生もご指摘のように、「事実の認識を主目的とする歴史学」と「規範の射程、適用を主目的とする法解釈学」との方法論上の差異が根本的に横たわっていることを、まず確認しておきたいと思います。

釈迦に説法のようで気がひけますが、敢えて申しますと、私だけに限らず、明治憲法下の政治史を専攻する研究者の間では、明治憲法によって直接規定されている制度は、明治憲法下の政治システムなり統治体制の中核をなすものであるとしても、その全体をおおうものでは決してない、という認識が一つの共通理解として成立しております。美濃部達吉も言うように、明治憲法そのものは非常に簡単なもので、重要な憲法的規範でそこに洩れているものがはなはだ多いという特徴をもっています。言い換えれば、戦前の統治体制は明治憲法の枠を超える要素を内に有しており、成文憲法外の規範により運用されていた部分が多くあったのです。

私たち政治史専攻者が、「明治憲法体制」という言葉で呼びあらわしている対象は、明治憲法に明示されている制度と、明治憲法には明示的に含まれていないが、現実に憲法的制度として機能していた制度との両方から成立している統治体制の全体をさします。明治憲法だけが憲法的規範ではないのです。その点では、「日本憲法」の「法源」として「帝国憲法、皇室法、国の法令、不文憲法」の四つをあげた美濃部の考え方と同じ立場に立っているると言えましょう。

先生のお考えは、皇室法は別として、成文憲法以外の憲法を認めない立場に立っておられるように見受けられます。あるいは、他の憲法的法規・慣習に比べて、成文憲法のほうがより高度の規範であるとみなす見解と申せましょうか。しかも、美濃部にあっては、成文憲法とは矛盾するものではないと解釈されていた「成文憲法外憲法」の規定には、成文憲法と矛盾する点が多く含まれており、成文憲法からみればそれらは「違憲」の制度であるとの主張を、玉稿で展開されています。戦後の政治制度が「違憲」状態であるように、戦前のそれも常時「違憲」状態であったとおっしゃるわけです。

しかし、私たち歴史家は「現実主義あるいは現実追随主義」ですので、美濃部や佐々木惣一の解釈、というより憲法解釈においてもっとも立憲主義的であった美濃部や佐々木ですら認めざるを得なかった「成文憲法外的憲法の現実」の「重み」をどうしても考慮せざるを得ません。「明治憲法体制」は明治憲法に明示されている憲法的制度とそこには明示されていない憲法的制度との両方から構成されており、その意味では、明治憲法は国の最高規範でなかったのであります。「成文憲法外憲法」には前者の規定と矛盾しかねない要素を含んでいたことは事実ですが、それは明治憲法には矛盾していても「明治憲法体制」を構成するところの美濃部の言う「日本憲法」全体からすれば、「合憲」といわざるをえないと考えます。このことを逆に言えば、美濃部の判断とは違って、「明治憲法体制」は本来的に完全な立憲体制とはいえない部分を有していたと評価していることを意味しております。ですから、「立憲君主制が日本の憲法の定めるところであるという」昭和天皇の主張は、自分の有利なように現実を歪めているといわざるをえません。

だいたい戦後の歴史家の主流は、明治憲法にはそれほど高い評価を与えておりません。天皇制は絶対主義であり、立憲君主制といってもそれは「外見的立憲君主制」にすぎないというのが共通の理解であったかと思います。

その証拠にあげられるのが、「統帥権の独立」ですから、先生の御説のように「統帥権の独立」は明治憲法に照らしてみても「違憲」であると言われると、正直なところ非常にとまどってしまうわけです。明治憲法はそんなに立派な憲法だったのかと、言いたくなるわけです。

問題を元に戻しましょう。玉稿の主張の中心点は、「統帥権の独立は違憲である」「百歩譲って合憲だとしても、統帥権行使の実際は権限踰越もはなはだしく、その違憲性はまぬかれない」ということになります。あとのほうの命題にたいしては、私も異論があるわけではありません。ただ、先ほども述べましたように、「明治憲法体制」は「明治憲法に明示されている制度」と「明示されていない制度」の両方から構成されている「外見的立憲制」だから、そのような「権限踰越」がまかり通るのであると考えています。

前のほうの命題に関しては、その先例があるとはいえ、やはり先生独自の説と言ってよいのではないでしょうか。たしかに明治憲法には天皇の国家統治権としての大権行使に関与する機関として明示的に規定されているのは、国務大臣、枢密院と帝国議会、裁判所、それに会計検査院くらいにすぎませんから、議会の協賛を要しない立法、行政に関する広範な天皇大権の行使を補佐するのは国務大臣だけに限られるとの解釈は、純法文上の解釈としては、それなりに説得力をもつようにみえます。佐々木が「統帥権独立は違憲である」としたのも、また美濃部が「統帥権の独立を廃止するには、明治憲法の改正を要しない」と主張するのも、みなこの憲法の章句の簡潔さに根拠をおいているといえます。

しかし、稲田正次氏などによる明治憲法制定史の研究によって、少なくとも憲法制定者の意図は「統帥権の独立=合憲」説だったことが明かにされています。ご承知のように、憲法第七六条は「憲法ニ矛盾セザル現行ノ法令ハ総テ遵由ノ効力ヲ有スル」と認めていますが、参謀本部長の帷幄上奏権を認めた参謀本部条例が「憲法ニ矛盾スル」ものとして、憲法制定過程で問題にされたことはありませんし、同条例が憲法の施行に伴い効力を失ったわけでは有りません。拙稿が指摘したように、参謀本部長の帷幄上奏は憲法の制定以前も以後も行われ続けたのです。この事実は、「統帥権の独立」が憲法に矛盾するものとはみなされなかったことを意味しています。

ですから、「憲法改正の手続きをとることなしに慣習法により違憲の制度が合法化された」というよりは、そもそも憲法の制定時において、すでにそのような慣習は成立しており、憲法とそれは両立すると解釈されていたというべきではないでしょうか。少なくとも憲法制定者たちが、憲法第一一条が国務大臣の権限の及ばない統帥権の独立を認めるものであると考えていたことはたしかだとおもわれます。むしろ佐々木や美濃部は、後代になって憲法の純法文解釈を武器にして、「統帥権独立」の無化をはかろうとしたのだと考えるべきでありましょう。

問題になるのは憲法第一二条の編制権ですが、これについては国務大臣の管掌事項とする説、統帥部の管掌事項とする説、両者の混交領域説と三通の解釈があるわけですが、憲法制定者は混交説にたっていたと考えられます。といいますのは、枢密院に諮詢された憲法草案では、最初「天皇ハ陸海軍ヲ統帥ス　陸海軍ノ編制ハ勅令ヲ以テ定ム」とあったのが、第一審会議で陸軍大臣の修正意見をいれて「勅令」を「勅裁」に変更しているからです。このことは、編制事項につき帷幄上奏が行われうることを枢密院が認めた事になります。憲法の条文は、その後再審会議に出された政府案に従って、二条に分けられ、公布本の形となったのですが、第一審での修正の精神はそのまま残されたとみてよいでしょう。

また実際の制度上も、憲法制定前後において、すでに編制事項の一部が帷幄上奏の対象となっていたことは御存知のことだと思いますし、拙稿でもその一端を明らかにしておきました。ですから、編制権は本来は国務に属すべきとしても、憲法の解釈としては、美濃部も認めているように、内閣と統帥機関の両者に跨がる事項といわざるをえません。問題は、軍部がこれを根拠に統帥機関の管掌範囲を不当に拡大したこと（この不当な拡大解釈を違憲行為とみなすべきことは、先生の主張されるとおりだと思います）、そして内閣の側が軍の既成事実に絶えず屈服しつづけたこと（拙稿でも黒田内閣が軍の要求に屈して帷幄上奏勅令を容認した事を明らかにしておきました）、さらに混交説にたつ限りこの「軍令と軍政」「統帥と国務」の境界をめぐって、たえず問題が発生せざるをえないこと、そしてそれこそが「明治憲法体制」の最大の欠陥の一つであったこと、などにあると思います。

次に、先生の所説にたいして私がもっとも違和感を感じている点に移ります。それはやはり「輔弼」という用語の使い方です。憲法解釈上はともかく、先生が主張されている意味で、「輔弼」という言葉を用いる事は、学問的にみて問題があります。先生のおっしゃる意味で「輔弼」という言葉を使わねばならないとすれば、太政官制を「太政大臣（左大臣・右大臣）の単独輔弼制」と呼ぶことなどできないことになります。「輔弼」という用語は立憲君主制のもとだけで通用するものではなく、専制君主制のもとでも使用可能な言葉でなければならないと、私は考えます。もともと東洋的専制君主制の下で、デスポットの統治を臣下が補佐することが「輔弼」ということなのですから、「輔弼機関とは君主にかわり国民にたいして責任負う機関である」という先生のおっしゃるような意味で、この言葉を用いるのは、よほど特殊な用法といわざるをえません。この用法に従えば、議院内閣制の内閣こそもっともその名にふさわしい「輔弼機関」ということになるのではないでしょうか。また日本国憲法下の内閣も立派な「輔弼機関」ということになるのではありませんか。それとも、日本国憲法には「輔弼」という言葉は使われていないから、「輔弼機関」とはいえないとおっしゃるのでしょうか。

私はその官制に「輔弼」という語が使われていようがいまいが、内閣も統帥機関も枢密院も内大臣も宮内大臣も元老も、すべて天皇の公私にわたる「輔弼機関」であると考えています。「輔弼責任」とは要するに君主に対する責任ということであって、本来は「国民にたいする責任」を意味するものではないはずです。ただ、先生も指摘されておられるように、ひとたび憲法を制定し、それに基づいて統治を行うと君主が約束し、また不完全ではあれ、議会を開設して国民に参政権を認めた以上、国民の意志を無視して政治はできないのであり、国民の意志を無視すれば、君主制の危機を引き起こしかねないとの配慮から、「国民に責任を負うことが君主に責任を負う事である」との「輔弼」の「読み替え」が成立するのであると思います。また多くの民本主義者は、そのような論理を使って明治憲法の下で議院内閣制を実現しようとしたのです。美濃部や佐々木の憲法理論や民本主義者の進歩性を疑うものではありませんが、しかしだからといって、「輔弼」という言葉をそのような特殊な意味で使わなければならないということにはならないはずです。

以上で私の考えの重要な点は申し述べたつもりですが、あといくつか細かい点について意見を述べさせていただいて終りにしたいと思います。

○御手紙の（五）について

「副署」は「親署」にたいするもので、「親署」がないものを「副署」というべきでないのはおっしゃるとおりです。「大陸命」「大海令」などの「奉勅伝宣命令」における参謀総長や軍令部長の署名を「副署」と呼ぶのは厳密ではないことを認めます。しかし、この署名はたんなる依命通牒の発信人をあらわすものではなく、この命令が、たしかに統帥部の長の参画により天皇の親裁を得たものであることを保証するという特別の意味をもっていることを忘れるべきではないと思います。

天皇が詔勅や法律命令の上諭に必ず「親署」するのは内閣制度になってからの新しい制度であって、太政官制では一部の勅諭を除き、すべて太政大臣の「奉勅伝宣」によっています。太政大臣だけが署名します（明治一四年以降は関係省卿も連署）。この署名をすることができるのは、「輔弼責任者」です。たとえ専制君主制であっても、公的な場面では天皇の好みの人物に「奉勅伝宣」させることは制度上できないのです。これは天皇に上奏裁可を仰ぐことの出来る人間が限定されていたのと同じです。上奏権をもつ「輔弼責任者」を通して出されるから、その命令は現実に効力をもちうるのです。私が「輔弼責任者」というのはこの意味合いにおいてですから、先生のおっしゃる「輔弼責任」とは最初から内容を異にしています。「奉勅伝宣」がたんなる「依命通牒」とはちがうのは、大元帥であるにもかかわらず、天皇が普通の軍司令官とちがって決して自分の名で軍令を出さないことからも明かだと思います。必ず「奉勅伝宣」方式をとります。大元帥の軍令が通常の軍司令官の命令と基本的に同じであるなら、どうして大元帥は自分の名で直接命令を出さないのでしょうか。法律や勅令の上諭や詔勅には自ら署名をするにもかかわらずです。これは天皇は命令を出すが、責任はとらないということのあらわれではないでしょうか。

○御手紙の（六）について

公示される軍令には御名御璽がついています（一九〇七年軍令第一号による）。これは御指摘のとおり、「奉勅伝宣命令」ではなく、軍令の奉行責任者である軍部大臣の副署による統帥権立法にほかなりません。統帥権立法の不当性はおっしゃるまでもありません。拙稿はその統帥権立法が黒田内閣の時から慣行として確立したことを明らかにしました。

○御手紙の（八）について

憲法第七四条の文面は、それだけでは皇室典範の改正手続きを否定的に規定したものにすぎません。この条文だけで「皇室自治が憲法上確立し」「皇室典範を頂点とする皇室令立法が、憲法を頂点とする国務立法と対等の規範力をもっていた」と、いえるのであれば、統帥権と編制権が議会の関与できない大権事項であることを規定した第一一条、第一二条から「統帥権の独立が憲法上確立し」「軍人勅諭や参謀本部条例を頂点とする統帥立法が、憲法を頂点とする国務立法と対等の規範力をもっていたと」いってよいことになりますが、如何がでしょうか。また宮内大臣や内大臣はそのような「皇室令によって国務とは関係のない皇室事務に限り輔弼の権限を与えられていた」といえるのであれば、同じ理屈で参謀総長や軍令部長は「統帥立法により国務とは関係のない統帥事務に限り輔弼の権限を与えられていた」といえるのではないですか。この場合、「皇室の事」は「国務」とは関係のない領域であり、それに対して「統帥事項」は「国務」の一部であるから同列には扱えないというのは、余りにも形式論的ではないでしょうか。

美濃部が第七四条をもって「皇室自律主義」の根拠としているのは、現実に厳存している「皇室自律主義」の憲法的慣行をなんとか憲法の条文に結びつけ、憲法によって根拠づけようとした苦心の産物とみるべきではないでしょうか。

先生は、皇室事務に関しては宮内大臣・内大臣が「輔弼機関」であったと言われるわけですが、そうしますと、「輔弼」には「憲法上の輔弼＝国務に関する輔弼」と「皇室法上の輔弼＝皇室事務の輔弼」の二種類があり、「君主無答責に対応し、国民に責任を負う」「輔弼」は前者であって、後者はそうでないことになります。そうであるならば、また堂々巡りになりますが、本来は「国務」であるとしても、「我ガ憲法的慣習法ハ軍ノ行動ト国家ノ行動トヲ区別シ、軍ノ行動ハ之ヲ国務大臣ノ責任ノ外ニ置ク」(『憲法撮要』改訂第五版、三三一ページ)のであるならば、この統帥事項についてなされる参謀総長・軍令部長の大元帥の大権行使にたいする補佐も、宮内大臣のそれと同様に、「輔弼」ということができるのではないでしょうか。

以上、言葉が足りず、意を尽くさない点や、あるいは大先輩に対して礼を失する表現も多々あるかと思われますが、とりあえず御批判に対して愚見を開陳させていただきました。もっと早く御返事いたすべきでしたが、私の所属する大学の労働組合の役員をしておりまして、今ちょうど定期大会の準備等で忙しく、たいへん遅くなってしまいました。御詫び申し上げます。

末筆ながら、先生の御健康を御祈りして、筆をおく事にいたします。

敬具

一九八九年五月二六日

5　家永第三書簡

永井　和

先便は三時間で一気に書きましたので、おそらくお読みになれない文字も多々あったろうと申しわけなく思っております（筆がずんずん進んで休みなく書き終わりましたが、あとで背が痛み原因不明の発熱をしたり、老人の冷水で、もっとゆっくりていねいに書くべきでした）。それにもかかわらず、誠実な再反論をお寄せくださった御誠意をありがたく存じます。今回もさらにできるだけ詳しく卑見を申し述べたいところながら、前回に懲りましたから、ごく簡単に、どうしても一筆したいことを箇条書に略記するにとどめます。

○四七二ページ八行「現実主義あるいは現実追随主義」。

貴君と深い御関係のあるように承る伊藤隆氏が「ぼくは歴史研究において責任という視点で考えたことがない人間ですから……」（朝日ジャーナル89／1／25緊急増刊号四四ページ）を連想しました。しかし、少なくとも近現代史について、価値判断ぬきの歴史研究はありえず（前近代でも同様ですが、いっそう強く）、当然規範論が必要となり、責任問題は回避できないと、と私は考えます。法解釈学を導入しなければ、例えば大津事件の歴史的位置づけも不可能でしょう（児島惟謙の行動を「司法権独立」擁護とするの可否など）。

○四七四ページ一三〜一四行「日本国憲法には……」

日本国憲法の天皇は君主ではなく、君主権の行使はありえませんので、「輔弼」の入りこむ余地はありません（私の定義する近代憲法用語としての「輔弼」）。

○四七六ページ第一パラグラフの問題

「御名御璽」のある詔書は、国民が受信人です。受信人は明記されていませんが、詔文中に「爾臣民」とか

「爾有衆ニ示ス」とか明示されていることがあります。軍命令は特定機関宛の秘密文書ですから、天皇自身発信人として親署する必要もなく、大体「えらい人」が直接に発信するのはモッタイナイという通念があり、したがって現代でも、長官ではなく部下に「依命」発信させる慣行が続いているのだろうと思います。六〇年安保のときの東京教育大不法捜索事件につき、大学と警視庁とでやりとりがありましたが、大学からの抗議書は学長から警視総監宛でしたが、あちらからの回答は大塚警察署長か公安部長の「依命」回答でした。警視総監自らが大学などに対等に応答するのはモッタイナイと考えていたのだろうと思います。

しかし、軍関係でも、将兵、部隊などを「嘉賞」する勅語は「伝宣」でなく、天皇自身が発信人となり、受信人をありがたがらせるのです。それに公示することで、軍人以外の一般国民にも知らせる必要がありますから。

○四七六ページ憲法第七四条について、

私の書き方が不備であったようですが、皇室自治が憲法によって確立されたことは、美濃部の『逐条憲法精義』一一三～一一四ページ、七三三～七七四ページに明言されており、私はそれに同意します。

○憲法第七六条に「……此ノ憲法ニ矛盾セサル現行ノ法令ハ總テ遵由ノ効力ヲ有ス」を反面解釈すれば、「此ノ憲法ニ矛盾スル現行ノ法令ハ總テ遵由ノ効力ヲ有セス」ということになり、第五十五条に「但シ第十一条ノ大権ニツイテハ此ノ限ニアラス」とされていないかぎり、第五十五条の国務大臣の輔弼から第十一条を除外するのは無理と思います。

○どう考えても統帥権の圏外とするほかない宣戦講和大権について参謀総長が同意権・拒否権を行使することについて御意見がありませんが、この点は如何ですか。特に御返事を求めるものではありませんが。

一九八九年五月三十一日

家永三郎

二、第二回目の論争

永井　和様

1　家永第四書簡

永井　和様

家永三郎

玉稿二編御恵贈いただき、毎々の御厚意ありがたく御礼申し上げます。今回は「昭和天皇は統帥権の運用を誤ったか」のみについて卑見を申しあげます。大江説への御批判の結論に私は賛成で、同書の寄贈を受けた際礼状に大江氏にその旨を伝えてあります。軍法会議は、統帥権により行われる軍律会議と異なり、憲法第六十条に定める特別裁判所の一種であり、国家刑罰権行使の機関ですから、河本らの刑事訴追を統帥事項とする大江説は正しくありません。陸軍軍法会議法第六五条が「陸軍大臣ハ公訴及捜査ヲ指揮監督ス」と陸軍大臣に包括的な公訴・捜査の指揮監督権を与えているのも、そのためと思います。大江説批判の点では貴見に賛成ですが、他に多くの異論がありますので、順次列記します。

（一）四〇七ページ「美濃部学説を戦後的に展開した家永三郎の明治憲法解釈を土台にしている」という表現は、大きな誤解を招きます。私は美濃部法学から多くを学びましたが、こと統帥権と「輔弼」については、美濃部説に批判を加えていますし、大江氏とも同様の見解であると思いません。また、私は、明治憲法体制内での明治憲法の解釈を試みたのでありまして、「戦後的に展開した」のではありません。

(二) 四三九ページ~四四〇ページ注(4)とくに「太政官制の太政大臣が「輔弼者」でないとなれば、たいへん不便ではなかろうか。あるいは統帥府の軍務輔弼(輔翼)が「輔弼」でないならば、あれはいったい何というべきなのか。」

私は明治憲法第五五条の「輔弼」は、明治憲法の内在論理により解釈せられるべきであって、たとい同じ言葉を使うにしても、専制政治体制下の太政大臣の任務とは区別する必要があると思います。また、その意味で、上命下服関係が大元帥から一兵卒まで貫いている統帥権の内部に憲法五五条と同じ意味の「輔弼」はありえないと思います。その詳細は、拙稿「天皇大権行使の法史学的一考察」で述べたとおりです。法解釈は便・不便によって左右されるものではありません。どれほどデ・ファクトとして社会に広く強く行われていようとも、違法は違法として判断すべきです。国家機関の有権解釈によって適法とされていても、研究者はこれに拘束されません。わかり易い例をあげましょう。

戦後史において、自衛隊・米軍駐留は有権解釈で適法とされていますが、研究者としては違憲とするほかありません。同様に統帥権の独立は、明治憲法下の有権解釈では適法とされ、学説も大正期以後は適法説が有力でした(明治期には違法説が有力でした)が、明治憲法体制を歴史的に研究する場合には、有権解釈に拘束されませんから、私は違憲説をとります。ただ、具体的な個々の事実については、統帥権独立を前提として行われている場合、予備的主張として、その前提に立ってもなお違法とする余地があるかどうかを判断します。「不便」であるからとて有権解釈に従って理解するのは、研究者の主体性の放棄と考えます。

(三)「昭和天皇の戦争責任」が随処に散見しますが、天皇の「責任」の性格を規定しないで議論が進められています。拙稿『戦争責任』二五八~二五九ページで論じておいたとおり、法律上の責任と政治上・道徳上の責任は区別して考える必要があります。法律上の責任は、国内法上は憲法三条によって、いかなる場合にも無いとするほかありません。しかし、道徳的責任（政治上の責任との区別は困難ですが、少くとも道徳上の責任は）、違法・不当な行為について問うことができます。私は、統帥権の独立を前提とするかぎり天皇は専制君主としての側面をもつ（前引拙稿）と考えますが、専制君主であっても、道徳的責任は免責されません。たとい「輔弼」による行為であっても、同様です。

（四）「輔弼親裁構造」という理解を前提として、貴説は明治憲法下の天皇が「受動的君主」であることが「要請される」とされています。（四三六ページ・四三八ページその他）。それが法的にそうであったとの意味か、デ・ファクトとしてのみそうであるとの意味か、私にはわかりません。しかし、現実には、昭和天皇が決して「受動的君主」でなかったことは、井上清、田中伸尚らの具体的事実の指摘に示されているとおりです。代表的な事例として、ア二・二六事件のときの反乱軍討伐厳命（本庄日記）、イ一九三八年の張鼓峰事件のときの、武力行使允裁の拒否、「今後は朕の命令なくしては一兵も動かすことはならん」（原田日記・木戸日記）、ウ一九三九年の阿部内閣組閣のとき、畑を陸軍大臣に指名（原田日記）、エ一九四〇年の米内内閣組織のとき、陸軍に協力を命令（原田日記）。その他、昭和天皇が「受動的君主」ではなく「能動的君主」であったことを示す事実が少くありません。昭和天皇は戦後の回想や新聞記者への談話で、くり返し「受動的君主」に終始したかのように言っていますが、事実に反します。そして、統帥権独立を前提とするかぎりの天皇は専制君主であったと考える私からすれば、アイは合法的行為と評価されます。

（五）四二五ページ内閣総理大臣の任命について元老あるいは内大臣の奏薦によったことの憲法適否。これは私も十分つきつめなかったところですが、内大臣の「輔弼」は皇室事務に限られるべきであり、国務にわたる「輔弼」は違憲と考えます。公式令第一四条第二項に「内閣総理大臣ヲ任スルノ官記ニハ他ノ国務大臣又ハ内大臣

（中略）之ニ副署ス」とあり、内閣総理大臣の任命にも国務大臣による輔弼がスジであったと思います。しかし、元老のような国家機関でない私人への「御下問」を違憲とすべきかどうか、私はまだ考えが熟しておりません。

一九九〇年一二月一日

2　永井第三書簡

拝復　いつもいつも御懇切な御批判の御手紙を頂戴し、感謝いたしております。学期末でなにかと忙しかったうえ、御指摘の問題が、いずれも簡単には御答えできそうもないものばかりでしたので、御返事がたいへん遅れてしまいました。そのことをまず御詫び申上げます。

頂いた御批判のいくつかは、以前に拙稿「内閣官制と帷幄上奏」をお送りいたしました折に、先生との間でかわされましたやりとりに含まれていたものもあります。今回はその続きということになるかと思いますが、長くなりすぎてはなはだ恐縮ですが、もういちど愚見を述べさせて頂きます。

（1）大江氏の説は「美濃部学説を戦後的に展開した家永三郎の明治憲法解釈を土台としている」との拙論に関する御批判について。

いただいた御手紙では、「（右の）表現は、大きな誤解を招きます。私は美濃部憲法学から多くを学びましたが、こと統帥権と「輔弼」については、美濃部説に批判を加えていますし、大江氏とも同様の見解であるとも思いません。」とあります。

拙論の表現がまずくて、御不満を招いたとしましたら、その点については御詫び申上げます。私は先生の美濃部学説批判をよく存じあげているつもりですし、もちろん大江氏の説と先生の御説がまったく同じだなどとは思っておりません。また、拙論でもそのような主張をしたつもりはありません。あくまでも、拙論は大江批判を眼目としており、先生の御説を対象としたものではありません。この点をまず確認しておきたく存じます。ただ、読み返してなるほどなと思ったのは、部分的に大江氏の説と先生の御説を混同して論じているところがあります（「輔弼」という用語の理解をめぐっての部分）。それについては、やはりあらためねばならぬと考えています。

もともと私の大江氏への批判は、その著書『張作霖爆殺』に散見する事実解釈、資料解釈の誤りに気づいたのが、最初の出発点でした。しかし、それを指摘するだけでは、批判する私自身がなんだかあわれだし、また大江氏にも失礼だろうと思いましたので、批判を公にする以上は、なぜこんな間違いが生まれたのか、その淵源（「張作霖爆殺事件の処分は国務ではなくて、統帥の問題である」との思い込み、ひいては大江氏の天皇の戦争責任論の論理）にまでさかのぼって論じるのが礼儀だろうと考えて、あのような一文に仕上げた次第です。ただ、以前に「内閣官制と帷幄上奏」で、大江氏の内閣官制第七条「改竄」説を批判した際には、大江氏からまったく黙殺されたことがありましたので(3)、そのためいささか言葉遣いが乱暴になってしまいました。これも反省すべきだと今は考えております。

大江氏の論理を追って行くうちに、これは先生が『戦争責任』で展開されておられる議論を下敷にしているなと直感しました。だから家永学説を土台にしていると述べたわけです。ただ少し筆がすべり、必ずしも大江氏が明言しているわけではない事柄についてまで、この前に先生とのやり取りの際に申上げたことや、感じましたことを書込んでしまいました。ために、一部に大江批判というよりは、先生の御説への批判のようなものを含む結果となり、大江氏にも、あるいは先生にも申し訳ないことをしたと考えております。そのことを御詫びした上で、私の意図する所をもう少し補足させていただきます。

大江氏は美濃部学説と家永学説を土台としていると私が言ったのは、大江氏の説を支える前提となっている次の三つのうち、①、②が、それぞれ美濃部学説と家永学説に依拠していると考えたからにほかなりません。

①憲法第三条と第五五条は相互関連しており、天皇の大権行使は必ず国務大臣の輔弼によらねばならず、かつまたその時にのみ天皇は責任（法的、政治的責任）を負わなくてすむ。

②統帥権の独立は憲法上の根拠を有さず、本来的に違憲の制度である。

③憲法外の、あるいは超憲法的な天皇の権限行使については、憲法上の輔弼責任機関は存在しないし、君主無答責の論理は適用できない、言換えれば違憲行為としての大権行使には天皇は法律上（及び政治上）の責任を負わねばならない。

美濃部自身の言葉使いは、大江氏のそれとはいくぶんニュアンスを異にしていますが——美濃部ならそもそも最初から天皇の法律上の責任を問題にすることなどありえませんから③は論外でしょうし、天皇の大権行使が常に国務大臣の輔弼を得て行われるのが「立憲政治」であり、「立憲政治」こそ天皇を政治的責任の問題から回避させ、名実ともに天皇を神聖不可侵の存在たらしめうる道なのだと表現するはず——、①の主張が美濃部に代表される機関説的憲法解釈からアイデアを汲み取っているのは事実だと思いますし、②が先生の美濃部説批判の核心であり、家永学説の中心命題の一つであることも、いうまでもありません。

右に述べたことから、大江氏の説は美濃部＝家永両学説を土台にしてはじめて成立しえたと判断できます。大江氏は承服されないかもしれませんが、先ほど述べましたとおり、先生の御説による②がなければ、大江氏は自説を組立てることさえ不可能だったと、私はにらんでおります。

ただし、先生は憲法第三条により、天皇は如何なる場合にも法律的には免責されると解されているにたいして（すなわち③を否定されるのにたいして）、大江氏は逆に昭和天皇の法的有責性を証明されんとしたわけですから、結論においては両者は大きく違っています。というより、その点に関しては、大江氏は先生の御説の批判者であったといわねばなりません。

そのことを明記しなかったのは、今にして思えば私の手落ちだと思います。ただ、私としてはあくまでも大江批判が狙いでしたので、先生の御説と大江氏のそれとの違いを明記しなければならぬ義務があるとは、その時には感じませんでした。もしどうしても、それは迷惑千万だと御考えでしたら、拙論をどこかへ再録するような機会がありましたら、天皇の法的有責性に関する大江氏と先生の解釈の相違について注記を加え、明確にしたいと思います。

ただ、③に関しましては、先生は結論においてはこれを否定されておりますが、その途中までの議論においては、大江氏の主張とははなはだ近いものを展開されておられるのも事実であります。たとえば、『戦争責任』の次の様な箇所がそうです。

「軍に関しては、天皇は輔弼者として代って責任を負う機関をもたぬ専制君主であることを免れなかった」（四四頁）

「統帥権については国務大臣の輔弼が及ばず、天皇は輔弼者をもたぬ専制君主であるほかなく、参謀総長・軍令部総長のような「其ノ責ニ任」ずることのない補佐機関の上奏に対する允裁の責任はすべて軍の最高司令官すなわち大元帥である天皇自ら負わねばならないのである。」（二六五頁）

これを、大江氏の「序説・天皇の戦争責任論」『科学と思想』七〇号の次の言と対照しますと、大江氏がどこからその想を得たのか容易に推測がつこうというものです。

「統帥権者である天皇の責任は、このように巨大化した絶対君主的な超憲法的な制度に発する責任であり、その責任は、他のどのような国家機関にも転嫁することのできない責任であった。」（五六頁）

先生は、統帥権については責任の所在は天皇にありとしながらも、なおかつ憲法第三条により天皇は法的責任を問われないと結論されました。そうしますと、統帥権独立制度の下での統帥大権行使には、責任を、少なくとも法的責任を負う主体が存在しないことになります。

これにたいして、統帥大権の行使は超憲法的（違憲的）におこなわれたのだから、当然憲法第三条も適用されないと考えるべきだと結論を転換させたのが、大江氏であったと言えましょう。先生は、現実がどうであれ、明治憲法の条文に外在的限界を設けてはならないとされるのにたいして、大江氏は現実制度が憲法に限界を設けていたのだから（大江氏の「三元体制」論とはまさにそのことを意味するはず）、憲法（第三条）の規定の適用にも限界があって当然とする立場だといえましょう。

ただ、昭和天皇の戦争責任を法律上においても追及しようとする立場の者からすれば、先生の結論は歯切れが悪く、中途半端なものにみえ、大江氏のそれはその歩をさらに前進させた、論理的には筋がとおっているものと解されるのではないでしょうか。

それから、私が「美濃部学説の戦後的展開」と申したのは、先生の説が美濃部批判・佐々木批判として出されたとしても、それは美濃部や佐々木の限界をただすとの文脈からなされた批判であるから、美濃部学説・佐々木学説を継承しつつも、さらにそれを展開されたと解すべきだと考えたためです。もちろんここでも連続性を重視するあまり、家永学説を家永学説たらしめている美濃部・佐々木批判の意義を過小評価しているといわれればそれまでで、言葉が足りなかったなと感じております。

ただ、それに「戦後的」なる修飾詞をほどこしたのは、②のようなかたちの明治憲法解釈を明確に全面的に展開しうるのは、やはり戦後になってからではないかと思うからです。あるいは、先生はすでに明治期に藤村守美等により違憲説が出されているので、自分の主張は決して「戦後的」ではないと、仰るやも知れません。

しかし、中野登美雄『統帥権の独立』に紹介されている藤村説を見る限りでは、とても先生の御説ほどの徹底性を有していたようにはみえません。中野は、藤村説をもって、兵権を大臣輔弼の外に置くをもって違憲としつつも、内閣官制、参謀本部条例、軍令部条例の規定は（統帥権の独立を規定するものではないので）違法ではないとする、「一の折衷説」であると評しております（前掲書五六四頁）。統帥権の独立が明治憲法の条文と相容れない制度であるとの認識においては、私などにはむしろ中野が一番徹底的であったように思えますが、御存知の様に中野自身は「憲法変更」説を唱えておりますので、もちろん先生の御説とは同様には扱えません。

（2）「輔弼」という言葉の解釈をめぐって

拙稿で「太政官制の太政大臣が「輔弼者」でないとなれば、たいへん不便ではなかろうか。あるいは、統帥府の軍務輔弼（輔翼）が「輔弼」でないならば、あれはいったい何というべきなのか。」と述べた部分に対して、御手紙では、

「明治憲法第五五条の「輔弼」は、明治憲法の内在的論理により解釈せられるべきであって、たとい同じ言葉を使うにしても、専制政治下の太政大臣の任務とは区別する必要があると思います。また、その意味で（略）統帥権の内部に憲法第五五条と同じ意味の「輔弼」はありえないと思います。（略）法解釈は便・不便によって左右されるものではありません。どれほどデ・ファクトとして社会に広く強く行われていようとも、違法は違法として判断すべきです。（略）「不便」であるからとて有権解釈に従って理解するのは、研究者の主体性の放棄と考えます。」と批判されました。

これは前回のやりとりの際にも問題になったことですが、おそらく、この問題が先生と私の最大の対立点だと思われます。私が「便・不便」というのは、近代天皇制の統治構造の本質を把握する上での「便・不便」であって、「輔弼」という言葉を先生のような限定的な意味で把握すれば、近代天皇制の統治構造の本質が掴みにくいと思うので、それにたいして批判的であるわけです。

前にも述べましたが、明治憲法の正しい解釈が何であるかを解明するところに、私の学問的興味がおかれているのではありません。そうではなくて、明治憲法をその一構成要素とする戦前天皇制の統治システムの構造がどのようなものであったかを明らかにすることに、私の関心は向けられています。そして、未だ全面的には展開できるまでにはいたっておりませんが、太政官制時代から明治憲法体制時代を通じて、天皇制の統治システムに共通する深層構造のようなものがあるとすれば、それは「輔弼親裁構造」とよぶほかないある種の構造にちがいないだろうと考えております。これが私のこの問題にたいする基本的立場であります。これは、前憲法時代と明治憲法体制時代との断絶性よりも連続性に着目する立場と言換えることもできます。

この見地からすれば、先生の仰る憲法第五五条の「輔弼」も、太政大臣の輔弼も、統帥府の軍務輔弼もすべて同じ構造から由来しており、その種々の変形態のひとつとみなされることになります。そのうえで、憲法第五五条の「輔弼」と太政大臣の輔弼との差異、それらと軍務輔弼との差異を問題にすべきだと、私は考えております。このような問題設定と、統帥権の独立は違憲かどうか（軍務輔弼は憲法第五五条の輔弼と同じかどうか）という問題とでは、問題のたてかたの水準がまったく違いますので、先生と私の議論ははてしなく平行線をたどるほかありません。ですから、この問題につき、正しい憲法解釈をもたないで研究するのは、「研究者としての主体性の放棄だ」と仰られても、私は「主体性を放棄した」とは思っておりませんから、自分としては何とも御答えのしようがありません。

なお、ここで問題になっている件が、じつは大江氏の主張とは直接関係無いにもかかわらず、私がつい筆をすべらして、余計なことを書いたと反省している部分であります。

大江氏は、帷幄機関は「憲法上の輔弼機関に属しない」と主張はしていますが、先生のように「たんなる命令の伝宣者であって、輔弼者ではない」あるいは「輔弼機関ではない」とまでは言っておりません（もっとも、それに近いことは言っております。『張作霖爆殺』一八四頁に「参謀総長は勅命の伝宣者であり、云々」とあります)。また、先生のように「輔弼機関の要件」を示して、その要件を満たさないので国務大臣以外の機関は輔弼機関とは言えないとの判定を下す作業もしておりません。ただ憲法条文に明記されていないので、統帥に関しても国務大臣以外に輔弼機関はありえないとしているのみです。

だから、大江氏が実際にどう考えているかはよくわかりませんが、その見解がどうであれ、論理的には、統帥府は超憲法的ないし違憲的ではあるが、これも一種の輔弼機関であるとの解釈の成立する余地が、大江氏の説には残されています。すなわちその「三元体制」論にしたがい、輔弼機関を憲法上のそれ(国務大臣)と超憲法的輔弼機関(統帥府その他)に区分することが、論理的には可能なはずです。その上で、憲法上の輔弼機関の輔弼を得て行使される天皇の統治行為は、憲法第三条により天皇はその責任を解除され、輔弼者に責任を転嫁することができるが、超憲法的な大権行使の場合は第三条適用の余地無く、たとえ輔弼者の輔弼を得て行われる行為であっても天皇の責任を転嫁できない、と結論すれば、先ほどの③の命題と「統帥府も輔弼機関である」との主張を両立させることができます。

一方家永説では、少なくとも憲法制定以後は、皇室事務を除けば、輔弼機関たりうるのは国務大臣のみであってそれ以外には輔弼機関を認めないわけですから、超憲法的輔弼機関なる言葉自体、自己矛盾をはらむものとして使用できません。そこに大きな違い(の可能性)があります。拙稿で「輔弼」という言葉の使い方を批判した部分は、この潜在的違いを完全に無視しており、内容的には家永説批判というべきであって、大江説批判としてはやや的外れだったと認めざるをえません。(4)

(3) 昭和天皇の戦争責任について

御手紙では

拙論には「昭和天皇の戦争責任」が随所に散見するが、責任の性格を規定せずに論じるのはよくない。「法律上の責任と政治上・道徳上の責任は区別して考える必要があります」。法律上の責任は憲法第三条によりいかなる場合もないとするほかないが、「しかし、道徳的責任は、違法・不当な行為について問うことができます。」「専制君主であっても、道徳的責任は免責されません。たとい「輔弼」による行為であっても、同様です。」とあります。

大江氏は『張作霖爆殺』では、「この事件で天皇は、天皇だけが行使できる統帥権を行使することなく、内閣にたいしては立憲君主らしからぬ筋ちがいの権限を行使し、軍部の独走を免責した」。そして、その免責が一五年戦争の端緒となった柳条湖鉄道爆破事件とその免責につながったとして、「統帥権の手綱をゆるめた」点で戦争責任ありとしています（同書一八一頁）が、その責任がどの種類のものかはっきりとは示していません。法律上の責任なのか、政治上の責任なのか、それとも道徳的責任なのか。

しかしながら、「序説・天皇の戦争責任論」では、「ここで問題にしたのは法的責任に係る問題だけであるが、政治的責任の問題、道義的責任の問題など、ほかにも議論すべきことは多い」とあるように（同論文七一頁）、昭和天皇の「法的有責性」を大江氏が正面からとりあげ、かつそれを立証しようとしたことに間違はありません。その論文では、具体的実例として張作霖爆殺事件の処置ぶりが取り上げられているわけではありませんが、ただ「人格的には同一人格である天皇の統帥権者または国務上の大権行使者としての権限の使いわけ、あるいは混同、誤用の責任の問題、その他、憲法上の問題についてもまだ吟味しなければならない問題は多い」（前掲論文七一頁）との一節が見受けられることから、張作霖爆殺事件の処分問題で昭和天皇には統帥権誤用の責任があるとの『張作霖爆殺』の問題意識は、ここから出て来たのだと推測してもまちがいはなかろうと考えます。

私は、張作霖爆殺事件における昭和天皇の処置ぶり（真相を知らされていたにもかかわらず、重大な殺人行為に対する司法処置を適切に実施せず、他の名目による行政処分を容認した）は統帥権運用の誤りであり、天皇の統帥権行使に関しては天皇以外他の誰も責任をとることができないのだから、しかもこの場合憲法第三条は適用されないのだから、この件に関して昭和天皇はその法的責任をまぬかれないとするのが、大江氏の説の当然の結論であろうと判断しつつ拙論を書きました。

また、少なくとも天皇が陸軍を免責したことが、柳条湖事件につながったというのであれば、先生の『戦争責任』二六六頁に「軍が暴走したり横車を押したりするときに、これを抑止することは、大元帥として軍に対し絶対服従を命じ得る天皇の権限において可能であるとともに責務であった」とあります、その可能な責務をはたさなかったことを意味しますから、当然政治上の責任をも大江氏は問題にされているのだと解釈して、その上で大江氏のその議論が内部矛盾を含んでいることを指摘したのです。ですから、ここで問題になっているのは法律上および政治上の責任なのだと御答えしておきます。

私は、明治憲法は天皇の法律上、政治上の絶対的無責任を前提に組立てられていると考えていますので、その論理の円環の中で天皇の法的責任・政治的責任を証明しようとしても、無駄な努力ではないかと言いたかったわけです。「三元体制」論の大江氏は一見すると、明治憲法の論理の円環の外にあるかのように見えますが、そうではなくて明治憲法に照して昭和天皇に戦争責任なしとする主張を、同じ土俵で批判しようとするあまり、結果的にその論理の円環を出られなくなっていると、私は理解しております。

ですから、結論だけとりだせば、先生と同様、昭和天皇の戦争責任を明治憲法によって法的に問責することは不可能だと考えております。戦争責任が問われるとすれば、それは「超法的」な方向からするほかなかっただろうと考えております。人倫というものを信じておられ、そのうえに立って昭和天皇の道徳的責任を問われる先生の姿勢には敬服いたしますが（そのような道徳的責任があることには私ももちろん同意します）、天皇の個人的・

道徳的責任に還元しえない、システムそのものの根底的破壊が必要だったのではないかと、考えております。

ただ、御手紙を拝見してあらためて感じたことなのですが、天皇の違憲的統治行為についても、憲法第三条は適用され、法律上の責任はないと先生は御考えですが、いかなる場合にも天皇には法は適用されないとあれば、これはやはり専制君主というほかありません。すなわち、明治憲法は天皇が専制君主であることを保障している憲法だということになるのではありませんか。

それから細かいことですが、今回御返事を書くために『戦争責任』を読み返してみて気付いたのですが、憲法第三条の解釈に関する御説に前後の矛盾があるように見受けられました。

同書二五八頁には「帝国憲法第三条の君主無答責の規定により、天皇に法律上の責任を問う余地の無いことは明白である」とあります。そのあとで、はっきりと明言はされていませんが、法律上の責任はなくとも、政治上・道徳上の責任は存在するとの御考えが示されています。

しかし、前のほうの四六頁には「憲法第三条の「天皇ハ神聖ニシテ侵スヘカラス」という規定は、西洋君主国の君主無答責、すなわち君主は政治上法律上の責任を負わないという原則を導入して起草されたもの」とあります。この解釈にしたがえば、憲法第三条は昭和天皇の法律上ばかりか政治上の責任をも無答責とすることになるはずですが、それと上の叙述との関係はどうなっているのでしょうか。政治上の責任はあるのでしょうか、それともないのでしょうか。

（4）天皇の「受動性」について。

御手紙には、
永井の説では、「明治憲法下の天皇が「受動的君主」であることが「要請される」とされているが、それは法的にそうであるとの意味か、それともデ・ファクトとしてのみそうであるとの意味か、不明である」。

「しかし、現実には昭和天皇は「受動的君主」でなかったことは井上清や田中伸尚の具体的事実の指摘により明らかだから、昭和天皇が戦後の回想や記者への談話で「受動的君主」に終始したかのように言っているが、それは事実に反する」。

昭和天皇が「能動的君主」であったことを示す代表的事例として四つの事件を挙げられ（ア二・二六事件時の反乱軍討伐厳命、イ張鼓峰事件時の武力行使允裁の拒否、ウ阿部内閣組閣時の畑の陸相指名、エ米内内閣組閣時の陸軍に協力を命令）、そのうちア、イに関しては、統帥権の行使に関しては天皇は専制君主だったのだから、合法的行為と評価する旨書添えられております。

この問題は、戦前天皇制の統治構造のいちばん深遠に触れる問題だと私は理解し、かつ私の未だ仮説の域を脱しない「輔弼親裁構造論」の中心を占める問題でもありますので、ここで先生に納得いただけるような全面的な回答を提出することはできかねます。不十分な御答えしかできませんが、私の見解に近い、というより私のほうがそれに触発された研究として、拙稿でも言及した滝村隆一「北一輝・吉野作造と近代天皇制国家」『アジア的国家と革命』（一九七八年、三一書房）、とくにその一一八頁以下を参照して頂ければと存じます。

「受動的君主の要請」が法的なものか、デ・ファクトとしてのことなのか、という御質問ですが、私には先生の御質問の意味がもう一つよく理解しかねますので、頓珍漢なこたえになるかもしれません。

「受動的君主の要請」は制度的・構造的なものです。天皇が「能動的君主」として行動しようとすると、システムが巧く機能しなくなる、というより「能動的君主」として行動すれば絶えずそれにチェックがかかる仕組になっているのでそう考えます。「能動的君主」として「親政」を行っていれば、君主の政治的責任があらわになりやすく、失政がなければいいのですが、政治に失敗はつきものですから、君主が責任を執らないと、場合によっては〈革命〉を引起こしかねないおそれがあります。王朝の長期的継続＝〈万世一系〉を守るには、むしろ君主は「受動的」たるほうが長い目でみて得であるとの、意識的・無意識的戦略（これは東洋的専制君主制とくに中国の君主独裁制に由来するものと特殊日本的なものとの複合として理解すべき）が働いて、天皇の政治的責任があらわになりかねない「能動的行動」に絶えずチェックがかるのだと考えられます。具体的には天皇には帝王学として「受動的君主」としてふさわしい教育が施され、さらに日常的に常侍奉仕する内大臣以下の側近が「天皇に累を及ばさぬよう」、さまざまなアドヴァイスや調整をおこなうことにより「受動的君主」性が維持されるのだと私は理解しています。

また、国務大臣その他の輔弼者も、国家意志の決定に当っては「宸襟を悩まし奉らないように」、天皇の裁可を仰ぐまでには案を練りに練って、天皇が安心して裁可を下せるように努めます。ですから、一般に天皇は政務については自ら発議することなく、臣下にそれをゆだね、臣下は政務遂行上必要なことがあれば、自発的にそれを発議、立案し、国家意志決定にまでもっていきます。そしてそれが、間違いのないものだというところまで調整された後（安全化された後）、天皇がそれを親裁し、かくて国家意志が決定されます。もし、その決定が失敗であれば、天皇は臣下に責任をとらせ、自らは負いません。そして他の輔弼の臣を選んで責任者を交代させます。

これが私の考える「輔弼親裁構造」のごく概略であり、自らは政務について発議することなく、臣下にゆだねつつも、ただ国家意志の決定に際しては必ず親裁するというシステムであるがゆえに「受動的君主」とよぶわけです。これは、王朝継続の為に自らは決して責任を負わず、失政の責任を臣下にとらせるかわりに、構造上、政務の実際を輔弼の臣以下の百官諸僚にゆだね、君主自らは大綱のみを保持するというかたちで、バランスをとっていると申せます。天皇が君主としての統治権を失わず、なおかつ政治的責任を負わなくてもすむように仕組まれた制度といえます。

まったく内容的にはちがいますが、結果だけをとりだせば、法的・政治的責任を問われない代りに、政務には一切タッチしないという近代立憲君主制のバランスのとりかたと平行するところがあります。そのために、「受動的君主」と「立憲君主」との意識的、無意識的混同が生じます（実際、「立憲君主」も「受動的君主」の一例にほかなりませんからこの混同はそれなりに根拠を有していますが、念のためにいえば、「受動的君主」＝「立憲君主」ではありません）。私が「輔弼親裁構造」とその下での「受動的君主」なる、ある意味では〈奇妙な〉概念を導入したのも、ひとつには、この混同を回避することが目的だったといえなくもありません。その意味では、「輔弼親裁構造」の下での「受動的君主」であったことをもって「立憲君主」と強弁する昭和天皇ほど、私の説と遠い存在はありません。

「受動的君主の要請」が構造上のものであるとの私の主張は、だいたい上の様なものです。ただし、この「要請」は別に法的なものではありません。明治憲法にはそんなことは書かれてありません。明治憲法の文字面からすれば、天皇はむしろ「能動的君主」と解されるかもしれません。ともかくも、「能動的君主」たりうる余地は十分にあります。逆に「立憲君主的」な「受動君主」として天皇を位置付ける憲法解釈だって可能だったことは、よく御存知の通りです。その意味では、「輔弼親裁構造」とかその下での「受動君主性」などというものは、憲法のどこにも存在しない概念といえましょう。

それは憲法よりももっと深層的で、構造的なものと私は考えています。憲法とその実際の運用を背後で支えているものがこの構造だったと考えます。ですから、この構造に由来する「受動的君主の要請」は、天皇とその周辺を拘束する規範としてたしかに存在していたという点では「法的なもの」ですが、明文化された「法」としては存在してはいなかったという点では「法的なもの」ではありません。また、「法」に明文化されていないが現に現実に機能していたという点では、それは「デ・ファクトなもの」というべきかもしれませんが、しかし単なる現状ではなく、強い固着性のある、有形・無形の諸規範により支えられていた点で、「デ・ファクト」にそうであると言って済ますことはできないものなのです。

おそらくこういう表現は、先生には御理解頂けないと思いますが、私の考えを率直に記せばこのようになります。

さて、「輔弼親裁構造」における「受動的君主性」なる概念は、上に述べましたように構造的ないし制度的なものですから、個々の天皇の個性を超える問題であります。天皇の制度的・構造的あり方が「能動君主的」か「受動君主的」かという問題は、「輔弼親裁構造」の下の「受動的君主」という大枠の中で個々の天皇のあり方がより「能動的」だったのか、より「受動的」だったのかという問題とは、関連性はあってもいちおう別の問題だと考えるべきだと思います。昭和天皇の「能動性」を示す行為の例をいくら積み上げても、「輔弼親裁構造」とその下での天皇の「受動的君主性」を否定することにはつながりません。なぜなら、それと同数の反例をあげることが可能だからです（井上清『戦争責任』にも、「日中戦争に行きづまり、新たな大戦争への道を歩みはじめるという転換期には、陸海軍最高首脳の人事について、それまでの慣例どおり、陸海軍内部の発議を天皇が承認するというのではなく、天皇が積極的にイニシアチヴを発揮した」（三三頁）と、陸海軍首脳の人事につき「能動的」であったのは特定の時期に限られていたことを認めています）。ただ、一言しておくと、大枠の中では、昭和天皇はなかなかに「能動的」であったと、私は評価しておりますが。

私が「受動的君主性」などという概念を振り回すのは、ひとつには井上清氏の展開された天皇の戦争責任追及論の論法にたいして若干の疑問を感じるからでもあります。「受動的君主」を「立憲君主」と意識的・無意識的に混同して昭和天皇を免責する議論に対して、「いや昭和天皇はこんなに能動的であった」と反撃する方法には、それなりの有効性を見出し得ても、大きな限界があるのではないかと思うのです。

昭和天皇の「能動性」をしめす例として挙げられているかなりのものが（先生が御指摘の四つもその中に入り

ますが）、別の論者（たとえば野村実氏『天皇・伏見宮と日本海軍』など）によれば、かえって昭和天皇の反枢軸・反陸軍的傾向を示すものとして天皇擁護の材料にそのまま使えるということもあります（それとひきかえに擁護派は昭和天皇の「能動性」を認めざるをえなくなるわけですが）。しかし、私が何よりも限界ではないかと感じるのは、天皇の戦争責任論を完全なものとするには、たとえ天皇が「受動的君主」であったとしても、それでもなお戦争責任はあるのだという、そのような論理を構築するのが筋道ではないかと考えるからです。これは一歩誤れば、手の込んだ昭和天皇擁護論に転落しかねない危険を孕んでいますが、それができれば、昭和天皇の弁明のような主張は徹底的に粉砕されるはずだと考えます。

そのためには、「受動的君主性」をそれとして、その存在をまず認めること、そしてその上で「立憲君主」と「受動的君主」を明確に区別することが必要だと思いますが、私の「輔弼親裁構造」の下での「受動的君主」という道具立ては、そのためのささやかな試みだと自分では考えています。

こんどは、私の方から先生の御手紙の内容につき質問させて頂きます。御手紙では、昭和天皇が「能動的君主」であったことを示す代表的事例を四つ挙げられ、ア二・二六事件時の反乱軍討伐厳命、イ張鼓峰事件時の武力行使允裁の拒否、ウ阿部内閣組閣時の畑の陸相指名、エ米内内閣組閣時の陸軍への協力命令、そのうちア、イに関しては、統帥権の行使に関しては天皇は専制君主だったのだから、合法的行為と評価する旨書添えられておりますが、私には、ア、イが「合法的」であれば、ウ、エも同様の理屈で「合法的」といわざるをえないのではないかと思われます。

ア、イはいずれも侍従武官長や陸軍大臣、参謀本部への天皇の積極的意思表示であり、統帥権行使において昭和天皇が〈輔弼者〉（先生の御説ならば〈伝宣者〉あるいは〈補佐者〉というべきところしょうが）の補佐によらずして積極的に命令を出した（ア）か、統帥府の武力行使の奏請に裁可を与えなかった（イ）ケースといえますが、それを「合法」と先生が判断されるのは、本来的な意味での「合法」ではなくて、御手紙に「具体的な個々の事実についていては、統帥権独立を前提として行われている場合、予備的主張として、その前提に立ってもなお違法とする余地があるかどうか判断します」とある基準に基づくものと解されます。

なぜなら、そうでないと、統帥権独立制度そのものを先生は「違憲」とされているわけですから、昭和天皇が積極的に命令を自ら発しようが、受動的に統帥補佐者の上奏をそのまま裁可しようが、それとは無関係にすべて「違憲」となるわけで、このア、イを特に他と区別して「合法」と判断しうる理由はないからです。

ですから、ここでの「合法」という御判断は、統帥権独立なる違憲制度を一応の前提に置いた上で、たとえ「違憲」の大権行使であっても、その行為の「目的」「内容」が「反乱の鎮圧」や「不当な武力行使の抑制」など、「平和の維持」「戦争の回避」におかれているならば、結果として「違憲性」を割引いて「合法」と評価できうる、そういう意味合いで仰られているものと私は解しました。そうではなくて、「統帥権独立制度を前提とするかぎり天皇は専制君主」だから、統帥権行使においては天皇が何をしようとも、何を命じようとも、その内容に関係なく（専制君主の意志は絶対である）、「合法」だとの主張と解すべきなのでしょうか。後者の場合であれば、イのようなケースで、現実とは逆に統帥府が武力行使に消極的で、「天皇が是非ともソ連軍を叩かなければならぬ」と命令した場合でも「合法」ということになりますが、先生の御考えはもちろんそうではないと思います。

いっぽう、ウ、エは後継首班の大命降下の際に、昭和天皇が行った国務大臣（陸軍大臣）の任命に関する指示の例ですが、先生はこれを「違法」と判断されたのは、憲法第一〇条の任免大権の一つである国務大臣（各省大臣）の任命は、他の国務大臣（現実には総理大臣）の奏薦を天皇が裁可するかたちで行われるべきで、天皇といえども予めその奏薦に枠をはめてはいけない、そのようなことがもしあれば、それは立憲君主としてあるまじき違法行為であるとの理由づけによるものと思われます。

しかし、次の（5）で詳しく展開しますように、この後継首班の大命降下は同じ憲法第一〇条の大権行使であるにもかかわらず、国務大臣の奏薦・輔弼によらず行われ、憲法の条文に明確な規定を有しない方法で任命されていました。憲法第一一条及び第一二条の一部の大権行使を国務大臣の輔弼の対象外とする統帥権独立制度が「違憲」であるならば、それと同じ理由によりこれも「違憲」制度とみなさざるをえません。一番肝心の後継首班の任命が「違憲制度」「違憲行為」によって行われていたことを問題にせずに、後継首班の各省大臣の奏薦にあらかじめ注文をつけることだけを取り出して、「違法」だとするのはおかしいのではないでしょうか。

評価をするなら、ア、イの場合と同様、「具体的な個々の事実については、統帥権独立（この場合は元老・内大臣等による首班奏薦制度）を前提として行われている場合、予備的主張として、その前提に立ってもなお違法とする余地があるかどうか判断します」という方法を、この場合にも適用すべきだと考えます。

そうしますと、天皇が次期首班候補者に閣僚候補を予め指名するのは、はなはだ例外的ではありますが（なぜ天皇がそれをしないかというと、後継首班の任命に際しては天皇は全面的に彼に信任を与えるのであるから、人事等に注文をつけるのは信任の不足を意味するとして避けるべきだとされたのでしょう。さらにいえば、天皇の政治的責任を表面化させないためにも、後継首班に他の閣僚の奏薦権を無条件に与える慣例になったものと思われます）、この時の畑ないし梅津の陸相候補指名は、防共協定強化問題においてゴリ押しをした陸軍を統制することを目的とした反枢軸・反陸軍的な人事と申せましょうから、「平和の維持」「戦争の回避」とは直接にはいえなくとも、当時の状況からすれば、どちらかといえばその方向に近いものではないでしょうか。だとすれば、ア、イ同様、全体としての「違憲」行為の文脈の中での「合法」行為と評価することも可能なはずだと思われます。

それから、これも細かいことでどうでもいいようなことですが、『戦争責任』二六五頁に、二・二六事件に際し昭和天皇は「なに人の輔弼・補佐をまつことなく大元帥としての統帥権を単独の意思により行使した」として、その証拠に『本庄日記』の伝える「朕自ラ近衛師団ヲ率ヒ、此ガ鎮定ニ当ラン」「直チニ鎮定スベク厳達セヨト厳命」の天皇の言葉をあげられていますが、これは事実解釈としてはやや強引なように思われます。

天皇が本庄侍従武官長にこのような言葉を発したことは事実ですが、だからといってこのとき昭和天皇が「なに人の輔弼・補佐をまつことなく大元帥としての統帥権を単独の意思により行使した」などといえば、それは事実に反します。なぜなら、この時の反乱軍処置に関する天皇の命令は、他の場合と同様の手続きを経て、参謀総長伝宣の奉勅命令として出されているからです。

戒厳司令部の「二二六事件機密作戦日記」(『秘録二・二六事件　香椎戒厳司令官』所収)によれば、二月二六日に参謀本部は奉勅命令の準備をしており、二七日「午前八時五十二分、次長(総長代理)参内允裁ヲ仰ギ、之ヲ戒厳司令官ニ伝宣セリ」とあることから、この奉勅命令の発令が「なに人の輔弼・補佐をまつことなく大元帥としての統帥権を単独の意思により行使した」ものでないのは明らかです。ただ、奉勅命令の実行は別に総長の指示があるまで待てとの付加事項があり、かつこの時の伝宣は内達にとどまり、その正式の発令(総長の指示)は翌二八日の午前五時三〇分頃でした。

昭和天皇が反乱軍鎮圧の強い意思を有していたことは疑いもない事実ですし、それが政治的に決定的な意味を有していたことも屢々指摘されるところですが(特に重要なのは岡田内閣総辞職と後継内閣組織の進言に最後まで耳を貸さなかったことでしょう)、昭和天皇が参謀本部の上奏もまたずに、反乱軍鎮圧の統帥命令を単独で出したり、その命令を侍従武官長が直接に戒厳司令官や近衛師団長に伝達するなどということはなかったし、ありえないことというべきです。二・二六事件のような非常事態であってもそうです。

考えようによっては、二・二六事件時の昭和天皇の実像は、昭和天皇がそうみせかけているほど立派なものではなかったというべきかもしれません。自ら近衛師団長を呼びつけて鎮圧行動を命じることもできない哀れな大元帥、天皇直率であるはずの戒厳司令官が二七日に拝謁し、「二八日早き時期に平和に解決し得る見込」「二八日夕にまでには全部解決せんとする」旨上奏してくれば、それに対して直ちに反乱を鎮圧せよと命令もできない情けない大元帥という見方も出来るのではないでしょうか。

（5）内閣総理大臣の任命が元老あるいは内大臣の奏薦により行われたことの憲法適否の問題。

御手紙では、内大臣の奏薦は違憲であると判断できるが、「元老のような国家機関でない私人への「御下問」を違憲とすべきかどうか、私はまだ考えが熟しておりません。」とあります。

私は、当然先生はこれを違憲行為であると断定されるものと思っておりましたから、このくだりを読んで、いささか驚きました。天皇から「朕カ躬ヲ匡輔シ朕カ事ヲ弼成セヨ」との勅語を得て、国務と宮務の重大人事に関与していた元老が「私人」というのは、納得できませんが（私は明治憲法規定外の輔弼機関であると考えております）、かりに百歩譲って「私人」だとしても、それであればなおさら、元老が先生の仰る意味での「憲法上の輔弼者」でありえないことは明白であります。そもそも元老は国務大臣ではありませんし、先生が「天皇大権行使の法史学的一考察」で挙げられておられます「憲法上の輔弼者の二要件」

①一般官吏のごとき上命下服の義務を伴わない独立の職責であること。

②君主無答責による専制化の危険を防止するために国民に対し責任を負う機関であること。

を満たしもしません（考えようによっては①は満たされるようにみえるかもしれませんが、①、②には「私人」ではなくて、国家機関であることが暗黙のうちに前提とされていますから、御説のとおりであれば、駄目だと思います）。

その「私人」たる元老の奏薦をうけて行われる総理大臣の任命（憲法第一〇条の任官大権の行使）は、先生や大江氏が統帥権の独立を以て違憲制度と断定されるのとまったく同様の理屈で、違憲行為といわざるをえないのではないでしょうか。あちらを違憲としつつ、こちらは合憲とするのは論理的に一貫しないと思います。

ごく少数の例外的事例を除き、総理大臣の任命には国務大臣はほとんど関与しておりません。前内閣の国務大臣が、新総理大臣の親任式に侍立して、官記を手渡したり、場合によってはその官記に副署したりすることもありますが、それはまったく名目的な行為で、総理大臣候補奏薦には実質的に埒外におかれていました。どうみても、これをもって「輔弼」とはいえません。また公式令により官記に内大臣が副署する場合もあったわけですから、その場合には名目的な意味でも「輔弼」などしていないわけです。たんなる官記の持ち役にすぎない。

元老がなにものであれ、その奏薦により総理大臣の任命がなされる限り、その大権行使が国務大臣の輔弼を得ておこなわれたのでないことは疑問の余地がありません。これほど明白な問題なのに、違憲かどうか、未だにどうして御迷いになるのか、私にはよく納得できません。先生御自身、「天皇大権行使の法史学的一考察」の末尾では、「内閣総理大臣の選任という、憲法第一〇条の任官大権の中で最も重要な大権の行使が、元老という官制にない存在や内大臣という国務輔弼機関であってはならない皇室の官吏の進言により国務大臣の輔弼によらず行われた慣行の違憲性も重大な問題である」との指摘をなされておられたではありませんか。

つまらぬ反論で先生の貴重な御時間を費やすのははなはだ畏れおおいことですが、私にとっては先生の御批判は、自分の考えを練直し、まとめあげる絶好の機会でありますので、御迷惑もかえりみず、ついこのような長文となってしまいました。どうか、御寛恕のほど御願い申し上げます。

最後に先生の御健勝を御祈り申上げて、筆をおくことに致します。

敬具

一九九一年一月一七日

永井　和

家永三郎先生

3　家永第五書簡

拝復。一月一七日付けの長文の書簡拝受、私の意見に対し誠実にお答え下さったこと、ならびに今迄にさしあげた私の書簡のコピーをお送りくださったことを感謝いたします。

(一) 貴簡四八九ページ一～二行「明治憲法の正しい解釈が何であるかを解明するところに、私の学問的興味がおかれているのではありません。」

たしかにおっしゃるとおり、この点が二人の間での「最大の対立点だ」と私も思います。つまり、貴君が政治史的アプローチをとられるのに対し、私が法史学的アプローチをとり、「明治憲法の正しい解釈が何であるかを解明する」ことに主眼を置いているのですから、意見の一致しないのは不可避と思います。政治の力学的メカニズムを中心に考える場合には、貴君のいう「輔弼親裁構造」はほぼ実態に即していて、私も大筋において異論はないのですが、しかし、そのことが、それが法律的観点からして適法であったということにはならないと思うのです。再度申しますが、現代の状況について政治力学的メカニズムを考えるとき、安保体制が制度の基幹をなしている実態は否定できませんが、だからとてそれが合憲ということにならないのと同じです。

したがって、この方法論上の相違を超えて論争することは生産的でないと思われますので、他の個別的な意見の相違点についてのみ申しあげることにします。

(二) 貴簡四九三ページ「政治上の責任はあるのでしょうか、それともないのでしょうか。」拙著『戦争責任』二五八ページ終から三行目～二五九ページ七行に紹介したとおり、天皇の無答責の範囲についての学説は分れています。政治上の責任が帝国議会が責任を問うことを意味するとすれば、それはできないでしょうから、残るのは道徳上の責任のみとなります。南原繁はそのように解していますし、私も同意見です。

(三) 貴簡四九八ページ一五~一六行「私には、ア、イが「合法的」であれば、ウ、エも同様の理窟で「合法的」といわざるをえないのではないかと思われます。」同四九九ページ「先生はこれを「違法」と判断されました……」。私は統帥権独立を前提とした場合、ア、イは合法としたにとどまり、統帥権に関しないウ、エについて適否を述べておらず、「違法」とは申しておりません。

(四) 貴簡五〇〇ページ終から二行目~五〇二ページ三行にわたる二・二六事件における天皇の統帥権行使について。

奉勅命令の内容は「戒厳司令官ハ三宅坂附近ヲ占據シアル将校以下ヲシテ速カニ現姿勢ヲ撤シ、各所属師団ノ隷下ニ復帰セシムヘシ」というものですから、「朕自ラ近衛師団ヲ率ヒ、此ガ鎮圧ニ当ラン」「直チニ鎮定スベク厳達セヨ」という本庄武官長への命令と異なっています。手続きの上でも、前者が参謀総長代理の上奏に基くものであるに対し、後者は「なに人の輔弼・補佐をまつことなく大元帥としての統帥権を単独の意思により行使した」ものでありまして、両者は別のものであります。

(五) 貴簡五〇二ページ四行目~五〇三ページ一二行にわたる内閣総理大臣任命の手続きの適否について。

私は手紙を書くときに、自分が前に公刊著作で、この点について論じていたことを失念しておりました。五〇三ページ一〇行~一二行に御引用のとおり、「天皇大権行使の法史学的一考察」では違憲と述べておりました。そのほか、拙著『歴史のなかの憲法』上七二ページにも、「内閣首班の選任は、もっとも重要な国務大権の一つであるから、国務大臣の輔弼によるのが当然であり、辞任する内閣総理大臣(総理大臣の存しないときには他の辞任する国務大臣)が推薦すべきであった…」と書いておりました。それらを忘れていたのです。ひとつには、元老への「御下問」は憲法上の行為ではなく、法律的には天皇の、輔弼によることのない単独の行為と解する余地があるのではないか、とも思ったからです。いずれにしても、先使の「しかし、元老のような国家機関でない私人への「御下問」を違憲とすべきかどうか、私はまだ考えが熟しておりません」は撤回いたします。

家永三郎

一九九一年一月二十日

永井　和様

4　永井第四書簡

拝復、一月二十日付の御手紙拝受いたしました。前便で述べました愚見につき、明快な御教示をいただき有難うございます。先生との対話は、私にとっては願ってもない鍛練の機会ですので、御示しの御意見に対しても、さらに所存を申し述べるべきかと思いますが、先生にはさぞかし御迷惑にちがいなく、この辺で一度打切らせて頂くことにいたします。

敬具

一九九一年二月四日

永井　和

家永三郎先生

注

（1）厳密にいえば、家永氏の昭和天皇批判は「天皇の戦争責任を法的に明らかにすることを目的とするもの」とのこの部分の表現は正確とはいえない。なぜなら、後にみる家永第四書簡（四八〇ページ以下）に明らかなように、明治憲法第三条により、国内法的には昭和天皇の法律上の責任を問うことは絶対できないとの解釈に家永氏は立っているからである。ただし、第五書簡において明言されているように（五〇四ページ）、同時に家永氏は、法律上、政治上、戦争責任を問うのはむつかしいとしても、道徳上の責任はこれを免れることができないと主張されている。

（2）永井第一書簡の注1にふれたと同様、家永氏の方法が「明治憲法の論理の枠の中で天皇の責任を問う」ものであるとの、この永井の評価は正確なものとはいえない。

（3）今となっては「大江氏から黙殺された」との表現はあやまりとなった。最近刊行の同氏著『御前会議』（一九九一年、中央公論社）で、大江氏が永井の論文（「内閣官制と帷幄上奏」）に言及しているからである。

（4）「輔弼」なる用語に関しての永井の大江批判は決して「的外れ」のものではない。なぜなら、「参謀本部はたんなる天皇の補佐機関であり、政治的責任をともなう輔弼機関ではなかった。この性格は最後までかわらない。」（大江『日本の参謀本部』三五ページ）とあるように、大江氏は少なくとも過去のある時点には、家永氏と同様の理解に立っていたと考えられるからである。

あとがき

本書は、一九二〇年代の宮中、すなわち天皇および摂政とそれをとりまく元老・内大臣・宮内大臣などの宮中側近について、著者がこの十数年間にわたって研究してきたところをまとめたものである。第一章「裕仁親王、摂政になる」は本書のために新たに書き下ろしたものだが、それ以外の章はすべて既発表の論文をもとにしている。左に掲げるのは、その一覧である（発表順）。

一、「張作霖爆殺事件と田中義一首相の上奏——粟屋憲太郎氏の所見への疑問——」『日本歴史』五一〇号、一九九〇年一一月。

二、「昭和天皇は統帥権の運用を誤ったか——大江志乃夫著『張作霖爆殺』を評す——」『立命館史学』一一号、一九九〇年一一月。

三、「張作霖爆殺事件をめぐるもう一つの「嘘」」『史』（現代史懇話会）七四号、一九九〇年一二月。

四、「「輔弼」をめぐる論争——家永三郎・永井和往復書簡——」『立命館文学』五二二号、一九九一年六月。

五、「後藤新平はどうして張作霖爆殺事件が日本人の仕業とわかったのか」『史』七四号、一九九二年七月。

六、「久邇宮朝融王婚約破棄事件と元老西園寺」『立命館文学』五四二号、一九九五年一二月。

七、立命館大学編『西園寺公望伝』第四巻、第三章第一節「田中内閣と張作霖爆殺事件」岩波書店、一九九六年三月。

八、「西園寺公望はいかにして最後の元老となったのか——「一人元老体制」と「元老・内大臣協議方式」——」『京都

大学文学部研究紀要』三六号、一九九七年三月。

九、「補論・久邇宮朝融王婚約破棄事件と元老西園寺」『日本思想史研究会会報』二〇号、二〇〇三年、一月。

本書の第二章「摂政、久邇宮を訓戒する」は右のリストのうち六と九の二論文をもとにしており、第三章「西園寺公望、最後の元老となる」は八、第四章「昭和天皇、田中内閣を倒す」は三、五、七にそれぞれ依拠している。ただし、いずれの場合も本書に収録するにあたって大幅に手を入れており、一部では論旨の変更におよぶ改変も行った。それに対して第五、六、七の三つの章は、右の旧稿一、二、四をほぼ原型のまま収録した。まったく加筆しなかったわけではないが、必要最小限の訂正にとどめてある。この三章はそれぞれ性格の異なる媒体に掲載したものを、ほとんど手を加えずそのまま収録したために、本書全体としてみれば章によって文体とくに敬体の使用法にかなりのゆらぎが生じてしまっており、形式面での整合性に問題をかかえる著作となってしまった。あるいは文体の不統一ぶりを不快に感じられる向きもあるやもしれないが、ご容赦いただきたい。著者である私自身、読みかえして見て気恥ずかしい気持ちにさせられたり、思わず赤面する箇所も多いうえ、内容的にも、田中内閣の総辞職の原因をめぐる考察において、史料解釈の変更にもとづく記述の前後矛盾や齟齬が第四章と第五、六章との間で生じてしまっている。また、第七章で示されている明治憲法体制や統帥権独立制度についての理解は、必ずしも現在における私自身の考えをそのままストレートに反映するものではない。できれば、厚化粧でもほどこしてボロを隠したかったのだが、しかし、あえてそのままのかたちで収録した。

その理由はお読みいただければわかるが、第五、六章に収録した旧稿はどちらも論争的な性格の濃いものであり、発表した時点で批判の対象となった論文との間に強い相互規定関係ができあがってしまっている。言わば、それ自体がすでに歴史的な存在となっており、自分の著作物だからといって、もはや勝手にその内容を変えることはできないからである。さらに、第七章に収録した旧稿の四は、たんに論争の記録であるにとどまらず、共著者である家永三郎氏が故人となられたために、原形に忠実に収録することが残された者の義務となってしまった。

第一章から第四章までが本書の本論にあたる。これらは、一言で言えば、『牧野伸顕日記』と「倉富勇三郎日記」を用いた一九二〇年代の天皇および天皇制についての研究であり、私がこの二つの日記をどのように解読したかの記録にほかならない。第五、六章に収録した論文は、『牧野伸顕日記』が最初に世に出された時点で、私がそれを気を入れて読む、あるいは読まねばならないきっかけをつくってくれたものであり、本書の研究の出発点となるべきものである。その後、本文でも述べたように、前の勤務先の立命館大学で西園寺公望の伝記の編纂に関係し、その過程で「倉富勇三郎日記」に出会ったことが、両日記を使った一九二〇年代の天皇および宮中の研究に私をむかわせることになった。

第七章は『牧野伸顕日記』および「倉富勇三郎日記」を用いた天皇および天皇制の研究を始めるにあたって、私が依拠した理論的な枠組みがどのようなものであったのかを、きちんとまとまったものではないにしても、示してくれているが、内容的に他の論文とは関係のうすいこともあって、最初本書の刊行を企画した時にはこれを収録しようとは少しも考えていなかった。しかし、昨年家永三郎氏の訃報に接し、書簡による論争というかたちではあれ、かつて多大の御教示を受けた身としては、その記念ともいうべき旧稿を是非とも収録したいと思いなおした次第である。無名、若輩の徒であっても、同じ研究の道に志す者としてまったく対等に遇し、堂々と論戦に応じられた故家永氏の、その学問に対する真摯な姿勢と情熱、それを示すことができれば、私の思いは達せられたことになる。本書を家永三郎先生の霊前に捧げて、その御冥福をお祈りするとともに、旧稿の掲載を快く御承諾下さった家永美夜子様に心よりお礼申上げたい。

なお、本書の刊行にあたっては京都大学教育研究振興財団より学術研究書刊行の助成を受けることができた。

また、立命館大学西園寺公望伝編纂委員会からは史料の利用につき多大の便宜をはかっていただいた。さらに、京都大学学術出版会の小野利家氏の忍耐強い励ましがなければ本書の刊行は実現できなかったであろう。ここに記して感謝の意を表したい。

二〇〇三年　五月八日

永井　和

索　引

ウ

エ

オ

カ

ク

ケ

サ

ス

セ

チ

ツ

テ

ナ

ヒ

ム

メ

モ

ヤ

アルファベット

著者略歴

永井　和（ながい　かず）

京都大学大学院文学研究科教授

一九五一年　大阪市生まれ。
一九七九年　京都大学大学院文学研究科博士課程（後期）退学。
一九七九年　京都大学文学部助手。
一九八五年　富山大学教養部助教授。
一九八九年　立命館大学助教授、教授を経て
一九九五年より現職。

主な著書

『近代日本軍部と政治』（一九九三年）
『西園寺公望伝』第四巻（共著、一九九六年）ほか

青年《せいねん》君主《くんしゅ》昭和《しょうわ》天皇《てんのう》と元老《げんろう》西園寺《さいおんじ》

二〇〇三年七月十日　初版第一刷発行

著　者　永《なが》井《い》和《かず》
発行者　阪上　孝
発行所　京都大学学術出版会
606-8305　京都市左京区吉田河原町一五-九京大会館内
電　話　〇七五-七六一-六一八二
FAX　〇七五-七六一-六一九〇
URL http://www.kyoto-up.gr.jp

印刷・製本／亜細亜印刷

ISBN4-87698-614-2

定価はカバーに表示してあります